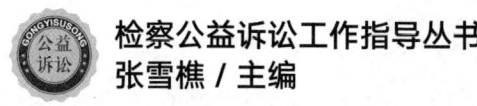

检察公益诉讼工作指导丛书

张雪樵 / 主编

行政公益诉讼典型案例实务指引

XINGZHENG
GONGYI SUSONG
DIANXING ANLI
SHIWU ZHIYIN

食品药品安全
国有财产保护
国有土地使用权出让等领域

最高人民检察院第八检察厅 / 编

中国检察出版社

《检察公益诉讼工作指导丛书》
编委会

主　　编	张雪樵
副 主 编	胡卫列　王　莉　徐全兵
编　　委	王天颖　刘东斌　邱景辉　赖红军
	隆　赟　胡婷婷　于　静　王彦春
	刘　洪　孙莉婷　牟　凡　王晓霞
	郭　磊　林　芳　周有智　王　燕
	刘　洋　姚红玮　朱沛东　唐元元
	王　惊　万　玮　刘艳容　石占全
	白　玉
执行编委	刘家璞　时　磊　解文轶　裴铭光
	袁　远　万绍文　王永亮

序　言

《中共中央关于全面推进依法治国若干重大问题的决定》提出"探索建立检察机关提起公益诉讼制度"。习近平总书记在十八届四中全会上专门作出说明，强调由检察机关提起公益诉讼，有利于优化司法职权配置、完善行政诉讼制度，也有利于推进法治政府建设。2015年5月，习近平总书记主持中央深改组第十二次会议时又深刻指出，党的十八届四中全会提出探索建立检察机关提起公益诉讼制度，目的是充分发挥检察机关法律监督职能作用，促进依法行政、严格执法，维护宪法法律权威，维护社会公平正义，维护国家利益和社会公共利益。2018年7月6日，习近平总书记主持召开中央全面深化改革委员会第三次会议，会议强调，设立最高人民检察院公益诉讼检察厅，要以强化法律监督、提高办案效果、推进专业化建设为导向，构建配置科学、运行高效的公益诉讼检察机构，为更好履行检察公益诉讼职责提供组织保障。检察机关提起公益诉讼是党中央作出的重大战略部署，是完善现有公益保护体系、促进依法行政、维护国家利益和社会公共利益、建设美丽中国的重要举措。

2015年7月1日，第十二届全国人大常委会第十五次会议作出《全国人民代表大会常务委员会关于授权最高人民检察院在部分地区开展公益诉讼试点工作的决定》。试点期间，最高人民检察院根据中央决策部署进行顶层设计，先后出台《检察机关提起公益诉讼试点方案》《人民检察院提起公益诉讼试点工作实施办法》等规范性文件，指导试点地区检察机关开展公益诉讼试点工作。各试点省级检察院结合本地实际，进一步明确试点区域，落实87个市级检察院和759个县级检察院开展试点工作。两年中，试点地区检察机关稳步扎实开展试点工作，共办理公益诉讼案件9053件，办理诉前程序案件7903件，行政机关主动纠正违法5162件，相关社会组织提起诉讼35件；对经过诉前程序、向相关行政机关和社会组织提出检察建议后，有关机关仍不履行职责或没有社会组织提起公益诉讼的，依法提起公益诉讼1150件。覆盖所有授权领域，涵盖民事公益诉讼、行政公益诉讼、行政公益附带民事公益诉讼、刑事附带民事公益诉讼等案件类型。全覆盖、多样化的试点探索使检察机关提起公益诉讼制度顶层设计得到校验。结合试点司法实践，最高人民检察院先后组织召开了三次专家论证会，就检察机关提起公益诉讼的主体定位、原则、具体制度设计等进行深入论证。在理论研究层面，就检察机关提起公益诉讼是履行法律监督职责的客观诉讼，不仅要遵循诉讼的一般原则还要遵循检察职权的运行规律，必须设定诉前程序等检察机关在诉讼中的特殊性内容达成了广泛的共识。

2017年5月23日，习近平总书记主持召开中央全面深化改革领导小组第三十五次会议，审议通过关于检察机关提起公益诉讼试点情况和下一步工作建议的报告。会议认为试点期间办理了一大批公益诉讼案件，积累了丰富的案件样本，制度设计得到充分检验，正式建立这一制度的时机已经成熟，要求为检察机关提起公益诉讼提供法律保障。与此同时，"两高"共同向全国人大常委会提出修改《民事诉讼法》和《行政诉讼法》的立法建议。6月27日，全国人大常委会第二十八次会议高票通过了《全国人民代表大会常务委员会关于修改〈中华人民共和国民事诉讼法〉和〈中华人民共和国行政诉讼法〉的决定》，7月1日正式实施，检察机关提起公益诉讼制度正式建立。制度全面推开后，最高人民检察院、最高人民法院在深入总结实践经验的基础上，于2018年3月2日共同发布了《最高人民法院、最高人民检察院关于检察公益诉讼案件适用法律若干问题的解释》，为制度运行提供了更加明确具体的操作依据。

党的十九大报告提出，深刻领会新时代中国特色社会主义思想的精神实质和丰富内涵的一个重要方面就是坚持人与自然和谐共生，实行最严格的生态环境保护制度。加快生态文明体制改革，建设美丽中国的具体要求是要推进绿色发展、着力解决突出环境问题、加大生态环境保护力度、改革生态环境监管体制。这些重要论述进一步阐明了检察机关提起公益诉讼制度的重大意义。检察机关将以党的十九大精神为指引，全面贯彻落实习近平新时代中国特色社会主义思想，推动公益诉讼工作持续健康发展。

本书编写组
2019年1月

目　录

食品药品安全

▶诉前案例

1. 北京市海淀区人民检察院督促海淀区食品药品监督管理局依法履职案（食品安全） ………………………………… /3

　　一、基本案情 ……………………………………………… /3

　　二、检察建议 ……………………………………………… /3

　　三、行政机关履职情况 …………………………………… /4

　　四、办案指引 ……………………………………………… /4

　　五、办案效果 ……………………………………………… /7

　　六、依据指引 ……………………………………………… /7

　　七、文书指引 ……………………………………………… /10

2. 宁夏回族自治区中宁县人民检察院督促中宁县市场监督管理局依法履职案（食品安全） …………………………… /27

　　一、基本案情 ……………………………………………… /27

　　二、检察建议 ……………………………………………… /27

　　三、行政机关履职情况 …………………………………… /27

　　四、办案指引 ……………………………………………… /28

　　五、办案效果 ……………………………………………… /29

　　六、依据指引 ……………………………………………… /30

　　七、文书指引 ……………………………………………… /31

3. 福建省闽侯县人民检察院督促闽侯县市场监督管理局、
   福州高新区市场监督管理局、福州高新区综合执法局依法
   履职案（食品安全） ································· / 37
   　　一、基本案情 ································· / 37
   　　二、检察建议 ································· / 37
   　　三、行政机关履职情况 ··························· / 37
   　　四、办案指引 ································· / 38
   　　五、办案效果 ································· / 39
   　　六、依据指引 ································· / 39
   　　七、文书指引 ································· / 40

4. 湖南省湘阴县人民检察院督促湘阴县食品药品工商质量监督
   管理局、湘阴县发展和改革局依法履职案（药品安全） ········ / 52
   　　一、基本案情 ································· / 52
   　　二、检察建议 ································· / 52
   　　三、行政机关履职情况 ··························· / 53
   　　四、办案指引 ································· / 53
   　　五、办案效果 ································· / 55
   　　六、依据指引 ································· / 57
   　　七、文书指引 ································· / 61

国有财产保护

▶ 诉前案例

5. 北京市门头沟区人民检察院督促门头沟区永定镇人民政府
   依法履职案（安置补偿金） ························· / 69
   　　一、基本案情 ································· / 69
   　　二、检察建议 ································· / 69

三、行政机关履职情况 ………………………………… /69

四、办案指引 …………………………………………… /70

五、办案效果 …………………………………………… /73

六、依据指引 …………………………………………… /74

七、文书指引 …………………………………………… /74

6. 广东省深圳市人民检察院督促深圳市坪山新区管理委员会依法履职案（国家拆迁补偿款） ………………………… /78

一、基本案情 …………………………………………… /78

二、检察建议 …………………………………………… /78

三、行政机关履职情况 ………………………………… /78

四、办案指引 …………………………………………… /79

五、办案效果 …………………………………………… /80

六、依据指引 …………………………………………… /80

七、文书指引 …………………………………………… /81

▶ 诉讼案例

7. 福建省南平市光泽县人民检察院诉光泽县农业机械管理总站不依法履职案（财政补贴） …………………………… /88

一、基本案情 …………………………………………… /88

二、诉前程序 …………………………………………… /88

三、诉讼情况 …………………………………………… /89

四、办案指引 …………………………………………… /89

五、依据指引 …………………………………………… /99

六、文书指引 …………………………………………… /100

8. 福建省建宁县人民检察院诉建宁县人民防空办公室不作为系列案（费用：防空易地建设费） ………………………… /119

一、基本案情 …………………………………………… /119

二、诉前程序 ………………………………………… /119
　　三、诉讼情况 ………………………………………… /120
　　四、办案指引 ………………………………………… /120
　　五、依据指引 ………………………………………… /123
　　六、文书指引 ………………………………………… /125

9. **山东省聊城市阳谷县人民检察院诉阳谷县林业局不作为案**
　　（财政补贴） ……………………………………… /164
　　一、基本案情 ………………………………………… /164
　　二、诉前程序 ………………………………………… /164
　　三、诉讼情况 ………………………………………… /165
　　四、办案指引 ………………………………………… /166
　　五、依据指引 ………………………………………… /171
　　六、文书指引 ………………………………………… /173

10. **甘肃省酒泉市肃州区人民检察院诉肃州区财政局不作为案**
　　（其他类型：中央淘汰落后产能奖励资金） ……… /189
　　一、基本案情 ………………………………………… /189
　　二、诉前程序 ………………………………………… /190
　　三、诉讼情况 ………………………………………… /191
　　四、办案指引 ………………………………………… /192
　　五、依据指引 ………………………………………… /198
　　六、文书指引 ………………………………………… /199

11. **甘肃省嘉峪关市人民检察院诉嘉峪关市人民防空办公室不作为案**（费用：易地建设费） …………………………… /236
　　一、基本案情 ………………………………………… /236
　　二、诉前程序 ………………………………………… /237
　　三、诉讼情况 ………………………………………… /237

四、办案指引 …………………………………… /238

　　五、依据指引 …………………………………… /242

　　六、文书指引 …………………………………… /243

国有土地使用权出让

▶诉前案例

12. 广东省广州市南沙区人民检察院督促南沙区国土资源和规划局、广州市国土资源和规划委员会依法履职案（土地出让金及超规划用地）…………………………………… /265

　　一、基本案情 …………………………………… /265

　　二、检察建议 …………………………………… /265

　　三、行政机关履职情况 ………………………… /266

　　四、办案指引 …………………………………… /266

　　五、办案效果 …………………………………… /269

　　六、依据指引 …………………………………… /269

　　七、文书指引 …………………………………… /270

13. 江苏省徐州市沛县人民检察院督促沛县国土资源局依法履职案（擅自变更土地用途）…………………………………… /280

　　一、基本案情 …………………………………… /280

　　二、检察建议 …………………………………… /280

　　三、行政机关履职情况 ………………………… /281

　　四、办案指引 …………………………………… /281

　　五、办案效果 …………………………………… /282

　　六、依据指引 …………………………………… /283

　　七、文书指引 …………………………………… /283

▶ 诉讼案例

14. 辽宁省丹东市振兴区人民检察院诉丹东市国土资源局不作为案（国有土地出让金流失）……/287
     一、基本案情……/287
     二、诉前程序……/287
     三、诉讼情况……/287
     四、办案指引……/288
     五、依据指引……/289
     六、文书指引……/291

15. 陕西省汉中市西乡县人民检察院诉西乡县国土资源局不作为案（国有土地使用权出让收入流失及违法使用土地）……/306
     一、基本案情……/306
     二、诉前程序……/306
     三、诉讼情况……/306
     四、办案指引……/307
     五、依据指引……/313
     六、文书指引……/315

16. 贵州省铜仁市德江县人民检察院诉德江县国土资源局不作为案（国有土地使用权出让收入流失）……/337
     一、基本案情……/337
     二、诉前程序……/337
     三、诉讼情况……/338
     四、办案指引……/339
     五、依据指引……/342
     六、文书指引……/344

其他领域

▶诉前案例

17. 浙江省宁波市海曙区人民检察院督促宁波市通信管理局依法履职案（其他领域） …………………………………… / 369
 一、基本案情 …………………………………… / 369
 二、检察建议 …………………………………… / 369
 三、行政机关履职情况 …………………………… / 369
 四、办案指引 …………………………………… / 370
 五、办案效果 …………………………………… / 372
 六、依据指引 …………………………………… / 372
 七、文书指引 …………………………………… / 373

食品药品安全

▶ 诉前案例

1 北京市海淀区人民检察院督促海淀区食品药品监督管理局依法履职案

（食品安全）

一、基本案情

北京市海淀区人民检察院在开展食品安全专项监督工作中发现，住所地位于海淀区的"百度外卖""美团""百度糯米"三家网络餐饮服务第三方平台提供者，和经营地位于海淀区的部分入网餐饮服务提供者违反食品安全和网络餐饮相关法律规定，存在食品安全违法行为。主要表现为：上述三家平台上的部分入网餐饮服务提供者存在无食品经营许可、无实体经营门店、超范围经营、违反公示规定等违法情形。"美团""百度外卖""百度糯米"作为网络餐饮服务第三方平台提供者，存在未尽到对入网餐饮服务提供者信息予以审查、公示、更新以及对入网餐饮服务提供者经营行为进行检查、监测等义务，致使多家入网餐饮服务提供者违反规定从事餐饮外卖活动。北京市海淀区食品药品监督管理局未依法履行监管职责，致使社会公共利益存在被侵害的危险。

二、检察建议

2018年3月16日，北京市海淀区人民检察院针对海淀区食品药品监督管理局未依法履行对网络餐饮服务第三方平台提供者及入网餐饮服务提供者的违法行为进行监管的职责，依法向海淀区食品药品监督管理局提出检察建议书（京海检行建〔2018〕1号、京海检行建〔2018〕2号）。要求该局依法履行法定职责，及时对相关网络餐饮服务第三方平台提供者未尽法定义务的违法行为、相关入网餐饮服务提供者的违法行为进行查处；加大执法力度，对辖区内入网餐饮服务提供者进行排查，及时发现及时查处，规范网络餐饮服务经营行为；加强网络餐饮服务食品安全监督管理，督促网络餐饮服务第三方平台提供者严格履行法定义务，发现问题及时查处，保障辖区内网络餐饮食品安全。

三、行政机关履职情况

2018年5月14日，海淀区人民检察院收到海淀区食品药品监督管理局落实该院公益诉讼案件检察建议的回函"京海食药监〔2018〕28号"和"京海食药监〔2018〕29号"。回函中指出，该局收到检察建议书后，迅速组织核查处置工作，并组织开展了为期两个月的网络餐饮食品安全专项整治工作。共发放整改意见书67份，查处各种违法行为67件，进一步强化了对网络餐饮的监管，网络餐饮食品安全状况得到了较大提升。主要整改情况：

一是召开专题部署会，对检察建议书涉及的问题进行逐条梳理和研究，要求各食药所在一周内完成检察建议书涉及的18家次线上商户的违法行为的处置工作和三家网络订餐平台的违法行为的处置工作。

二是约谈网络订餐平台加强整改。3月19日，食品药品监督管理局约谈"美团"、"百度外卖"和"百度糯米"三家网络订餐平台的负责人，要求三家网络订餐平台切实履行食品安全主体责任，在一周内对建议书涉及的18家次线上商户存在的问题进行核实、整改；并要求三家网络订餐平台开展全面自查自纠，对线上商户涉嫌存在的无实体经营门店、超范围经营等违法行为进行全面排查、整改，切实履行好主体责任。截至5月11日，三家网络订餐平台完成对检察建议书涉及的18家次线上商户的核实，采取了更新食品经营许可证信息、下线等整改措施。共下线问题商户3218家，规范各种信息公示问题5203家。并提交各自网络订餐平台的整改报告。

三是集中开展线上线下核查处置工作。针对检察建议书提出的问题，实际立案14件，其中网络订餐平台未落实主体责任的违法行为5件，未按规定公示食品经营许可证7件，无证经营1件，网络超范围经营1件。同时，完成全部上线总商户16256家的初查工作，线下核查企业2865户次，移交平台下线383家次，整改115家次。

四、办案指引

 管辖

《中华人民共和国行政诉讼法》第25条第4款规定，人民检察院在履行职责中发现生态环境和资源保护、食品药品安全、国有财产保护、国有土地使用权出让等领域负有监督管理职责的行政机关违法行使职权或者不作为，致使国家利益或者社会公共利益受到侵害的，应当向行政机关提出检察建议，督促其依法履行职责。最高人民法院、最高人民检察院《关于检察公益诉讼案件适用法律若干问题的解释》第 5 条第 2 款规定："基层人民检察院提起的第一审行政公益诉讼案件，由被诉行政机关所在地基层人民法院管辖。"本案中，北京市海淀区食品药品监督管理局作为负责辖区内网络食品安全监督管理工作的行政机关，存在怠于履行职责的情形。故该案应由北京市海淀区食品药品监督管理局所在地的基层院即北京市海淀区人民检察院管辖。

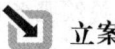
立案

依据《中华人民共和国行政诉讼法》第 25 条第 4 款和最高人民法院、最高人民检察院《关于检察公益诉讼案件适用法律若干问题的解释》第 21 条第 1 款规定，北京市海淀区食品药品监督管理局作为负责辖区内网络食品安全监督管理工作的行政机关，可能存在怠于履职损害社会公共利益的违法情形，符合立案条件，应当立案。

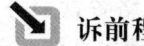
诉前程序

1. 本案调查的重点

（1）入网餐饮服务提供者是否存在违法行为；

（2）网络餐饮服务第三方平台提供者"美团""百度糯米""百度外卖"是否存在违法行为；

（3）北京市海淀区食品药品监督管理局是否存在未依法正确履行监管职责的事实。

2. 本案如何针对监督要点开展调查

线上线下全面调查、固定证据，筑牢案件办理根基。一是通过网络进行大范围搜索，确定所在地在海淀区的网络餐饮服务第三方平台提供者，同时全面搜集涉及网络食品安全的相关法律法规，对照法律法规全面梳理可能存在的违法情形，确定有监督管理职责的行政机关。二是重点对住所地在海淀区的"美团""百度外卖""百度糯米"三家网络餐饮服务第三方平台提供者的违法行为搜索、筛查。通过在手机客户端定位海淀重点区域，对网上公示的入网餐饮服务提供者的食品经营许可证进行审查，确定涉嫌违法的商家。三是对存在食品安全违法行为的可疑商家进行现场调查取证，同时做好证据固定工作。

3. 本案审查的关键问题

（1）入网餐饮服务提供者违法行为的认定

违反《食品安全法》规定的食品生产经营许可制度。根据《食品安全法》第 35 条、《食品经营许可管理办法》第 29 条的规定，食品经营许可证到期后，未取得准予延续的许可，应当认定为未依法取得许可。

违反入网餐饮服务提供者应当具有实体经营门店的规定。根据《网络餐饮服务食品安全监督管理办法》第4条规定，入网餐饮服务提供者应当具有实体经营门店。

违反食品经营许可一地一证原则。根据《食品经营许可管理办法》第4条的规定，入网餐饮服务提供者的餐饮服务许可证载明的经营场所与实际经营地不一致时，应认定违反了食品经营许可一地一证原则。

违反经营者应当按照许可证标明的经营范围从事食品生产经营活动的规定。根据《网络餐饮服务食品安全监督管理办法》第4条规定，入网餐饮服务提供者应当按照食品经营许可证载明的主体业态、经营项目从事经营活动，不得超范围经营。

违反应当按要求进行信息公示和更新规定。根据《网络餐饮服务食品安全监督管理办法》第9条规定，网络餐饮服务第三方平台提供者和入网餐饮服务提供者应当在餐饮服务经营活动主页面公示餐饮服务提供者的食品经营许可证，食品经营许可等信息发生变更的，应当及时更新。

（2）网络餐饮服务第三方平台提供者违法行为的认定

网络餐饮服务第三方平台未履行审查义务。根据《食品安全法》第62条、《网络餐饮服务食品安全监督管理办法》第8条的规定，网络餐饮服务第三方平台提供者应当对入网餐饮服务提供者的食品经营许可证进行审查，登记入网餐饮服务提供者的相关信息，保证入网餐饮服务提供者食品经营许可证载明的许可信息真实。本案中存在入网餐饮服务提供者食品经营许可证过期未延期、实际经营地和许可地不一致等违法情形，第三方平台提供者均未履行实质审查义务。

网络餐饮服务第三方平台未履行公示、及时更新信息义务。根据《网络餐饮服务食品安全监督管理办法》第9条规定，网络餐饮服务第三方平台提供者和入网餐饮服务提供者应当在餐饮服务经营活动主页面公示餐饮服务提供者的食品经营许可证。食品经营许可等信息发生变更的，应当及时更新。本案中入网餐饮服务提供者未公示食品经营许可证信息，在食品经营许可证延期的情况下，未及时将食品经营许可证进行更新。

网络餐饮服务第三方平台未履行监测入网餐饮服务提供者经营行为义务。根据《网络餐饮服务食品安全监督管理办法》第16条规定，网络餐饮服务第三方平台提供者应当对入网餐饮服务提供者的经营行为进行抽查和监测。本案中，入网餐饮服务提供者在外卖菜品中超范围经营，而网络餐饮服务第三方平台提供者，未及时监测到。

跟进调查

制发检察建议后，海淀院先后多次与区食药监局召开由双方主管领导参加的座谈会，就食品安全监管工作中的重点、薄弱点、风险点、阶段性成果、下一步工作思路等深入交换意见，会商研究从根本上解决网络食品安全隐患的可行性方案、支持协助食药监局主动履职等方式，增强食药监局主动纠错意识，确保监督效果。

为夯实公益诉讼成效，防止已恢复的公共利益再次被侵害，海淀院注重长效监督机制的探索建设。对第三方平台的监管，不仅惠及海淀区人民群众，对全国网络餐饮食品安全的守护也能起到促进作用。为充分发挥平台位于海淀的区域优势，力争从源头上遏制线上商户的违法行为。在案件办理后，海淀院多次联合行政机关和餐饮平台召开联席会，推进平台内审规范化、行政机关与平台的信息互通、权限开通等工作，建立检察监督、执法监督、平台监督和社会监督四位一体长效机制。目前推动餐饮平台在外卖点餐页面在线直播商家后厨、将社会监督引入网络餐饮食品安全领域的工作仍在进行中。

五、办案效果

经本院调查，检察建议书涉及的问题，已全部整改，社会公共利益被侵害的危险已经消除。同时，引发行政机关为此开展了为期两个月的专项整治工作，完成全部上线总商户16256家的初查工作，线下核查企业2865户次，移交平台下线383家次，整改115家次。共下线问题商户3000余家，规范各种信息公示问题5000余家。

本案之后，区食品药品监督管理局强化了责任意识，加强了对区域网络餐饮食品安全的监管力度，充分利用海淀阳光餐饮平台，创新监管方式，辖区网络食品安全监管保障水平稳步提升。区食品药品监督管理局针对行政公益诉讼出台了全市首份《北京市海淀区食品药品监督管理局人民检察院检察建议书办理办法（试行）》，确保办理程序规范化、制度化。同时，海淀区检察院着眼于与区食品药品监督管理局长效机制建设，积极推进第三方平台"阳光餐饮"进程，对于切实维护全区乃至全国网络餐饮服务健康发展，保障人民群众身体健康安全具有重要意义。

六、依据指引

1. 《中华人民共和国食品安全法》

第一百二十二条（第一款） 违反本法规定，未取得食品生产经营许可从事食品生产经营活动,或者未取得食品添加剂生产许可从事食品添加剂生产活动的,由县级以上人民政府食品药品监督管理部门没收违法所得和违法生产经营的食品、食品添加剂以及用于违法生产经营的工具、设备、原料等物品;违法生产经营的食品、食品添加剂货值金额不足一万元的,并处五万元以上十万元以下罚款;货值金额一万元以上的,并处货值金额十倍以上二十倍以下罚款。

第一百三十一条(第一款) 违反本法规定,网络食品交易第三方平台提供者未对入网食品经营者进行实名登记、审查许可证,或者未履行报告、停止提供网络交易平台服务等义务的,由县级以上人民政府食品药品监督管理部门责令改正,没收违法所得,并处五万元以上二十万元以下罚款;造成严重后果的,责令停业,直至由原发证部门吊销许可证;使消费者的合法权益受到损害的,应当与食品经营者承担连带责任。

2.《网络食品安全违法行为查处办法》

第十六条(第一款) 入网食品生产经营者应当依法取得许可,入网食品生产者应当按照许可的类别范围销售食品,入网食品经营者应当按照许可的经营项目范围从事食品经营。法律、法规规定不需要取得食品生产经营许可的除外。

第二十一条(第一款) 对网络食品交易第三方平台提供者食品安全违法行为的查处,由网络食品交易第三方平台提供者所在地县级以上地方食品药品监督管理部门管辖。

(第三款) 对入网食品生产经营者食品安全违法行为的查处,由入网食品生产经营者所在地或者生产经营场所所在地县级以上地方食品药品监督管理部门管辖;对应当取得食品生产经营许可而没有取得许可的违法行为的查处,由入网食品生产经营者所在地、实际生产经营地县级以上地方食品药品监督管理部门管辖。

第三十八条 违反本办法第十六条规定,入网食品生产经营者未依法取得食品生产经营许可的,或者入网食品生产者超过许可的类别范围销售食品、入网食品经营者超过许可的经营项目范围从事食品经营的,依照食品安全法第一百二十二条的规定处罚。

3.《网络餐饮服务食品安全监督管理办法》

第三条(第二款) 县级以上地方食品药品监督管理部门负责本行政区域内网络餐饮服务食品安全监督管理工作。

第四条 入网餐饮服务提供者应当具有实体经营门店并依法取得食品经营许可证,并按照食品经营许可证载明的主体业态、经营项目从事经营活动,不得超范围经营。

第八条（第一款） 　网络餐饮服务第三方平台提供者应当对入网餐饮服务提供者的食品经营许可证进行审查，登记入网餐饮服务提供者的名称、地址、法定代表人或者负责人及联系方式等信息，保证入网餐饮服务提供者食品经营许可证载明的经营场所等许可信息真实。

　　第九条　网络餐饮服务第三方平台提供者和入网餐饮服务提供者应当在餐饮服务经营活动主页面公示餐饮服务提供者的食品经营许可证。食品经营许可等信息发生变更的，应当及时更新。

　　第十条　网络餐饮服务第三方平台提供者和入网餐饮服务提供者应当在网上公示餐饮服务提供者的名称、地址、量化分级信息，公示的信息应当真实。

　　第十六条　网络餐饮服务第三方平台提供者应当对入网餐饮服务提供者的经营行为进行抽查和监测。

　　网络餐饮服务第三方平台提供者发现入网餐饮服务提供者存在违法行为的，应当及时制止并立即报告入网餐饮服务提供者所在地县级食品药品监督管理部门；发现严重违法行为的，应当立即停止提供网络交易平台服务。

　　第二十三条　县级以上地方食品药品监督管理部门应当加强对网络餐饮服务食品安全的监督检查，发现网络餐饮服务第三方平台提供者和入网餐饮服务提供者存在违法行为的，依法进行查处。

　　第二十七条　违反本办法第四条规定，入网餐饮服务提供者不具备实体经营门店，未依法取得食品经营许可证的，由县级以上地方食品药品监督管理部门依照食品安全法第一百二十二条的规定处罚。

　　第三十一条（第一款）　违反本办法第八条第一款规定，网络餐饮服务第三方平台提供者未对入网餐饮服务提供者的食品经营许可证进行审查，未登记入网餐饮服务提供者的名称、地址、法定代表人或者负责人及联系方式等信息，或者入网餐饮服务提供者食品经营许可证载明的经营场所等许可信息不真实的，由县级以上地方食品药品监督管理部门依照食品安全法第一百三十一条的规定处罚。

　　第三十二条　违反本办法第九条、第十条、第十一条规定，网络餐饮服务第三方平台提供者和入网餐饮服务提供者未按要求进行信息公示和更新的，由县级以上地方食品药品监督管理部门责令改正，给予警告；拒不改正的，处5000元以上3万元以下罚款。

　　第三十七条　违反本办法第十六条第一款规定，网络餐饮服务第三方平台提供者未对入网餐饮服务提供者的经营行为进行抽查和监测的，由县级以上地方食品药品监督管理部门责令改正，给予警告；拒不改正的，处5000元以上3万元以下罚款。

违反本办法第十六条第二款规定，网络餐饮服务第三方平台提供者发现入网餐饮服务提供者存在违法行为，未及时制止并立即报告入网餐饮服务提供者所在地县级食品药品监督管理部门的，或者发现入网餐饮服务提供者存在严重违法行为，未立即停止提供网络交易平台服务的，由县级以上地方食品药品监督管理部门依照食品安全法第一百三十一条的规定处罚。

4.《食品经营许可管理办法》

第四条 食品经营许可实行一地一证原则，即食品经营者在一个经营场所从事食品经营活动，应当取得一个食品经营许可证。

七、文书指引

立案决定书

北京市海淀区人民检察院
立案决定书

京海检行公立〔2018〕1号

本院在履行职责过程中发现，部分网络餐饮服务第三方平台提供者和入网餐饮服务提供者存在食品安全违法行为。北京市海淀区食品药品监督管理局应当依法履行监督管理职责而未履行，可能损害国家利益和社会公共利益。根据《中华人民共和国行政诉讼法》和《最高人民法院、最高人民检察院关于检察公益诉讼案件适用法律若干问题的解释》第三十二条的规定，决定立案审查。

2018年3月5日

检察建议书

北京市海淀区人民检察院
检察建议书

京海检行建〔2018〕1号

北京市海淀区食品药品监督管理局：

本院在履行职责过程中发现，在"百度外卖""美团""百度糯米"等网络餐饮服务第三方平台上，经营地位于北京市海淀区的入网餐饮服务提供者存在违法提供网络餐饮服务的行为。你局存在未履行法定监管职责的情形。本院依法进行了调查。现查明：

在"百度外卖""美团""百度糯米"等网络餐饮服务平台上的多家经营地位于北京市海淀区的入网餐饮服务提供者涉嫌存在无实体经营门店、实际经营超出食品经营许可证范围、食品经营许可证载明的经营场所等许可信息不真实等违法行为。主要表现为：

一是"美团"平台上名为"多宝小面和抄手""云南过桥米线（清华店）"的两家商家和"百度外卖"平台上名为"Mr. Hamburg 汉堡先生""爱尚麻辣烫（清华店）"的两家商家均无实体经营门店。其中，中国人民大学配送范围内"多宝小面和抄手"，公示的食品经营许可证载明的经营场所为北京市海淀区三建宿舍甲1号（平房）；北京体育大学配送范围内"Mr. Hamburg 汉堡先生""爱尚麻辣烫（清华店）""云南过桥米线（清华店）"公示的食品经营许可证载明的经营场所均为北京市海淀区水磨中街新区19号。经查，上述地址中均未见四家入网餐饮服务提供者的实体经营门店。

二是"百度外卖"平台上名为"满盆香水煮鱼正宗川菜""爱尚麻辣烫（清华店）""云南过桥米线（清华大学店）""Mr. Hamburg 汉堡先生"四家商家未公示食品经营许可证信息。其中，"满盆香水煮鱼正宗川菜""爱尚麻辣烫（清华店）"两家商家在"百度糯米"平台上亦存在上述问题。

三是"美团"平台上名为"张亮麻辣烫（金源店）"、"小胖饺子馆"和"羲麻麻辣烫"三家商家公示的餐饮服务许可证均已超过有效期。

四是"美团"平台上名为"小明同学（当代商城店）""港式铁板炒饭（上地店）"两家商家公示的食品经营许可证载明的经营场所分别为"北京市朝阳区酒仙桥路14号37幢1层37－5"和"郑州市二七区棉纺东路3号4号"，而平台上显示的实际经营场所分别为"中关村大街40号当代商城B1楼"和"北京市海淀区农大南路一号楼B102"。

五是"美团""百度外卖"平台上名为"翅盗鲜肉炸鸡"的同一商家，公示的食品经营许可证载明的经营项目为"自制饮品制售（不含使用压力容器制作饮品）；预包装食品销售（含冷藏冷冻食品）"，但实际在外卖菜单中经营"沙拉、意大利面"等食物。

六是"美团"平台上名为"初心便当""U鼎冒菜（中关村保福寺店）""川渝人家（农大店）"三家商家在平台上公示的餐饮服务许可证载明的经营者名称、法定代表人等信息与北京市食品药品监督管理局官方网站公示的许可信息不符。

本院认为，"民以食为天，食以安为先"。随着我国互联网经济的迅猛发展,"互联网＋餐饮服务"等新兴业态快速增长。网络餐饮服务促进了餐饮业的发展,方便了人们的生活,但其中存在的违法行为不容忽视。为了保障食品安全,规范网络餐饮服务的行业发展,我国先后出台了多部针对网络餐饮服务的法律法规和部门规章,规定了网络餐饮服务平台以及网络餐饮服务提供者应当严格履行的义务。根据《食品经营许可管理办法》第四条规定,食品经营许可实行一地一证原则,即食品经营者在一个经营场所从事食品经营活动,应当取得一个食品经营许可证。2018年1月1日起施行的《网络餐饮服务食品安全监督管理办法》更是明确了对入网餐饮服务提供者需要遵守的"线上线下一致原则",进一步强化了对于网络餐饮食品安全的保障,并赋予食品药品监督管理部门对违法行为的查处职责。

《网络餐饮服务食品安全监督管理办法》第三条第二款规定:"县级以上地方食品药品监督管理部门负责本行政区域内网络餐饮服务食品安全监督管理工作。"第四条规定:"入网餐饮服务提供者应当具有实体经营门店并依法取得食品经营许可证,并按照食品经营许可证载明的主体业态、经营项目从事经营活动,不得超范围经营。"第九条规定:"网络餐饮服务第三方平台提供者和入网餐饮服务提供者应当在餐饮服务经营活动主页面公示餐饮服务提供者的食品经营许可证。食品经营许可等信息发生变更的,应当及时更新。"第二十三条规定:"县级以上地方食品药品监督管理部门应当加强对网络餐饮服务食品安全的监督检查,发现网络餐饮服务第三方平台提供者和入网餐饮服务提供者存在违法行为的,依法进行查处。"第二十七条规定:"违反本办法第四条规定,入网餐饮服务提供者不具备实体经营门店,未依法取得食品经营许可证的,由县级以上地方食品药品监督管理部门依照食品安全法第一百二十二条的规定处罚。"第三十二条规定:"违反本办法第九条、第十条、第十一条规定,网络餐饮服务第三方平台提供者和入网餐饮服务提供者未按要求进行信息公示和更新的,由县级以上地方食品药品监督管理部门责令改正,给予警告;拒不改正的,处5000元以上3万元以下罚款。"

《网络食品安全违法行为查处办法》第十六条第一款规定:"入网食品生产经营者应当依法取得许可,入网食品生产者应当按照许可的类别范围销售食品,入网食品经营者应当按照许可的经营项目范围从事食品经营。法律、法规规定不需要取得食品生产经营许可的除外。"第三十八条规定:"违反本办法第十六条规定,入网食品生产经营者未依法取得食品生产经营许可的,或者入网食品生产者超过许可的类别范围销售食品、入网食品经营者超过许可的经营项目范围从事食品经营的,依照食品安全法第一百二十二条的规定处罚。"

《中华人民共和国食品安全法》第一百二十二条第一款规定:"违反本法

规定，未取得食品生产经营许可从事食品生产经营活动，或者未取得食品添加剂生产许可从事食品添加剂生产活动的，由县级以上人民政府食品药品监督管理部门没收违法所得和违法生产经营的食品、食品添加剂以及用于违法生产经营的工具、设备、原料等物品；违法生产经营的食品、食品添加剂货值金额不足一万元的，并处五万元以上十万元以下罚款；货值金额一万元以上的，并处货值金额十倍以上二十倍以下罚款。"

根据上述规定，你局作为负责本行政区域内网络食品安全监督管理工作的行政机关，应采取有效的监管措施，对违法行为依法进行查处，切实保障辖区内网络餐饮食品安全。

本案中，通过简单筛查，即发现多家入网餐饮服务提供者违反网络餐饮的相关规定，存在严重食品安全隐患，对社会公共利益造成损害。为了强化海淀区餐饮食品安全，保障公众身体健康，切实维护社会公共利益，根据《中华人民共和国行政诉讼法》第二十五条第四款和《最高人民法院、最高人民检察院关于检察公益诉讼案件适用法律若干问题的解释》第二十一条之规定，向你局提出如下检察建议：

1. 履行法定职责，及时对相关入网餐饮服务提供者的违法行为进行查处；
2. 加大执法力度，对辖区内入网餐饮服务提供者进行排查，及时发现及时查处，规范网络餐饮服务经营行为，保障辖区内网络餐饮食品安全。

请于收到本检察建议书后两个月内依法履行职责并书面回复本院。

2018 年 3 月 16 日

北京市海淀区人民检察院
检察建议书

京海检行建〔2018〕2 号

北京市海淀区食品药品监督管理局：

本院在履行职责过程中发现，所在地位于本辖区内的部分网络餐饮服务第三方平台提供者存在违反网络餐饮相关规定的行为。你局存在未履行法定监管职责的情形。本院依法进行了调查。现查明：

"美团""百度外卖""百度糯米"作为网络餐饮服务第三方平台提供者，未尽到对入网餐饮服务提供者信息予以审查、公示、更新以及对入网餐饮服务提供者经营行为进行检查、监测等义务，致使多家入网餐饮服务提供者违反规定从事餐饮外卖活动。主要表现为：

一是"美团"平台上名为"多宝小面和抄手""云南过桥米线（清华店）"的两家商家和"百度外卖"平台上名为"Mr. Hamburg 汉堡先生""爱尚麻辣烫（清华店）"的两家商家均无实体经营门店。其中，中国人民大学配送范围内"多宝小面和抄手"，公示的食品经营许可证载明的经营场所为北京市海淀区三建宿舍甲1号（平房）；北京体育大学配送范围内"Mr. Hamburg 汉堡先生""爱尚麻辣烫（清华店）""云南过桥米线（清华店）"公示的食品经营许可证载明的经营场所均为北京市海淀区水磨中街新区19号。经查，上述地址中均未见四家入网餐饮服务提供者的实体经营门店。

二是"百度外卖"平台上名为"满盆香水煮鱼正宗川菜""爱尚麻辣烫（清华店）""云南过桥米线（清华大学店）""Mr. Hamburg 汉堡先生"四家商家未公示食品经营许可证信息。其中，"满盆香水煮鱼正宗川菜""爱尚麻辣烫（清华店）"两家商家在"百度糯米"平台上亦存在上述问题。

三是"美团"平台上名为"张亮麻辣烫（金源店）"、"小胖饺子馆"和"義麻麻辣烫"三家商家公示的餐饮服务许可证均已超过有效期。

四是"美团"平台上名为"小明同学（当代商城店）""港式铁板炒饭（上地店）"两家商家公示的食品经营许可证载明的经营场所分别为"北京市朝阳区酒仙桥路14号37幢1层37-5"和"郑州市二七区棉纺东路3号4号"，而平台上显示的实际经营场所分别为"中关村大街40号当代商城B1楼"和"北京市海淀区农大南路一号楼B102"。

五是"美团""百度外卖"平台上名为"翅盗鲜肉炸鸡"的同一商家，公示的食品经营许可证载明的经营项目为"自制饮品制售（不含使用压力容器制作饮品）；预包装食品销售（含冷藏冷冻食品）"，但实际在外卖菜单中经营"沙拉、意大利面"等食物。

六是"美团"平台上名为"初心便当""U 鼎冒菜（中关村保福寺店）""川渝人家（农大店）"三家商家在平台上公示的餐饮服务许可证载明的经营者名称、法定代表人等信息与北京市食品药品监督管理局官方网站公示的许可信息不符。

本院认为，"民以食为天，食以安为先"。随着我国互联网经济的迅猛发展，"互联网+餐饮服务"等新兴业态快速增长。网络餐饮服务促进了餐饮业的发展，方便了人们的生活，但其中存在的违法行为不容忽视。为了保障食品安全，规范网络餐饮服务的行业发展，我国先后出台了多部针对网络餐饮服务的法律法规和部门规章，规定了网络餐饮服务第三方平台提供者应当履行的义务。《网络食品安全违法行为查处办法》和《网络餐饮服务食品安全监督管理办法》进一步强化了对于网络餐饮食品安全的保障，并赋予食品药品监督管理部门对违法行为的查处职责。

《网络食品安全违法行为查处办法》第二十一条第一款规定:"对网络食品交易第三方平台提供者食品安全违法行为的查处,由网络食品交易第三方平台提供者所在地县级以上地方食品药品监督管理部门管辖。"

《网络餐饮服务食品安全监督管理办法》第八条第一款规定:"网络餐饮服务第三方平台提供者应当对入网餐饮服务提供者的食品经营许可证进行审查,登记入网餐饮服务提供者的名称、地址、法定代表人或者负责人及联系方式等信息,保证入网餐饮服务提供者食品经营许可证载明的经营场所等许可信息真实。"第九条规定:"网络餐饮服务第三方平台提供者和入网餐饮服务提供者应当在餐饮服务经营活动主页面公示餐饮服务提供者的食品经营许可证。食品经营许可等信息发生变更的,应当及时更新。"第十条规定:"网络餐饮服务第三方平台提供者和入网餐饮服务提供者应当在网上公示餐饮服务提供者的名称、地址、量化分级信息,公示的信息应当真实。"第十六条规定:"网络餐饮服务第三方平台提供者应当对入网餐饮服务提供者的经营行为进行抽查和监测。网络餐饮服务第三方平台提供者发现入网餐饮服务提供者存在违法行为的,应当及时制止并立即报告入网餐饮服务提供者所在地县级食品药品监督管理部门;发现严重违法行为的,应当立即停止提供网络交易平台服务。"第三十一条第一款规定:"违反本办法第八条第一款规定,网络餐饮服务第三方平台提供者未对入网餐饮服务提供者的食品经营许可证进行审查,未登记入网餐饮服务提供者的名称、地址、法定代表人或者负责人及联系方式等信息,或者入网餐饮服务提供者食品经营许可证载明的经营场所等许可信息不真实的,由县级以上地方食品药品监督管理部门依照食品安全法第一百三十一条的规定处罚。"第三十二条规定:"违反本办法第九条、第十条、第十一条规定,网络餐饮服务第三方平台提供者和入网餐饮服务提供者未按要求进行信息公示和更新的,由县级以上地方食品药品监督管理部门责令改正,给予警告;拒不改正的,处5000元以上3万元以下罚款。"第三十七条规定:"违反本办法第十六条第一款规定,网络餐饮服务第三方平台提供者未对入网餐饮服务提供者的经营行为进行抽查和监测的,由县级以上地方食品药品监督管理部门责令改正,给予警告;拒不改正的,处5000元以上3万元以下罚款。违反本办法第十六条第二款规定,网络餐饮服务第三方平台提供者发现入网餐饮服务提供者存在违法行为,未及时制止并立即报告入网餐饮服务提供者所在地县级食品药品监督管理部门的,或者发现入网餐饮服务提供者存在严重违法行为,未立即停止提供网络交易平台服务的,由县级以上地方食品药品监督管理部门依照食品安全法第一百三十一条的规定处罚。"

《中华人民共和国食品安全法》第一百三十一条第一款规定:"违反本法

规定，网络食品交易第三方平台提供者未对入网食品经营者进行实名登记、审查许可证，或者未履行报告、停止提供网络交易平台服务等义务的，由县级以上人民政府食品药品监督管理部门责令改正，没收违法所得，并处五万元以上二十万元以下罚款；造成严重后果的，责令停业，直至由原发证部门吊销许可证；使消费者的合法权益受到损害的，应当与食品经营者承担连带责任。"

根据上述规定，你局作为负责本行政区域内网络食品安全监督管理工作的行政机关，应采取有效的监管措施，对违法行为依法进行查处，切实保障辖区内网络餐饮食品安全。

本案中，在上述三家外卖平台上，通过简单筛查即发现多家入网餐饮服务提供者违反网络餐饮的相关规定，存在严重食品安全隐患，对社会公共利益造成侵害。作为网络餐饮服务第三方平台提供者，更应当严格履行其法定义务，把牢网络餐饮服务的源头。为了强化海淀区餐饮食品安全，保障公众身体健康，切实维护社会公共利益，根据《中华人民共和国行政诉讼法》第二十五条第四款和《最高人民法院、最高人民检察院关于检察公益诉讼案件适用法律若干问题的解释》第二十一条之规定，向你局提出如下检察建议：

1. 履行法定职责，对相关网络餐饮服务第三方平台提供者未尽法定义务的行为进行查处；

2. 加强网络餐饮服务食品安全监督管理，督促网络餐饮服务第三方平台提供者严格履行法定义务，发现问题及时查处，有效保障辖区内网络餐饮食品安全。

请于收到本检察建议书后两个月内依法履行职责并书面回复本院。

2018 年 3 月 16 日

 行政机关回复

北京市海淀区食品药品监督管理局关于《北京市海淀区人民检察院检察建议书（京海检行建〔2018〕1 号）》相关问题的履职情况报告

北京市海淀区人民检察院：

网络订餐是近几年发展起来的新兴业态，成为增长最迅速、最活跃的经济领域，也成为广大市民离不开的生活服务领域。在我区注册的网络订餐平台有三家"美团"、"百度外卖"和"百度糯米"。我局高度重视网络订餐平台的监管工作，采取多种形式多种手段加强对网络订餐平台的监管，督促其落实主体责任，严查其违法行为。我局共召开监管工作会、约谈网络订餐平台36次，在线培训网络订餐平台食品安全员130人次,加大了上线商户的监督抽检力度,强化了网络订餐平台的主体责任。近两年来,各大网络订餐平台主动下线网上商户13000余户;我局开展线上线下现场监督检查23408户次,发放整改意见书23408份开展专项整治40次;监测抽检9143件,总体合格率98.58%;取缔无证餐饮5838户;处置网络餐饮投诉举报2122件;共立案查处案件2838件、罚没款7616万元,其中涉及网络餐饮案件267件、罚没款1079万元。

为加强网络订餐配送环节安全,2018年2月5日,我局组织了"饿了么、百度外卖助力海淀创建国家食品安全示范区暨食安封签项目启动大会",在全市率先试点实施食品安全封口签项目,努力形成经营者自律、社会协同、公众参与的社会共治格局。近期,各平台通过调查问卷对近2000名消费者进行调查显示,81.6%的消费者对网络订餐平台使用食安封签来加强配送环境安全的举措表示满意,食品安全整体满意度上升较快。

我局接到贵院《北京市海淀区人民检察院检察建议书(京海检行建〔2018〕1号)》(以下简称"1号检察建议书"),我局领导高度重视,主动与贵院进行沟通,及时汇报有关情况。并及时向市局汇报,市局高度重视,专门下发了工作要求。我局针对1号检察建议书的内容进行专题研究,迅速组织核查处置工作。组织开展了为期两个月的网络餐饮食品安全专项整治工作(以下简称"专项整治工作")。发放整改意见书67份,查处各种违法行为67件,进一步强化了对网络餐饮的监管,网络餐饮食品安全状况得到了较大提升。

一、1号检察建议书相关问题履职情况

(一)召开专题部署会

接到建议书后,我局主管副局长及时召集相关科室、食药所召开专题部署会,对建议涉及的问题进行逐条梳理和研究,明确了各相关科室及食药所的任务和责任,要求各食药所在一周内完成1号检察建议书涉及18家次线上商户的违法行为的处置工作,并部署了为期两个月的网络餐饮食品安全专项整治工作。

(二)约谈网络订餐平台加强整改

2018年3月19日,我局约谈"美团"、"美团外卖"和"百度糯米"三家网络订餐平台的负责人,要求三家网络平台切实履行食品安全主体责任,在一周内对建议书涉及的18家次线上商户存在的问题进行核实、整改;并要求三家网络订餐平台开展全面自查自纠,对线上商户涉嫌存在的无实体经营门店、超范围经营等违法行为进行全面排查、整改,切实履行好主体责任。

2018年3月23日,三家网络订餐平台已完成对18家次线上商户的核实,采取了更新食品经营许可证信息、下线等整改措施,并提交各自网络订餐平台

的整改报告。

(三) 集中开展线上线下核查处置工作

1号检察建议书共涉及三家网络订餐平台,18家次线上商户,经核查,线下商户实为12家。其中,9家线下商户（线上为14家次）存在的违法行为,2家线下商户（线上为2家次）无实体门店。实际立案9件,其中未按规定公示食品经营许可证7件,无证经营1件,网络超范围经营1件。核查处置具体情况如下:

问题1:"美团"平台上名为"多宝小面和抄手""云南过桥米线（清华店）"的两家商户和"百度外卖"平台上名为"Mr. Hamburg 汉堡先生""爱尚麻辣烫（清华店）"的两家商户均无实体经营门店。

处置结果:

经查,"美团"平台上名为"多宝小面和抄手"无实体经营门店。

经查,"美团"平台上名为"云南过桥米线（清华店）"的商户和百度外卖平台上名为"Mr. Hamburg 汉堡先生""爱尚麻辣烫（清华店）"三家商户均以北京三爱思餐饮有限公司名称注册,许可证在有效期内,编号:JY21108130077727,地址为北京市海淀区水磨中街新区19号,已按照市局指导意见"一证一铺"原则要求商户在每个平台上仅保留一家。

问题2:"百度外卖"平台上名为"满盆香水煮鱼正宗川菜""爱尚麻辣烫（清华店）""云南过桥米线（清华大学店）""Mr. Hamburg 汉堡先生"四家商户未公示食品经营许可证信息。其中,"满盆香水煮鱼正宗川菜""爱尚麻辣烫（清华店）"两家商户在"百度糯米"平台上也存在上述问题。

处置结果:

经我局执法人员2018年3月19日现场检查,名为"满盆香水煮鱼正宗川菜"的商户在"百度外卖"平台上公示了食品经营许可证,在"百度糯米"平台上已无法查看。

经查,"百度外卖"平台上名为"爱尚麻辣烫（清华店）"、"云南过桥米线（清华大学店）"、"Mr. Hamburg 汉堡先生"和"百度糯米"平台上名为"爱尚麻辣烫（清华店）"商户均未公示食品经营许可证信息。四家商店均以北京三爱思有限公司名称注册,许可证有效期内,编号:JY21108130077727,地址为北京市海淀区水磨中街新区19号。当事人未按要求在其经营的主页面公示食品经营许可证信息的行为,违反了《网络餐饮服务食品安全监督管理办法》（以下简称"总局36号令"）第九条的规定,依据总局36号令第三十二条的规定,对当事人给予警告处罚,《当场行政处罚决定书》编号为（京海）食药监食当罚〔2018〕03200201。

问题3:"美团"平台上名为"张亮麻辣烫(金源店)"、"小胖饺子馆"和"義麻麻辣烫"三家商户公示的餐饮服务许可证均已超过有效期。

处置结果:

经查,"美团"平台上名为"张亮麻辣烫(金源店)"商户公示的餐饮服务许可证已超过有效期,当事人未按要求在其经营的主页面更新食品经营许可证信息的行为,违反了总局36号令第九条的规定,依据总局36号令第三十二条的规定,对当事人给予警告处罚,《当场行政处罚决定书》编号(京海)食药监食当罚〔2018〕330015号。

经查,"美团"平台上名为"小胖饺子馆"的商户无实体经营门店。

经查,"美团"平台上名为"義麻麻辣烫"商户公示的餐饮服务许可证均已超过有效期,属于未取得食品经营许可从事食品经营活动,当事人的行为涉嫌违反了《中华人民共和国食品安全法》第三十五条第一款的规定,已立案查处,立案号为(京海)食药监食立申〔2018〕140279号。

问题4:"美团"平台上名为"小明同学(时代商城店)""港式铁板炒饭(上地店)"两家商户公示的食品经营许可证载明的经营场所分别为"北京朝阳区酒仙桥14号37幢Í层37-5"和"郑州市二七区棉纺东路3号4号"、而平台上显示的实际经营场所分别为"中关村大街40号当代商城B1楼"和"北京市海淀区农大南路一号楼B102"。

处置结果:

经查,"美团"平台上名为"小明同学(时代商城店)""港式铁板炒饭(上地店)"的两家商户网上公示的食品经营许可证载明的地址与实际经营地址不符,当事人未按要求在其经营的主页面公示食品经营许可证信息的行为,违反了总局36号令第九条的规定,依据总局36号令第三十二条的规定,对当事人给予警告处罚,《当场行政处罚决定书》编号为(京海)食药监食当罚〔2018〕270258号和(京海)食药监食当罚〔2018〕180274号。

问题5:"美团""百度外卖"平台上名为"翅盗鲜肉炸鸡"的同一商户,公示的食品经营许可证载明的经营项目为"自制饮品制售"(不含使用压力容器制作饮品);预包装食品制售(含冷藏冷冻食品),但实际在外卖菜单中经营"沙拉、意大利面"等食物。

处置结果:

经查,"美团"平台上名为"翅盗鲜肉炸鸡"的商户存在超范围经营的违法行为,"百度外卖"平台上未发现该商户。当事人超范围经营的行为涉嫌违反了《网络食品安全违法行为查处办法》第十六条的第一款规定,已进行立案调查,立案号(京海)食药监食立申〔2018〕140278号。

问题6:"美团"平台上名为"初心便当""U鼎冒菜(中关村保福寺店)""川渝人家(农大店)"三家商户在平台上公示的餐饮服务许可证载明的经营者名称、法定代表人等信息与北京市食品药品监督管理局官方网站公示的许可证信息不符。

处置结果：

经查,"美团"平台上名为"初心便当""U鼎冒菜(中关村保福寺店)"存在未按要求进行信息公示和更新的违法行为,当事人的行为违反了总局36号令第九条的规定,依据总局36号令第三十二条的规定,对当事人给予警告处罚,《当场行政处罚决定书》编号分别为(京海)食药监食当罚〔2018〕270249号、(京海)食药监食当罚〔2018〕270251号。

经查,"美团"平台上名为"川渝人家(农大店)"存在未取得食品经营许可从事食品经营活动的违法行为,当事人的行为违反了《中华人民共和国食品安全法》第三十五条第一款的规定进行立案查处,立案号为(京海)食药监食立申〔2018〕310288号。

二、网络餐饮食品安全专项整治工作进展情况

针对1号检察建议书的意见,结合市局要求,为强化监管效果,起到举一反三的作用,我局成立了以局长为组长的专项整治工作领导小组,制定下发专项整治工作方案,健全组织,明确责任分工,在辖区内开展为期两个月的专项整治工作。

(一)网络订餐平台进展情况

三家网络订餐平台开展了全面自查自纠,并向我局提交了整改报告。截至2018年5月11日,三家网络订餐平台共下线问题商户3218家,规范各种信息公示问题5203家。

(二)我局专项整治进展情况

我局借力市局网监系统,建立违法线索初查、分派、线上线下核查、处置录入等衔接有序的工作流程,充分发挥科所联动优势,实现边整治边规范。我局专门组织11人进行核查,已完成全部上线总商户16256家的初查工作,其中,"百度外卖"4030家,"美团"5417家,"饿了么"6809家。线下核查企业2865户次,出动执法人员2646人次,执法车辆936车次,移交平台下线383家次,整改115家次。已立案67件,其中超范围经营37件,未公示许可证19件,无证经营6件,对辖区内平台立案5件,将依据《食品安全法》等法律法规进行严厉处罚。

三、下一步监管重点工作及打算

网络餐饮属于新兴业态,法律法规相对滞后,科技执法手段落后。下一步，我局将进一步梳理网络订餐中监管的做法和问题，对网络餐饮这一新兴业态的规律进行深入研究，借助海淀的科技优势，健全长效监管机制，严管严控网络餐饮服务线上线下经营行为，确保辖区食品安全。

（一）多形式督促企业落实主体责任。通过定期约谈会、培训会、通报会等形式督促提供餐饮服务商户建立健全食品安全管理制度，定期学习食品安全知识，强化遵纪守法意识，严格贯彻落实《食品安全法》、总局27号令、总局36号令等法律法规的要求，不断提升网络餐饮经营规范化水平。

（二）积极开展网络订餐平台巡查工作。充分借助网监系统，对三大网络订餐平台、重点品种开展在线检查及取证工作，针对无证经营、超范围经营等网络订餐平台在经营过程中的多发、常见问题开展重点核查。对投诉举报多、消费者反映强烈、存在问题严重的平台和商户，加大执法力度，净化网络订餐环境。

（三）双管齐下，实行"线上线下"同步监管。将网络餐饮纳入日常监管的重点，对线上核查发现的问题线索及时移交线下核查；对线下检查的同时对商户的线上经营行为同时检查，形成良性双查机制；建立健全网络餐饮商户台账，定期核对线上、线下商户台账、做到底数清、情况明、实现动态监管。

（四）创新监管方式。针对网络餐饮这一新生业态，我局将加强与海淀区经信办等部门合作，借助海淀科技优势，研发改造升级网监系统，对商户准入、违法行为进行及时监控，实现智慧监管。健全各部门协作联动机制，加强联合执法，及时通报各种信息，实现信息共享。

北京市海淀区食品药品监督管理局
2018年5月14日

北京市海淀区食品药品监督管理局关于《北京市海淀区人民检察院检察建议书（京海检行建〔2018〕2号）》相关问题的履职情况报告

北京市海淀区人民检察院：

网络订餐是近几年发展起来的新兴业态，成为增长最迅速、最活跃的经济领域，也成为广大市民离不开的生活服务领域。在我区注册的网络订餐平台有三家："美团"、"百度外卖"和"百度糯米"。我局高度重视网络订餐平台的监管工作，采取多种形式多种手段加强对网络订餐平台的监管，督促其落实主体责任，严查其违法行为。我局共召开监管工作会、约谈网络订餐平台36次，在线培训网络订餐平台食品安全员130人次，加大了上线商户的监督抽检力度,强化了网络订餐平台的主体责任。近两年来,各大网络订餐平台主动下线网上商户 13000 余户;我局开展线上线下现场监督检查 23408 户次,发放整改意见书 23408 份;开展专项整治 40 次;监测抽检 9143 件,总体合格率 98.58%;取缔无证餐饮 5838 户;处置网络餐饮投诉举报 2122 件;共立案查处案件 2838 件、罚没款 7616 万元,其中涉及网络餐饮案件 267 件、罚没款 1079 万元。

为加强网络订餐配送环节安全,2018 年 2 月 5 日,我局组织了"饿了么、百度外卖助力海淀创建国家食品安全示范区暨食安封签项目启动大会",在全市率先试点实施食品安全封口签项目,努力形成经营者自律、社会协同、公众参与的社会共治格局。近期,各平台通过调查问卷对近 2000 名消费者进行调查显示,81.6% 的消费者对网络订餐平台使用食安封签来加强配送环境安全的举措表示满意,食品安全整体满意度上升较快。

我局接到贵院《北京市海淀区人民检察院检察建议书(京海检行建〔2018〕2 号)》(以下简称"2 号检察建议书")后,我局领导高度重视,主动与贵院进行沟通,及时汇报有关情况。并及时向市局进行了汇报,市局高度重视,专门下发了工作要求。针对 1 号检察建议书的内容,我局进行专题研究,迅速组织核查处置工作,组织开展了为期两个月的网络餐饮食品安全专项整治工作(以下简称"专项整治工作"),发放整改意见书 67 份,查处各种违法行为 67 件,进一步强化了对网络餐饮的监管,网络餐饮食品安全状况得到了较大提升。

一、2 号检察建议书相关问题履职情况

(一)召开专题部署会

接到建议书后,我局主管副局长及时召集相关科室、食药所召开专题部署会,对 2 号检察建议书涉及的问题进行逐条梳理和研究,明确了各相关科室及食药所的任务和责任,要求各食药所在一周内完成建议书涉及的三家网络订餐平台的违法行为的处置工作,并部署了为期两个月的网络餐饮食品安全专项整治工作。

(二)约谈网络订餐平台加强整改

2018 年 3 月 19 日,我局约谈"美团"、"百度外卖"和"百度糯米"三家网络订餐平台的负责人,要求三家网络订餐平台切实履行食品安全主体责任,在一周内对建议书涉及的 18 家次线上商户存在的问题进行核实、整改;并要求三家网络订餐平台开展全面自查自纠,对线上商户涉嫌存在的无实体经营门店、超范围经营等违法行为进行全面排查、整改,切实履行好主体责任。

2018 年 3 月 23 日,三家网络订餐平台已完成对 18 家次线上商户的核实,采取了更新食品经营许可证信息、下线等整改措施,并提交各自网络订餐平台的整改报告。

(三)集中开展线上线下核查处置工作

经查,2号检察建议书共涉及三家网络订餐平台在18家次线上商户(线下商户为12家)的经营行为上存在未落实主体责任的违法行为。我局已对三家网络订餐平台未落实主体责任的违法行为进行立案查处,已立案5件。核查处置具体情况如下:

问题1:"美团"平台上名为"多宝小面和抄手""云南过桥米线(清华店)"的两家商户和"百度外卖"平台上名为"Mr. Hamburg 汉堡先生""爱尚麻辣烫(清华店)"的两家商户均无实体经营门店。

处置结果:

经查,"美团"平台上名为"多宝小面和抄手"无实体经营门店,网络订餐平台"美团"存在未按规定审查入网食品经营者许可证的违法行为,涉嫌违反了《中华人民共和国食品安全法》第六十二条第一款、《网络餐饮服务食品安全监督管理办法》(以下简称"总局36号令")第八条第一款的规定,已立案查处,立案号为(京海)食药监其他立申〔2018〕140432号。

经查,"美团"平台上名为"云南过桥米线(清华店)"的商户和"百度外卖"平台上名为"Mr. Hamburg 汉堡先生""爱尚麻辣烫(清华店)"三家商户均以北京三爱思餐饮有限公司名称注册,许可证在有效期内,编号:JY21108130077727,地址为北京市海淀区水磨中街新区19号,已按照市局指导意见"一证一铺"原则要求商户在每个平台上仅保留一家。网络订餐平台"美团""百度外卖"未在其经营的主页面公示食品经营许可证信息的行为,违反了总局36号令第九条的规定,依据总局36号令第三十二条的规定给予处罚,《处罚决定书》编号分别为(京海)食药监食罚〔2018〕030255号和(京海)食药监食罚〔2018〕030254号。

问题2:"百度外卖"平台上名为"满盆香水煮鱼正宗川菜""爱尚麻辣烫(清华店)""云南过桥米线(清华大学店)""Mr. Hamburg 汉堡先生"四家商户未公示食品经营许可证信息。其中,"满盆香水煮鱼正宗川菜""爱尚麻辣烫(清华店)"两家商户在"百度糯米"平台上亦存在上述问题。

处置结果:

经我局执法人员2018年3月19日现场检查,名为"满盆香水煮鱼正宗川菜"的商户在"百度外卖"平台上公示了食品经营许可证,在"百度糯米"平台上已无法查看。网络订餐平台"百度外卖"未在其经营的主页面公示食品经营许可证信息的行为,违反了总局36号令第九条的规定,依据总局36号令第三十二条的规定给予处罚,《处罚决定书》编号为(京海)食药监食罚〔2018〕030254号。

经查,"百度外卖"平台上名为"爱尚麻辣烫(清华店)"、"云南过桥米线(清华大学店)"、"Mr. Hamburg汉堡先生"和"百度糯米"平台上名为"爱尚麻辣烫(清华店)"商户均未公示食品经营许可证信息。网络订餐平台"百度外卖"、"百度糯米"未在其经营的主页面公示食品经营许可证信息的行为,违反了总局36号令第九条的规定,依据总局36号令第三十二条的规定给予处罚,《处罚决定书》编号分别为(京海)食药监食罚〔2018〕030254号和(京海)食药监食罚〔2018〕270256。

问题3:"美团"平台上名为"张亮麻辣烫(金源店)"、"小胖饺子馆"和"義麻麻辣烫"三家商户公示的餐饮服务许可证均已超过有效期。

处置结果:

经查,"美团"平台上名为"张亮麻辣烫(金源店)"商户公示的餐饮服务许可证已超过有效期,网络订餐平台"美团"未在其经营的主页面公示食品经营许可证信息的行为,违反了总局36号令第九条的规定,依据总局36号令第三十二条的规定给予处罚,《处罚决定书》编号为(京海)食药监食罚〔2018〕030255号。

经查,"美团"平台上名为"小胖饺子馆"的商户无实体经营门店;"美团"平台上名为"義麻麻辣烫"商户公示的餐饮服务许可证均已超过有效期,属于未取得食品经营许可从事食品经营活动。网络订餐平台"美团"未按规定审查入网食品经营者许可证的违法行为,涉嫌违反了《中华人民共和国食品安全法》第六十二条第一款、总局36号令第八条第一款的规定,已进行立案查处,立案号为(京海)食药监其他立申〔2018〕140432号。

问题4:"美团"平台上名为"小明同学(当代商城店)""港式铁板炒饭(上地店)"两家商户公示的食品经营许可证载明的经营场所分别为"北京朝阳区酒仙桥路14号37幢1层37-5",和"郑州市二七区棉纺东路3号4号",而平台上显示的实际经营场所分别为"中关村大街40号当代商城B1楼"和"北京市海淀区农大南路一号楼Bl02"。

处置结果:

经查,"美团"平台上名为"小明同学(当代商城店)""港式铁板炒饭(上地店)"的商户网上公示的食品经营许可证载明的地址与实际经营地址不符,网络订餐平台"美团"未在其经营的主页面公示食品经营许可证信息的行为,违反了总局36号令第九条的规定,依据总局36号令第三十二条的规定给予处罚,《处罚决定书》编号为(京海)食药监食罚〔2018〕030255号。

问题5:"美团"、"百度外卖"平台上名为"翅盗鲜肉炸鸡"的同一商户,公示的食品经营许可证载明的经营项目为"自制饮品制售(不含使用压力容器制作饮品);预包装食品制售(含冷藏冷冻食品)",但实际在外卖菜单中经营"沙拉、意大利面"等食物。

处置结果:

经查,"美团"平台上名为"翅盗鲜肉炸鸡"的商户存在超范围经营的问题,"百度外卖"平台上未发现该商户,网络订餐平台"美团""百度外卖"未能对商户的经营行为进行管理和规范,已要求网络订餐平台"美团""百度外卖"对商户超范围经营的问题进行整改。

问题6:"美团"平台上名为"初心便当""U鼎冒菜(中关村保福寺店)""川渝人家(农大店)"三家商户在平台上公示的餐饮服务许可证载明的经营者名称、法定代表人等信息与北京市食品药品监督管理局官方网站公示的许可证信息不符。

处置结果:

经查,"美团"平台上名为"初心便当""U鼎冒菜(中关村保福寺店)"公示的餐饮服务许可证载明的经营者名称、法定代表人等信息与北京市食品药品监督管理局官方网站公示的许可证信息不符,网络订餐平台"美团"未在其经营的主页面公示食品经营许可证信息的行为,违反了总局36号令第九条的规定,依据总局36号令第三十二条的规定给予处罚,《处罚决定书》编号为(京海)食药监食罚〔2018〕030255号。

经查,"美团"平台上名为"川渝人家(农大店)"存在未取得食品经营许可从事食品经营活动的违法行为,网络订餐平台"美团"未按规定审查入网食品经营者许可证的违法行为,涉嫌违反了《中华人民共和国食品安全法》第六十二条第一款、总局36号令第八条第一款的规定,已进行立案查处,立案号为(京海)食药监食立申〔2018〕310439号。

二、网络餐饮食品安全专项整治工作进展情况

针对2号检察建议书提示的意见,结合市局要求,为强化监管效果,起到举一反三的作用,我局成立了以局长为组长的专项整治工作领导小组,制定下发专项整治工作方案,健全组织,明确责任分工,在辖区内开展为期两个月的专项整治工作。

(一)网络订餐平台进展情况

三家网络订餐平台开展了全面自查自纠,并向我局提交了整改报告。截止至2018年5月11日,三家网络订餐平台共下线问题商户3218家,规范各种信息公示问题5203家。

（二）我局专项整治进展情况

我局借力市局网监系统，建立违法线索初查、分派、线上线下核查、处置录入等衔接有序的工作流程，充分发挥科所联动优势，实现边整治边规范。我局专门组织 11 人进行核查，已完成全部上线总商户 16256 家的初查工作，其中，"百度外卖" 4030 家，"美团" 5417 家，"饿了么" 6809 家。线下核查企业 2865 户次，出动执法人员 2646 人次，执法车辆 936 车次，移交平台下线 383 家次，整改 115 家次。已立案 67 件，其中超范围经营 37 件，未公示许可证 19 件，无证经营 6 件，对辖区内平台立案 5 件，将依据《食品安全法》等法律法规进行严厉处罚。

三、下一步监管重点工作及打算

网络餐饮属于新兴业态，法律法规相对滞后，科技执法手段落后。下一步，我局将进一步梳理网络订餐中监管的做法和问题，对网络餐饮这一新兴业态的规律进行深入研究，借助海淀的科技优势，健全长效监管机制，严管严控网络餐饮服务线上线下经营行为，确保辖区食品安全。

（一）多形式督促企业落实主体责任。通过定期约谈会、培训会、通报会等形式督促提供餐饮服务商户建立健全食品安全管理制度，定期学习食品安全知识，强化遵纪守法意识，严格贯彻落实《食品安全法》、总局 27 号令、总局 36 号令等法律法规的要求，不断提升网络餐饮经营规范化水平。

（二）积极开展网络订餐平台巡查工作。充分借助网监系统，对三大网络订餐平台、重点品种开展在线检查及取证工作，针对无证经营、超范围经营等网络订餐平台在经营过程中的多发、常见问题开展重点核查。对投诉举报多、消费者反映强烈、存在问题严重的平台和商户，加大执法力度，净化网络订餐环境。

（三）双管齐下，实行"线上线下"同步监管。将网络餐饮纳入日常监管的重点，对线上核查发现的问题线索及时移交线下核查；对线下检查的同时对商户的线上经营行为同时检查，形成良性双查机制；建立健全网络餐饮商户台账，定期核对线上、线下商户台账，做到底数清、情况明，实现动态监管。

（四）创新监管方式。针对网络餐饮这一新生业态，我局将加强与海淀区经信办等部门合作，借助海淀科技优势，研发改造升级网监系统，对商户准入、违法行为进行及时监控，实现智慧监管。健全各部门协作联动机制，加强联合执法，及时通报各种信息，实现信息共享。

北京市海淀区食品药品监督管理局

2018 年 5 月 14 日

2 宁夏回族自治区中宁县人民检察院督促中宁县市场监督管理局依法履职案

（食品安全）

一、基本案情

2018年4月底，中宁县某小学学生因购买校园周边小商店食品引发中毒事件引起社会关注，中宁县人民检察院民行部门干警了解到此案件线索后，与宁夏回族自治区人民检察院部署的"食品药品安全领域、黄河流域（宁夏段）生态环境和资源保护、医疗废物处理"三个公益诉讼专项监督活动及未成年人保护工作相结合，在全县范围内开展了校园周边食品安全专项大检查活动。2018年5月30-6月3日，该院民行部门干警走访了全县47所中小学，六十余家商店、小卖部，调查询问了12家商店的经营者。走访过程中发现，中宁县双井子、红宝、马莲梁、王庄子、花豹湾小学，喊叫水九年制、宽口井九年制等学校周围商店内存在销售超保质期、无生产日期、生产厂家来源不清的食品；花豹湾、马莲梁小学周围部分商店在经营过程中未办理食品经营许可证，部分商店经营者未办理健康证或健康证过期；马莲梁小学周围商店内销售的"绿宝"牌果味饮料、蓝色包装冰冻条外包装上未注明生产日期、生产许可证编号。

二、检察建议

2018年6月4日，中宁县人民检察院依法对该案立案审查，6月6日向中宁县市场监督管理局（以下简称市场监管局）发出检察建议，要求该局依法履行职责，加强校园及周边食品安全监督检查力度，杜绝不符合安全标准的食品出现在校园周围及全县其他地区，对未办理食品经营许可证及健康证的经营者督促其及时办理，对本院发现的"问题"饮料查清后依法处理，避免"问题"饮料对饮用者身体造成伤害。

三、行政机关履职情况

市场监管局收到检察建议后，立即组织全县工商执法所执法人员对检察建议中提到的问题进行调查，并开展专项整治和专项治理活动。对卫生条件不达标的16家经营户下达了责令改正通知书；查获、没收了23个品种的过期、无标签标识等不合格食品1325袋153公斤；对843家餐饮单位、72所供餐学校、35所幼儿园、4659名从业人员进行了检查，下达责令改正通知书224份。抽检食用植物油3个批次。对违法生产"问题"饮料的加工点查封并扣押相关生产设备，后对所有生产设备全部予以拆除。

四、办案指引

 管辖

该案线索系中宁县人民检察院在履行公益诉讼监督职责中发现，根据《检察机关行政公益诉讼案件办案指南》规定：检察机关提起行政公益诉讼的案件，一般由违法行使职权或者不作为的行政机关所在地的基层人民检察院管辖。本案中，中宁县市场监督管理局作为食品安全主管部门，对校园周边食品安全问题存在怠于履职的情形。故该案应由中宁县市场监督管理局所在地的基层院即中宁县人民检察院管辖。

 立案

中宁县市场监督管理局对中宁县马莲梁小学、花豹湾小学、喊叫水九年制等学校周围商店存在销售超保质期、三无食品及无证经营等情况未依法履行职责，可能会对社会公共利益造成损害，符合《中华人民共和国行政诉讼法》第25条第4款的规定，应立案审查。

 诉前程序

1. 本案调查的重点

（1）行政相对人是否存在违法行为。中宁县人民检察院通过实地调查、询问发现，中宁县双井子、红宝、马莲梁、王庄子、花豹湾小学、喊叫水九年制、宽口井九年制等学校周围商店内存在销售超保质期、无生产日期、来源不清的食品，花豹湾、马莲梁小学周围部分商店在经营过程中未办理食品经营许可证，部分商店经营者未办理健康证或健康证过期。马莲梁小学周围商店内销售的"绿宝"牌果味饮料、蓝色包装冰冻条外包装未注明生产日期、生产许可证编号。上述行政相对人在经营、生产过程中均存在违反《中华人民共和国食品安全法》相关规定的情形。

（2）行政机关是否负有监管职责、是否存在怠于履职的情形。《中华人民共和国食品安全法》第 6 条第 2 款规定：县级以上地方人民政府依照本法和国务院的规定，确定本级食品药品监督管理、卫生行政部门和其他有关部门的职责。有关部门在各自职责范围内负责本行政区域的食品安全监督管理工作。中宁县委关于印发《中宁县市场监督管理局主要职责岗位设置和人员编制规定》中明确该局职责之一为：负责食品生产、流通及消费环节的食品安全监督管理工作。上述规定说明，中宁县市场监督管理局是本县食品安全监督的主要职责部门，应对全县范围内食品生产、经营者是否存在生产、销售不符合规定的食品进行监督检查。本案中，市场监管局对校园周边商店内销售的问题食品未及时发现、处理，存在怠于履行职责的情形。

2. 本案如何针对重点问题开展调查

通过评估线索，民行部门认为此案符合行政公益诉讼立案范畴，针对该线索，通过走访调查中宁县中小学校园周边的商店、超市，对发现的问题食品拍照后购买，以固定证据，对商店、超市经营者进行询问，制作调查笔录以确定销售者销售问题食品及市场监管局履职不到位的事实。

3. 本案审查的关键问题

国家利益或社会公共利益是否受到侵害，行政执法机关是否存在怠于履行的情形是本案的关键问题。

4. 诉前文书写作的关键问题

（1）准确描述中宁县校园周边的商店、超市存在销售问题食品、违法生产、经营的情形。

（2）正确适用问题食品所违反的法律规定及市场监管局未全面履职的职责要求和法律依据。

五、办案效果

新时代，回应人民群众对公共利益维护的期待、对美好生活的追求成为检察机关开展公益诉讼的最大动力和目标。确保广大青少年"舌尖上的安全"更关乎到下一代的健康成长，此案地办理有效地督促了市场监管局对本县食品生产、零售、批发行业的日常监管，全面保障青少年"舌尖上的安全"，为青少年营造安全、可靠的食品环境。案件在办理过程中，市场监管局全面配合检察机关开展公益诉讼工作，发出的检察建议得到全面、有效整改，实现了政治、法律和社会效果的有机统一。

六、依据指引

《中华人民共和国食品安全法》

第六条（第二款） 县级以上地方人民政府依照本法和国务院的规定，确定本级食品药品监督管理、卫生行政部门和其他有关部门的职责。

第二十六条 食品安全标准应当包括下列内容：

……

（四）对与卫生、营养等食品安全要求有关的标签、标志、说明书的要求；

（六）与食品安全有关的质量要求……

第三十五条 国家对食品生产经营实行许可制度。从事食品生产、食品销售、餐饮服务，应当依法取得许可。

第四十五条 食品生产经营者应当建立并执行从业人员健康管理制度。从事接触直接入口食品工作的食品生产经营人员应当每年进行健康检查，取得健康证明后方可上岗工作。

第五十三条 食品经营者采购食品，应当查验供货者的许可证和食品出厂检验合格证或者其他合格证明（以下称合格证明文件）。食品经营企业应当建立食品进货查验记录制度，如实记录食品的名称、规格、数量、生产日期或者生产批号、保质期、进货日期以及供货者名称、地址、联系方式等内容，并保存相关凭证。

第五十四条 食品经营者应当按照保证食品安全的要求贮存食品，定期检查库存食品，及时清理变质或者超过保质期的食品。

第六十八条 食品经营者销售散装食品，应当在散装食品的容器、外包装上标明食品的名称、生产日期或者生产批号、保质期以及生产经营者名称、地址、联系方式等内容。

第一百二十六条 违反本法规定，有下列情形之一的，由县级以上人民政府食品药品监督管理部门责令改正，给予警告；拒不改正的，处五千元以上五万元以下罚款；情节严重的，责令停产停业，直至吊销许可证：

……

（三）食品、食品添加剂生产经营者进货时未查验许可证和相关证明文件，或者未按规定建立并遵守进货查验记录、出厂检验记录和销售记录制度；

（六）食品生产经营者安排未取得健康证明或者患有国务院卫生行政部门规定的有碍食品安全疾病的人员从事接触直接入口食品的工作；

（十）特殊食品生产企业未按规定建立生产质量管理体系并有效运行，或者未定期提交自查报告。

七、文书指引

 立案决定书

宁夏回族自治区中宁县人民检察院
立案决定书

中宁检民行公立〔2018〕11号

本院在履行职责过程中发现，中宁县马莲梁小学、花豹湾小学、王庄子小学、宽口井九年制学校、喊叫水九年制等学校周围商店存在销售超保质期、三无食品及无证经营等情况，损害了社会公共利益，中宁县市场监督管理局对上述问题的处置未发挥有效的监督管理职责，根据《中华人民共和国行政诉讼法》第二十五条第四款的规定，决定立案审查。

2018年6月4日

 检察建议书

宁夏回族自治区中宁县人民检察院
检察建议书

中宁检行建〔2018〕11号

中宁县市场监督管理局：

本院在依法履行职责时，发现中宁县部分中小学校园周围商店内存在销售超保质期、三无食品及无证经营等情形，该情形可能会引起食品安全事故，对食用人身体造成伤害。本案现已审查终结。

本院依法查明：2018年5月30－6月3日，经本院调查发现，中宁县双井子、红宝、马莲梁、王庄子、花豹湾小学，喊叫水九年制、宽口井九年制等学校周围商店内存在销售超保质期、无生产日期、来源不清的食品，花豹湾、马莲梁小学周围部分商店在经营过程中未办理食品经营许可证，部分商店经营者未办理健康证或健康证过期。

另查明：马莲梁小学周围商店内销售的"绿宝"牌果味饮料、蓝色包装饮料为中宁县一家名为绿宝饮料厂生产的产品，但上述两种饮料在外包装上均未注明生产日期、生产许可证编号。

　　本院认为，食品安全是一项关系国计民生的"民心工程"，确保广大青少年"舌尖上的安全"更关乎到下一代的健康成长，青少年在成长过程中受年龄、知识的限制，对一些事物缺乏足够的判断能力。校园周边商店销售群体主要面向为广大青少年，超保质期、无生产日期、来源不清的食品被他们食用后轻则引起疾病，重则会引起群体性中毒、死亡等严重后果。

　　《中华人民共和国食品安全法》第六条第二款规定：县级以上地方人民政府依照本法和国务院的规定，确定本级食品药品监督管理、卫生行政部门和其他有关部门的职责。有关部门在各自职责范围内负责本行政区域的食品安全监督管理工作。中宁县委关于印发《中宁县市场监督管理局主要职责岗位设置和人员编制规定》中明确该局职责之一为：负责食品生产、流通及消费环节的食品安全监督管理工作。上述规定说明，你局是本县食品安全监督的主要职责部门，应对全县范围内食品生产、经营者是否存在生产、销售不符合规定的食品进行监督检查。

　　《中华人民共和国食品安全法》第二十六条规定："食品安全标准应当包括下列内容：……（四）对与卫生、营养等食品安全要求有关的标签、标志、说明书的要求；（六）与食品安全有关的质量要求……"第三十五条规定："国家对食品生产经营实行许可制度。从事食品生产、食品销售、餐饮服务，应当依法取得许可。"第四十五条规定："食品生产经营者应当建立并执行从业人员健康管理制度。从事接触直接入口食品工作的食品生产经营人员应当每年进行健康检查，取得健康证明后方可上岗工作。"第五十三条规定："食品经营者采购食品，应当查验供货者的许可证和食品出厂检验合格证或者其他合格证明（以下称合格证明文件）。食品经营企业应当建立食品进货查验记录制度，如实记录食品的名称、规格、数量、生产日期或者生产批号、保质期、进货日期以及供货者名称、地址、联系方式等内容，并保存相关凭证。"第五十四条规定："食品经营者应当按照保证食品安全的要求贮存食品，定期检查库存食品，及时清理变质或者超过保质期的食品。"第六十八条规定："食品经营者销售散装食品，应当在散装食品的容器、外包装上标明食品的名称、生产日期或者生产批号、保质期以及生产经营者名称、地址、联系方式等内容。"第一百二十六条规定："违反本法规定，有下列情形之一的，由县级以上人民政府食品药品监督管理部门责令改正，给予警告；拒不改正的，处五千元以上五万元以下罚款；情节严重的，责令停产停业，直至吊销许可证：……（三）食品、食品添加剂生产经营者进货时未查验许可证和相关证明文件，或者未按规定建立并遵守进货查验记录、出厂检验记录和销售记录制度；（六）食品生产经营者安排未取得健康证明或者患有国务院卫生行政部门规定的有碍食品安全疾病的人员从事接触直接入口食品的工作；（十）特殊食品生产企业未按规定建立生产质量管理体系并有效运行，或者未定期提交自查报告。"上述法律规定说明：食品生产、经营者必须生产、销售符合食品安全标准的产品，食品经营者在进货时要查验相关证明文件和许可证并建立进货、销售记录，食品经营者必须取得经营许可证、健康证，如违反上述规定应由监管部门予以行政处罚。本案中，对于中宁县绿宝饮料厂生产的饮料，马莲梁小学、宽口井九年制等学校周围商店销售的超保质期、无生产日期、来源不清的食品及部分商店经营者未办理经营许可证、健康证的情形，你局未及时发现、查处，存在未有效履行职责的情形。

综上，根据《中华人民共和国行政诉讼法》第二十五条第四款的规定，为保障食品安全，维护社会公共利益，现向你单位提出如下检察建议：

1. 建议你单位采取有效措施，加强校园及周边食品安全监督检查力度，杜绝"问题食品"再次出现于校园周围及全县其他地区；对未办理食品经营许可证及健康证的经营者督促其依法办理。

2. 对本院查处的"绿宝"牌饮料，及时查清该饮料的来源以及其是否符合食品生产安全标准，如不符合请依法处理。

请于收到本检察建议书后两个月内将办理情况书面回复我院。

2018 年 6 月 6 日

 行政机关回复

关于对中宁县人民检察院检察建议书办理情况的答复

中宁县人民检察院：

2018年6月4日，我局接贵院（中宁检行建〔2018〕11号）检察建议书，反映我县部分中小学周边存在销售超保质期、三无食品及无证经营等情形。我局随即组织执法人员对上述情况进行了调查，情况如下：

一、以城乡结合部、学校、幼儿园、机关食堂、大型商场超市、农贸市场为重点区域和单位，大力开展专项整治。先后开展了城乡结合部食品安全、夏季学校食堂、五毛食品、夏季饮品、校园周边等专项整治活动，对与人民群众生活密切相关的粮、油、奶制品、豆制品等进行监督检查和专项治理。对卫生条件不达标的16家经营户下达了责令改正通知书；查获、没收了23个品种的过期、无标签标识等不合格食品 1325 袋 153 公斤；对 843 家餐饮单位、72 所供餐学校、35 所幼儿园、4659 名从业人员进行了检查，下达责令改正通知书 224 份。抽检食用植物油 3 个批次。

二、2018 年 6 月 8 日，我局执法人员对中宁县大战场乡马莲梁完小周边的兵海商店、马正梅商店进行了排查，现场未发现有销售"绿宝"牌饮料的行为，执法人员在该校附近一处垃圾场意外发现了该品牌饮料外包装，按照包装物上标识的生产地址，执法人员随即对中宁县北街城关村 5 队进行了排查，排查发现，该"绿宝"牌饮料实际生产地址位于中宁县北大街"永寿堂大药房"以南约 30 米巷道内的一平房院落内。

执法人员对该院落进行检查时发现，该院落内确为"绿宝"牌饮料加工点，加工点负责人为杨建刚，在未办理任何证照的情况下从事"绿宝"牌饮料生产、经营活动，且生产的产品无生产日期、保质期等标识标签，执法人员当场制作了《现场检查笔录》，并依法对已生产的 17 箱"绿宝"牌棒冰、3 台用于存放冰棒的冷柜以及用于制作饮料的原料、包装物进行了扣押，并将该加工点予以查封。同时，对已生产的"绿宝"牌冰棒进行了抽样送检。

2018 年 7 月 6 日，根据宁夏回族自治区食品检测中心出具的 NO：W2018 - 06 - 0495 检测报告显示：该品牌冰棒中的糖精钠、甜蜜素不符合 GB2760 - 2014 标准要求，为不合格产品。目前，该案正在进一步调查中。

中宁县市场监督管理局
二〇一八年八月五日

 行政处罚决定书

中宁县市场监督管理局
行政处罚决定书

中宁市监处字〔2018〕055 号

当事人杨建刚，男，64 岁，汉族，中专文化程度，住宁夏中宁县宁新路宁新小区 1 - 312 号，身份证号。：642124195404120034。

2018 年 6 月 8 日，我局执法人员对县城北街城关村五队一民房进行了检查，检查中发现当事人在该民房内从事冰棒、果味饮料生产经营活动，当事人现场不能提供《营业执照》《食品生产许可证》，其行为涉嫌违反《无证无照经营查处办法》第七条之规定，我局执法人员立即制作了现场检查笔录，填写了《立案审批表》，报请主管局长审批。同时，为了防止证据流失，我局执法人员依据《中华人民共和国行政强制法》第二十四条之规定，填写了《行政强制措施决定审批表》。2018年6月8日立案调查，并将当事人生产的产品、原料、设备等予以扣押。为了确定当事人生产的产品质量，我局执法人员对其生产的冰棒进行了抽样送检。

现查明：当事人在未取得《营业执照》、《食品生产许可证》和《健康证》的情况下，于2018年5月开始从事食品生产经营活动。当事人生产经营的冰棒、饮料外包装标注有"绿宝""绿宝饮料厂""绿宝果园"等字样，于2018年5月生产了冰棒30件（每件100根），销售了20件，销售价格7元/件，货值金额210元；生产饮料10件（每件24瓶），销售10件，销售价格9.6元/件，货值金额96元，两种产品货值金额共计306元。

2018年7月11日，我局收到宁夏回族自治区食品检验中心编号为NO：W2018－06－0495的检验报告，当事人生产的冰棒糖精钠实测值0.23g/kg，大于标准值≤0.15g/kg的要求，单项判定不合格；甜蜜素实测值0.97g/kg，大约标准值≤0.65g/kg的要求，单项判定不合格。检验结论为糖精钠、甜蜜素不符合GB2760－2014标准要求。

当事人的行为违反了《中华人民共和国食品安全法》第三十五条第一款"国家对食品生产经营实行许可制度，从事食品生产、食品销售、餐饮服务应当依法取得许可。但是销售食用农产品不需要取得许可。"之规定。由于当事人生产加工规模小、从业人员仅其1人，生产条件和工艺技术简单，属于食品小作坊。根据《中华人民共和国食品安全法》第三十六条第三款"食品生产加工小作坊和食品摊贩等的具体管理办法由省、自治区、直辖市制定"和《中华人民共和国食品安全法》第一百二十七条"对食品生产加工小作坊、食品摊贩等的违法行为的处罚，依照省、自治区、直辖市制定的具体管理办法执行"及《宁夏回族自治区食品生产加工小作坊小经营店和食品小摊点管理条例》第九条"县级人民政府食品监督管理部门对食品小作坊、小经营店实行登记管理，对食品小摊点实行备案管理"之规定，构成了食品小作坊未取得登记证从事食品生产经营活动的违法行为。

依据《宁夏回族自治区食品生产加工小作坊小经营店和食品小摊点管理条例》第三十四条"违反本条列规定，食品小作坊、小经营店未取得登记证，从事食品生产经营活动的，由县级以上人民政府食品药品监督管理部门责令限期改正，给予警告；逾期未改正的处以一千元以上一万元以下罚款；情节严重的，没收违法所得和用于生产经营的工具、设备、原料"之规定，应当予以行政处罚。

本案中当事人未取得健康证明从事食品生产经营活动，且购进食品添加剂，未建立进货查验记录、未建立使用台账，无防蝇防鼠等设施，生产经营的冰棒经检验机构检验不符合 GB2760－2014 标准要求，无证无照生产的产品销售给学校周边的小食杂店进而销售给小学生，存在极大的食品安全隐患，违法情节严重，应当从重予以行政处罚。

本局于 2018 年 9 月 13 日向当事人送达了《中宁县市场监督管理局行政处罚告知书》（中宁市监处告字〔2018〕055 号），依法告知了拟对当事人作出行政处罚的事实、理由、依据及享有的权利，当事人在法定期限内未提出陈述、申辩，本局认为当事人放弃其权利。

2018 年 9 月 18 日，经研究决定，责令当事人停止食品生产经营违法行为，并对当事人作出如下行政处罚：

一、没收违法所得 306 元。

二、没收 17 箱制作完成的冰棒、3 台安徽华宗机械制造有限公司制造的用于生产经营的设备（1 台封口机、2 卷冰棒包装袋、0.5 桶京萃乙基麦芽酚、1/3 桶日落黄 60、1/5 桶苋菜红 60、1/5 桶果绿、2 桶曼氏香精（2 桶均剩一半））。

当事人应在收到本处罚决定书之日起十五日内（末日为节假日顺延）到宁夏银行中宁支行缴纳罚款。

中宁县市场监督管理局
二〇一八年九月十八日

3 福建省闽侯县人民检察院督促闽侯县市场监督管理局、福州高新区市场监督管理局、福州高新区综合执法局依法履职案

（食品安全）

一、基本案情

2018年4月1日，央视《每周质量报告》曝光了闽侯县域内四家食用调和油生产商存在偷工减料、非转基因虚假标识的现象。这些食用调和油生产商通过在普通植物油勾兑出的低端油添加低价大豆油等方式降低成本，以低价油冒充高价油，并在产品标签中虚假标注原料配比、虚假标识非转基因，以转基因原料冒充非转基因原料，损害社会公共利益。

二、检察建议

闽侯县人民检察院于2018年4月2日分别向闽侯县市场监督管理局、福州高新区市场监督管理局、福州高新区综合执法局发出检察建议，要求：（1）全面依法履行相关职责，及时对闽侯县、福州高新区辖区内食用油生产销售情况进行全面排查。（2）对涉事企业违法生产经营依法予以查处。依法采取没收涉案企业违法生产经营的食用油及违法所得、处以罚款等措施。（3）约谈生产经营者，并履行法律规定的其他职责。

三、行政机关履职情况

闽侯县市场监督管理局、福州高新区市场监督管理局、福州高新区综合执法局收到检察建议后高度重视，迅速行动，成立专案组；对涉案产品展开调查，对涉事企业从原料采购、生产过程、购销台账、库存产品和未使用的标签等进行全面清查；约谈辖区内所有食用植物油生产的17家企业的负责人，开展自查自纠，提高生产者自律意识；对涉案企业依法予以行政处罚，落实食品安全主体责任，督促食用油问题整改。

四、办案指引

管辖

根据《中华人民共和国行政诉讼法》第 25 条第 4 款与福州市人民政府、福州市人民检察院《关于深入开展公益诉讼工作的通知》规定,该案属于检察机关在履行职责中发现食品药品安全领域负有监督管理职责的行政机关不作为,造成社会公共利益受到侵害,应由基层人民检察院管辖的行政公益诉讼案件。闽侯县人民检察院作为行政机关所在地的基层人民检察院,对该案具有管辖权。

立案

中央电视台《每周质量报告》曝光了闽侯县域内四家食用调和油生产商存在偷工减料、虚假标示的问题,造成了较为恶劣的社会影响。闽侯县市场监督管理局、福州高新区市场监督管理局、福州高新区综合执法局作为负责辖区内食品药品安全监管工作的主管部门,可能存在不依法履职的违法情形。2018年4月2日,闽侯县检人民检察院正式立案。

诉前程序

1. 本案调查的重点

（1）对央视曝光的食用油偷工减料、非转基因虚假标识进行调查核实。

（2）闽侯县市场监督管理局、福州高新区市场监督管理局、福州高新区综合执法局是否具有管理职责。

（3）闽侯县市场监督管理局、福州高新区市场监督管理局、福州高新区综合执法局是否存在怠于履职情形。

2. 本案如何针对调查重点开展调查

一是梳理调查核实脉络。在分析已知材料基础上,按照取证要件和事件发展的脉络,重点考虑取证涉及的部门包括涉事企业、流通市场、市场监管局、综合执法局等,针对取证对象中销售点分布多、涉及广的特点,充分调动人员力量整合资源,精心安排力量和确定工作方法,规划出取证的路径、应当采取的方法、手段、策略和防范措施等,对可能发生拒证、串谋、毁证等制定应急预案。二是全面清查固定证据。深入涉事企业调查了解食用油生产、销售全过程,全面清查原料采购、生产过程、购销台账、库存产品和未使用的标签等,证实四家企业为降低生产成本,采购转基因大豆生产食用油,并采取直接标识为非转基因、转基因字样模糊、字体极小等虚假标示方法，误导消费者认为其属于非转基因食用油，侵犯消费者知情权，损害社会公共利益。根据购销纪录并实地走访相关销售网点，发现涉案食用油已销往全国各地，有进一步侵害的可能性，立即建议行政执法部门先召回在市场上流通的产品并予以封存送检。三是认真梳理权责界限。根据福建省人民政府的相关批复，市场监管局承担着食品药品监督管理领域法律法规规定的行政处罚权。但在调查取证过程中发现，基层市场局内部规章制度混乱，相关监管职责不明确，转基因原料属于被动执法，没有明确责任人，也没有执法记录，从而进一步证实了市场监管部门履职不到位情况。

3. 本案审查的关键问题

食用油是否存在偷工减料与非转基因虚假标识情况及闽侯县市场监督管理局、福州高新区市场监督管理局、福州高新区综合执法局是否存在未全面有效履行职责的情况。

4. 诉前文书写作的关键问题

熟悉食品药品安全领域业务，掌握相关执法要求，分析研判整改措施、精准施策提出检察建议，实现精准监督。

五、办案效果

食用油是百姓关注的重点食品类型，转基因食品更是关系民生的敏感话题，检察机关针对调查中发现的食用油安全、偷工减料、非转基因虚假标识等问题及时监督行政机关履职是维护公共利益的应有担当。本案也是全国率先通过公益诉讼诉前程序规范转基因食品标识的案例。通过规范标识，使转基因食用油信息更透明，有助于提升市场监管质量，也保障消费者知情权、选择权。

六、依据指引

1. 《中华人民共和国食品安全法》

第六十九条 生产经营转基因食品应当按照规定显著标示。

第一百二十五条（第三项） 违反本法规定，有下列情形之一的，由县级以上人民政府食品药品监督管理部门没收违法所得和违法生产经营的食品、食品添加剂，并可以没收用于违法生产经营的工具、设备、原料等物品；违法生产经营的食品、添加剂货值不足一万元的，并处五千元以上五万元以下罚款；货值金额一万元以上的，并处货值金额五倍以上十倍以下罚款；情节严重的，责令停产停业，直至吊销许可证：

（三）生产经营转基因食品未按规定进行标示。

2.《食品标识管理规定》

第十六条（第三项） 食品有以下情形之一的，应当在其表示上标注中文说明：

（三）属于转基因食品或者含法定转基因原料的。

3.《农业转基因生物标识管理办法》

第三条（第二款） 凡是列入标识管理目录并用于销售的农业转基因生物，应当进行标识；未标识和不按规定标识的，不得进口或销售。

第七条 农业转基因生物标识应当醒目，并和产品的包装、标签同时设计和印制。

七、文书指引

 立案决定书

福建省闽侯县人民检察院
立案决定书

侯检行公建〔2018〕35012100004 号

本院在履行职责过程中发现闽侯县市场监督管理局可能存在怠于履行监管职责，致使社会公共利益受到侵害，根据《中华人民共和国行政诉讼法》第二十五条第四款的规定，决定立案审查。

2018 年 4 月 2 日

福建省闽侯县人民检察院
立案决定书

侯检行公建〔2018〕35012100005 号

本院在履行职责过程中发现福州高新区市场监督管理局可能存在怠于履行监管职责，致使社会公共利益受到侵害，根据《中华人民共和国行政诉讼法》第二十五条第四款的规定，决定立案审查。

2018 年 4 月 2 日

福建省闽侯县人民检察院
立案决定书

侯检行公建〔2018〕35012100006号

本院在履行职责过程中发现福州高新区综合执法局可能存在怠于履行监管职责，致使社会公共利益受到侵害，根据《中华人民共和国行政诉讼法》第二十五条第四款的规定，决定立案审查。

2018年4月2日

 检察建议书

福州市闽侯县人民检察院
检察建议书

侯检行公建〔2018〕35012100004号

闽侯县市场监督管理局：

　　本院在履行职责中发现，福建吉农食品有限公司、福建添顺粮油有限公司、福建旺龙顺粮油食品有限公司等生产食用调和油存在偷工减料、虚假标示的现象，决定予以审查，现已审查终结。

　　本院经调查核实，据央视每周质量报告等媒体报道：福建吉农食品有限公司、福建添顺粮油有限公司等生产食用调和油存在偷工减料、以次充好的现象。如在福建吉农食品有限公司，记者看到一款净含量5L装的橄榄调和油，配料表里标称含有6%橄榄油、94%菜籽油，出厂价34元。而参照当时市场价格，仅原料成本就已经超过出厂价，达到了40元。面对质疑，这家公司负责人不得不承认，包装上所突出的橄榄油其实添加不了那么多。福建吉农食品有限公司董事长刘金龙表示实际3%以上肯定有的。福建添顺粮油有限公司主要生产橄榄调和油和山茶调和油，也是卖30多元，橄榄油添加量对外标称6%左右，实际上却少得可怜。福建添顺粮油有限公司总经理李明俤表示橄榄油就是说加到2%就可以。福建旺龙顺粮油食品有限公司等生产食用调和油存在虚假标示的现象。如福建旺龙顺粮油食品有限公司生产的标称橄榄核桃和橄榄原香的两款调和油都打着非转基因的字样。记者注意到这些产品的配料表中，大豆油含量占到90%以上，原料产地来自美国。该公司的销售负责人承认，这种大豆油是转基因产品，也就是说这种标识着非转基因的调和食用油却是地地道道的转基因产品。

　　本院认为，根据食品安全国家标准《预包装食品标签通则》的规定："预包装食品标签的所有内容，不得以虚假、使消费者误解或欺骗性的文字、图形等方式介绍食品；也不得利用字号大小或色差误导消费者"；《中华人民共和国食品安全法》第六十九条："生产经营转基因食品应当按照规定显著标示"；第一百二十五条："违反本法规定，有下列情形之一的，由县级以上人民政府食品药品监督管理部门没收违法所得和违法生产经营的食品、食品添加剂，并可以没收用于违法生产经营的工具、设备、原料等物品；违法生产经营的食品、食品添加剂货值金额不足一万元的，并处五千元以上五万元以下罚款；货值金额一万元以上的，并处货值金额五倍以上十倍以下罚款；情节严重的，责令停产停业，直至吊销许可证：（三）生产经营转基因食品未按规定进行标示"之规定，你单位负有对本行政区域内的食品安全监督管理的职责，应当依法履行相关职责。根据《中华人民共和国行政诉讼法》第二十五条第四款及福州市人民政府、福州市人民检察院《关于深入开展公益诉讼工作的通知》规定，向你单位提出如下建议：应全面依法履行相关职责，及时对闽侯县辖区内食用油生产进行全面排查，对涉事企业违法生产经营依法予以查处。依法采取没收涉案企业违法生产经营的食用油及违法所得、处以罚款等措施，并履行法律规定的其他职责。

　　请在收到后两个月内作出处理并将处理结果书面回复本院。

2018 年 4 月 2 日

福州市闽侯县人民检察院
检察建议书

侯检行公建〔2018〕35012100005 号

福州高新区市场监督管理局：

　　本院在履行职责中发现，福建吉农食品有限公司、福建添顺粮油有限公司、福建旺龙顺粮油食品有限公司等生产食用调和油存在偷工减料、虚假标示的现象，决定予以审查，现已审查终结。

　　本院经调查核实，据央视每周质量报告等媒体报道：福建吉农食品有限公司、福建添顺粮油有限公司等生产食用调和油存在偷工减料、以次充好的现象。如在福建吉农食品有限公司，记者看到一款净含量 5L 装的橄榄调和油，配料表里标称含有 6% 橄榄油，94% 菜籽油，出厂价 34 元。而参照当时市场价格，仅原料成本就已经超过出厂价，达到了40元。面对质疑，这家公司负责人不得不承认，包装上所突出的橄榄油其实添加不了那么多。福建吉农食品有限公司董事长刘金龙表示实际3%以上肯定有的。福建添顺粮油有限公司主要生产橄榄调和油和山茶调和油，也是卖30多元，橄榄油添加量对外标称6%左右，实际上却少得可怜。福建添顺粮油有限公司总经理李明俤表示橄榄油就是说加到2%就可以。福建旺龙顺粮油食品有限公司等生产食用调和油存在虚假标示的现象。如福建旺龙顺粮油食品有限公司生产的标称橄榄核桃和橄榄原香的两款调和油都打着非转基因的字样。记者注意到这些产品的配料表中，大豆油含量占到90%以上，原料产地来自美国。该公司的销售负责人承认，这种大豆油是转基因产品，也就是说这种标识着非转基因的调和食用油却是地地道道的转基因产品。

　　本院认为，根据食品安全国家标准《预包装食品标签通则》的规定："预包装食品标签的所有内容，不得以虚假、使消费者误解或欺骗性的文字、图形等方式介绍食品；也不得利用字号大小或色差误导消费者"；《中华人民共和国食品安全法》第六十九条："生产经营转基因食品应当按照规定显著标示"；第一百二十五条："违反本法规定，有下列情形之一的，由县级以上人民政府食品药品监督管理部门没收违法所得和违法生产经营的食品、食品添加剂，并可以没收用于违法生产经营的工具、设备、原料等物品；违法生产经营的食品、食品添加剂货值金额不足一万元的，并处五千元以上五万元以下罚款；货值金额一万元以上的，并处货值金额五倍以上十倍以下罚款；情节严重的，责令停产停业，直至吊销许可证：（三）生产经营转基因食品未按规定进行标示"之规定，你单位负有对本行政区域内的食品安全监督管理的职责，应当依法履行相关职责。根据《中华人民共和国行政诉讼法》第二十五条第四款及福州市人民政府、福州市人民检察院《关于深入开展公益诉讼工作的通知》规定，向你单位提出如下建议：应全面依法履行相关职责，及时对高新区辖区内食用油生产销售进行全面排查，及时对涉事企业违法生产经营销售依法予以查处，并履行法律规定的其他职责。

　　请在收到后两个月内作出处理并将处理结果书面回复本院。

2018年4月2日

福州市闽侯县人民检察院
检察建议书

侯检行公建〔2018〕35012100006 号

福州高新区综合执法局：

  本院在履行职责中发现，福建添顺粮油有限公司等生产食用调和油存在偷工减料的现象，决定予以审查，现已审查终结。

  本院经调查核实，据央视每周质量报告等媒体报道：福建吉农食品有限公司、福建添顺粮油有限公司等生产食用调和油存在偷工减料、以次充好的现象。如在福建吉农食品有限公司，记者看到一款净含量5L装的橄榄调和油，配料表里标称含有6%橄榄油，94%菜籽油，出厂价34元。而参照当时市场价格，仅原料成本就已经超过出厂价，达到了40元。面对质疑，这家公司负责人不得不承认，包装上所突出的橄榄油其实添加不了那么多。福建吉农食品有限公司董事长刘金龙表示实际3%以上肯定有的。福建添顺粮油有限公司主要生产橄榄调和油和山茶调和油，也是卖30多元，橄榄油添加量对外标称6%左右，实际上却少得可怜。福建添顺粮油有限公司总经理李明俤表示橄榄油就是说加到2%就可以。经调查查明福建添顺粮油有限公司经营地址位于福州高新区马保村。

  本院认为，根据食品安全国家标准《预包装食品标签通则》的规定："预包装食品标签的所有内容，不得以虚假、使消费者误解或欺骗性的文字、图形等方式介绍食品；也不得利用字号大小或色差误导消费者。如果在食品标签或食品说明书上特别强调添加了或含有一种或者多种有价值、有特性的备料成分，应标示所强调配料或成分的添加量或在成品中的含量"之规定，你单位应当依法履行相关职责。根据《中华人民共和国行政诉讼法》第二十五条第四款及福州市人民政府、福州市人民检察院《关于深入开展公益诉讼工作的通知》规定，向你单位提出如下建议：应全面依法有效履行相关职责，及时对高新区辖区内食用油生产经营进行全面排查，约谈生产经营者，及时依法查处违法生产经营涉事企业，并履行法律规定的其他职责。

  请在收到后两个月内作出处理并将处理结果书面回复本院。

2018 年 4 月 3 日

 **行政机关回复**

关于福州市闽侯县人民检察院
检察建议书落实情况的报告

闽侯县人民检察院：

贵院于2018年4月8日发出的检察建议书（侯检行公建〔2018〕35012100006号）收悉。我局高度重视，召开专题会，针对检察建议书的内容，对案件线索进行研究、分析、研判、部署并组织实施。现将案件调查进展情况汇报如下：

一、2018年4月2日下午，福州高新区市场监督管理局根据《福建省人民政府关于福州高新技术产业开发区开展相对集中行政处罚权工作的批复》（闽政文〔2015〕357号）规定，以移函〔2018〕第21号案件移送函，将当事人福建添顺粮油有限公司涉嫌生产食用调和油存在偷工减料、以次充好案件移送我局处理。我局领导立即指派执法人员到现场核查，并于当天予以立案。

4月3日，我局根据福州市市场监督管理局行政执法支队《关于食用调和油标签标识涉嫌违法查处的指导性意见（一）》的指导精神，对福州高新区市场监督管理局查封的涉案批号为20180326的橄榄调和油进行开封核查。现场发现添顺初榨橄榄食用调和油288瓶（1.8L/瓶）、添顺橄榄葵花食用调和油960瓶（1.3L/瓶）、玖玖发橄榄山茶食用调和油704瓶（5L/瓶）、传承香玉米食用调和油300瓶（1.8L/瓶）共计2252瓶，货值总共29190元人民币（根据当事人所述的出厂价格统计）。随后我局开展调查询问，截至4月8日，对当事人共制作询问笔录11份。经初步调查发现福建添顺粮油有限公司存在如下问题：

（一）未严格按规定对采购食品原料和生产的食品进行检验。
（二）未严格按规定遵守进货查验记录、出厂检验记录和销售记录制度。
（三）未按照规定实施生产经营过程控制。
（四）生产经营转基因食品未按照规定显著标示。

二、根据贵院的检察建议书，我局于2018年4月8日按照部门职责以（榕高执函〔2018〕19号）函告福州高新区市场监督管理局对高新区辖区内食用油生产经营进行全面排查，约谈生产经营者，依法履行法定职责。

三、根据《福建省人民政府关于调整福州高新技术产业开发区相对集中行政处罚权的批复》（闽政文〔2018〕102号）文件精神和高新区管委会的要求，我局于2018年4月10日上午将此案和相关材料移交福州高新区市场监督管理局调查处理。

专此报告

福州高新区综合执法局
2018 年 4 月 23 日

福州高新区市场监督管理局关于闽侯县人民检察院"检察建议书"整改落实情况的复函

闽侯县人民检察院：

贵院"检察建议书"（侯检行公建〔2018〕35012100005 号）收悉，我局领导高度重视，立即召开专题会议，针对检察建议书内容进行认真研究，剖析问题产生的原因，查找漏洞，要求各科所加大日常监管力度，对食品生产单位进行隐患排查，消除食品安全隐患。现将整改落实情况函复如下：

一、调查处理情况

（一）及时处置

2018 年 4 月 1 日下午，我局接到通知：福建添顺粮油有限公司因涉嫌标签虚假标注食用油被央视曝光。我局立即组织相关人员，第一时间赶赴福建添顺粮油有限公司开展调查。

根据现场的检查情况，我局现场作出如下初步处理：

1. 现场封存部分台账；
2. 责令该企业立即停止食用油生产经营活动；
3. 责令该企业立即召回涉嫌标签虚假标注食用油产品；
4. 查封标签标注含有橄榄油成分的食用油 2252 瓶，共计 5826.4 升。

（二）案件调查

根据市局《关于食用调和油标签标识涉嫌违法查处的指导性意见（一）》精神，区综合执法局和我局先后对福建添顺粮油有限公司展开调查。

1. 内部调查

①2018 年 4 月 2-9 日，该案件由区综合执法局负责办理，并委托福建华永会计师事务所对福建添顺粮油有限公司的生产情况进行审计。

②2018 年 4 月 10 日起，因职能调整，该案件移回我局办理，我局立即对全部案件材料进行梳理，开展查办工作。一是对法人李明悌等 5 人进行了询问调查；二是对封存的 4 批次产品的原料和投配料进行核算，配料比与标签标注的含量配比基本相符。

③核对企业所有生产橄榄系列的调和油,橄榄油出入库、投配料记录和产品出入库基本相符。

2. 外埠协查

4月11日向长乐、泉州、厦门等地市场监管局发函协查福建添顺对添顺粮油原料购进情况。4月17日下午,在市局的协调下,派工作人员赴泉州、厦门等地调查企业原料采购情况,确认企业购进的大豆油为转基因大豆制成。

(三) 检验检测

1. 委托福建省出入境检验检疫机构对企业在库的13批次产品进行抽检,做全项目检验,理化指标均合格,1批次产品检出转基因成分(该标签有标注"加工原料为转基因大豆")。

2. 委托福建省产品质量检验研究院对上述13批次产品的标签进行检验,检验结果:均不符合《预包装食品标签通则》规定。其中标签上既有标注"加工原料为转基因大豆",也有标注"倡导非转基因。"

3. 委托厦门出入境检验检疫机构对8批次调和油中的橄榄油等成分做定性检验,均合格。

(四) 产品召回情况

1. 福建添顺粮油有限公司橄榄油系列产品只销往温州市苍南县市场,我局要求该企业召回橄榄油系列产品,该企业于2018年4月2日提交召回公告,对添顺橄榄食用调和油(批次为20171016等5批次)进行召回。

2. 企业于2018年4月8日召回添顺橄榄食用调和油(批次为20171016,1.8L)24瓶,于2018年4月10日下午召回好佳缘橄榄调和油(批号为20171204,1.3L)84瓶,共计108瓶,152.4L,现均封存于该企业仓库。

3. 企业成品库抽检的13批次产品,标签均不合格,要求企业召回,企业说明均未售出。

二、采取工作措施

1. 根据前期的调查我局确定了以下事实。①对原料涉及橄榄油的产品进行核算,配料比与标签标注的含量配比相符;

②通过协查,确认该企业购进的大豆油为转基因大豆制成;

③福建省检验检疫机构检验的安全性指标均合格;

④福建省产品质量检验研究院检验的标签均不合格。

2. 当事人生产的涉案食用植物油标签不符合《食品安全国家标准预包装食品标签通则》(GB7718 – 2011)的相关规定,当事人的行为违反了《中华人民共和国食品安全法》规定,涉案货值5.214万元,均未售出。鉴于该案涉案产品被中央电视台《每周质量报告》栏目曝光,造成较大社会影响,依据

《中华人民共和国食品安全法》第一百二十五条第一款第（二）项及福州市市场监督管理机关行政处罚裁量基准（编码：FZOISY－CF－5522，违法程度：甲，档次：C）的规定，对福建添顺粮油有限公司生产经营标签不符合《中华人民共和国食品安全法》规定的食品的行为，我局初步拟定以下处罚：责令当事人立即改正违法行为，并给予货值8倍共计41.712万元罚款。已将初步处理情况上报省市局，将在省市局的指导下依法依规对该企业进行处罚。

3. 进一步加强法律法规宣传教育，诚实守信是企业承担社会责任的基础，强化企业是食品质量安全第一责任人的主体意识，督促企业从他律到自律，切实履行好保证食品质量安全这一企业首要责任，约谈食用油生产加工企业2家。

4. 组织开展为期半年的食用油生产环节专项检查治理和新一轮的食品标签虚假标识声称行为专项治理，主要检查治理食品标签虚假标注、食用油生产违法添加等问题，对企业原料进货台账、成品销售台账及生产过程记录等台账进行检查，做到物料平衡。组织食品生产企业开展自查，确保所有使用的食品标识标签内容真实、合法、如实反映原辅料、产品属性等，标注形式规范符合要求。共47家食品生产企业开展自查，自查发现问题1家，已经整改，开展监督检查9家，责令整改1家，停产整顿1家。

高新区市场监督管理局
2018年4月28日

关于食用油生产企业涉嫌
标签虚假标注行为检查情况的反馈

闽侯县人民检察院：

2018年4月3日我局收到贵院发出的《检察建议书》（侯检行公建〔2018〕35012100004号），要求回复食用调和油处理情况。我局在4月1日中午央视《每周调查栏目》曝光我县三家食用油生产企业涉嫌标签虚假标注后，当日下午成立专案组前往涉事企业开展调查，连夜对三家企业的问题食用油进行检查及查封相关设备、账簿、产品，并立案调查。同时，于2018年4月3日致函闽侯县公安局（侯市场监管函〔2018〕100号）请求协助调查。专案组连续加班加点展开调查取证工作，通过现场检查、询问、协查、抽样送检、委托审计检查台账、外地调查取证等方式进行证据固定，并责令三家企业召回问题食用油。目前，对三家涉事企业以食品标注标签不合格按《食品安全法》相关规定从重处罚，案件已经调查终结，三家企业共召回涉嫌标签虚假标注食用油268瓶610.4升。现将有关工作反馈如下：

一、工作主要情况

一是立即封存，全面调查。4月1日下午，福州市市场监管局带领闽侯县市场监管局组织执法人员前往涉事的三家企业（福建旺龙顺粮油食品有限公司、福建吉农食品有限责任公司、福建省西海粮油食品有限公司），对上述三家企业涉嫌虚假标示的橄榄调和油、花生调和油、菜籽调和油等共计1692箱全面登记控制，对未使用标签、仓管财务电脑及台账予以封存，并展开全面调查，并责令涉事企业立即停产整顿，对售出的涉嫌虚假标示食用油予以召回。

二是全面清查，立即送检。4月2日，县市场监管局成立由程建明局长担任组长的领导小组，并抽调执法大队、市场监管管理所的业务骨干组成专案组，对涉事企业从原料采购、生产过程、购销台账、库存成品和未使用的标签等进行全面清查。同时，对封存的涉案产品抽样送检，全面检测涉事企业产品是否合格。

三是约谈企业，迅速整改。4月3日上午，福州市市场监管局和闽侯县市场监管局联合约谈闽侯县内所有食用植物油生产的15家企业，明确要求涉事企业在案情查处完，完成整改验收后，方能恢复生产。对辖区所有食用植物油生产企业全面清查库存标签标示情况，不符合要求的标签必须销毁；对大豆油等原料购进索证索票必须到位，出厂检测必须符合要求；对生产投料记录、生产记录、检验报告材料要真实完整，要能够说明食用调和油原料配比；对不符合要求的成品要单独堆放不合格区，粘贴不合格产品标志；市场上违规产品开展全面召回行动。

二、案件查处情况

央视食用油事件曝光后，我局专案组在省市局的指导下，多次召开案件研究会，研究讨论交流案件办理情况，同时，每日汇报案件办理情况和企业问题产品召回情况，明确从重从快、全力以赴查办案件。

1. 福建吉农食品有限公司案件查办情况

4月1日，我局对其立案调查，对该公司未标注"转基因"和"非转基因"的行为，没收扣押的涉案食用调和油810瓶1707升。对未标注"转基因"的行为没收违法所得450元，拟处以罚款4.2万元，对违法标注"非转基因"的行为没收违法所得1202元，拟处罚款27.992万元。以上处罚没款共计32.3572万元。

2. 福建省西海粮油食品有限公司案件查办情况

我局于4月2日对其立案调查，对该公司使用原料为转基因产品，却未按规定显著标注的行为，没收封存的涉案食用油2200瓶，共计9080升，拟处罚款48.16万元。

3. 福建旺龙顺粮油食品有限公司案件查办情况

我局于4月3日对其立案调查，对在标签上却未按照相关规定显著标明原料为转基因大豆油或转基因菜籽油行为，没收扣押的涉案食用调和油3086瓶15469升，拟处罚没款102.5292万元。

在整个调查过程中，我局还组织执法人员到漳州、厦门、泉州、长乐等地调查，也向浙江桐庐等地市场监管局发出协查函，调查"转基因"等问题，力求更好地补充证据，固定证据，促进案件查办。对3家涉案企业共抽样送检18批次产品到福建省质量检验院、送检13批次产品到福建省出入境检验检疫中心进行检验，检验结果为理化指标合格，转基因成分未检出，标签不合格。送检16批次产品到厦门市出入境检验检疫中心开展风险监测。

鉴于抽检无法确定调和油配比的情况，我局委托中正恒瑞会计师事务所对三家涉事企业台账进行协助查账，通过对企业台账的检查，查找调和油配比关系，完善证据链。从案件办理中看，三家企业均未发现以次充好，以假充真的情况，未发现移送公安的具体线索。

三、召回情况

一是召回问题食用油。4月1日央视曝光涉嫌标签虚假标注食用油情况后，闽侯辖区涉及的三家企业于4月2日向我局提交召回公告和召回计划，启动三级召回。涉事企业通过电话、传真方式通知经销商以及通过报纸刊登召回公告等方式开展召回工作。截至今日，福建旺龙顺粮油食品有限公司召回旺龙顺橄榄核桃调和油24瓶120升，福到家橄榄原香调和油16瓶80升。福建吉农食品有限责任公司召回橄榄原香食用调和油228瓶410.4升，合计610.4升。二是督促销毁问题标签。按照省局部署开展食用植物油标签标示专项检查工作，对全县15家食用植物油企业开展检查，各企业自行销毁问题标签15000余张。

四、下一步的工作措施

一是举一反三，全力整改。按照省局的部署要求，对照央视曝光的问题，举一反三，以高度的政治敏锐性和工作责任感，扎实开展食品标签虚假标识专项治理行动。结合《食品、保健食品欺诈和虚假宣传整治工作》《开展食用植物油塑化剂专项监督检查》《开展食用植物油专项检查》等工作要求，对全县所有食品生产企业加强日常监督检查，计划对全县食用油产品开展抽样监测，把每项工作做深、做细、做实，确保食品源头不出现问题。

二是落实责任，诚信经营。做好企业履行质量安全主体责任的督导工作，督促企业增强诚信守法意识，促进企业严格依法依规生产经营，确保食品标签、说明书如实标注。要求食品生产企业开展自查自纠，对标识标签存在问题的，立即停止使用，对流入市场的产品主动召回。

三是加强执法，严肃查处。加大执法力度，严厉打击篡改食品生产日期、涂改标签、虚假标食品营养成分及含量以及食品标签标识内容不真实、夸大宣传误导公众消费等违法违规行为。要以这次央视曝光的食品案件从重查处为例，震慑违法违规行为，对涉嫌犯罪的坚决移送公安部门。

闽侯县市场监督管理局

2018 年 5 月 2 日

4 湖南省湘阴县人民检察院督促湘阴县食品药品工商质量监督管理局、湘阴县发展和改革局依法履职案

（药品安全）

一、基本案情

湘阴县红瑞乐邦健康生活馆自开业以来，以赠送礼品等方式吸引老年人进店听课，在门店内设置了产品展示间、营销教室，并安装投影设备和安排专人讲师，以健康宣传为名播放视频和文件，向听课的老年人推销"保健食品"。该店通过上课方式销售美源羊奶粉、维莱钙片、蜂胶软胶囊、紫桑多酶果醋酵素、国肽胶原蛋白肽等"保健食品"，在2018年10月、11月期间主推紫桑多酶果醋酵素。

红瑞乐邦健康生活馆在推销紫桑多酶果醋酵素时强调人体缺紫桑多酶的危害有"糖尿病、高血压、高血脂、妇科疾病、前列腺、心脑血管等多种疾病，严重缺紫桑多酶会导致大肠类癌、肾癌等多种疾病"；声称"科学证实，通过食用紫桑多酶来帮助身体清除毒素垃圾是调理一切疾病的万能钥匙"；补充紫桑多酶能够"提高免疫力，调和生殖系统，增强肾功能，增强肝功能"等十二大功效；宣扬"紫桑多酶清毒排毒，是肠胃、肝肾的保护伞，能利尿，改善便秘，肾结石，胆结石、膀胱结石，具有很强的杀菌效果、促进肠道消化等"；宣称该商品荣获"巴拿马万国博览会百年庆典最佳产品奖"。红瑞乐邦健康生活馆抓住老年人治疗和预防疾病的心理，虚假宣传紫桑多酶具有治疗各种慢性疾病和其他疾病的效果、能够提高人体免疫力，诱导老年人高价购买该商品。

红瑞乐邦健康生活馆销售的紫桑多酶果醋酵素未标明产品等级、产地、价格等信息；购进价格为每盒50元，会员销售价格为每盒338元，获取暴利。

二、检察建议

湘阴县人民检察院于2018年10月15日、31日分别对湘阴县食品药品工

商质量监督管理局、湘阴县发展和改革局立案审查,认为湘阴县食品药品工商质量监督管理局未履行反不正当竞争、食品药品和广告的监管职责,于2018年11月21日向该局提出检察建议:(1)依法查处红瑞乐邦健康生活馆的违法行为。(2)依法履行监管职责,加强市场监管,确保市场交易合法有序;湘阴县发展和改革局未履行价格监管职责,于2018年11月26日向该局提出检察建议:(1)依法查处红瑞乐邦健康生活馆的价格违法行为。(2)依法履行监管职责,加强价格监管,确保交易合法有序。

三、行政机关履职情况

湘阴县食品药品工商质量监督管理局、湘阴县发展和改革局收到检察建议后,迅速立案调查,并立即责令红瑞乐邦健康生活馆停业整顿,依法给予行政处罚。同时,根据检察建议及县人大主任会议精神,湘阴县食品药品工商质量监督管理局联合湘阴县发展和改革局、湘阴县公安局、湘阴县卫生和计划生育局在全县范围内展开保健品(包括保健食品、家用医疗器械和功能产品)销售违法行为专项整治行动,依法对湘阴县汇成健康咨询服务部、湘阴县星瑞锦潼医疗器械经营部、丽福建电子产品经营部、红瑞乐邦健康城等保健品销售店进行了现场执法检查,并责令改正违法行为。目前,红瑞乐邦健康生活会馆、红瑞乐邦健康城、湘阴县汇成健康咨询服务部已停止营业;湘阴县星瑞锦潼医疗器械经营部、丽福建电子产品经营部改变原有会场营销的销售方式,停止虚假宣传;文星镇江东社区也开展了老年人保健讲座和保健品常识的科普宣传等活动,引导老年人理性消费。

四、办案指引

 管辖

人民检察院在履行职责中发现生态环境和资源保护、食品药品安全、国有财产保护、国有土地使用权出让等领域负有监督管理职责的行政机关违法行使职权或者不作为,致使国家利益或者社会公共利益受到侵害的,应当向行政机关提出检察建议,督促其依法履行职责。检察机关提起行政公益诉讼的案件,一般由违法行使职权或者不作为的行政机关所在地的基层人民检察院管辖。违法行使职权或者不作为的行政机关是县级以上人民政府的案件,由市(分、州)人民检察院管辖。

本案系检察机关在履行职责中发现的食品药品安全领域的虚假宣传等违法销售行为和通过违反法律规定的方式牟取暴利的违法行为,被监督的行政机关为负有反不正当竞争、食品药品、广告监管职责的湘阴县食品药品工商质量监督管理局和价格监管职责的湘阴县发展和改革局,根据《检察机关行政公益诉讼案件办案指南(试行)》的规定,一般由违法行使职权或者不作为的行政机关所在地的基层人民检察院管辖。因此,本案的管辖单位为湘阴县人民检察院。

立案

湘阴县人民检察院在履行公益诉讼监督职责中发现该案线索,经前期线索研判及初步调查,发现该县大量存在向老年人通过虚假宣传高价销售保健食品、家用医疗器械和功能产品的违法行为,严重侵害广大老年群体的生命健康权及财产权益,是侵害食药安全公共利益的突出现象。该院党组高度重视涉案线索,成立了专案组,为查清案件事实,拟定了详细的调查方案,开展调查取证工作。对线索调查核实后,经岳阳市人民检察院批准,该院以红瑞乐邦健康生活馆虚假宣传高价销售保健食品为突破口,于 2018 年 10 月 15 日、31 日分别对湘阴县食品药品工商质量监督管理局、湘阴县发展和改革局以行政公益诉讼立案。

诉前程序

1. 本案调查的重点

本案的调查重点是违法行为人红瑞乐邦健康生活馆是否存在虚假宣传等违法销售行为和通过违反法律规定的方式牟取暴利的违法行为,以及行政机关是否存在违法行使职权或不作为的情况。

2. 本案如何针对调查重点开展调查

(1) 违法行为人红瑞乐邦健康生活馆是否存在虚假宣传等违法销售行为和通过违反法律规定的方式牟取暴利的违法行为

①根据线索分析决定以取证红瑞乐邦健康生活馆虚假宣传的违法事实打开突破口,先与文星镇社区联系请求支持帮助,先期获得经营者具体名称、位置、售卖产品信息和虚假宣传的时间、场所并实地走访,获取经营者的相关信息,了解其外围信息,同时获取社区内参加听课的老年人的情况。

②请求文星镇社区协助对已参加经营者会议营销的老人所购买的产品进行取证,获取具体物证,查看保健品及其包装、产品说明书和宣传资料。

③针对保健品销售违法行为取证难的现状,由当地党委政府安排曾经进入保健品销售现场的老党员带领我科老年干警便装携带微型办案双录设备进入该

店会场，参加该店课程讲座，获得经营者宣传内容的视频资料。再结合视频资料对证人进行询问，形成证据链。

④针对已提供的保健食品包装查询该保健食品的生产厂家、销售公司的相关资质与食品文号，确定其经销的商品无相应资质。

⑤利用食品药品工商质量监督部门执法获取的资料，进一步固定、完善在销售中的价格违法行为证据。

⑥向信访部门、社区等单位了解投诉情况，调查是否有群众因购买保健食品、医疗器械、功能产品出现问题的情形。

（2）行政机关是否存在违法行使职权或不作为的情况

通过向行政机关调阅相关材料，发现仅对部分涉嫌违法的商家进行处罚，且仅处以较少数额罚款。而经过走访调查发现，我县有保健类产品销售单位147家，其中保健类产品会议营销单位11家，其他经营单位50家，我县参与会议营销售活动的中老年人员大约1800人，有的会议营销单位每天参与人数超过500人。

3. 本案审查的关键问题

湘阴县食品药品工商质量监督管理局、湘阴县发展和改革局对违法行为人的违法行为是否存在不依法履行职责的情形。

4. 诉前文书写作的关键问题

查找法律、法规、规章及"三定方案"，确定湘阴县食品药品工商质量监督管理局和湘阴县发展与改革局的法定职责，结合法定职责及履职情况进行释法说理，适用法律法规正确，表述精准。

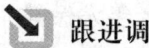 跟进调查

行政机关回复检察建议后，湘阴县人民检察院继续跟进监督，对红瑞乐邦健康生活会馆及其他保健品销售进行调查。截至2019年3月31日，湘阴县汇成健康咨询服务部、红瑞乐邦健康城、红瑞乐邦健康生活会馆等三家保健品销售店已经停止营业；湘阴县星瑞锦潼医疗器械经营部、丽福建电子产品经营部改变了销售模式，停止虚假宣传，未发现老年人在店内听课的现象。

五、办案效果

我国每年保健品销售额超过2000亿元，其中老年人消费占了五成以上。保健品市场虚假宣传、价格欺诈顽疾难改，受害的是老人、病人，老人财产遭受损失，病人得不到及时治疗，损害了社会公共利益，社会反应强烈，群众深

恶痛绝。通过行政公益诉讼诉前程序，检察机关与行政机关形成工作合力，共同推动解决群众反映强烈的社会问题。本案中，湘阴县人民检察院以个案办理为切入点，推动行政监管部门对辖区内的保健食品、家用医疗器械和功能产品行业和区域相关问题进行集中专项整治，有力整治了保健品市场虚假宣传和牟取暴利的乱象，维护了老年人的生命健康和财产安全，促进社区给老年人提供更多关爱，引导老年人理性消费，做到了办理一案，警示一片，实现标本兼治。

1. 采取积极有效措施，破解虚假宣传调查取证困局。因老年人保健品销售中都是通过语言来诱导、哄骗消费者，较少留下公开的文字资料；虚假宣传的受众为老年人，执法人员进行入宣传现场调查取证容易被发现；销售单位阻止陌生人进入宣传现场、发现陌生人进入宣传现场立即停止虚假宣传改成唱红歌、看视频等形式阻碍行政执法机关调查取证；老年人被"洗脑"后不愿意配合执法人员调查取证甚至在取证时认可保健品的疗效、功能等原因，造成虚假宣传取证难度大。经过与当地党委、政府的沟通，采取由社区安排曾经参加保健品销售现场的老年人带老年检察干警进入现场，检察干警伪装身份着便服，利用手表式录音录像设备拍摄宣传现场的视频资料，以获取进行虚假宣传最直观的证据，再结合视频内容对相关证人询问取证，形成虚假宣传的证据链，有效地破解了取证难。

2. 充分发挥多个行政执法权限，开展行业整治。保健品市场乱象是全国各地都长期存在的顽疾，虽然经过多个行政执法部门多次开展联合执法专项整治行动，但各类违法行为屡禁不止，重复反弹。为取得更好治理效果，湘阴县人民检察院在向被监督行政机关提出检察建议同时，由检察长专题向湘阴县人大常委会主任（扩大）会议汇报老年人保健品公益诉讼工作，主任会议形成纪要，成立由分管副县长任组长，公安、发改、食药工商、卫计、司法、科协等部门为成员的专门班子，构建常态化工作机制，对老年人保健品市场进行整治。发挥市场监督部门和价格监管部门的行政执法职能，对保健品销售违法中存在的广告违法行为和价格违法行为进行整治，同时发挥卫健部门的行政执法职能，加强对医疗器械销售违法的整治，形成执法合力，对湘阴县保健品市场进行整治，取得了较好的效果。

3. 有效运用公益诉讼检察职能，推动"等外"损害社会公共利益的违法行为的整治。公益诉讼检察领域仅限食品、药品安全等四大领域，保健品包含保健食品、家用医疗器械和功能产品三大类。家用医疗器械、功能产品不属于公益诉讼领域，但家用医疗器械、功能产品的使用同样会对老年人的身体健康产生潜在的威胁，其危害性不亚于保健食品，且家用医疗器械、功能产品单次销售获取的利润更高，如某保健产品店销售的磁床高达六万元一张，保健被一万多元一床，让很多老年人因购买保健品致贫。湘阴县人民检察院通过向人大主任会议专题汇报，形成会议纪要，推动行政机关在对保健食品销售市场进行规范整治，并将家用医疗器械、功能产品纳入专项整治范围，并取得了较明显的效果。

4. 促进社区为老年人提供更优质养老和保健等公益服务。保健品销售单位打"亲情牌""科技牌""健康牌"等对老年人进行"洗脑"，让老年人认可所谓的"疗效"，"自愿"购买保健品，达到牟取暴利的目的。检察机关利用向人大主任会议专题汇报的契机，建议社区加强老年人活动中心建设，提供便利服务，实现老有所养；完善服务内容，满足老年人的精神、情感、亲情需求，让老年人老有所乐；建议卫健部门加强社区医疗、保健服务建设，让老年人老有所医，享受到便利的医疗、保健服务，重视健康教育和预防保健，减少保健品营销借机坑老的机会。

六、依据指引

1. 《中华人民共和国反不正当竞争法》

第二条 经营者在生产经营活动中，应当遵循自愿、平等、公平、诚信的原则，遵守法律和商业道德。

本法所称的不正当竞争行为，是指经营者在生产经营活动中，违反本法规定，扰乱市场竞争秩序，损害其他经营者或者消费者的合法权益的行为。

本法所称的经营者，是指从事商品生产、经营或者提供服务（以下所称商品包括服务）的自然人、法人和非法人组织。

第四条 县级以上人民政府履行工商行政管理职责的部门对不正当竞争行为进行查处；法律、行政法规规定由其他部门查处的，依照其规定。

第八条 经营者不得对其商品的性能、功能、质量、销售状况、用户评价、曾获荣誉等作虚假或者引人误解的商业宣传，欺骗、误导消费者。

经营者不得通过组织虚假交易等方式，帮助其他经营者进行虚假或者引人误解的商业宣传。

第二十条 经营者违反本法第八条规定对其商品作虚假或者引人误解的商业宣传，或者通过组织虚假交易等方式帮助其他经营者进行虚假或者引人误解的商业宣传的，由监督检查部门责令停止违法行为，处二十万元以上一百万元以下的罚款；情节严重的，处一百万元以上二百万元以下的罚款，可以吊销营业执照。

经营者违反本法第八条规定，属于发布虚假广告的，依照《中华人民共和国广告法》的规定处罚。

2.《中华人民共和国广告法》

第二条 在中华人民共和国境内，商品经营者或者服务提供者通过一定媒介和形式直接或者间接地介绍自己所推销的商品或者服务的商业广告活动，适用本法。

本法所称广告主，是指为推销商品或者服务，自行或者委托他人设计、制作、发布广告的自然人、法人或者其他组织。

本法所称广告经营者，是指接受委托提供广告设计、制作、代理服务的自然人、法人或者其他组织。

本法所称广告发布者，是指为广告主或者广告主委托的广告经营者发布广告的自然人、法人或者其他组织。

本法所称广告代言人，是指广告主以外的，在广告中以自己的名义或者形象对商品、服务作推荐、证明的自然人、法人或者其他组织。

第四条 广告不得含有虚假或者引人误解的内容，不得欺骗、误导消费者。

广告主应当对广告内容的真实性负责。

第六条 国务院市场监督管理部门主管全国的广告监督管理工作，国务院有关部门在各自的职责范围内负责广告管理相关工作。

县级以上地方市场监督管理部门主管本行政区域的广告监督管理工作，县级以上地方人民政府有关部门在各自的职责范围内负责广告管理相关工作。

第二十八条 广告以虚假或者引人误解的内容欺骗、误导消费者的，构成虚假广告。

广告有下列情形之一的，为虚假广告：

（一）商品或者服务不存在的；

（二）商品的性能、功能、产地、用途、质量、规格、成分、价格、生产者、有效期限、销售状况、曾获荣誉等信息，或者服务的内容、提供者、形式、质量、价格、销售状况、曾获荣誉等信息，以及与商品或者服务有关的允诺等信息与实际情况不符，对购买行为有实质性影响的；

（三）使用虚构、伪造或者无法验证的科研成果、统计资料、调查结果、文摘、引用语等信息作证明材料的；

（四）虚构使用商品或者接受服务的效果的；

（五）以虚假或者引人误解的内容欺骗、误导消费者的其他情形。

第五十五条 违反本法规定，发布虚假广告的，由市场监督管理部门责令停止发布广告，责令广告主在相应范围内消除影响，处广告费用三倍以上五倍以下的罚款，广告费用无法计算或者明显偏低的，处二十万元以上一百万元以下的罚款；两年内有三次以上违法行为或者有其他严重情节的，处广告费用五倍以上十倍以下的罚款，广告费用无法计算或者明显偏低的，处一百万元以上二百万元以下的罚款，可以吊销营业执照，并由广告审查机关撤销广告审查批准文件、一年内不受理其广告审查申请。

医疗机构有前款规定违法行为，情节严重的，除由市场监督管理部门依照本法处罚外，卫生行政部门可以吊销诊疗科目或者吊销医疗机构执业许可证。

广告经营者、广告发布者明知或者应知广告虚假仍设计、制作、代理、发布的，由市场监督管理部门没收广告费用，并处广告费用三倍以上五倍以下的罚款，广告费用无法计算或者明显偏低的，处二十万元以上一百万元以下的罚款；两年内有三次以上违法行为或者有其他严重情节的，处广告费用五倍以上十倍以下的罚款，广告费用无法计算或者明显偏低的，处一百万元以上二百万元以下的罚款，并可以由有关部门暂停广告发布业务、吊销营业执照、吊销广告发布登记证件。

广告主、广告经营者、广告发布者有本条第一款、第三款规定行为，构成犯罪的，依法追究刑事责任。

3.《中华人民共和国价格法》

第五条 国务院价格主管部门统一负责全国的价格工作。国务院其他有关部门在各自的职责范围内，负责有关的价格工作。

县级以上地方各级人民政府价格主管部门负责本行政区域内的价格工作。县级以上地方各级人民政府其他有关部门在各自的职责范围内，负责有关的价格工作。

第十三条 经营者销售、收购商品和提供服务，应当按照政府价格主管部门的规定明码标价，注明商品的品名、产地、规格、等级、计价单位、价格或者服务的项目、收费标准等有关情况。

经营者不得在标价之外加价出售商品，不得收取任何未予标明的费用。

第十四条 经营者不得有下列不正当价格行为：

（一）相互串通，操纵市场价格，损害其他经营者或者消费者的合法权益；

（二）在依法降价处理鲜活商品、季节性商品、积压商品等商品外，为了排挤竞争对手或者独占市场，以低于成本的价格倾销，扰乱正常的生产经营秩序，损害国家利益或者其他经营者的合法权益；

（三）捏造、散布涨价信息，哄抬价格，推动商品价格过高上涨的；

（四）利用虚假的或者使人误解的价格手段，诱骗消费者或者其他经营者与其进行交易；

（五）提供相同商品或者服务，对具有同等交易条件的其他经营者实行价格歧视；

（六）采取抬高等级或者压低等级等手段收购、销售商品或者提供服务，变相提高或者压低价格；

（七）违反法律、法规的规定牟取暴利；

（八）法律、行政法规禁止的其他不正当价格行为。

第四十条 经营者有本法第十四条所列行为之一的，责令改正，没收违法所得，可以并处违法所得五倍以下的罚款；没有违法所得的，予以警告，可以并处罚款；情节严重的，责令停业整顿，或者由工商行政管理机关吊销营业执照。有关法律对本法第十四条所列行为的处罚及处罚机关另有规定的，可以依照有关法律的规定执行。

有本法第十四条第（一）项、第（二）项所列行为，属于是全国性的，由国务院价格主管部门认定；属于是省及省以下区域性的，由省、自治区、直辖市人民政府价格主管部门认定。

第四十二条 经营者违反明码标价规定的，责令改正，没收违法所得，可以并处五千元以下的罚款。

4.《价格违法行为行政处罚规定》

第二条 县级以上各级人民政府价格主管部门依法对价格活动进行监督检查，并决定对价格违法行为的行政处罚。

第十二条 经营者违反法律、法规的规定牟取暴利的，责令改正，没收违法所得，可以并处违法所得5倍以下的罚款；情节严重的，责令停业整顿，或者由工商行政管理机关吊销营业执照。

第十三条 经营者违反明码标价规定，有下列行为之一的，责令改正，没收违法所得，可以并处5000元以下的罚款：

（一）不标明价格的；

（二）不按照规定的内容和方式明码标价的；

（三）在标价之外加价出售商品或者收取未标明的费用的；

（四）违反明码标价规定的其他行为。

七、文书指引

 立案决定书

湘阴县人民检察院
立案决定书

湘阴检民行公立〔2018〕43号

本院在履行职责过程中发现湘阴县食品药品工商质量监督管理局怠于履行职责，可能致使社会公共利益受到侵害，根据《中华人民共和国行政诉讼法》第二十五条第四款的规定，决定立案审查。

2018年10月15日

湘阴县人民检察院
立案决定书

湘阴检民行公立〔2018〕44号

本院在履行职责过程中发现湘阴县发展和改革局怠于履行职责，可能致使社会公共利益受到侵害，根据《中华人民共和国行政诉讼法》第二十五条第四款的规定，决定立案审查。

2018年10月31日

 检察建议书

湘阴县人民检察院
检察建议书

湘阴检行公建〔2018〕42号

湘阴县食品药品工商质量监督管理局：

本院在履行职责中发现，你单位对红瑞乐邦健康生活馆销售的"京酿牌紫桑多酶"果醋酵素涉嫌虚假宣传的行为怠于履行职责，本院依法进行了调查，现查明：

京酿牌紫桑多酶果醋酵素是北京京酿调味品有限公司生产的普通食品，配料为紫桑椹和饮用水，包装规格为每盒20支20ml的瓶装口服液，外包装上印有"荣获巴拿马万国博览会百年庆典最佳产品奖"字样。经查：北京京酿调味品有限公司的食品生产许可证许可范围包括调味品类的食醋、调味料、酱油和豆制品类的豆制品，北京京酿调味品有限公司生产的"紫桑椹养生醋"曾荣获巴拿马国博览会百年庆典最佳产品奖。

红瑞乐邦健康生活馆自开业以来，以赠送礼品等方式吸引老年人进店听课，在门店内设置了产品展示间、营销教室，并安装投影设备和安排专人讲师以健康宣传为名，播放视频和文件，向听课的老年人推销其商品。在2018年10月、11月期间主推紫桑多酶果醋酵素。

红瑞乐邦健康生活馆在推销紫桑多酶果醋酵素时强调人体缺紫桑多酶有"头痛、恶心、呕吐、易疲倦、腿脚酸软、皱纹、失眠、易怒、便秘、肥胖、长痘、爱感冒、发炎、上火、哮喘、糖尿病、高血压、高血脂、妇科疾病、前列腺、消化道、心脑血管疾病"的危害，严重缺紫桑多酶"会导致肠炎、肠结核、食管炎、食管溃疡、胃炎、胃溃疡、胃息肉、胃肿瘤、大肠类癌、肾癌等多种疾病"；声称"科学证实，通过食用紫桑多酶来帮助身体清除毒素垃圾是调理一切疾病的万能钥匙"；补充紫桑多酶能够"提高免疫力，促进消化，清肝明目，调和生殖系统，增强肾功能，增强肝功能、扩张血管，消除疲劳，改善肥胖、衰老，美容"等十二大功效；宣扬"紫桑多酶清毒排毒，是肠胃、肝肾的保护伞，紫桑多酶酵素入肝经，清肝明目，缓解眼睛干涩疲劳，能利尿，改善便秘，肾结石，胆结石、膀胱结石，具有很强的杀菌效果，能杀死葡萄球菌、大肠杆菌、促进肠道消化等"，宣称该商品荣获"巴拿马万国博览会百年庆典最佳产品奖"。利用老年人治疗和预防疾病的需求，通过虚假宣传紫桑多酶的功能和虚构曾获得的荣誉诱骗老年人购买该商品。

本院认为，根据《中华人民共和国反不正当竞争法》第四条和《中华人民共和国广告法》第六条的规定，你局作为本县人民政府负责反不正当竞争、食品药品和广告的监督管理机关，对县域内的反不正当竞争、食品药品和广告有监督管理的职责。本案中，红瑞乐邦健康生活馆在销售商品时，不如实宣传所经销商品的真实功效，虚构商品获得的荣誉，存在虚假宣传，欺骗、误导消费者购买的情形，违反了《中华人民共和国反不正当竞争法》第八条、《中华人民共和国广告法》第四条、第二十八条之规定，你局作为本县反不正当竞争、食品药品和广告的监督管理机关，对经营者的违法行为可以根据《中华人民共和国反不正当竞争法》第二十条、《中华人民共和国广告法》第五十五条的规定给予行政处罚。而你单位怠于履行职责，致使红瑞乐邦健康生活馆违法行为长期存在，严重侵犯老年人的身体健康和财产安全，社会公共利益长期处于重大侵害危险之中。

现根据《中华人民共和国行政诉讼法》第二十五条第四款和《最高人民法院、最高人民检察院关于检察公益诉讼案件适用法律若干问题的解释》第二十一条的规定，向你单位提出如下检察建议：

1. 依法查处红瑞乐邦健康生活馆的违法行为。
2. 依法履行监管职责，加强市场监管，确保市场交易合法有序。

请于收到本检察建议书后两个月内依法办理，并将办理情况及时书面回复本院。

2018 年 11 月 20 日

湘阴县人民检察院
检察建议书

湘阴检行公建〔2018〕43 号

湘阴县发展和改革局：

本院在履行职责中发现，你局对湘阴县红瑞乐邦健康生活馆销售京酿牌紫桑多酶中存在的违法行为怠于履行职责，本院依法进行了调查，现查明：

红瑞乐邦健康生活馆以赠送礼品等方式吸引老年人进店听课，在门店内设置了产品展示间、营销教室，通过播放视频等形式，向听课的老年人推销羊奶、钙片、胶原蛋白肽、紫桑多酶等产品，其中，羊奶、钙片、胶原蛋白肽标明了产品名称、规格、产地、价格等信息；紫桑多酶未在产品展示间展出，亦未标明产品名称、等级、产地、价格等信息。

京酿牌紫桑多酶（果醋酵素）是北京京酿调味品有限公司以紫桑椹和饮用水为配料生产的果醋，包装规格为每盒20支20ml的瓶装口服液。北京京酿调味品有限公司生产的"紫桑养生醋"曾荣获"巴拿马万国博览会百年庆典最佳产品奖"。红瑞乐邦健康生活馆在推销京酿牌紫桑多酶时，宣称"人体缺紫桑多酶有糖尿病、高血压、高血脂等多种疾病"的危害，严重缺紫桑多酶"会导致肠炎、肠结核、食管炎、食管溃疡、胃炎、胃溃疡、胃息肉、胃肿瘤、大肠类癌、肾癌等多种疾病"；声称"科学证实，通过食用紫桑多酶来帮助身体清除毒素垃圾是调理一切疾病的万能钥匙"；补充紫桑多酶能够"促进消化、清肝明目、调和生殖系统、增强肾功能、增强肝功能、扩张血管"等十二大功效；宣称该商品荣获"巴拿马万国博览会百年庆典最佳产品奖"。湘阴县红瑞乐邦健康生活馆通过对产品功能和曾获荣誉进行虚假宣传，利用老年人治疗和预防疾病的需求，将进货价 50 元/盒的紫桑多酶，以 338 元/盒（活动优惠价 150 元/盒）的价格向本县老年人销售，获取暴利。

本院认为，根据《中华人民共和国价格法》第五条和《价格违法行为行政处罚规定》第二条规定，你局作为县人民政府价格主管部门，对本县行政区域内的价格活动有监督管理的职责。本案中，红瑞乐邦健康生活馆在销售紫桑多酶时，不注明商品的产地、规格、价格等信息，违反了《中华人民共和国价格法》第十三条第一款的规定；通过虚假宣传产品功效和曾获得的荣誉等违反《中华人民共和国广告法》规定的手段，牟取暴利，其行违反了《中华人民共和国价格法》第十四条第（七）项的规定，你局作为本县负责价格的监督管理机关，对经营者的违法行为可以根据《中华人民共和国价格法》第四十条、第四十二条和《价格违法行为行政处罚规定》第十二条、第十三条的规定给予行政处罚。而你单位怠于履行职责，致使红瑞乐邦健康生活馆违法行为长期存在，严重侵犯老年人的身体健康和财产安全，社会公共利益长期处于重大侵害危险之中。

现根据《中华人民共和国行政诉讼法》第二十五条第四款和《最高人民法院、最高人民检察院关于检察公益诉讼案件适用法律若干问题的解释》第二十一条的规定，向你局提出如下检察建议：

1. 依法查处红瑞乐邦健康生活馆的价格违法行为。
2. 依法履行监管职责，加强价格监管，确保交易合法有序。

请于收到本检察建议书后两个月内依法办理，并将办理情况及时书面回复本院。

2018 年 11 月 26 日

 行政机关回函

湘阴县食品药品工商质量监督管理局的回复

湘阴县人民检察院：

贵院《湘阴县人民检察院检察建议书》（湘阴检行公建〔2018〕42 号）收悉，我局高度重视，针对检察建议内容，

展开了对全县范围内以健康养生讲座、专家现场咨询等形式进行营销欺诈和虚假宣传等违法行为的专项整治，现就检察建议内容回复如下：

一、依法查处谈嵩对其销售的商品的功能、曾获荣誉作虚假和引人误解的商业宣传案

2018 年 11 月 24 日，我局综合执法大队联合县公安局药食环旅大队位于湘阴县文星镇江东路的湘阴县红瑞乐邦健康生活馆开展专项检查，并于当日对当事人谈嵩（湘阴县红瑞乐邦健康生活馆经营者）立案调查，现查明，当事人对其销售的京酿牌紫桑多酶（果醋孝素）、国肽牌胶原蛋白肽固体饮料的功能、曾获荣誉作虚假和引人误解的商业宣传，涉及金额达 138620 元，2019 年 1 月 14 日，我局依法向当事人送达了《行政处罚事先告知书》（湘阴食药工质罚告字〔2019〕1 号）、《行政处罚听证告知书》（湘阴食药工质听告字〔2019〕1 号）、当事人在法定期限内未提出陈述、申辩意见，也未提出听证意见，2019 年 1 月 18 日，我局依法向当事人下达了《行政处罚决定书》（湘阴食药工质罚决字〔2019〕2 号）。

二、加强部门协调联动，形成合力，确保我县保健市场合法有序

2018 年 11 月 30 日，我局联合县公安局、县发展和改革局、县卫生和计划生育局对位于文星镇先锋路的湘阴县汇成健康咨询服务部、位于文星镇江西东路的湘阴县瑞锦潼医疗器械经营部、位于文星镇金三角的湘阴县丽福健电子产品经营部开展专项整治，经过专项整治，湘阴县汇成健康咨询服务部、湘阴县瑞锦潼医疗器械经营部撤销了营业场所体验区相关椅子、音响投影设备，重新规划营业场所布局，承诺对所销售的商品明码标价，以专卖店的形式对外经营，湘阴县丽福健电子产品经营部拆除相关引人误解的标识展牌，承诺对其销售的商品明码标价，在经营场所显著位置悬挂电子产品无疾病治疗功效的宣传标语，上述三家经营主体分别向我局递交了《诚信经营承诺书》，我局将对其严格监管，一旦发现营销欺诈和虚假宣传等违法违规行为，依法从严从重查处。

在此，感谢贵院在建议书中提出良好建议，在今后的工作中，我局将在现有相关工作基础上进一步提高完善，并在检察机关的监督、指导下，加大监管力度，确保湘阴市场健康发展、合法有序。

湘阴县食品药品工商质量监督管理局
2019 年 1 月 18 日

湘阴县发展和改革局的回复

湘阴县人民检察院：

贵院对我局下发的检察建议书（湘阴检行公建〔2018〕43号）收悉。现将我局组织开展的有关价格监管情况报告如下：

1. 主动认领，迅速行动

2018年11月26日，贵院对我局提出的湘阴红瑞乐邦健康生活馆销售京酿牌紫桑多酶中存在的违法行为怠于履行职责的问题，我局主动认领，高度重视，立即召开专题党组会议，成立了专门的工作班子，制定了切实可行的工作方案（配合全市医药等行业价格专项检查），明确了相关单位及负责人的责任，为开展此次专项价格检查奠定了坚实的基础。

2. 实地检查，掌握证据

2018年11月27日后，我局分成两个检查组，先后7次与县工商质监部门联合对湘阴红瑞乐邦健康生活馆江东店、桥东店等经营场所实地检查，对标价不规范、超差率销售等违价行为采取现场询问、材料调阅、市场分析、提醒告诫、政策宣讲等方式，立即制止了有关违价行为，及时维护了消费的利益。

3. 依据政策，作出决定

依照价格等相关法律法规，经局案审会讨论，2019年1月21日，我局对湘阴县红瑞乐邦健康生活馆（江东店）作出了以下决定：（1）责令该店停业整顿7日；（2）规范标价签不规范的行为；（3）在停业整顿期间按要求整改到位。后续处理根据该门店整改落实情况再作相应行政处罚。目前。该店经营者态度较好，整改正在进行中。

4. 密切关注，忠诚履职

后段，我局将密切关注红瑞乐邦健康生活馆的整改落实情况，视情况作出相应的行政决定。同时，切实提高对市场价格监管的服务水平和能力，特别是2019年春节在即，我局将加强对医药（含医疗器械）、房产、生活必需品等价格的监管，搞好价格监测分析和价格预警能力建设。在县委、县政府的领导和县检察院的监督下，忠诚履职，与相关部门单位密切配合，切实加大对公交客运、市场商品等行业违价行为的查处力度。同时，进一步完善和督促落实有关价费优惠政策，维护广大群众的权益，确保全县人民度过一个安定、祥和的春节。

湘阴县发展和改革局

2019年1月23日

国有财产保护

▶ 诉前案例

5 北京市门头沟区人民检察院督促门头沟区永定镇人民政府依法履职案

(安置补偿金)

一、基本案情

北京市门头沟区人民检察院在履行职责中发现,2010年,北京市门头沟区永定镇人民政府组织实施门头沟区S1线区域组团01-12地块土地一级开发项目拆迁（以下简称S1线拆迁项目）。门头沟区潭柘寺镇北村村民王金在已经取得宅基地的情况下在永定镇其他村民的宅基地上私自建设房屋四间。拆迁过程中,永定镇政府没有切实履行审批职责,违法审批,王金取得永定镇政府加盖"门头沟区永定镇人民政府权属专用章"的《宅基地及房屋权属证明公示单》。2011年3月15日,拆迁公司北京永鸿世业房地产开发有限公司根据《宅基地及房屋权属证明公示单》等材料与王金签订补偿安置协议,支付王金腾退补偿款1294812元。

二、检察建议

永定镇政府将王金作为被补偿对象审批安置补偿的行为没有事实依据,属无效行为。北京市门头沟区人民检察院于2017年2月3日向永定镇人民政府发出行政公益诉讼诉前检察建议书,要求永定镇人民政府立即采取有效措施,对王金违法获得的安置补偿利益予以追回,保护国有资产。

三、行政机关履职情况

在收到检察机关发出的检察建议书后,门头沟区永定镇政府高度重视,书记、镇长高度重视,立即部署,成立了案件推进小组具体落实。先由拆迁公司约谈王金,拆迁办等部门跟进落实,最终王金对退款方案认可,并同意按照退款流程进行退款。2017年4月,王金将涉案的1294812元款项退还给永定镇政府，涉案的国有资产得到有效保护。

四、办案指引

管辖

检察机关提起行政公益诉讼的案件，一般由违法行使职权或者不作为的行政机关所在地的基层人民检察院管辖。本案中，永定镇政府违法行使职权，致使国有财产流失，门头沟区人民检察院作为违法行使职权行政机关所在地的基层人民检察院享有管辖权。

立案

永定镇政府作为S1线拆迁项目的实施主体，违法审批，致使国有财产流失，损害了国家利益，对永定镇政府违法审批安置补偿一案应当立案审查。

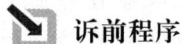
诉前程序

1. 本案调查的重点

一是行政机关的法定职责、权限和法律依据。包括该行政机关的职权范围，除法律、法规、规章确定的法定职责外，还包括该行政机关在履行职责过程中常用的法律、法规、规章、内部规则、操作指南、流程指引等。

二是行政机关不依法履职的事实，即违法行使职权的过程、方式和状态。包括行政机关违法行使职权的具体环节和方式，违法行使职权的原因、手段、后果及持续性等。

三是国家利益受到侵害的事实和状态。

2. 本案如何针对调查重点开展调查

（1）门头沟区永定镇政府为S1线拆迁项目征地、拆迁责任主体，对征地拆迁范围内的房屋权属的确认、拆迁补偿的发放具有管理和监督职责。

根据《门头沟S1线区域组团01－12地块土地储备开发项目征地、拆迁委托协议》，北京市永鸿世业房地产开发有限公司为S1线拆迁项目的实施主体。根据永定镇人民政府《关于北京永鸿世业房地产开发有限公司与永定镇政府隶属关系的函》、《关于将北京永鸿世业房地产开发有限公司作为"门头沟S1线区域组团01－12地块及土地一级开发项目"实施主体的请示》和门头沟区人民政府批办单，以及《永定镇S1线拆迁工作实施方案》显示，永定镇人民政府实际为S1线拆迁项目的实施主体。2010年9月，经门头沟区人民政府批准，北京市土地整理储备中心门头沟区分中心（以下简称"门头沟区土储中心"）与北京永鸿世业房地产开发有限公司（以下简称"永鸿世业"）签订《门头沟 S1 线区域组团 01－12 地块土地储备开发项目征地、拆迁委托协议》，委托永鸿世业为门头沟区 S1 线拆迁项目的征地、拆迁实施单位。

虽然门头沟区土储中心委托永鸿世业作为 S1 线征地、拆迁的实施单位，但是从拆迁实际情况看，实际发挥组织实施以及主要监督作用的是永定镇人民政府。而潭柘寺镇人民政府对于"稻地地块"的宅基地及房屋的确权也具有一定的监督管理职责。理由如下：

第一，根据《门头沟 S1 线区域组团 01－12 地块土地储备开发项目征地、拆迁委托协议》，永鸿世业为 S1 线拆迁项目的实施主体。根据永定镇人民政府《关于北京永鸿世业房地产开发有限公司与永定镇政府隶属关系的函》、《关于将北京永鸿世业房地产开发有限公司作为"门头沟 S1 线区域组团 01－12 地块及土地一级开发项目"实施主体的请示》及门头沟区人民政府批办单，以及《永定镇 S1 线拆迁工作实施方案》显示，永定镇人民政府实为 S1 线拆迁项目的实施主体。

第二，在王金一户宅基地及房屋权属公示单上，永定镇人民政府及潭柘寺镇人民政府均予以盖章确认。永定镇人民政府和潭柘寺镇人民政府的这一确认行为属于具体行政行为，均应对确权行为造成的后果负责。

第三，在门头沟区土储中心与永鸿世业的委托协议上，代表永鸿世业签字的是时任永定镇副镇长的佟春，拆迁户的补偿资金审核发放表上代表永鸿世业公司签字的也是佟春。而佟春并非永鸿世业的工作人员。这表明，在拆迁腾退中形式上是永鸿世业负责，实质上审批和负责的却是永定镇政府。

第四，经查询工商登记档案，永鸿世业由北京门城新城企业管理中心 100% 控股。北京门城新城企业管理中心的股东只有一个，为永定镇人民政府。因此，永鸿世业实际上由永定镇人民政府管理和经营。

第五，永定镇人民政府成立 S1 线拆迁指挥部，成员均为永定镇人民政府工作人员。S1 线项目适用的拆迁政策（腾退办法及细则）是由永定镇拆迁腾退办公室及门头沟区城乡拆迁办公室共同制定，且腾退办法由永定镇拆迁腾退办公室负责解释。腾退工作程序也是由永定镇人民政府房屋拆迁腾退办公室负责制定。《永定镇房屋拆迁腾退工作程序》第七步第 9 项规定："永鸿世业房地产公司将两份协议（承办人注：补偿协议和安置房协议）、资金审批单、资金拨付单报永定镇资金结算部。"第八步规定："自被腾退人收到《交房验收单》后 15 个工作日内，被腾退人本人需携带身份证原件和《交房验收单》到镇政府资金结算部领取存折、补偿协议、安置协议。"

综上,可以认定永定镇人民政府是 S1 线拆迁项目中负有监督管理和拆迁补偿金发放职责的行政机关。潭柘寺镇人民政府对于"稻地地块"的宅基地及房屋的确权有一定的监督管理职责。永定镇人民政府、潭柘寺镇人民政府应当作为本案公益诉讼检察建议的对象。

(2)北京市门头沟区永定镇人民政府、潭柘寺镇人民政府未依法履行法定职责。

《北京市集体土地房屋拆迁管理办法》(2003 年 5 月 27 日北京市人民政府第 9 次常务会议通过,2003 年 8 月 1 日起施行)第 5 条规定,区、县人民政府和乡(民族乡)、镇人民政府应当依照本办法规定的职责,做好本行政区域内的房屋拆迁管理工作。第 18 条规定,拆迁补偿中认定的宅基地面积应当经过合法批准,且不超过控制标准。未经合法批准的宅基地,不予认定。第 24 条规定,违法建筑和超过批准期限的临时建筑不予补偿。本案中,北京市门头沟区永定镇人民政府未依法履行房屋拆迁管理职责:

第一,根据《门头沟区永定镇城市建设房屋腾退补偿安置办法实施细则》规定,永定镇人民政府作为监督管理 S1 线拆迁项目的实施主体,应当派人依照腾退办法及细则、腾退工作程序等对王金的宅基地进行实地踏看,了解情况后再进行确认。但是永定镇政府未履行职责,没有发现王金"稻地地块"的宅基地确认存在违法情况。潭柘寺镇人民政府负责本行政区域内的房屋拆迁管理工作,也未依法履行职责,致使王金获得两块宅基地并均获得拆迁补偿。

第二,永定镇人民政府在拆迁过程中应当核实被腾退房屋是否属于违法建筑,对于属于违法建筑的不应当给予任何补偿。但是永定镇人民政府没有核查是否属于违法建筑,也没有在腾退工作程序中设立核查违法建筑程序规定,导致王金所建违法建筑获得补偿。

(3)"S1 线拆迁项目"为土地一级开发项目,项目资金为国有财产。

土地一线开发,是指由政府或其授权委托的企业,对一定区域范围内的城市国有土地、乡村集体土地进行统一的征地、拆迁、安置、补偿,并进行适当的市政配套设施建设,使该区域范围内的土地达到"三能一平"、"五通一平"或"七能一平"的建设条件(熟地),再对熟地进行有偿出让或转让的过程。门头沟 S1 线区域组团 01-12 地块土地一级开发项目,是为配合北京市重点工程——首条中低速磁悬浮交通示范线(S1 线)西段工程等进行的土地一级开发。2010 年 11 月 8 日,北京市门头沟区住房和城乡建设委员会发布的《北京市城市房屋拆迁公告》(门建拆告字〔2010〕第 12 号):根据《北京市城市房屋拆迁管理办法》第 10 条规定,北京市土地整理储备中心门头沟区分中心在门头沟区永定镇地区进行门头沟 S1 线区域组团 07 地块土地一级开发项目建设，现已取得京建门拆许字〔2010〕第118号《房屋拆迁许可证》，委托北京市永鸿世业房地产开发有限公司具体实施。《门头沟S1线区域组团01-12地块土地储备开发项目征地、拆迁委托协议》第12条规定，项目征地、拆迁资金依据《关于加强市区联合储备开发项目资金监管有关问题的通知》（京国土市〔2009〕330号）及门头沟区土地储备资金管理流程进行资金支付与监管。

（4）由于永定镇政府未依法履行行政管理职责，致使国有资产被侵占，国家利益受到侵害。

国土资源部印发的《关于加强农村宅基地管理的意见》（国土资发〔2004〕234号）规定："严格宅基地申请条件。坚决贯彻'一户一宅'的法律规定。农村村民一户只能拥有一处宅基地。"而王金在潭柘寺镇北村西街80号还拥有一处宅基地，且于2011年12月因潭柘寺镇中心区（A-E地块）土地一级开发项目征收被拆迁并获得安置房和补偿款。

周书利明知王金在北村西街有宅基地，其在"稻地地块"房屋并非王金的宅基地，不符合拆迁补偿政策，却滥用职权，违规为王金在"稻地地块"上的四间房屋出具宅基地权属证明，被门头沟区人民法院〔2015〕门刑初字第25号刑事判决书以滥用职权罪判处有期徒刑1年。永定镇人民政府、潭柘寺镇人民政府在此过程中，未依程序履行审查职责，即予以盖章确认，导致王金获得拆迁补偿款人民币1294812元。北京市门头沟区永定镇人民政府未依法履行监督管理职责，对王金属于违法建筑的四间房屋进行宅基地权属确认，致使国有财产遭受损失。

3. 本案审查的关键问题

本案审查的关键问题为行政机关的法定职责、权限和法律依据以及行政机关违法行使职权与损害后果之间存在因果关系。

4. 诉前文书写作的关键问题

诉前文书写作的关键问题是厘清为行政机关的法定职责、权限和法律依据以及行政机关违法行使职权与损害后果之间存在因果关系。

五、办案效果

收到检察机关发出的检察建议书后，门头沟区永定镇政府高度重视、积极部署，通过多种有效方式追回拆迁款，保护了涉案的国有资产。与此同时，永定镇政府从此案中汲取经验教训，建立健全了规章制度，避免了拆迁工作中出现类似问题。

六、依据指引

1. 《北京市集体土地房屋拆迁管理办法》

第五条 区、县人民政府和乡（民族乡）、镇人民政府应当依照本办法规定的职责，做好本行政区域内的房屋拆迁管理工作。

第十八条 拆迁补偿中认定的宅基地面积应当经过合法批准，且不超过控制标准。未经合法批准的宅基地，不予认定。

第二十四条 违法建筑和超过批准期限的临时建筑不予补偿。

2. 《关于加强农村宅基地管理的意见》

（五）严格宅基地申请条件。坚决贯彻"一户一宅"的法律规定。农村村民一户只能拥有一处宅基地……

3. 《门头沟区永定镇城市建设房屋腾退补偿安置办法实施细则》

永定镇人民政府作为监督管理 S1 线拆迁项目的实施主体，应当派人依照腾退办法及细则、腾退工作程序等对王金的宅基地进行实地踏看，了解情况后再进行确认。

七、文书指引

 立案决定书

北京市门头沟区人民检察院
立案决定书

京门检行公立〔2017〕2 号

本院在履行职责过程中发现，北京市门头沟区永定镇人民政府违法履行职责，在北京市门头沟区 S1 线区域组团 07 地块土地一级开发拆迁项目中，未尽到审查义务，通过《宅基地及房屋权属证明公示单》对王金不应补偿的宅基地面积和违法建设予以确认，使得王金违法获得安置补偿的行为可能损害国家利益。根据《全国人民代表大会常务委员会关于授权最高人民检察院在部分地区开展公益诉讼试点工作的决定》和《人民检察院提起公益诉讼试点工作实施办法》第五条的规定，决定立案审查。

2017 年 1 月 15 日

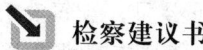
北京市门头沟区人民检察院
检察建议书

京门检行建〔2017〕2号

北京市门头沟区永定镇人民政府：

本院在履行职责中发现，你单位在北京市门头沟区S1线区域组团07地块土地一级开发拆迁项目中，存在违法履行职责的问题。本院依法进行了调查。现查明：

2010年，北京市门头沟区永定镇人民政府（以下简称永定镇政府）组织实施门头沟区S1线区域组团01－12地块土地一级开发项目拆迁（以下简称S1线拆迁项目）。门头沟区潭柘寺镇北村北街地处永定镇"稻地地块"，在S1线拆迁项目范围内。门头沟区潭柘寺镇北村村民王金在"稻地地块"中其他村民的宅基地上（潭柘寺镇北村北街62号）私自建设房屋四间。该违法建设房屋在S1线拆迁项目第07地块拆迁范围内。

拆迁过程中，王金取得《宅基地及房屋权属证明公示单》。该公示单内容为："经核实，我村村民王金，宅基地位于潭柘寺镇北村北街62号，属于1982年后。认定宅基地面积为71.50平方米，认定符合补偿标准的正式房屋建筑面积为71.50平方米，其中首层建筑面积为71.50平方米。"该公示单中潭柘寺镇北村村民委员会加盖公章，潭柘寺镇政府加盖公章，永定镇政府加盖"门头沟区永定镇人民政府权属专用章"。而此前王金已获得位于潭柘寺镇北村西街80号的宅基地，不应在"稻地地块"北村北街再拥有宅基地。2011年3月15日，北京永鸿世业房地产开发有限公司根据《宅基地及房屋权属证明公示单》等材料以涉案项目腾退人的名义，与王金签订编号为S1ZT－07－ZH－015－TZS的《北京市住宅房屋腾退补偿安置协议》，协议载明：被腾退房屋占地面积71.50平方米，房屋补偿建筑面积71.50平方米，其中首层建筑面积71.50平方米。协议确定支付王金腾退补偿款1294812元。永定镇政府副镇长佟春在安置协议中签字。同日，该项目《资金使用申请单》中申请王金的拆迁补偿款1294812元，永定镇政府副镇长佟春在申请单中签字同意支付。2011年3月16日，王金领取了上述补偿款。

另查明，永定镇政府曾于2010年12月27日出具《关于北京永鸿世业房地产开发有限公司与永定镇政府隶属关系的函》，函中明确表明："我镇由北京门城新城企业管理中心（原政府下属总公司隶属永定镇人民政府）全额出资成立了北京永鸿世业房地产开发有限公司，与镇政府存在隶属关系。"另，涉案S1线拆迁项目适用《门头沟区永定镇城市建设房屋腾退补偿安置办法》和《门头沟区永定镇城市建设房屋腾退补偿安置办法实施细则》。同时为确保在2010年底前完成S1线拆迁工作，永定镇政府制定了《永定镇S1线拆迁工作实施方案》（永政发〔2010〕135号），成立指挥部，组织实施该项目的拆迁工作。

本院认为：S1线项目是北京市重点工程，是保民生、促发展的重大举措，对于推进全镇城市化进程、加快推进首都西部综合服务区建设具有十分重要的意义。永定镇政府为落实区委、区政府的工作要求，采取了制定拆迁工作实施方案、成立指挥部、资金把关等一系列措施，具体组织实施S1线拆迁项目。特别是在补偿安置协议的签订、补偿资金的发放中均由副镇长审查签字，永定镇人民政府实际履行着对S1线拆迁项目的组织、监督、管理的职责。由于S1线拆迁项目拆迁补偿资金来源于国家财政拨付，故永定镇政府应当对拆迁补偿资金的发放严格把关。

根据《中华人民共和国土地管理法》第六十二条第一款的规定，农村村民一户只能拥有一处宅基地。本案中，王金已获得位于潭柘寺镇北村西街80号的宅基地，其不能在"稻地地块"北村北街再拥有宅基地。同时《北京城市房屋拆迁管理办法》（2001年11月1日施行，2011年10月19日废止）第三十七条规定，拆除违章建筑、超过批准期限的临时建筑和规划批准建设时规定如遇规划调整应当拆除的临时建筑的，不予补偿。《门头沟区永定镇城市建设房屋腾退补偿安置办法实施细则》中亦明确规定，违法建设一律不予经济补偿。本案中，王金在潭柘寺镇北村北街62号的房屋属于违法建设，不应属于安置补偿的范围。由于拆迁过程中永定镇政府未尽到审查义务，通过《宅基地及房屋权属证明公示单》对王金不应补偿的宅基地面积和违法建设予以确认，使得王金违法获得安置补偿，造成国有资产损失，国家利益受到侵害。

根据《全国人民代表大会常务委员会关于授权最高人民检察院在部分地区开展公益诉讼试点工作的决定》和《人民检察院提起公益诉讼试点工作实施办法》第四十条的规定，现向你单位提出如下检察建议：

一、立即采取有效措施，对涉案被腾退人违法获得的补偿安置利益予以追回，实现国有资产保护。

二、对S1线拆迁项目补偿安置进行全面核查，发现违法补偿安置行为及时纠正，防止国有资产继续受到侵害。

请于收到本检察建议书后一个月内将办理情况书面回复本院。

2017年2月3日

行政机关复函

关于对北京市门头沟区人民检察院
检察建议书（京门检行建〔2017〕2号）的回复

门头沟区人民检察院：

自2017年2月4日收到贵院检察建议书（京门检行建〔2017〕2号）后，永定镇高度重视此项工作，书记、镇长立即对此事进行安排部署，并由镇人大主席、主管拆迁副职、涉及相关科室、法律顾问及专业公司组成案件推进小组进行具体落实。针对此宗案件的具体工作如下。

1. 自2017年2月4日收到贵院检察建议书后，2017年2月5日，我镇立即召集此宗案件对应的拆迁公司对此事进行对接部署。由拆迁公司与王金进行约谈，针对退款流程、退款方式进行告知。2017年2月6日，经拆迁公司反馈，王金对退款方案认可，并同意按照退款流程进行退款。

2. 为了加快退款进度，在此期间，我镇一直催促此事，要求当事人王金从速返还钱款。

3. 2017年3月2日，我镇与王金进行联系，其手机关机，联系王金之女，其称不了解此情况，故我镇让王金之女做其父的思想工作，尽快让王金进行退款。

4. 2017年3月3日9：30分，我镇再次组织案件对应的拆迁公司、评估公司、审计公司及法律顾问对此宗案件进行研究部署，会后我镇先与王金之女进行联系，其称此事为家庭内部问题，需与其弟联系，随后我镇联系王金之子，其称此事需与王金联系解决。因王金手机关机，王金之子告知座机号，拨打座机后告知打错，拒绝沟通，我镇责成拆迁公司去王金家里沟通，但未找到王金本人。

5. 2017年3月4日，我镇责成拆迁公司持检察建议书，解除协议、账户证明与王金联系，是否见到本人，目前未得到反馈信息。

6. 永定镇拆迁办于2017年3月4日，下午4点35分与王金联系，打电话两次，均无人接听。

附件：王金的账户证明及解除协议（略）

永定镇人民政府
2017年3月4日

6 广东省深圳市人民检察院督促深圳市坪山新区管理委员会依法履职案

（国家拆迁补偿款）

一、基本案情

广东省深圳市人民检察院在履行职责中发现，在深圳市坪山新区第三人民医院建设项目征收补偿过程中，赵发祥、薛剑明等人非法骗取国家拆迁补偿款，造成国有资产流失。深圳市坪山新区管理委员会作为土地整备资金的具体使用和监管部门，对于被骗取的拆迁补偿款未积极追缴，存在行政不作为。深圳市人民检察院于2016年11月18日立案审查，并启动一体化办案机制，与盐田区人民检察院联合对案件进行深入调查，最终查明薛剑明、赵发祥勾结当地负责征收拆迁事务的工作人员，通过报批使涉案私宅纳入拆迁范围，并通过套用叶运青、黄自康"一户一栋"指标、签订虚假《合作建房协议书》等方式骗取拆迁补偿款人民币3762756元。

二、检察建议

2016年11月22日，深圳市人民检察院向坪山新区管委会发出检察建议，要求其依法履行对房屋征收补偿费用的监督管理职责，限期追缴被骗取的房屋拆迁补偿款。

三、行政机关履职情况

对于检察机关发出的检察建议书，坪山新区管委会高度重视，积极配合，由新区政法办公室牵头，从综合办公室、新区土地整备中心、坑梓办事处及公安分局抽调专人组成工作组，具体负责被骗国有资产的追缴任务。多部门协助配合，积极行动，采取系列措施全力开展被骗取的拆迁补偿款追缴工作，历时不足三个月，本案被骗取的拆迁补偿款已全部追缴完毕。

四、办案指引

管辖

根据《检察机关提起公益诉讼试点方案》规定,"检察机关在履行职责中发现生态环境和资源保护、国有资产保护、国有土地使用权出让等领域负有监督管理职责的行政机关违法行使职权或者不作为,造成国家和社会公共利益受到侵害,公民、法人和其他社会组织由于没有直接利害关系,没有也无法提起诉讼的,可以向人民法院提起行政公益诉讼"。本案线索是深圳市人民检察院在履行职责中发现,本案受损害的是国家的国有资产,公民、法人和其他社会组织由于没有直接利害关系,没有也无法提起诉讼,因此,根据《人民检察院提起公益诉讼试点工作实施办法》的规定,应由检察机关提起公益诉讼。

立案

检察机关在履行职责过程中发现,深圳市坪山新区第三人民医院建设项目征收补偿过程中,赵发祥、薛剑明等人非法骗取国家拆迁补偿款,造成国有资产流失。龙岗区政府坪山新区土地整备中心作为土地整备资金的具体使用和监管部门,对于被骗取的拆迁补偿款未积极追缴,存在行政不作为,可能损害国家利益和社会公共利益。根据《全国人民代表大会常务委员会关于授权最高人民检察院在部分地区开展公益诉讼试点工作的决定》和《人民检察院提起公益诉讼试点工作实施办法》第32条的规定,决定立案审查。

诉前程序

1. 本案调查的重点

违法行为人实施了骗取国家拆迁补偿款的行为,造成国有资产流失,坪山新区管理委员会对涉案国有资产负有监管职责,但未依法履行,至检察建议发出时尚未能追回,国家利益仍处于受损害状态。

2. 诉前文书写作的关键问题

列明违法行为人的身份、存在的违法事实、造成的损害后果、坪山管委会怠于履职的事实以及法律适用等。建议内容要简单明了,注明办理期限并要求书面回复。

五、办案效果

检察建议发出后,坪山新区管委会派出专门人员前来检察机关听取意见,经检察机关再次强调并提出具体要求,坪山新区管委会迅速反应,在龙岗区检察院、龙岗区法院、坪山检察院筹备组、坪山法院筹备组的指导支持下,对该区被骗拆迁补偿款事项进行了再梳理、再部署。第一,进一步明确了资产追缴计划及时限,并对追缴资产金额认定提供了补充材料。第二,联合公安机关通过网上追逃等手段对在逃人员薛剑明进行抓捕,在两个月内将其抓捕归案。第三,对国有资产监管长效机制进行了制度上的完善,梳理完善征地拆迁制度,加强反腐倡廉建设和审计对国有资产管理的监督。第四,主动对涉案拆迁项目进行全面清查,发现赵发祥等人还通过签订其他虚假房屋转让协议非法获取补偿款人民币57.62万元,该案已由坪山新区纪工委立案调查并将案件线索移送至相关部门。

六、依据指引

1. 《国有土地上房屋征收与补偿条例》

第四条 市、县级人民政府负责本行政区域的房屋征收与补偿工作。

市、县级人民政府确定的房屋征收部门(以下称房屋征收部门)组织实施本行政区域的房屋征收与补偿工作。市、县级人民政府有关部门应当依照本条例的规定和本级人民政府规定的职责分工,互相配合,保障房屋征收与补偿工作的顺利进行。

2. 《深圳市房屋征收与补偿实施办法(试行)》

第三条 区人民政府(以下简称区政府)负责本辖区内房屋征收与补偿工作。跨区的项目由所涉区政府分别负责房屋征收与补偿工作,确有必要由市人民政府(以下简称市政府)统筹的,须经市政府批准后,由市政府责成有关区政府或者相关部门具体负责房屋征收与补偿工作。

市规划国土部门负责对本市房屋征收与补偿工作的实施进行指导、监督与管理,履行下列职责:

(一)依法制定和完善本市房屋征收补偿政策体系、规范准则、运行规则与保障机制;

(二)依法制定和完善产权调换房屋的规划、建设、调配、产权制度等配套政策措施;

(三)在房屋征收决定作出前,组织对未经登记建筑的调查、认定和处理;

(四)建立房屋征收的评估、测绘机构预选库,并对从事房屋征收价格评估、面积测绘的评估、测绘机构进行监督管理；

（五）负责受理对征收工作的举报并及时依职权处理；

（六）其他房屋征收指导、监督、管理职责。

七、文书指引

 立案决定书

深圳市人民检察院
立案决定书

深检行公立〔2016〕6号

本院在履行职责过程中发现，深圳市坪山新区第三人民医院建设项目征收补偿过程中，赵发祥、薛剑明等人非法骗取国家拆迁补偿款，造成国有资产流失。龙岗区政府坪山新区土地整备中心作为土地整备资金的具体使用和监管部门，对于被骗取的拆迁补偿款未积极追缴，存在行政不作为，可能损害国家利益和社会公共利益。根据《全国人民代表大会常务委员会关于授权最高人民检察院在部分地区开展公益诉讼试点工作的决定》和《人民检察院提起公益诉讼试点工作实施办法》第三十二条的规定，决定立案审查。

2016年11月18日

 检察建议书

深圳市人民检察院
检察建议书

深检行建〔2016〕6号

深圳市坪山新区管理委员会：

本院依法立案调查赵发祥、薛剑明等人非法骗取国家拆迁补偿款一案，现查明：

2013年至2014年，在深圳市坪山新区第三人民医院建设项目征收补偿工作开展过程中，为使原不属于拆迁范围的坪山新区薛屋居民小组薛屋老街3号的华侨私宅纳入征收范围并骗取高额拆迁补偿，薛剑明、赵发祥利用叶伟清、钟健华的职务便利，通过报批使涉案私宅纳入拆迁范围。赵发祥、叶伟清、钟健华并通过套用叶运青、黄自康"一户一栋"指标、签订虚假《合作建房协议书》等方式骗取高额补偿款。案发后，叶伟清共退回款项人民币16万元，钟健华退回款项人民币29万元。

本院认为，赵发祥、薛剑明与叶伟清、钟健华非法骗取国家拆迁补偿款，造成国有资产流失。虽然叶伟清、钟健华等人依法受到国家追诉，但被骗取的拆迁补偿款至今尚未追回，国家利益仍处于受损害状态。根据《国有土地上房屋征收与补偿条例》第四条、《深圳市房屋征收与补偿实施办法（试行）》第三条、《深圳市土地整备资金管理暂行办法》第九条之规定，坪山新区管理委员会负责本辖区内房屋征收与补偿工作，并对辖区土地整备资金负有监管义务。本案发生后，坪山新区管理委员会对于涉案所造成的国有资产流失未积极履行法定职责、追缴被骗取的房屋拆迁补偿款，存在行政不作为。现根据《全国人民代表大会常务委员会关于授权最高人民检察院在部分地区开展公益诉讼试点工作的决定》和《人民检察院提起公益诉讼试点工作实施办法》的规定，向你单位提出如下检察建议：

依法履行对房屋征收补偿费用的监督管理职责，限期追缴被骗取的房屋拆迁补偿款。

请于收到本检察建议书后一个月内将办理情况书面回复本院。

2016年11月22日

 行政机关复函

坪山新区管委会关于反馈追缴房屋
拆迁补偿款有关情况的函

深坪委函〔2016〕620号

市人民检察院：

《深圳市人民检察院检察建议书》（深检行建〔2016〕6号）收悉。对于《检察建议书》所述我区在坪山新区第三人民医院建设项目相关征地拆迁补偿工作中，未尽到国有资产的监管职责事宜，我区即刻抽调专人成立了专门工作组，对建议书指出的问题进行调查研究，并采取系列措施开展被骗取的拆迁补偿款追缴工作。现将落实情况函告如下：

一、高度重视，积极履行国有资产监管职责

我区政府筹备组组长陶永欣、区委筹备组副组长李映中同志第一时间就《检察建议书》作出批示，明确由新区政法办公室牵头，各相关部门积极协助，全力追缴被骗取的拆迁补偿款。

12月7日，由新区政法办公室牵头，从综合办公室、新区土地整备中心、坑梓办事处及公安分局抽调专人组成工作组，具体负责被骗国有资产的追缴任务。工作组成立以来，已三次召开专门会议，并分别与龙岗区检察院、法院进行了联系，调查了解《检察建议书》所涉案件的审理、办案过程中所追缴的资产情况，同时多方行动，积极开展追缴工作。

二、积极作为，全力开展被骗国有资产追缴工作

《检察建议书》所述一处房产位于坪山新区薛屋居民小组薛屋老街3号，共6层，建筑面积共计2427.91m^2。涉案人员：薛剑明、赵发祥、黄自康、叶运青、叶运兴5人，通过伪造房屋建成时间以及虚假拆分房产以高套原村民补偿标准，非法获取补偿款376.28万元。在追缴该被骗国有资产过程中，我区各部门积极行动，全力开展追缴工作。

（一）主动挖掘案件线索，穷追不放手。该案系我区纪检机关于2015年6月30日根据线索（第三人民医院建设工程项目骗取拆迁补偿款线索（《审计报告（深坪审报〔2016〕79号）》）移交追究刑事责任的，认定存在弄虚作假高套补偿标准骗取财政资金433.9万元，即除《检察建议书》所涉376.28万元外，还发现薛剑明、赵发祥等人通过签订虚假房屋转让协议非法获取补偿款57.62万元。发现这一线索后，我区纪工委狠抓不放，迅速立案调查，对涉案公职人员移交龙岗区人民检察院侦查起诉，对于薛剑明、黄自康、叶运青、叶运兴等非公职人员，移交坪山公安分局以诈骗罪立案侦查，实施抓捕和追逃。

（二）采取多项措施，追缴不松懈。在坪山纪工委、公安分局办案期间，我区工作人员上门走访，做通涉案人员及其亲属思想工作，力争第一时间追缴被骗款项。其中，叶伟清先后于2015年7月7日、8月24日共计退回赃款16万元人民币，钟健华退回赃款29万元人民币，赵发祥的家属替其退回赃款142万元，上述款项均已随案移交。目前，叶伟清、钟健华因涉嫌受贿罪、贪污罪被提起公诉，赵发祥、薛辉雄、黄自康涉嫌诈骗罪案和赵发祥涉嫌贪污罪、行贿罪案被合并提起公诉，薛剑明（男，现年75岁，香港籍，住中国香港，身份证号B123928（2））在逃尚未归案，两案均由龙岗区人民法院审理，尚未审结。截至日前，上述涉案人员骗取拆迁补偿款共计人民币4339039元，检察院、法院随案移交及没收赃款共计 323 万元（115 + 13 + 8 + 16 + 29 + 142）。实际款额尚需与公安、检察院、法院作进一步确认。

（三）多部门协作配合，减少国有资产流失损害。我区公安、土地整备、坑梓办事处等单位在新区党工委、管委会的领导下，积极开展被骗国有资产的追缴工作。尤其是收到《检察建议书》以后，在新区管委会的统一领导下，各相关部门加大协作，全力配合，积极与龙岗检察院、龙岗法院协调、联系，争取两院的支持、查阅案卷、跟踪案件审理、确认通过案件侦办、检控程序、审判程序等追回的国有资产数额；我区公安分局也加大了对在逃涉案人员的抓捕力度，加大对在逃犯罪嫌疑人境内资产、账户的查询、监控，在必要时拟采用冻结银行账户等手段，积极追缴资产；区土地整备中心、坑梓办事处分别到房管所查询犯罪嫌疑人相关房产，同时积极做好涉案人员亲属的工作，督促涉案人员主动归案并退赃。目前我区已经形成对被骗国有资产积极追缴、齐抓共管的工作态势，正积极通过多部门努力，确保尚未追回的资产不被转移、隐匿和灭失。经过不懈的努力和多方说服教育，12 月 21 日赵发祥的亲属又代其退赃 6 万元。

三、下一步措施

我区还将继续保持高压态势，进一步加大部门协作，采取更加有力的措施，全力做好被骗拆迁补偿款余款的追缴工作。近期工作计划是：

（一）继续加大与市检察院、市中级人民法院、龙岗区检察院、龙岗区法院等公、检、法机关的协调、及时跟进审判、检控程序，力争将通过刑事审判程序所没收的非法所得列入追回的国有资产盘子。

（二）对于已羁押人员涉案非法所得的追缴，由专门工作小组积极向市中级人民法院、龙岗区人民法院协调，确认已追回款项收回国库，并确认金额。

（三）对于尚未追缴到位的资产，一是向龙岗区人民法院提起民事诉讼，确认涉案房屋拆迁补偿协议书无效，同时采取财产保全措施，对涉案人员的资产进行查封，以确保追回相关补偿款。二是由于薛剑明是导致国家资产流失的最主要责任人之一，因涉嫌诈骗罪在逃，尚未被抓捕归案，公安机关将尽快采取措施，将其抓捕归案，同时加大对涉案在逃人员境内外资产的查询、检控力度，采取一切必要的措施，确保余额追缴到位。

（四）做好涉案人员资产的调查、家庭成员的沟通工作，说服其家庭积极退赃，配合资产追缴。

综上，我区一直积极作为并采取措施开展被骗国有资产追缴工作，也取得了实质性进展，追回了大部分资产。接下来，我区将严格按照《检察建议书》

要求，切实履行国有资产监管职责，完成被骗国有资产追缴工作。

此函。

深圳市坪山新区管理委员会
2016 年 12 月 22 日

坪山区人民政府关于报送《检察建议书》
有关补充情况的函

深坪府函〔2017〕6 号

市人民检察院：

　　根据贵院 12 月 23 日对我区追缴被骗国有资产的有关要求，我区政法办公室牵头，会同综合办（法制）、纪检局（审计）、土地整备中心、坑梓办事处、坪山公安分局等单位，在龙岗区检察院、龙岗区法院、坪山检察院筹备组、坪山法院筹备组的指导支持下，对我区被骗拆迁补偿款事项进行了再梳理、再部署，进一步明确了资产追缴计划及时限，对追缴资产金额认定提供了补充材料，对完善国有资产监管长效机制进行了制度上的完善。现将有关落实情况汇报如下：

　　一、关于确定明确的资产追缴计划及时限。纪检监察局于 2014 年 6 月 25 日至 2015 年 10 月 28 日在对我区土地整备资金进行专项审计过程中，发现存在被补偿人弄虚作假高套补偿标准骗取财政资金问题，遂联同我区各部门积极行动，全力开展追缴工作。同时坑梓办事处会同土地整备中心、公安分局根据在逃涉案人员的资产摸查实际情况，做了大量工作：一是采取有力措施，加大对涉案在逃人员的追查检控力度。公安分局加大了对在逃涉案人员的抓捕力度，于 2017 年 1 月 1 日将薛剑明抓获（附件 3）。同时对薛剑明在深圳的房产银行账户查询、监控，当前查询结果显示，其在深圳没有房产和银行账户。二是采取高压态势，督促涉案人员主动退赃。叶运兴家属代其退赃 15 万元，赵发祥家属代其退赃 21 万元，薛剑明家属退赃 50.9 万元（附件 2）。截至目前，433.9 万元已全部追缴到位（共 441.9 万元，其中 8 万元冲抵罚金）（附件 1）。

　　二、关于提交追缴资产金额认定补充材料事宜。该项工作由我区土地整备中心、坑梓办事处负责梳理并提供说明：

　　一是关于将薛剑明房产纳入第三人民医院建设项目拆迁范围的依据问题。

2013年6月，原坑梓办事处征收拆迁事务中心报送区土地整备工作协调会议题，提出有部分业主要求把该项目红线外房屋纳入拆迁范围，考虑到这些房屋距离施工红线较近，施工过程中可能会对房屋造成影响，存在一定的安全隐患，建议一并纳入拆迁补偿范围。该议题列入坪山区2013年第2次土地整备工作协调例会审议。会议认为，考虑到业主主动提出拆迁诉求，且纳入到拆迁补偿范围的房屋位于规划道路范围内，将来仍需实施征收，提前征收有利于提高后续项目的房屋征收工作效率，也有利于未来第三人民医院的整体规划，同意将上述红线外房屋一并纳入征收范围实施征收（附件4、5）。据此，对该项目实施征收有依据支持，符合相关程序规定。二是关于需追缴的资产及金额的补充说明。在《检察建议书》所提及的私宅征收补偿项目中，涉嫌伪造房屋建成时间、虚假拆分产权并利用香港户籍身份高套补偿标准，骗取财政资金376.28万元；在此之外，我区在对坑梓办事处金沙社区薛屋居民小组薛屋4巷7号房屋征收补偿项目审计中，发现了涉嫌通过签订虚假转让房屋协议高套原村民补偿标准的线索，涉及补偿款57.62万元，我区将《检察建议书》所涉376.28万元和上述薛屋4巷7号房屋征收项目中被骗取的补偿款57.62万元一并纳入追缴范围，总计金额为433.9万元。

　　三、关于完善国有资产监管长效机制事宜。一方面，由土地整备中心牵头，对征地拆迁制度进行梳理和完善。主要做法有：一是开展征收廉政教育，组织观看大型反腐电影和廉政警示教育片，持续开展廉政教育、预防职务犯罪培训讲座，增强征收系统工作人员风险意识和防范意识；二是加强征收制度建设。我区一直重视征收工作规范化建设。2015年4月印发《坪山新区公共基础设施建设项目补偿工作规程》（附件7）及《坪山新区房屋征收资金使用管理规则（试行）》（附件8），2016年3月下发《关于加强确权公示有关事宜的通知》（附件9），在接到《检察建议书》后，我区加快拟定《坪山新区房屋补偿工作管理规程（试行）》进程（附件10），目前正提请区政府审议中；三是提升征收工作水平。开展房屋征收权属核查课题研究，形成《坪山区公共基础设施房屋补偿权属核查工作指引（试行）》（附件11），目前正报区里审定，力争尽快实施。另一方面，由区纪检监察局牵头，在审计期间，已将项目中发现的案件线索移交龙岗区人民检察院处理，同时将继续围绕反腐倡廉建设，强化审计对国有资产管理的监督：一是后续审计处理及整改。要求被审计单位高度重视审计问题，积极开展警示教育；加大确权核查力度，通过综合运用各种科技手段核查房屋建成时间；扩大确权公示范围，要求工作人员在确权工作中前往居民小组和股份公司张贴公示；协商有关补偿事项时，权利人提出超过政策规定的补偿要求，或涉及相关特殊情况的，至少有两名以上工作人员在场，并需做好记录工作。二是加强反腐倡廉建设。研究制定了《坪山新区纪检监察局审计线索移送管理办法》，进一步提高审计线索移送工作的质量和水平，抓好审计案件移送工作强力助推反腐，发挥审计监督在反腐败斗争中的积极作用。三是坚持"全面审计、突出重点"的原则。重点关注投资政策措施落实情况、建设资金使用效益、工程质量等内容。审计监督过程又要强化专项资金审计和审计调查，并推进审计整改工作，强化审计整改效果，促进我区在法治轨道上稳步有序健康发展。

下一步，我区将按照贵院有关建议和要求，健全完善国有资产长效监管机制，举一反三，告诫教育全区干部职工严格依法依规开展征收工作，切实履行国有资产监管职责。

此函。

深圳市坪山区人民政府
（深圳市坪山新区管理委员会代章）
2017 年 1 月 22 日

▶ 诉讼案例

7 福建省南平市光泽县人民检察院诉光泽县农业机械管理总站不依法履职案

(财政补贴)

一、基本案情

光泽县检察院在办理光泽县农业机械管理总站工作人员章敬梅、李兰秀玩忽职守罪一案的过程中，发现光泽县农业机械管理总站在 2012 年审核光泽县兴农菇业专业合作社（以下简称兴农合作社）申请的国家农机补贴过程中，严重不负责任，未认真履行职责，对不符合补贴条件的兴农合作社和福州绿欣农林机械有限公司套取国家补贴资金的行为予以认可，造成国家经济损失人民币 105.668 万元。2015 年 9 月 30 日，光泽县人民法院〔2015〕光刑初字第 38 号刑事判决书对上述事实予以认定。

二、诉前程序

2015 年 10 月 10 日，光泽县检察院向光泽县农业机械管理总站发出《检察建议书》，要求光泽县农业机械管理总站采取措施，会同光泽县财政局收回兴农合作社套取的补贴资金，并取消其今后享受补贴资金的资格，挽回国家损失。2015 年 11 月 18 日，光泽县农业机械管理总站回函称"无法对申报者提出违法方面的司法起诉和追缴程序。如果认定套取资金等违法行为属实，也只能通过司法程序予以追缴，光泽农机总站无资格和权力收回已发放的补贴资金"。光泽县农业机械管理总站虽有回函，但仍不履行依法撤销已发放给兴农合作社的农机购置补贴指标确认通知书并收回被套取补贴资金，取消兴农合作社今后享受补贴资金的资格等职责，致使国家和社会公共利益仍处于受侵害的状态。

三、诉讼情况

光泽县检察院公诉科将光泽县农业机械管理总站违法发放农机补贴的案件线索送至民行科。2016年6月24日,光泽县检察院以光泽县农业机械管理总站为被告向建阳区人民法院提起行政公益诉讼,请求责令被告光泽县农业机械管理总站履行撤销其作出的农机购置补贴指标确认通知书、履行收回被套取的农机补贴资金105.668万元、取消相对人今后享受农机补贴的法定职责。

南平市建阳区人民法院于10月10日公开开庭并当庭宣判,支持检察机关的全部诉讼请求。建阳区人民法院认为,被告作为县级农机管理部门在明知本案补贴资金的发放存在错误,且公益诉讼人向被告送达检察建议书后,被告未按照《福建省农业机械购置补贴专项资金使用管理规定(试行)》第18条"……对弄虚作假套取补贴资金的购机者,一经发现,由县级农机管理部门会同当地财政部门收回机具资金,并取消今后享受补贴资金的资格"的规定履行法定职责,公益诉讼人提出的诉讼请求,证据确实、于法有据,法院予以支持。建阳区人民法院依法判决被告光泽县农业机械管理总站于判决生效后60日内履行撤销其作出的农机购置补贴指标确认通知书、履行收回被套取的农机补贴资金105万余元及取消相对人今后享受农机补贴的法定职责。

2017年6月19日,光泽县人民检察院发出检察建议督促光泽县农业机械管理总站,按照福建省南平市建阳区人民法院〔2016〕闽0703行初20号行政判决书第二项判决内容,依法履行收回被兴农合作社套取的农机补贴资金105.668万元。

四、办案指引

 管辖

光泽县人民检察院作为本案公益诉讼人的依据:

1. 全国人民代表大会常务委员会《关于授权最高人民检察院在部分地区开展公益诉讼试点工作的决定》。

证实:确定福建省为公益诉讼试点省份的事实。

2. 最高人民检察院《检察机关提起公益诉讼试点方案》。

证实:确定福建人民检察院为公益诉讼试点单位的事实。

3. 福建省人民检察院《关于检察机关提起公益诉讼试点工作实施方案》。

证实:确定福州、泉州、三明、南平、龙岩五个地区开展公益诉讼试点工作的事实。

4. 2016 年 6 月 14 日最高人民检察院《关于对福建省人民检察院〈关于提请批准光泽县人民检察院拟诉光泽县农业机械管理总站违法行使职权一案的请示〉的批复》。

证实：最高人民检察院同意将该案向人民法院提起行政公益诉讼的事实。

以上证据证实：最高人民检察院经全国人民代表大会常务委员会授权，在部分省份开展公益诉讼试点工作，福建省作为试点省份之一，本院提起公益诉讼经过最高人民检察院批复同意，本院作为公益诉讼人主体适格。

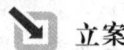

立案

2015 年 10 月 10 日，光泽县人民检察院将光检发建〔2015〕5 号《检察建议书》送达光泽县农业机械管理总站并建议该站：（1）采取措施，挽回国家损失；（2）加强履职能力，提升管控水平；（3）加强宣传教育，形成示范效用。要求光泽县农业机械管理总站依法会同财政部门收回兴农合作社套取的补贴资金，并取消其今后享受补贴资金的资格，挽回国家损失。

2015 年 11 月 18 日，被告光泽县农业机械管理总站回函称无法对申报者提出违法方面的司法起诉和追缴程序，无资格和权力收回已发放的补贴资金。

光泽县人民检察院认为光泽县农业机械管理总站仍不纠正违法行为、不履行法定职责，致使国家利益处于受侵害状态，经过上级院依法审批后，于 2016 年 6 月 24 日向南平市建阳区人民法院依法提起行政公益诉讼。

诉前程序

1. 本案调查的重点

（1）光泽县农业机械管理总站是否具备行政诉讼被告主体资格；

（2）光泽县农业机械管理总站是否具有收回被骗取的国家农机补贴的职责；

（3）光泽县农业机械管理总站是否存在怠于履职的违法行为；

（4）诉前国家利益是否仍然处于受侵害状态。

2. 本案如何针对调查重点开展调查

（1）针对光泽县农业机械管理总站是否具备行政诉讼被告主体资格的问题：

首先，能否成为行政诉讼的被告主体身份关键不是看单位的性质，即是行政机关还是事业单位抑或其他单位、组织，其关键是看是否符合《中华人民共和国行政诉讼法》关于提起行政诉讼的必要条件。

其次，根据《中华人民共和国行政诉讼法》第2条规定："公民、法人或者其他组织认为行政机关和行政机关工作人员的行政行为侵犯其合法权益，有权依照本法向人民法院提起诉讼。前款所称行政行为，包括法律、法规、规章授权的组织作出的行政行为。"《农业机械购置补贴专项资金使用管理暂行办法》（财农〔2005〕11号）第2条第3款规定："农机管理部门的主要职责是具体负责补贴专项的组织实施和管理，包括编制实施方案、制定补贴机具目录和组织开展购机申请、审核、登记、公示等。"第17条规定"各级农机主管部门应建立和落实工作责任制，加强对资金使用情况的管理和检查，自觉接受财政、审计部门的监督"。《福建省农业机械购置补贴专项资金使用管理规定（试行）的通知》（闽财农〔2006〕23号）也作了同样规定。

综上，光泽县农业机械管理总站依法具有具体负责农业机械购置补贴专项资金的组织实施、管理和检查的职责，是行政公益诉讼中适格的被告主体。

（2）针对光泽县农业机械管理总站是否具有收回被骗取的国家农机补贴的职责的问题：

根据《农业部进一步加强农机购置补贴政策实施监督管理工作的意见》、《农业部2012年农业机械购置补贴实施方案指导意见》、《福建省农业机械购置补贴专项资金使用管理规定（试行）》（闽财农〔2006〕23号）等相关规定，对弄虚作假套取补贴资金的购机者，一经发现，由县级农机管理部门会同当地财政部门收回机具资金，并取消今后享受补贴资金的资格。非法侵占补贴资金也应足额退回财政部门。

因此，光泽农机总站对发现弄虚作假套取补贴资金的，还负有通过撤销已作出的农机购置补贴指标确认通知书，作出催收函，收回已发放的国家补贴资金，并取消其农机补贴资格的职责。

（3）针对光泽县农业机械管理总站是否存在怠于履职的违法行为的问题：

首先，光泽县人民法院2015年9月30日〔2015〕光刑初字第38号刑事判决书认定，光泽县农业机械管理总站存在以下行政违法行为：①未按要求到大棚建造现场拍摄空地照片，从而未发现大棚和保鲜设备在指标确认书发出前就已经实际安装好的情况；②兴农合作社与建造安装企业签订安装合同和质量安全责任承诺书的日期均是在指标确认书下发之前即"先建后报"，光泽县农业机械管理总站对此未予以发现并验收通过；③未发现施工图纸的大棚安装型号与指标确认书所列型号不符；④未按要求对大棚面积实际丈量即按报送面积验收通过属违规行为；⑤验收现场实际安装的保鲜设备与供货表不一致，不是供货表所列生产企业的产品，也不是国家及省级推广目录中的农机产品，光泽县农业机械管理总站却予以验收通过。

其次，判决书还认定：光泽县农业机械管理总站在农机补贴工作中严重不负责任，未严格履行职责，造成国家经济损失人民币105.668万元。光泽县农业机械管理总站应对国家补贴款的错误发放承担失职责任。

最后，光泽县人民检察院在2015年10月10日以光检发建〔2015〕5号《检察建议书》建议光泽县农业机械管理总站按照有关规定履职收回被骗国家农机补贴款。光泽县农业机械管理总站在2015年11月18日回函称无法对申报者提出违法方面的司法起诉和追缴程序，无资格和权力收回已发放的补贴资金。

因此，被告光泽县农业机械管理总站审核通过兴农合作社申请国家农机补贴，属于行政违法行为。光泽县农业机械管理总站回函称无资格、无权力收回已被骗取的国家农机补贴款的行为属于怠于履职。

（4）针对诉前国家利益是否仍然处于受侵害状态的问题：

兴农合作社法人代表吴远金证言证实：光泽县农业机械管理总站至今未撤销其对兴农合作社作出的农机购置补贴指标确认书；至今未收回已发放给兴农合作社的105.668万元农机购置补贴资金；至今未取消兴农合作社今后享受农机补贴的资。因此，诉前国家利益仍然处于受侵害状态。

3. 本案审查的关键问题

经过光泽县人民检察院诉前检察建议后，光泽县农业机械管理总站是否履职，国家利益是否处于受侵害状态。

4. 诉前文书写作的关键问题

诉前检察建议写明：（1）被监督对象名称；（2）案件来源及监督目的；（3）检察机关查明的案件情况，认定的行政机关违法行使职权或者不作为的事实；（4）行政机关构成违法行使职权或者不作为的理由和法律依据；（5）提出检察建议的法律依据；（6）建议的具体内容；（7）告知30日内履职并书面回复。

跟进调查

光泽县人民检察院发出检察建议一个月后，对光泽县农业机械管理总站是否按照规定履职收回被骗取的国家农机补贴款105.668万元进行了调查：首先对兴农合作社法定代表人吴远金进行了询问；其次，光泽县人民检察院向光泽县农业机械管理总站调取撤销文书及追回国家农机补贴款的入账凭证；最后，光泽县人民检察院向光泽县农业机械管理总站站长林海询问。经过跟进调查发现：查明光泽县农业机械管理总站未按照要求撤销农机补贴指标书、未追回被骗取的国家农机补贴款105.668万元，国家利益仍然遭受侵害。

提起诉讼

经过光泽县人民检察院诉前检察建议后，光泽县农业机械管理总站在回函中不履行法定职责追回被骗取的国家农机补贴105.668万元，致使国家利益处于受侵害状态。

1. 提供材料

（1）起诉书。

（2）光泽县农业机械管理总站工作人员章敬梅、李兰秀玩忽职守案判决书（光泽县人民法院〔2015〕光刑初字第38号）。

（3）光泽县农业机械管理总站工作人员章敬梅、李兰秀玩忽职守案案卷材料：①光泽县农业机械管理总站2012年兴农合作社申办农机补贴的建档材料；②兴农合作社与福州绿欣公司签订的"大棚改造和冷库设备安装协议书"；③资金结算通知书、收款收据；④兴农合作社法人代表吴远金证言；⑤兴农合作社股东苏金付证言；⑥福州绿欣公司总经理祖元福证言；⑦光泽县农业机械管理总站人秘股股长李兰秀的证言；⑧光泽县农业机械管理总站管理股股长章敬梅的证言等。

（4）诉前检察建议书。

（5）光泽县农业机械管理总站的回函。

（6）光泽县财政局的回函。

（7）光泽县农业机械管理总站组织机构代码证、中共光泽县委编办法人登记申请书等资料。

（8）光泽县财政局组织机构代码证、中共光泽县委编办关于光泽县财政局主要职责编制规定。

2. 庭前会议主要明确的问题

（1）在诉讼程序上坚持检察机关的监督属性，明确相关程序问题，特别是公益诉讼人的法律地位、举证责任、出庭规则等方面初步达成共识，并付诸实践，为今后的公益诉讼案件办理树立了标杆。比如是否委托问题，如建阳区人民法院受理起初要求按照行政诉讼原告的一般要求办理相关受理手续，检察机关经过沟通说理，坚持认为不应提交检察长身份证复印件，无须提供授权委托书，无须委托权限。经过协调，法院同意不提交检察长身份证复印件，不提供授权委托书，无须委托权限。又比如出庭人员数问题。法院起初认为适用行政诉讼法的规定，出庭人员最多两人。检察机关则认为不应受人数限制。经过协调，法院同意出庭人员为三名检察人员，两名负责案件庭审，另一名为书记员，负责记录及播放 PPT，不发言。

（2）在涉及案件争议问题时求同存异，不纠结于细枝末节。如针对检察机关提出的撤销之诉，法院虽然认为审判权不得代行行政权，但并不是简单要求检察机关一改了之变更诉讼请求，而在检察院充分沟通下，以示明方式解决，并支持检察机关全部诉讼请求，依法判决行政机关依法履行法定职责。又比如，在财政部门是否列为共同被告问题上，检法两家充分沟通，在既确保依法审理的前提下，又适当考虑减轻案件办理阻力，最终达成将财政部门列为第三人的共识，为今后办理国有资产流失公益诉讼案件的诉讼参与人问题提供了实践参考。

3. 庭审应对

（1）光泽县农业机械管理总站点答辩意见

①光泽县农业机械管理总站是参照公务员管理的事业单位，不是行政机关，不能成为适格的行政诉讼的被告主体。

首先，能否成为行政诉讼的被告主体身份关键不是看单位的性质，即是行政机关还是事业单位抑或其他单位、组织，其关键是看是否符合《中华人民共和国行政诉讼法》关于提起行政诉讼的必要条件。

其次，根据《中华人民共和国行政诉讼法》第 2 条规定："公民、法人或者其他组织认为行政机关和行政机关工作人员的行政行为侵犯其合法权益，有权依照本法向人民法院提起诉讼。前款所称行政行为，包括法律、法规、规章授权的组织作出的行政行为。"《农业机械购置补贴专项资金使用管理暂行办法》（财农〔2005〕11 号）第 2 条第 3 款规定："农机管理部门的主要职责是具体负责补贴专项的组织实施和管理，包括编制实施方案、制定补贴机具目录和组织开展购机申请、审核、登记、公示等。"第 17 条规定"各级农机主管部门应建立和落实工作责任制，加强对资金使用情况的管理和检查，自觉接受财政、审计部门的监督"。《福建省农业机械购置补贴专项资金使用管理规定（试行）的通知》（闽财农〔2006〕23 号）也作了同样规定。

综上，光泽县农业机械管理总站依法具有具体负责农业机械购置补贴专项资金的组织实施、管理和检查的职责，是行政公益诉讼中适格的被告主体。

②被告光泽县农业机械管理总站审核通过兴农合作社申请国家农机补贴不存在行政违法情况。

首先，光泽县人民法院2015年9月30日〔2015〕光刑初字第38号刑事判决书认定，光泽县农业机械管理总站存在以下行政违法行为：①未按要求操作到大棚建造现场拍摄空地照片，从而未发现大棚和保鲜设备在指标确认书发出前就已经实际安装好的情况；②兴农合作社与建造安装企业签订安装合同和质量安全责任承诺书的日期均是在指标确认书下发之前即"先建后报"，光泽县农业机械管理总站对此未予以发现并验收通过；③未发现施工图纸的大棚安装型号与指标确认书所列型号不符；④未按要求对大棚面积实际丈量即按报送面积验收通过属违规行为；⑤验收现场实际安装的保鲜设备与供货表不一致，不是供货表所列生产企业的产品，也不是国家及省级推广目录中的农机产品，光泽县农业机械管理总站却予以验收通过。

其次，判决书还认定：光泽县农业机械管理总站在农机补贴工作中严重不负责任，未严格履行职责，造成国家经济损失人民币105.668万元。光泽县农业机械管理总站应对国家补贴款的错误发放承担失职责任。

因此，被告光泽县农业机械管理总站审核通过兴农合作社申请国家农机补贴，属于行政违法行为。

③光泽县农业机械管理总站通过兴农合作社申请国家农机补贴的审核没有造成国家损失。

首先，光泽县人民法院2015年9月30日〔2015〕光刑初字第38号刑事判决书，已经认定"光泽县农业机械管理总站在农机补贴工作中严重不负责任，未严格履行职责，造成国家经济损失人民币105.668万元。光泽县农业机械管理总站应对国家补贴款的错误发放承担失职责任"。

其次，根据最高人民法院《关于行政诉讼证据若干问题的规定》第68条规定，对已经依法证明的事实，法庭可以直接认定。第70条规定：生效的人民法院裁判文书确认的事实，可以作为定案依据。

综上，光泽县农业机械管理总站辩称通过光泽县兴农合作社申请国家农机补贴的审核没有造成国家损失，与事实和法律不符。

④被告光泽县农业机械管理总站无资格和权力收回已发放的补贴资金。

首先，根据《农业部进一步加强农机购置补贴政策实施监督管理工作的意见》、《农业部2012年农业机械购置补贴实施方案指导意见》、《福建省农业机械购置补贴专项资金使用管理规定（试行）》（闽财农〔2006〕23号）等相关规定，对弄虚作假套取补贴资金的购机者，一经发现，由县级农机管理部门会同当地财政部门收回机具资金，并取消今后享受补贴资金的资格。非法侵占补贴资金也应足额退回财政部门。

因此，光泽农机总站对发现弄虚作假套取补贴资金的，还负有通过撤销已作出的农机购置补贴指标确认通知书，作出催收函，收回已发放的国家补贴资金，并取消其农机补贴资格的职责。

其次，根据《中华人民共和国行政诉讼法》第34条规定，被告对作出的行政行为负有举证责任，应当提供作出该行政行为的证据和所依据的规范性文件。被告不提供或者无正当理由逾期提供证据，视为没有相应证据。被告光泽县农业机械管理总站至今未向法庭提供无法收回被套取的农机补贴资金及取消兴农合作社今后享受农机补贴资金的资格的法律依据。

最后，至今未收到光泽县农业机械管理总站相关履职的证据材料。光泽县农业机械管理总站仍未履职到位，光泽县农业机械管理总站今后仍应继续履职，撤销已作出的农机购置补贴指标确认通知书，收回已发放的国家补贴资金，并取消其农机补贴资格的职责。

⑤兴农合作社只收到53.5577万元的国家补贴款，为何诉讼请求要求光泽县农业机械管理总站收回被兴农合作社套取的农机补贴资金105.668万元。

首先，光泽县人民法院2015年9月30日〔2015〕光刑初字第38号刑事判决书已经认定：兴农合作社吴远金为获取国家农机补贴，由经销商福州绿欣农林机械有限公司提供虚假的《经销企业供货表》及相应的发票等申报材料，向光泽县农机管理总站申报总造价为352.822万元的大棚钢构和制冷设备，申请国家农机补贴资金人民币105.668万元。对此，兴农合作社吴远金是明知的。

其次，兴农合作社吴远金对财政部门将105.668万元补贴资金通过国库直接支付给经销商福州绿欣农林机械有限公司账户也是明知的。福州绿欣农林机械有限公司分得虚开增值税税款46.1554万元和管理费5.9549万元，兴农合作社分得余款53.5577万元，属于兴农合作社与福州绿欣农林机械有限公司之间的非法利益分成，它们属于另一民事法律关系，不是本案审理范围，不影响法院的判决追缴，不应当扣除。国家农机财政补贴实际损失为105.668万元。

最后，法院判决还认定：所造成的国家经济损失为105.668万元。根据《农业部进一步加强农机购置补贴政策实施监督管理工作的意见》、《农业部2012年农业机械购置补贴实施方案指导意见》、《2012年农机购置补贴政策落实监督检查工作方案》等相关规定，非法侵占补贴资金应足额退回财政部门。因此，应收回被兴农合作社套取的农机补贴资金105.668万元。

（2）光泽县财政局答辩意见

①收到《检察建议书》（光检发建〔2015〕6号）后，高度重视，召开专门会议，研究整改措施，杜绝此类问题发生。

第一，公益诉讼人对于光泽县财政局高度重视我院发出的检察建议，采取措施积极整改的行为表示赞同。第二，公益诉讼人发现，国家农机补贴损失到目前为止仍未收回，仍需要光泽县财政局积极履职，配合农机部门收回被骗取的国家补贴资金。

②2015年10月27日，光泽县财政局向光泽县农业机械管理总站发函（光财农〔2015〕函03号），函请光泽县农业机械管理总站做好追回农机补贴资金的有关工作。

第一，根据调查发现光泽县财政局虽有积极履职要求光泽县农业机械管理总站收回兴农合作社享受的农机购置补贴资金，挽回国家损失。但是履职仍不到位，国家农机补贴损失到目前为止仍未收回。第二，根据相关规定财政部门负有配合农机部门收回被骗取的国家补贴资金的职责。因此，公益诉讼人认为财政局履职仍不到位，同本案处理结果有直接利害关系，是本案第三人。

（3）其他预测焦点

①被告光泽县农业机械管理总站经检察机关督促后不存在怠于履职，国家利益未处于受侵害状态的情况。

光泽农机总站已收到光泽县人民检察院督促履职检察建议书，但未按要求收回兴农合作社套取的补贴资金，未取消兴农合作社今后享受补贴资金的资格，未挽回国家损失。至今未对兴农合作社、福州绿欣农林机械有限公司违法套取国家补贴的行为作出行政处罚或者其他具体行政行为。

②如被告兴农合作社对〔2015〕光刑初字第38号已生效刑事判决书认定的事实提出异议。

根据最高人民法院《关于行政诉讼证据若干问题的规定》第68条规定，对已经依法证明的事实，法庭可以直接认定。第70条规定，生效的人民法院裁判文书确认的事实，可以作为定案依据。本案中相关事实已被光泽县人民法院2015年9月30日〔2015〕光刑初字第38号刑事判决书所认定，被告对相关事实提出异议于法无据。

③将光泽县财政局列为第三人的理由。

首先，根据《农业机械购置补贴专项资金使用管理暂行办法的通知》（财农〔2005〕11号）第2条第2款规定："财政部门的主要职责是落实补贴资金预算，及时拨付补贴资金，对资金的分配使用进行监督检查等"。

其次,《福建省农业机械购置补贴专项资金使用管理规定(试行)的通知》(闽财农〔2006〕23号)第18条规定:"弄虚作假套取补贴资金的购机者,一经发现,由县级农机管理部门会同当地财政部门收回机具资金,并取消今后享受补贴资金的资格"。

最后,《农业部2012年农业机械购置补贴实施方案指导意见》、《福建省2012年农业机械购置补贴实施指导意见》、《2012年农机购置补贴政策落实监督检查工作方案》均规定"非法侵占补贴资金应足额退回财政部门"。

因此,财政部门负有应当配合农机部门收回被骗取的国家补贴资金的职责,提起行政公益诉讼后法院一旦判决支持诉讼请求,非法侵占补贴资金也需要上缴财政部门。

综上,根据《中华人民共和国行政诉讼法》第29条第1款规定:"公民、法人或者其他组织同被诉行政行为有利害关系但没有提起诉讼,或者同案件处理结果有利害关系的,可以作为第三人申请参加诉讼,或者由人民法院通知参加诉讼。"因此,光泽县财政局同本案处理结果有直接利害关系,符合《中华人民共和国行政诉讼法》第29条第1款的规定,是本案的第三人。

④法院提出检察机关何时发现国家利益受害。

光泽县人民检察院在办理章敬梅、李兰秀玩忽职守案过程中发现光泽县农业机械管理总站在明知该项补贴资金的发放存在错误,仍未撤销兴农合作社的农机购置补贴指标确认通知书,未收回兴农合作社套取的补贴资金,也未取消兴农合作社的农机补贴资金资格,属于行政不作为。经检察机关督促后,光泽县农业机械管理总站仍未依法履职,致使国家利益仍处于受侵害状态。

⑤法院提出本案中国家利益具体指什么。

首先,根据全国人民代表大会常务委员会《关于授权最高人民检察院在部分地区开展公益诉讼试点工作的决定》的规定,国家利益包括国有资产保护。

其次,根据最高人民检察院《检察机关提起公益诉讼试点方案》规定:"检察机关在履行职责中发现生态环境和资源保护、国有资产保护、国有土地使用权出让等领域负有监督管理职责的行政机关违法行使职权或者不作为,造成国家和社会公共利益受到侵害,公民、法人和其他社会组织由于没有直接利害关系,没有也无法提起诉讼的,可以向人民法院提起行政公益诉讼。"

综上,本案中,国家利益具体指国有资产保护即国家农机购置补贴资金。

⑥法院提出光泽县农业机械管理总站的具体法定职责。

根据《农业机械购置补贴专项资金使用管理暂行办法》(财农〔2005〕11号)第2条第3款的规定:"农机管理部门的主要职责是具体负责补贴专项的组

织实施和管理，包括编制实施方案、制定补贴机具目录和组织开展购机申请、审核、登记、公示等。"第17条规定："各级农机主管部门应建立和落实工作责任制，加强对资金使用情况的管理和检查，自觉接受财政、审计部门的监督"。

根据《福建省农业机械购置补贴专项资金使用管理规定（试行）的通知》（闽财农〔2006〕23号）第18条规定："弄虚作假套取补贴资金的购机者，一经发现，由县级农机管理部门会同当地财政部门收回机具资金，并取消其今后享受补贴资金的资格"。

⑦法院提出就光泽县人民检察院履行诉前程序的情况进行举证说明。

2015年10月10日，光泽县人民检察院以光检发建〔2016〕5号检察建议书向光泽县农业机械管理总站发出检察建议书，要求采取措施，会同光泽县财政局收回兴农合作社套取的补贴资金，并取消其今后享受补贴资金的资格，挽回国家损失。

2015年11月18日，光泽县农业机械管理总站虽有回函，但仍不履行依法撤销已发放给兴农合作社的农机购置补贴指标确认通知书并收回被套取补贴资金，也未取消农合作社今后享受补贴资金的资格等职责，国家和社会公共利益仍处于受侵害的状态。

五、依据指引

1.《农业机械购置补贴专项资金使用管理暂行办法》

第二条 农机管理部门的主要职责是具体负责补贴专项的组织实施和管理，包括编制实施方案、制定补贴机具目录和组织开展购机申请、审核、登记、公示等。

第十七条 各级农机主管部门应建立和落实工作责任制，加强对资金使用情况的管理和检查，自觉接受财政、审计部门的监督。

2.《福建省农业机械购置补贴专项资金使用管理规定（试行）的通知》

第二条 农机补贴专项由省财政厅和省农业厅共同组织实施。各级农机主管部门和财政部门应根据职责分工，加强协调，密切配合。

3.《农业部进一步加强农机购置补贴政策实施监督管理工作的意见》

第五条 各级农机化主管部门要配合有关部门依法严厉打击骗取补贴资金的行为。

4.《福建省农业机械购置补贴专项资金使用管理规定（试行）》

第十八条 对弄虚作假套取补贴资金的购机者，一经发现，由县级农机管理部门会同当地财政部门收回机具资金，并取消今后享受补贴资金的资格。

六、文书指引

 检察建议书

光泽县人民检察院
检察建议书

光检发建〔2015〕5 号

光泽县农机管理总站：

　　近期，我院查办了你站工作人员章敬梅、李兰秀玩忽职守一案，经光泽县人民法院依法判决认定。本案中，光泽县兴农菇业专业合作社、福州绿欣农林机械有限公司为获取国家农机补贴，违反《农业部2012年农业机械购置补贴实施方案》、《福建省2012年农业机械购置补贴实施指导意见》等相关规定，在有效指标确认书下达前弄虚作假套取国家农机补贴资金人民币1056680元，给国家造成了巨大损失。上述案件暴露出我县有关部门对享受财政补贴的农机具以及农业补贴发放的监管上存在缺漏，相关职能部门工作人员的工作能力及责任心显著不足。为杜绝此类案件再次发生，保障惠农补贴资金合法合理使用，警示教育广大干部恰当及时履行自身工作职责，根据国家有关法律规定，特向你部门提出如下建议：

　　一、采取措施，挽回国家损失。根据《福建省农业机械购置补贴专项资金使用管理规定（试行）的通知》（闽财农〔2006〕23号）第十八条规定："享受补贴购买的农机具，原则上两年内不得转卖或转让。因特殊情况需转让的，应经县级农机管理部门批准，并报省级农机管理局备案。合同期内擅自转卖补贴机具或弄虚作假套取补贴资金的购机者，一经发现，由县级农机管理部门会同当地财政部门收回机具资金，并取消其今后享受补贴资金的资格。"光泽县兴农菇业专业合作社、福州绿欣农林机械有限公司弄虚作假套取补贴资金，致使本不应当发放的国家补贴款错误发放，依法你站应当会同财政部门收回光泽县兴农菇业专业合作社享受的补贴资金，并取消其今后享受补贴资金的资格，挽回国家损失。

　　二、加强履职能力，提升管控水平。认真学习农机管理的相关法律法规，严格执行上级部门对农机具补贴申请的管理规定，进一步细化涉农补贴资金的申报发放流程，不断更新管理方式，提升管控能力。依法检查享受国家财政补贴资金及农机具的使用情况，联合有关部门严厉打击违规违法行为，并及时追回财政补贴资金。

三、加强宣传教育，形成示范效用。要以该案的查办为切入点，开展法制教育活动，警示教育党员干部认清自身的工作职责，认真履职，恰当履职，防止对涉农惠农补贴资金的监管流于形式，坚决避免此类案件再次发生。

以上建议，望及时研究落实，并于一个月内将落实及处理情况函复我院。

光泽县人民检察院
二〇一五年十月十日

光泽县人民检察院
检察建议书

光检发建〔2015〕6号

光泽县财政局：

近期，我院查办了光泽县农机管理总站相关工作人员玩忽职守一案，经光泽县人民法院依法判决认定。本案中，光泽县兴农菇业专业合作社、福州绿欣农林机械有限公司为获取国家农机补贴，违反《农业部2012年农业机械购置补贴实施方案》、《福建省2012年农业机械购置补贴实施指导意见》等相关规定，在有效指标确认书下达前弄虚作假套取国家农机补贴资金人民币1056680元，给国家造成了巨大损失。上述案件暴露出我县有关部门对享受财政补贴的农机具以及农业补贴发放的监管上存在缺漏，相关职能部门工作人员的工作能力及责任心显著不足。为杜绝此类案件再次发生，保障惠农补贴资金合法合理使用，警示教育广大干部恰当及时履行自身工作职责，根据国家有关法律规定，特向你部门提出如下建议：

采取措施，挽回国家损失。根据《福建省农业机械购置补贴专项资金使用管理规定（试行）的通知》（闽财农〔2006〕23号）第十八条规定："享受补贴购买的农机具，原则上两年内不得转卖或转让。因特殊情况需转让的，应经县级农机管理部门批准，并报省级农机管理局备案。合同期内擅自转卖补贴机具或弄虚作假套取补贴资金的购机者，一经发现，由县级农机管理部门会同当地财政部门收回机具资金，并取消其今后享受补贴资金的资格。"光泽县兴农合作社、福州绿欣农林机械有限公司弄虚作假套取补贴资金，致使本不应当发放的国家补贴款错误发放，依法你局应当同农机管理部门收回光泽县兴农菇业专业合作社享受的补贴资金，挽回国家损失。

以上建议,望及时研究落实,并于一个月内将落实及处理情况函复我院。

光泽县人民检察院
二〇一五年十月十日

 起诉书

福建省光泽县人民检察院
行政公益诉讼起诉书

光检行公诉〔2016〕1号

公益诉讼人:福建省光泽县人民检察院

被告:光泽县农业机械管理总站,住所地福建省光泽县文南街2号。

法定代表人:林海,光泽县农业机械管理总站站长。

第三人:光泽县财政局,住所地福建省光泽县二一七路303号。

法定代表人:刘丹,光泽县财政局局长。

诉讼请求:

1. 撤销被告光泽县农业机械管理总站对光泽县兴农菇业专业合作社作出的农机购置补贴指标确认通知书的行政行为;

2. 判决光泽县农业机械管理总站依法履职,收回被光泽县兴农菇业专业合作社套取的农机补贴资金105.668万元,取消光泽县兴农菇业专业合作社今后享受农机补贴资格。

事实和理由:

本院在履行职责中发现,光泽县农业机械管理总站在2012年审核光泽县兴农菇业专业合作社(以下简称兴农合作社)申请的国家农机补贴过程中,严重不负责任,未认真履行职责,对不符合补贴条件的兴农合作社和福州绿欣农林机械有限公司(以下简称福州绿欣公司)套取国家补贴资金的行为予以认可,造成国家经济损失人民币105.668万元。2015年9月30日,光泽县人民法院以〔2015〕光刑初字第38号刑事判决书对上述事实予以认定。2015年10月10日,本院向光泽县农业机械管理总站发出检察建议书,要求采取措施,会同光泽县财政局收回兴农合作社套取的补贴资金,并取消其今后享受补贴资金的资格,挽回国家损失。2015年11月18日,光泽县农业机械管理总站虽有回函,但仍不履行依法撤销已发放给兴农合作社的农机购置补贴指标确

认通知书并收回被套取补贴资金，也未取消兴农合作社今后享受补贴资金的资格等职责，国家和社会公共利益仍处于受侵害的状态。

认定上述事实的证据如下：

（1）光泽县农业机械管理总站组织机构代码证、中共光泽县委编办法人登记申请书；（2）光泽县财政局组织机构代码证、中共光泽县委编办关于光泽县财政局主要职责编制规定；（3）光泽县人民法院〔2015〕光刑初字第38号刑事判决书；（4）光泽县农业机械管理总站2012年兴农合作社申办农机补贴的建档材料；（5）兴农合作社与福州绿欣公司签订的"大棚改造和冷库设备安装协议书"；（6）资金结算通知书、收款收据；（7）兴农合作社法人代表吴远金证言；（8）兴农合作社股东苏金付证言；（9）福州绿欣公司总经理祖元福证言；（10）光泽县农业机械管理总站人秘股股长李兰秀的证言；（11）光泽县农业机械管理总站管理股股长章敬梅的证言等证据。

本院认为，光泽县农业机械管理总站作为国家农机补贴法定监督管理机构，没有认真贯彻落实中央强农惠农富农政策，在对兴农合作社的国家农机补贴申请过程中不依法履行职责，对兴农合作社提供的建造合同书未履行严格审查的义务，未能发现兴农合作社"先建后报"违法申报程序的行为；未严格履行现场拍摄大棚建造前的空地照片的程序，未能发现大棚设备和保鲜设备在指标确认书发出前就已经实际购买和安装的情况；未严格履行对大棚实际面积进行丈量的程序，即按兴农合作社报送的面积通过验收，违反了农机补贴程序规定，致使兴农合作社已于2011年底开始建设并于2012年11月申报补贴前已建成的不符合国家补贴条件的大棚和保鲜设备项目，获得了享受国家补贴资金的资格，导致国家补贴资金被套取105.668万元，严重扰乱农机购置补贴政策实施秩序，严重影响中央农机购置补贴政策实施效果，影响当地农业机械化进程，造成国家和社会公共利益受到侵害，属行政违法行为。光泽县人民法院〔2015〕光刑初字第38号刑事判决书生效后，光泽县农业机械管理总站在明知该项补贴资金的发放存在错误，仍未撤销兴农合作社的农机购置补贴指标确认通知书，未收回兴农合作社套取的补贴资金，也未取消兴农合作社的农机补贴资金资格，属于行政不作为。经检察机关督促后，光泽县农业机械管理总站仍未依法履职，违反了《农业机械购置补贴专项资金使用管理暂行办法》（财农〔2005〕11号）第二条、第十七条，《福建省农业机械购置补贴专项资金使用管理规定（试行）的通知》（闽财农〔2006〕23号）第十八条，《2012年农业机械购置补贴实施指导意见》（农办财〔2011〕187号）第四条、第六条，《农业部办公厅关于进一步规范农机购置补贴产品经营行为的通知》第四条以及《农业部关于进一步加强农机购置补贴政策实施监督管理工作的意见》第三条、第五条的规定,致使国家利益仍处于受侵害状态。现根据《全国人民代表大会常务委员会关于授权最高人民检察院在部分地区开展公益诉讼试点工作的决定》和《人民检察院提起公益诉讼试点工作实施办法》第四十一条的规定,向你院提起诉讼,请依法裁判。

此致
南平市建阳区人民法院

2016 年 6 月 24 日

 出庭预案

光泽县人民检察院诉光泽县农业机械
管理总站违法行使职权案出庭预案

一、出庭人员的组成及分工(略)

二、出庭证据的提交顺序及证据的证明作用(举证提纲)

审判长,为便于合议庭以及旁听的各位群众更加清晰地了解案件的真实情况,现公益诉讼人将本案证据分成五组,以多媒体示证方式向法庭进行举证:

(一)第一组证据证明光泽县人民检察院具有对本案提起行政公益诉讼的**主体资格**

1. 全国人民代表大会常务委员会《关于授权最高人民检察院在部分地区开展公益诉讼试点工作的决定》

证实:确定福建省为公益诉讼试点省份的事实。

2. 最高人民检察院《检察机关提起公益诉讼试点方案》

证实:确定福建人民检察院为公益诉讼试点单位的事实。

3. 福建省人民检察院《关于检察机关提起公益诉讼试点工作实施方案》

证实:确定福州、泉州、三明、南平、龙岩五个地区开展公益诉讼试点工作的事实。

4. 2016 年 6 月 14 日最高人民检察院关于对福建省人民检察院《关于提请批准光泽县人民检察院拟诉光泽县农业机械管理总站违法行使职权一案的请示》的批复

证实:最高人民检察院同意将该案向人民法院提起行政公益诉讼的事实。

以上证据证实:最高人民检察院经全国人民代表大会常务委员会授权,在部分省份开展公益诉讼试点工作，福建省作为试点省份之一，本院提起公益诉讼经过最高人民检察院批复同意，本院作为公益诉讼人主体适格。

（二）第二组证据证明光泽县农业机械管理总站具有具体负责农业机械购置补贴专项资金的组织实施、管理和检查的职责，并违法行使职权，怠于履职

该组证据分两部分进行举证，第一部分证据证实光泽县农业机械管理总站具有负责农业机械购置补贴专项资金的组织实施、管理和检查的法定职权；第二部分证据证实光泽县农业机械管理总站违法行使职权，怠于履职。

现在，首先向法庭出示第一部分的证据：

1. 光泽县农业机械管理总站组织机构代码证、中共光泽县委编办法人登记申请书

证实：光泽县农业机械管理总站属参照公务员管理的事业单位，规划指导全县农机管理服务体系建设和经营管理工作、行使农机化的行政管理职能等。

2.《农业机械购置补贴专项资金使用管理暂行办法》（财农〔2005〕11号）

第二条 农机管理部门的主要职责是具体负责补贴专项的组织实施和管理，包括编制年度专项实施方案、确定购机补贴目录和组织开展购机补贴申请、审核、登记、公示等工作。

第十七条 各级农机主管部门应建立和落实工作责任制，加强对资金使用情况的管理和检查，自觉接受财政、审计部门的监督。

《福建省农业机械购置补贴专项资金使用管理规定（试行）的通知》（闽财农（2006）23号）第二条也作了同样的规定。

第二条 农机补贴专项由省财政厅和省农业厅共同组织实施。各级农机主管部门和财政部门应根据职责分工，加强协调，密切配合。

财政部门的主要职责是落实补贴资金预算，及时拨付补贴资金，对资金的分配使用进行监督检查等。

农机管理部门的主要职责是具体负责补贴专项的组织实施和管理，包括编制年度专项实施方案、确定购机补贴目录和组织开展购机补贴申请、审核、登记、公示等工作。

证实：光泽县农业机械管理总站作为规章授权的当地农机主管部门，应当严格按照规定，依法履行好农业机械购置补贴专项资金具体组织实施和管理的职责。

3.《2012年农业机械购置补贴实施指导意见》《2012年福建省农业机械购置补贴实施指导意见》

证实：补贴程序要求：农户凭农机购置补贴指标确认书在有效期限内向选定的经销商差额购机。农户购机后，县农机部门应当派出两名以上经办人员凭供货表核实机具，核实无误后签名盖章。其中保鲜设备要先安装后验收；大棚设备要提供安装前后有同一参照物及核实人员在现场的两张照片，并由两名以上核实人员带领农户、建造安装企业人员现场丈量大棚实际面积。补贴资金结算经县、市、省级农机、财政部门审核后，由省财政厅向相关经销商发放补贴。

4. 《农业部进一步加强农机购置补贴政策实施监督管理工作的意见》

第五条 各级农机化主管部门要配合有关部门依法严厉打击骗取补贴资金的行为。

5. 《2012年农机购置补贴政策落实监督检查工作方案》

明确规定"非法侵占补贴资金应足额退回财政部门"。

6. 《福建省农业机械购置补贴专项资金使用管理规定（试行）》（闽财农〔2006〕23号）

第十八条 对弄虚作假套取补贴资金的购机者，一经发现，由县级农机管理部门会同当地财政部门收回机具资金，并取消今后享受补贴资金的资格。

证实：光泽县农业机械管理总站具有对补贴资金使用情况进行管理和检查并负责收回的职责，即对发现弄虚作假套取补贴资金的，还负有通过撤销已作出的农机购置补贴指标确认通知书，收回已发放的国家补贴资金，并取消其农机补贴资格的职责。

第二部分证据证实光泽县农业机械管理总站违法行使职权，怠于履职。

首先，向法庭出示书证：

1. 光泽县人民法院2015年9月30日〔2015〕光刑初字第38号刑事判决书及送达回证。

证实：光泽县农业机械管理总站在农机补贴工作中严重不负责任，未严格履行职责，造成国家经济损失人民币105.668万元。光泽县农业机械管理总站应对国家补贴款的错误发放承担失职责任。光泽县人民法院于2015年10月14日将〔2015〕光刑初字第38号刑事判决书送达光泽县农业机械管理总站。

2. 光泽县农业机械管理总站2012年光泽县兴农菇业合作社申请办理农机补贴的建档材料，主要内容为：（1）SYJZ型大棚设备农机购置补贴指标确认书及其农业机械购置补贴申请表；（2）SYJH型大棚设备农机购置补贴指标确认书及其农业机械购置补贴申请表；（3）简易保鲜储藏设备农机购置补贴指标确认书及其农业机械购置补贴申请表；（4）2012年7月23日，光泽县兴农菇业合作社与福州绿欣农林机械有限公司签订的大棚建造合同书；（5）2012年7月拍摄的空地照片及2012年12月现场验收时的人机合照。

证实：2012年11月光泽县兴农菇业合作社向光泽县农业机械管理总站申请大棚钢构和简易保鲜制冷设备国家农机补贴共计105.668万元。光泽县农业机械管理总站和光泽县财政局分别于2012年11月28日和11月29日通过了该合作社的申请，并且向其书面送达了指标确认通知书，但该合作社的大棚和保鲜设备均在指标确认通知书下达之前购买，都不符合申请国家补贴资金条件。其中大棚建造合同书签订的时间和大棚空地照片拍摄时间均在在指标确认书下达之前；建造合同图纸中的大棚型号与供货表大棚型号不符。

3. 光泽县兴农菇业合作社与福州绿欣农林机械有限公司签订的"大棚改造和冷库设备安装协议书"。

证实：2012年3月26日光泽县兴农菇业合作社与福州绿欣农林机械有限公司签订的大棚改造和制冷设备安装协议，总价人民币62.1103万元。该安装协议书违反"先报后建"规定，不得申请补贴。

4. 福州绿欣农林机械有限公司2012年第五批购机补贴资金结算通知单、光泽县兴农菇业合作社出具的收款收据。

证实：福州绿欣农林机械有限公司账户在2013年6月26日收到105.668万元的国家农机补贴款，福州绿欣农林机械有限公司与光泽县兴农菇业合作社进行非法利益分成，福州绿欣农林机械有限公司分得虚开增值税税款46.1554万元和管理费（税款利息和其他杂费）5.9549万元，2013年6月27日福州绿欣农林机械有限公司将余款53.5577万元转账给光泽县兴农菇业合作社。

下面，向法庭出示证人证言：

1. 光泽县兴农菇业合作社法人代表吴远金证言、光泽县兴农菇业合作社股东苏金付证言、福州绿欣农林机械有限公司总经理祖元福证言。

证实：光泽县兴农菇业合作社吴远金为获取国家农机补贴，由福州绿欣农林机械有限公司提供虚假的《经销企业供货表》及相应的发票等申报材料，兴农菇业合作社在有效指标确认书下达前，违反相关规定套取国家农机补贴资金人民币105.668万元。2013年6月，福州绿欣公司与兴农合作社进行非法利益分成，福州绿欣公司分得虚开增值税税款46.1554万元和管理费5.9549万元，兴农菇业合作社分得余款53.5577万元。

2. 光泽县农业机械管理总站人秘股股长李兰秀的证言、管理股股长章敬梅的证言。

证实：章敬梅、李兰秀负责经办光泽县兴农菇业合作社农机补贴工作。光泽县兴农菇业合作社指标确认书下发后，二人均未按照操作规定到现场拍摄大棚建造前的空地照片，而是使用了其他同事 2012 年 7 月份拍摄的空地照片；2012 年 12 月李兰秀和站长官泽良到光泽县兴农菇业合作社现场进行验收，未对大棚实际面积全部进行丈量即拍摄验收照片；二人均未审核光泽县兴农菇业合作社的书面申请材料即在供货表上予以签名。

以上证据证实：光泽县农业机械管理总站具有具体负责农业机械购置补贴专项资金的组织实施、管理和检查的职责。在具体实施农机补贴工作中严重不负责任，违法行使职权，怠于履职。

（三）第三组证据证明光泽县人民检察院已完成提起公益诉讼诉前程序准备

1. 光泽县人民检察院光检发建〔2015〕5 号《检察建议书》及送达回证

证实：本院于 2015 年 10 月 10 日将该检察建议送达并建议光泽县农业机械管理总站：（1）采取措施，挽回国家损失；（2）加强履职能力，提升管控水平；（3）加强宣传教育，形成示范效用。要求光泽县农业机械管理总站依法会同财政部门收回光泽县兴农菇业合作社套取的补贴资金，并取消其今后享受补贴资金的资格，挽回国家损失。

2. 《光泽县农机管理总站关于对检察建议的反馈》

证实：被告光泽县农业机械管理总站收到本院的《检察建议书》后，于 2015 年 11 月 18 日回函称无法对申报者提出违法方面的司法起诉和追缴程序，无资格和权力收回已发放的补贴资金。光泽县农业机械管理总站仍不纠正违法行为、不履行法定职责，致使国家利益处于受侵害状态。

（四）第四组证据证明被告光泽县农业机械管理总站至本院提起行政公益诉讼时，未依法履职，致使国家利益仍处于受侵害状态

光泽县兴农菇业合作社法人代表吴远金证言

证实：光泽县农业机械管理总站至今未撤销其对光泽县兴农菇业合作社作出的农机购置补贴指标确认书；至今未收回已发放给光泽县兴农菇业合作社的 105.668 万元农机购置补贴资金；至今未取消光泽县兴农菇业合作社今后享受农机补贴的资格。

（五）第五组证据证明第三人光泽县财政局同本案处理结果有直接利害关系，负有会同光泽县农业机械管理总站收回补贴资金的职责

1. 光泽县财政局组织机构代码证、中共光泽县委编办关于光泽县财政局主要职责编制规定

证实：光泽县财政局为行政机关，负责财政资金收付管理，承担各项财政

收支管理的责任,办理和监督县级财政的各类经济发展支出,负责农业综合开发的管理及资金安排、使用监督工作。

2. 《农业机械购置补贴专项资金使用管理暂行办法》(财农〔2005〕11号)

第二条 农机补贴专项由财政部和农业部组织实施,指导各级财政部门和农机管理部门组织落实。农机和财政部门应根据职责分工,加强协调,密切配合。

财政部门的主要职责是落实补贴资金预算,及时拨付补贴资金,对资金的分配使用进行监督检查等。

第十七条 补贴资金必须专款专用,不得挤占、截留、挪用。各级农机主管部门应建立和落实工作责任制,加强对资金使用情况的管理和检查,自觉接受财政、审计部门的监督。

证实:财政部门负责落实补贴资金预算,及时拨付补贴资金,对资金的分配使用进行监督检查。

3. 光泽县人民检察院光检发建〔2015〕6号《检察建议书》及光泽县财政局回函

证实:本院于2015年10月10日将该检察建议送达并建议光泽县财政局:采取措施,挽回国家损失。要求光泽县农业机械管理总站依法会同财政部门收回光泽县兴农菇业合作社套取的补贴资金,并取消其今后享受补贴资金的资格,挽回国家损失。

光泽县财政局于2015年10月23日回函称"督促县农机管理总站收回光泽县兴农菇业合作社享受的补贴资金,挽回国家损失。"

以上证据证实:光泽县财政局同本案处理结果有直接利害关系,符合《中华人民共和国行政诉讼法》第二十九条第一款的规定,是本案的第三人。

三、对被告证据的意见

(一)光泽县农业机械管理总站向法院提交的证据

1. 事业单位法人证书
2. 农机购置补贴确认通知书
3. 农机购置补贴确认通知书
4. 大棚建造合同书
5. 农机购置补贴确认书
6. 经销企业供货表及附件
7. 2012年第五批购机补贴资金结算通知书及附件

答:对上述证据的真实性、合法性不持异议,但对其关联性,对其证明对象和内容有异议。以上证据不能证明光泽县农业机械管理总站依照规定程序审核通过光泽县兴农菇业合作社申请国家农机补贴以及补贴领取的情况,也不能证明光泽县农业机械管理总站不存在行政违法的情况。以上证据恰恰证明光泽县农业机械管理总站具有具体负责农业机械购置补贴专项资金的组织实施、管理和检查的职责,并违法行使职权,违法向光泽县兴农菇业合作社发放国家农业补贴,怠于履职,致使国家利益仍处于受侵害状态。具体事实和理由,公益诉讼人将在法庭辩论阶段作进一步详细阐述。

(二)第三人光泽县财政局向法院提交的证据

1.2015年10月27日,光泽县财政局向光泽县农业机械管理总站发函(光财农〔2015〕函03号)

主要内容:"县财政局督促农机总站收回光泽兴农菇业合作社享受的农机购置补贴资金,挽回国家损失。请光泽县农机总站按照光泽县人民检察院的要求,做好追回农机补贴资金的有关工作。"

答:首先,公益诉讼人对此份证据的真实性、合法性、关联性不持异议;其次,这也表明光泽县财政局虽有积极履职要求光泽县农业机械管理总站收回光泽兴农菇业合作社享受的农机购置补贴资金,挽回国家损失。但是履职仍不到位,国家农机补贴损失到目前为止仍未收回;最后,根据相关规定财政部门负有配合农机部门收回被骗取的国家补贴资金的职责。因此,公益诉讼人认为财政局履职仍不到位,同本案处理结果有直接利害关系,符合《中华人民共和国行政诉讼法》第二十九条第一款的规定,是本案的第三人。

2.光泽县农业机械管理总站、光泽县财政局《关于层报〈光泽县2012年农业机械购置补贴实施方案〉的请示》(光政农机〔2012〕11号)及《光泽县2012年农业机械购置补贴实施方案》

答:首先,公益诉讼人对此份证据的真实性、合法性、关联性不持异议;其次,第三人提供的该实施方案也证实光泽县农业机械管理总站、光泽县财政局对农机购置补贴工作具有监管职责,财政部门对补贴资金使用具有管理职责;最后,第三人提供的该实施方案并不能证实财政局履职到位,负有应当配合农机部门收回被骗取的国家补贴资金的职责,并不能排除光泽县财政局同本案处理结果没有直接利害关系。

3.《光泽县2012年农业机械购置补贴实施方案》《光泽县人民政府办公室关于印发2014年光泽县农业机械购置补贴实施方案的通知》(光政办〔2014〕63号)及《2014年农业机械购置补贴实施方案》

答:因为本案涉及的是2012年光泽县农业机械管理总站违法行使职权,

怠于履职，违法向光泽县兴农菇业合作社发放国家农机购置补贴 105.668 万元，致使国家利益属于处于受侵害状态的情况。

而第三人提供的《光泽县 2013 年、2014 年农业机械购置补贴实施方案》与本案没有关联性，不能证明第三人光泽县财政局 2012 年的履职情况，与本案的处理没有因果关系。

福建省南平市建阳区人民法院
行政判决书

〔2016〕闽 0703 行初 20 号

公益诉讼人：光泽县人民检察院，住所地光泽县文昌路 51 号。
法定代表人：王德跃，代理检察长。
委托代理人：俞忠友，男，光泽县人民检察院副检察长。
委托代理人：刘聪，男，光泽县人民检察院检察员。
被告：光泽县农业机械管理总站，住所地光泽县文南街 2 号。
法定代表人：林海，站长。
委托代理人：上官贤龙，福建杉城律师事务所律师。
第三人：光泽县财政局，住所地光泽县二一七路 303 号。
法定代表人：陈义龙，局长。
委托代理人：黄子琳，女，光泽县财政局工作人员。
委托代理人：李茂平，光泽县 148 法律服务所法律工作者。

公益诉讼人光泽县人民检察院因认为被告光泽县农业机械管理总站不履行保护国有资产法定职责一案，于 2016 年 6 月 27 日向本院提起行政诉讼。本院立案后，于 2016 年 7 月 1 日向被告送达了起诉状副本及应诉通知书。本院依法组成合议庭，于 2016 年 10 月 10 日公开开庭审理了本案。公益诉讼人光泽县人民检察院委托代理人俞忠友、刘聪，被告光泽县农业机械管理总站站长林海、委托代理人上官贤龙，第三人光泽县财政局副局长余义青、委托代理人黄子琳、李茂平到庭参加诉讼。本案现已审理终结。

公益诉讼人光泽县人民检察院诉称，公益诉讼人在履行职责中发现，被告光泽县农业机械管理总站（以下简称"光泽县农机站"）在 2012 年审核国家农机补贴过程中，对不符合补贴条件的福建省光泽县兴农菇业专业合作社

(以下简称"兴农合作社")和福州绿欣农林机械有限公司（以下简称"福州绿欣公司"）套取国家补贴资金的行为予以认可，造成国家经济损失105.668万元。光泽县人民法院〔2015〕光刑初字第38号刑事判决书对上述事实予以认定。2015年10月10日，公益诉讼人向光泽县农机站发出检察建议书，要求采取措施，会同光泽县财政局收回兴农合作社套取的补贴资金，并取消其今后享受补贴资金的资格，挽回国家损失。公益诉讼人认为，光泽县农机站作为国家农机补贴法定监督管理机构，没有认真贯彻落实中央强农惠农富农政策，在对兴农合作社的国家农机补贴申请过程中不依法履行职责，违反了农机补贴程序规定，导致国家补贴资金被套取105.668万元，属行政违法行为。经公益诉讼人督促后，光泽县农机站明知该项补贴资金的发放存在错误，仍未依法撤销兴农合作社的农机购置补贴指标确认通知书，收回被兴农合作社套取的补贴资金，并取消兴农合作社农机补贴资金的资格，致使国家利益仍处于受侵害状态，属于行政不作为。现根据《全国人民代表大会常务委员会关于授权最高人民检察院在部分地区开展公益诉讼试点工作的决定》和《人民检察院提起公益诉讼试点工作实施办法》第四十一条的规定，特提起行政公益诉讼，请求法院依法判决：（1）被告光泽县农机站依法履行撤销其作出的农机购置补贴指标确认通知书（编号分别为：35072312001573.35072312001574.35072312001624）的法定职责；（2）被告光泽县农机站依法履行收回被兴农合作社套取的农机补贴资金105.668万元，取消兴农合作社今后享受农机补贴资格的法定职责。

公益诉讼人向本院提交了以下证据、依据：

第一组：《全国人民代表大会常务委员会关于授权最高人民检察院在部分地区开展公益诉讼试点工作的决定》、最高人民检察院《检察机关提起公益诉讼试点方案》、《福建省人民检察院关于检察机关提起公益诉讼试点工作实施方案》、2016年6月14日最高人民检察院《关于对福建省人民检察院〈关于提请批准光泽县人民检察院拟诉光泽县农机站违法行使职权一案的请示〉的批复》，以证明光泽县人民检察院提起公益诉讼经过最高人民检察院批复同意，具备公益诉讼人主体资格的事实。

第二组：光泽县农机站组织机构代码证、中共光泽县委编办法人登记申请书、《农业机械购置补贴专项资金使用管理暂行办法》（财农〔2005〕11号）、《福建省农业机械购置补贴专项资金使用管理规定（试行）的通知》（闽财农〔2006〕23号）、《2012年农业机械购置补贴实施指导意见》、《2012年福建省农业机械购置补贴实施指导意见》、《农业部进一步加强农机购置补贴政策实施监督管理工作的意见》、《2012年农机购置补贴政策落实监督检查工作方案》，以证明被告光泽县农机站属参照公务员管理的事业单位，其作为规章授权的当地农机主管部门，具有依照法定程序行使农业机械购置补贴专项资金具体组织实施和管理的职责，对补贴资金使用情况进行管理和检查并负责收回的职责。

第三组：

1. 光泽县人民法院〔2015〕光刑初字第38号刑事判决书及送达回证，以此证实被告光泽县农机站在农机补贴工作中严重不负责任，未严格履行职责，造成国家经济损失人民币105.668万元。

2. 2012年兴农合作社申请办理农机补贴的建档材料，其中，农机购置补贴指标确认通知书（编号为：35072312001573）、申请表、经销企业供货表、福建省增值税普通发票（NO.01030620）、大棚建造合同书、大棚设备项目建造安装验收汇总、照片；农机购置补贴指标确认通知书（编号为：35072312001574）、申请表、经销企业供货表、福建省增值税普通发票（NO.01030619）、大棚设备项目建造安装验收汇总、照片；农机购置补贴指标确认通知书（编号为：35072312001624）、申请表、经销企业供货表、福建省增值税普通发票三张（NO.01030616、01030617、01030618）、照片及证人吴远金、苏金付、祖元福的证言，以证明2012年11月兴农合作社向光泽县农机站申请大棚钢构和简易保鲜制冷设备国家农机补贴共计105.668万元，兴农合作社为获取国家农机补贴，由福州绿欣公司提供虚假的经销企业供货表及相应的虚开增值税发票等申报材料。光泽县农机站和光泽县财政局分别于2012年11月28日、29日和12月11日通过了兴农合作社的申请，未按规定履行职责。

3. 兴农合作社与福州绿欣公司签订的"大棚改造和冷库设备安装协议书"，以证明2012年3月26日兴农合作社与福州绿欣公司签订的大棚改造和制冷设备安装协议，该安装协议书违反"先报后建"规定。

4. 福州绿欣公司2012年第五批购机补贴资金结算通知单、兴农合作社出具的收款收据，以证明福州绿欣公司于2013年6月26日收到105.668万元的国家农机补贴款，福州绿欣公司分得虚开增值税税款46.1554万元和管理费5.9549万元，2013年6月27日福州绿欣公司将余款53.5577万元转账给兴农合作社的事实。

5. 证人李兰秀、章敬梅的证言，以证明章敬梅、李兰秀负责经办兴农合作社农机补贴工作，未按照程序规定履行职责。

第四组：光泽县人民检察院光检发建〔2015〕5号《检察建议书》及送达回证、《光泽县农机总站关于对检察建议的反馈》、证人吴远金的证言，以证明公益诉讼人检察建议要求光泽县农机站依法会同财政部门挽回国家损失。被告光泽县农机站回函称"无资格和权力收回已发放的补贴资金"。被告光泽县农机站至今未履行职责挽回国家损失。

第五组：光泽县财政局组织机构代码证、中共光泽县委编办关于光泽县财政局主要职责编制规定、《农业机械购置补贴专项资金使用管理暂行办法》（财农〔2005〕11号）、光泽县人民检察院光检发建〔2015〕6号《检察建议书》及光泽县财政局回函，以证明光泽县财政局作为行政机关，负责落实补贴资金预算，及时拨付补贴资金，对资金的分配使用进行监督检查。公益诉讼人检察建议要求光泽县财政局挽回国家损失。光泽县财政局回函称"督促光泽县农机站收回兴农合作社享受的补贴资金，挽回国家损失"。光泽县财政局同本案处理结果有直接利害关系，是本案的第三人。

被告光泽县农机站辩称：（1）答辩人审核通过兴农合作社申请国家农机补贴不存在行政违法情况。答辩人在审核兴农合作社申请国家农机购置补贴过程中，兴农合作社符合申请农机补贴的主体身份，在验收工作中主要对照供货表与铭牌、型号、面积、数量等进行验收，上述验收情况与供货表一致，按照相关规定即可验收通过；农机购置补贴涉及县、市、省三级农机、财政部门，申请国家农机补贴需要层层上报，答辩人仅参与其中一个环节且无过错。（2）兴农合作社申请补贴属实，补贴资金也用于购买食用菌生产的设备，主要用于发展农业生产，并未出现数量不符而导致补贴资金用于其他生产方面的行为，答辩人通过兴农合作社申请国家农机购置补贴的审核并没有造成国家经济损失。（3）答辩人无资格和权力收回已发放的补贴资金。就此，答辩人已向县级农机购置领导小组和省农机局提出取消兴农合作社补贴资格的建议。（4）兴农合作社申请国家农机补贴，由经销商福州绿欣公司提供虚假的《经销企业供货表》及相应的发票等申报材料，总造价为352.822万元的大棚钢构和制冷设备。福州绿欣公司收到105.668万元补贴资金后，占有了虚开增值税税款46.1554万元和管理费5.9549万元，兴农合作社实际得款53.5577万元。公益诉讼人所认定的105.668万元，与事实不符。

被告光泽县农机站在法定期限内向本院提交了以下证据、依据：

第一组：事业单位法人证书，以证明被告系事业单位，被告单位的宗旨和业务范围是："规划指导全县农机管理服务体系建设和经营管理工作。"

第二组：农机购置补贴确认通知书及附件、大棚建造合同书、经销企业供货表及附件,以证明被告是依照规定程序审核通过兴农合作社申请国家农机补贴及补贴领取情况,不存在行政违法情况。

第三组:2012年第五批购机补贴资金结算通知书及附件,以证明补贴资金领取情况。

第三人光泽县财政局述称:(1)光泽县财政局不是本案适格的第三人;(2)如果法院支持公益诉讼人的诉讼请求,光泽县财政局将会尽力履行职责收回资金,挽回国家的损失。

第三人光泽县财政局向本院提交了以下依据:

1. 光泽县财政局(光财农〔2015〕函03号)函;

2. 光泽县农机站、光泽县财政局《关于呈报〈光泽县2012年农业机械购置补贴实施方案〉的请求》《光泽县2012年农业机械购置补贴实施方案》;

3.《2013年光泽县农业机械购置补贴实施方案》;

4.《光泽县人民政府办公室关于印发2014年光泽县农业机械购置补贴实施方案的通知》《2014年光泽县农业机械购置补贴实施方案》,以证明光泽县财政局不是本案适格的第三人。

经庭审质证,被告、第三人对公益诉讼人提交的证据的真实性、合法性、关联性均无异议,本院予以确认。公益诉讼人、第三人对被告提交的证据无异议,但认为被告提供的证据不能证明其不存在行政违法的情况,反而证明被告违法行使职权,怠于履职。本院认为,被告主张其不存在行政违法的事实,证据不足,不予采纳。被告对第三人提交的证据均无异议,公益诉讼人对第三人提交的证据1、2的真实性、合法性、关联性均无异议,应予以确认。第三人提交的证据3、4系2013、2014年度相关规范性文件,不能作为本案审查被告、第三人2012年度行政行为合法性的依据,公益诉讼人对此提出的质证意见,理由成立,本院予以采纳。

经审理查明,生效的光泽县人民法院〔2015〕光刑初字第38号刑事判决书认定,2012年被告光泽县农机站在办理案外人兴农合作社申请国家农机补贴过程中,未依照程序履行职责,审核通过了兴农合作社不符合补贴条件的国家农机补贴申请,与第三人光泽县财政局共同作出三份农机购置补贴指标确认通知书(编号分别为:35072312001573、35072312001574、35072312001624),导致国家补贴资金被套取105.668万元。公益诉讼人于2015年10月10日以光检发建〔2015〕5号《检察建议书》要求光泽县农机站依法会同财政部门收回兴农合作社套取的补贴资金,并取消其今后享受补贴资金的资格,挽回国家损失。同日,公益诉讼人又以光检发建〔2015〕6号《检察建议书》建议第三人光泽县财政局采取措施，挽回国家损失。被告光泽县农机站于 2015 年 11 月 18 日作出《光泽县农机管理总站关于对检察建议的反馈》，称"无资格和权力收回已发放的补贴资金，取消购机者今后享受补贴资金需待接到省农机局的通知后办理"。第三人光泽县财政局于 2015 年 10 月 23 日向公益诉讼人回函称，"将督促光泽县农机站收回兴农合作社享受的补贴资金，挽回国家损失"。因相关被套取资金至今尚未被收回，公益诉讼人于 2016 年 6 月 27 日根据《全国人大常委会关于授权最高人民检察院在部分地区开展公益诉讼试点工作的决定》及《人民检察院提起公益诉讼试点工作实施办法》第四十一条的规定提起行政公益诉讼。

本院认为，根据《农业机械购置补贴专项资金使用管理暂行办法》第二条、《福建省农业机械购置补贴专项资金使用管理规定（试行）》第二条的规定，农机管理部门具体负责补贴专项的组织实施和管理，被告光泽县农机站作为县级农机管理部门依法负有在其辖区内实施和管理农机补贴的法定职责。被告在审核兴农合作社申请国家农机补贴过程中未按福建省农机购置补贴程序要求依法严格履行职责，导致国家补贴资金被套取 105.668 万元，该事实已经生效的〔2015〕光刑初字第 38 号刑事判决确认。因此，被告关于审核通过兴农合作社申请国家农机补贴不存在行政违法，没有造成国家损失的答辩意见，与事实不符，本院不予采纳。《福建省农业机械购置补贴专项资金使用管理规定（试行）》第十八条规定，"……对弄虚作假套取补贴资金的购机者，一经发现，由县级农机管理部门会同当地财政部门收回机具资金，并取消今后享受补贴资金的资格。"被告明知相关补贴资金发放存在错误，却未积极采取措施撤销农机购置补贴指标确认通知书，收回被套取的资金，属行政不作为。经公益诉讼人提出检察建议后，仍不履行前述法定职责。公益诉讼人据此提起行政诉讼，要求被告依法履行撤销农机购置补贴指标确认通知书，收回被套取的农机补贴资金 105.668 万元，取消相对人今后享受农机补贴资格的职责，事实清楚，于法有据，本院予以支持。被告提出无资格和权力收回已发放的补贴资金，取消兴农合作社享受补贴资金的资格的答辩意见，不符合法律规定，本院不予采纳。

《农业机械购置补贴专项资金使用管理暂行办法》第二条、《福建省农业机械购置补贴专项资金使用管理规定（试行）》第二条同时规定，农机补贴专项由财政部门和农业部门共同组织实施，财政部门负责落实补贴资金预算，及时拨付补贴资金，对资金的分配使用进行监督检查。本案中，光泽县财政局既是涉诉农机购置补贴指标确认通知书的共同作出机关，也是《福建省农业机械购置补贴专项资金使用管理规定（试行）》第十八条规定的收回资金的会同机关，应为共同被告。因公益诉讼人以光泽县财政局已表示愿意配合履职为由，不同意追加被告，本院根据《最高人民法院关于执行〈中华人民共和国行政诉讼法〉若干问题的解释》第二十三条第二款的规定，通知光泽县财政局以第三人的身份参加诉讼，光泽县财政局应于本判决生效后积极协助被告，履行相关法定职责。

综上，被告光泽县农机站因未严格依法履行职责，导致国家农机补贴资金被非法套取，造成国家损失，经公益诉讼人提出检察建议后，仍拒不履行相关法定职责，使国家利益继续处于被侵害的状态。公益诉讼人依法诉请被告履行相关法定职责，挽回国家损失，事实清楚，于法有据，本院予以支持。据此，依照《中华人民共和国行政诉讼法》第七十二条的规定，判决如下：

一、被告光泽县农业机械管理总站应于本判决生效后60日内履行撤销其作出的农机购置补贴指标确认通知书（编号分别为：35072312001573、350723 12001574、35072312001624）的法定职责；

二、被告光泽县农业机械管理总站应于本判决生效后60日内履行收回被套取的农机补贴资金105.668万元，取消相对人今后享受农机补贴资格的法定职责。

案件受理费50元，由被告光泽县农业机械管理总站负担。

如不服本判决，可以在判决书送达之日起十五日内向本院递交上诉状，并按对方当事人的人数提出副本，上诉于福建省南平市中级人民法院。

审 判 长 谢 郁
审 判 员 张华铭
审 判 员 吴军福
二〇一六年十月十日
书 记 员 邹永红

 检察建议书（督促行政机关执行法院判决）

光泽县人民检察院
检察建议书

光检民（行）监〔2017〕35072300001号

光泽县农业机械管理总站：

2017年3月29日，你站以光政农机〔2017〕13号《光泽县农机总站关于要求光泽县兴农菇业专业合作社缴还农机购置补贴款的通知》要求光泽县兴农菇业合作社在收到通知60日内缴还所取得的农机购置补贴款共计105.668万元人民币，现已超过60日，光泽县兴农菇业合作社仍没将上述农机购置补贴款退回光泽县财政局。

依据《人民检察院检察建议工作规定（试行）》的规定，向你站提出如下检察建议。

请你站按照福建省南平市建阳区人民法院〔2016〕闽0703行初20号行政判决书第二项判决内容，依法履行收回被光泽县兴农菇业合作社套取的农机补贴资金105.668万元。

以上建议，希望及时落实，并请在收到后一个月内将结果书面回复本院。

2017年6月19日

8 福建省建宁县人民检察院诉建宁县人民防空办公室不作为系列案

（费用：防空易地建设费）

一、基本案情

建宁县检察院在开展收缴防空地下室易地建设费专项检查中，分别发现福建竣邦房地产开发有限公司（以下简称竣邦公司）万家财富广场（建宁县商贸城A区）项目欠缴防空地下室易地建设费135.3643万元、万家财富广场（建宁县商贸城B区）欠缴防空地下室易地建设费339.8553万元和闽赣汽贸有限公司（以下简称闽赣公司）欠缴防空地下室易地建设费87.082万元。行政机关建宁县人防办存在违规同意易地建设、违规同意缓交及怠于履职未采取有效措施将欠缴的防空易地建设费追缴到位等违法情形。4月26日，建宁县院以公益诉讼人身份对县人防办3起行政违法提起行政公益诉讼系列案在建宁县法院开庭审理，由于办案证据扎实，庭审准备充分，法庭当庭宣判，被告人防办的负责人也对单位怠于履职行为认可，同时表示今后一定整改。10名人大代表、政协委员及13个行政执法机关的负责人旁听了庭审过程，取得了良好的社会效果。

二、诉前程序

2016年10月31日，建宁县人民检察院向县人防办发出检察建议2份，建议该单位积极采取措施依法依规收缴竣邦公司应补缴的防空地下室易地建设费（建宁县商贸城A区）135.3643万元和闽赣汽贸有限公司欠缴防空地下室易地建设费87.082万元。2017年1月11日，建宁县人民检察院向县人防办发出检察建议1份，建议该单位积极采取措施依法依规收缴竣邦公司应补缴的防空地下室易地建设费（建宁县商贸城B区）防空地下室易地建设费339.8553万元。县人防办分别于2016年11月30日和2017年2月11日作出回复，但一直未能将上述所欠缴的防空地下室易地建设费追缴到位，导致社会公共利益持续处于受侵害状态。

三、诉讼情况

建宁县人民检察院经调查核实,没有公民、法人和其他社会组织因县人防办未依法履职而提起相关诉讼。检察机关根据试点工作文件精神,可以公益诉讼人的身份提起行政公益诉讼。建宁县人民检察院认为人民防空是我国国防的重要组成部分,任何组织和个人都有得到人民防空保护的权利。防空地下室易地建设费用,是人民防空建设与管理的专项经费,是我国人防工程得以建设和发展的保障。经过检察机关的诉前程序,建宁县人防办仍未依法履职,至今未采取有效措施收回欠缴的防空地下室易地建设费,致使国家利益仍处于受侵害状态。

2016年12月29日及2017年3月30日,建宁县人民检察院以三份公益诉讼起诉书向建宁县人民法院提起行政公益诉讼,请求法院判决:(1)确认建宁县人防办在闽赣公司、竣邦公司人防易地建设管理过程中未严格依法履行法定职责的行为违法;(2)责令被告建宁县人防办依法履职,采取有效措施收缴竣邦公司、闽赣公司欠缴的人防易地建设费。2017年4月26日,建宁县人民法院对这三起行政公益诉讼案开庭并案审理,建宁县人民法院作出一审判决并当庭宣判,全部支持检察机关的诉讼请求,判决确认被告建宁县人防办审批竣邦公司万家财富广场和闽赣公司项目防空易地建设费的行政行为违法;判令被告于判决生效后60日内依法履行追缴竣邦公司万家财富广场(建宁商贸城A、B区)项目和闽赣公司的防空易地建设费职责。

四、办案指引

 管辖

建宁县人防办存在违规同意易地建设、违规同意缓交及怠于履职未采取有效措施将欠缴的防空易地建设费追缴到位等违法情形,造成竣邦公司和闽赣公司欠缴人防易地建设费达562.3万元,导致社会公共利益持续处于受侵害状态。建宁县检察院作为违法行使职权和不作为的行政机关所在地的基层人民检察院,根据全国人民代表大会常务委员会《关于授权最高人民检察院在部分地区开展公益诉讼试点工作的决定》和最高人民检察院《人民检察院提起公益诉讼试点工作实施办法》第40条的规定,本案建宁县检察院具有管辖权。

 立案

1. 线索发现、评估和管理

建宁县检察院在开展收缴防空地下室易地建设费专项检查中,分别发现竣邦公司万家财富广场(建宁县商贸城A区)项目欠缴防空地下室易地建设费135.3643万元、万家财富广场(建宁县商贸城B区)欠缴防空地下室易地建设费339.8553万元和闽赣公司欠缴防空地下室易地建设费87.082万元。行政机关建宁县人防办存在违规同意易地建设、违规同意缓交及怠于履职未采取有效措施将欠缴的防空易地建设费追缴到位等违法情形。发现该线索后,建宁县人民检察院民事行政检察科及时向三明市人民检察院备案。

2. 立案条件和程序

(1) 立案条件

建宁县人防办作为建宁县人民政府人民防空主管部门,其具有管理本行政区域人防工作的职责,对建设项目防空地下室的易地建设工作负有监管职责。建宁县人民检察院向建宁县人防办发出检察建议后,被告至今未采取有效措施收回欠缴的562.3万元人防易地建设费用,致使国家和社会公共利益仍处于受侵害状态。建宁县人民检察院民事行政检察科将本案报请检察长决定立案。

(2) 立案程序

经建宁县检察院检察长批准,2016年10月28日、2017年1月6日,建宁县人民检察院决定予以立案并制作《立案审批报告》及立案审批表。

 诉前程序

1. 本案调查的重点

一是相关公司共欠缴人防易地建设费的数额,二是县人防办在行使职责过程中不作为和乱作为的现象。

2. 本案如何针对调查重点开展调查

一是到竣邦公司和闽赣公司进行核对账目,确定未上缴人防易地建设费的原因和数额。二是到县建设局了解竣邦公司和闽赣公司相关工程规划和施工许可证的办理情况,特别是县人防办是否有进行审批许可。三是到县人防办提取竣邦公司和闽赣公司相关报审材料,找承办人了解情况。

3. 本案审查的关键问题

竣邦公司和闽赣公司欠缴人防易地建设费的原因,县人防办工作人员是否

有不作为和乱作为的现象。

4. 诉前文书写作的关键问题

一是县人防办是否采取有力措施挽回损失。二是县人防部门按照法律规定所负有的法定职责。三是县人防部门的不作为或乱作为是造成竣邦公司和闽赣公司欠缴人防易地建设费的根本原因。

 跟进调查

检察建议发出后，建宁县人防办表示积极整改，建宁县人民检察院没有因为机械办案而轻信回函，而是及时组织干警持续跟踪调查。发现县人防办超过一个月仍未正确履职，所欠缴的人防易地建设费分文未收。根据公益诉讼试点工作相关规定，检察机关及时向法院起诉，一审胜诉。判决后，建宁县人防办表示不上诉，并积极进行整改。建宁县检察院继续跟进调查，调查方式主要是召开座谈会和深入竣邦公司和闽赣公司进一步了解情况，主要是督促建宁县人防办继续采取措施追缴所欠的人防易地建设费。

 提起诉讼

1. 起诉条件

本案如何体现符合起诉标准。一是公共利益，即国家利益受损的事实；二是经诉前程序，检察建议一个月后县人防办仍然没有正确履职，相关公共利益仍然处于受损状态；三是县人防办存在不作为、乱作为的情形；四是县人防办不作为乱作为是导致本案公共利益受损主要原因。

2. 提供材料

本案起诉过程中提供材料有：起诉书及副本；检察建议及建宁县人防办的书面回函、国家利益或社会公共利益受到侵害的初步证明材料。

3. 庭前会议

本案召开一次庭前会议，交换相关证据，检察机关按起诉书内容提供相应的证人证言、书证，县人防办提出答辩状的主要内容。

4. 庭审应对

主要是被告提出系经县有关领导同意，而缓交防空地下室易地建设费。公益诉讼人应对：一是要求被告提供有关县领导同意的证据；二是根据《福建省人民防空条例》第16条第2款"除国家规定的减免项目外，任何组织和个人不得批准免建、少建、缓建防空地下室或者降低防空地下室防护等级，不得批准免交、减交或者缓交防空地下室易地建设费"。

5. 出庭注意事项

本案中，检察机关针对县人防办的三份起诉书，法院合并审理，因此一是要注意庭审举证顺序，不要重复；二是做好出庭的幻灯片PPT，做到出示PPT与庭审节奏一致；三是因为邀请了全县13个行政执法部门的负责人参与旁听，注意做好法庭教育，从而达到教育一片的预防效果。

五、依据指引

1. 《中华人民共和国人民防空法》

第七条（第三款） 县级以上地方各级人民政府人民防空主管部门管理本行政区域的人民防空工作。

2. 《福建省人民防空条例》

第三条（第一款） 县级以上地方人民政府人民防空主管部门是同级人民政府负责管理本行政区域人民防空工作的职能部门。

第十四条 修建防空地下室，应当坚持就地自建为主的原则。

应当修建防空地下室，属于下列情形的，经批准可以修建防空地下室：

（一）确因建在流沙、暗河等地段受地质条件限制且结构和基础处理困难不能就地修建的；

（二）应建防空地下室建筑面积小于一百四十平方米的。

属于本条第二款第一项情形的，建设单位必须持勘察单位出具的地质勘察报告和设计单位出具的资料，向所在地人民政府防空主管部门提出申请，由所在地人民政府人民防空主管部门报上级人民政府人民防空主管部门审批。省或者设区的市人民政府人民防空主管部门应当对建设单位的申请进行核查，组织专家论证，必要时举行听证会，听取各方面意见，并在批准前向社会公示。

属于本条第二款第二项情形的，建设单位应当报经所在地人民政府人民防空主管部门审核批准。

第十五条 经县级以上地方人民政府人民防空主管部门批准可以不修建防空地下室的，建设单位应当按照规定向所在地人民政府人民防空主管部门缴纳防空地下室易地建设费。

第十六条（第二款） 除国家规定的减免项目外，任何组织和个人不得批准免建、少建、缓建防空地下室或者降低防空地下室防护标准，不得批准免交、减交或者缓交防空地下室易地建设费。

第十九条 建设单位未执行本条例第十三条第一款、第二款、第十四条第二款规定的，规划建设行政主管部门不得发放建设工程规划许可证、施工许可证。

防空地下室竣工验收实行备案制度，建设单位在向建设行政主管部门备案时，应当出具人民防空主管部门认可的文件。

人民防空主管部门应当加强防空地下室建设过程中的日常监督检查，对符合防空地下室竣工验收标准的，及时出具认可文件，对不符合标准的，及时提出整改意见。

3. 福建省人民防空办公室《关于规范防空地下室易地建设审批管理的意见》

第一条 建设单位申请防空地下室易地建设时，应持相关材料，向所在地人民防空主管部门填报《防空地下室易地建设申请审批表》。

4. 国务院、中央军委《关于进一步推进人民防空事业发展的若干意见》

（九）……任何地方和部门不得将少建、不建防空地下室或减免易地建设费作为招商引资的优惠条件。

5.《关于规范防空地下室易地建设收费的规定》

四、防空地下室易地建设费的收费标准，由省、自治区、直辖市价格主管部门会同同级财政、人防主管部门按照当地防空地下室的造价制定，报国家计委、财政部、国家人防办备案。对以下新建民用建筑项目应适当减免防空地下室易地建设费：

（一）享受政府优惠政策建设的廉租房、经济适用房等居民住房，减半收取；

（二）新建幼儿园、学校教学楼、养老院及为残疾人修建的生活服务设施等民用建筑，减半收取；

（三）临时民用建筑和不增加面积的危房翻新改造商品住宅项目，予以免收；

（四）因遭受水灾、火灾或者其他不可抗拒的灾害造成的损坏后按原面积修复的民用建筑，予以免收。

6.《人民防空工程建设管理规定》

第五十条 经人民防空主管部门批准需缴纳防空地下室易地建设费的，建设单位在办理建设工程规划许可前，应当先缴纳防空地下室易地建设费。

六、文书指引

 立案决定书

**建宁县人民检察院
立案决定书**

建检民行公立〔2016〕01号

本院在履行职责过程中发现建宁县人民防空办公室在管理建宁县万家财富广场房地产开发项目A区防空地下室易地建设费过程的违法行使职权可能损害国家利益和社会公共利益,根据《全国人民代表大会常务委员会关于授权最高人民检察院在部分地区开展公益诉讼试点工作的决定》和《人民检察院提起公益诉讼试点工作实施办法》第三十二条的规定,决定立案审查。

2016年10月28日

**建宁县人民检察院
立案决定书**

建检民行公立〔2016〕02号

本院在履行职责过程中发现建宁县人民防空办公室在管理建宁县闽赣汽贸有限公司防空地下室易地建设费过程的违法行使职权可能损害国家利益和社会公共利益,根据《全国人民代表大会常务委员会关于授权最高人民检察院在部分地区开展公益诉讼试点工作的决定》和《人民检察院提起公益诉讼试点工作实施办法》第三十二条的规定,决定立案审查。

2016年10月28日

**建宁县人民检察院
立案决定书**

建检民行公立〔2017〕01号

本院在履行职责过程中发现建宁县人民防空办公室在管理建宁县万家财富

广场房地产开发项目B区防空地下室易地建设费过程中违法行使职权可能损害国家利益和社会公共利益，根据《全国人民代表大会常务委员会关于授权最高人民检察院在部分地区开展公益诉讼试点工作的决定》和《人民检察院提起公益诉讼试点工作实施办法》第三十二条的规定，决定立案审查。

2017年1月6日

 检察建议书

建宁县人民检察院
检察建议书

建检民（行）行政违监〔2016〕35043000005号

建宁县人民防空办公室：

本院在开展收缴防空地下室易地建设费专项检查中，发现建宁县闽赣汽贸有限公司欠缴防空地下室易地建设费87.082万元。本院依法进行了调查。现查明：

建宁县闽赣汽贸有限公司于2012年11月建设闽赣汽车城项目，防空地下室应建面积1070.82平方米，应缴防空地下室易地建设费107.082万元，该项目已缴纳20万元，未缴纳87.082万元。2016年6月7日，你办下发缴纳防空地下室易地建设费的通知（建人防〔2016〕督字第6号）要求闽赣汽贸有限公司补缴防空地下室易地建设费87.082万元，截至目前，该公司仍未缴纳所欠防空地下室易地建设费。

本院认为，建宁县闽赣汽车城项目欠缴防空地下室易地建设费数额达87.082万元，且欠缴时间长达4年，可能造成国有资产流失，影响人防工程建设，损害国家和社会公共利益。《中华人民共和国人民防空法》第七条第三款规定："县级以上地方各级人民政府人民防空主管部门管理本行政区域的人民防空工作。"《福建省人民防空条例》第三条第一款规定："县级以上地方人民政府人民防空主管部门是同级人民政府负责管理本行政区域人民防空工作的职能部门。"第十五条规定："经县级以上地方人民政府人民防空主管部门批准可以不修建防空地下室的，建设单位应当按照规定向所在地人民政府人民防空主管部门缴纳防空地下室易地建设费。"你办是本行政区域内人民防空的行政管理单位，负有监督管理职责。

综上所述，为防止国有资产流失，保障国家和社会公共利益，现根据全国人民代表大会常务委员会《关于授权最高人民检察院在部分地区开展公益诉讼试点工作的决定》和最高人民检察院《人民检察院提起公益诉讼试点工作实施办法》第四十条的规定，向你办提出如下检察建议：积极采取措施依法依规收缴闽赣汽贸有限公司应补缴的防空地下室易地建设费87.082万元，保证收缴到位。

请于收到本检察建议书后一个月内将收缴情况书面回复本院。

2016年10月31日

建宁县人民检察院
检察建议书

建检民（行）行政违监〔2016〕35043000006号

建宁县人民防空办公室：

本院在开展收缴防空地下室易地建设费专项检查中，发现福建竣邦房地产开发有限公司欠缴防空地下室易地建设费135.3646万元。本院依法进行了调查。现查明：

福建竣邦房地产开发有限公司于2013年7月建设万家财富广场房地产开发项目，防空地下室应建面积1653.643平方米，应缴防空地下室易地建设费165.3646万元，该项目已缴纳30万元，未缴纳135.3646万元。2016年6月12日，你办下发缴纳防空地下室易地建设费的通知（建人防〔2016〕督字第4号）要求福建竣邦房地产开发有限公司补缴防空地下室易地建设费135.3646万元，截至目前，该公司仍未缴纳所欠防空地下室易地建设费。

本院认为，万家财富广场房地产开发项目欠缴防空地下室易地建设费数额达135.3646万元，且欠缴时间长达3年，可能造成国有资产流失，影响人防工程建设，损害国家和社会公共利益。《中华人民共和国人民防空法》第七条第三款规定："县级以上地方各级人民政府人民防空主管部门管理本行政区域的人民防空工作。"《福建省人民防空条例》第三条第一款规定："县级以上地方人民政府人民防空主管部门是同级人民政府负责管理本行政区域人民防空工作的职能部门。"第十五条规定："经县级以上地方人民政府人民防空主管部门批准可以不修建防空地下室的，建设单位应当按照规定向所在地人民政府人民防空主管部门缴纳防空地下室易地建设费。"你办是本行政区域内人民防空的行政管理单位，负有监督管理职责。

综上所述，为防止国有资产流失，保障国家和社会公共利益，现根据全国人民代表大会常务委员会《关于授权最高人民检察院在部分地区开展公益诉讼试点工作的决定》和最高人民检察院《人民检察院提起公益诉讼试点工作实施办法》第四十条的规定，向你办提出如下检察建议：积极采取措施依法依规收缴福建竣邦房地产开发有限公司应补缴的防空地下室易地建设费135.3646 万元，保证收缴到位。

请于收到本检察建议书后一个月内将收缴情况书面回复本院。

2016 年 10 月 31 日

建宁县人民检察院
检察建议书

建检民（行）行政违监〔2017〕35043000001 号

建宁县人民防空办公室：

本院在开展收缴防空地下室易地建设费专项检查中，发现福建竣邦房地产开发有限公司（以下简称"竣邦公司"）在其开发的万家财富广场房地产项目 B 区工程中，欠缴人防易地建设费 339.8553 万元。本院依法进行了调查。现查明：

竣邦公司于 2013 年 7 月建设万家财富广场房地产开发项目。竣邦公司在申请建设该项目 B 区工程过程中，未提交人防易地建设申请材料，你办即在该项目 B 区《建设工程规划许可证申请审批表》上签章同意易地建设。经核实，该项目 B 区防空地下室应建面积 3398.553 平方米，应缴防空地下室易地建设费 339.8553 万元，未缴纳 339.8553 万元。截至目前，该公司仍未缴纳所欠防空地下室易地建设费。

本院认为，竣邦公司在万家财富广场房地产开发 B 区项目中欠缴防空地下室易地建设费达 339.8553 万元，且欠缴时间长达 2 年，可能造成国有资产流失，影响人防工程建设，损害国家和社会公共利益。《中华人民共和国人民防空法》第七条第三款规定："县级以上地方各级人民政府人民防空主管部门管理本行政区域的人民防空工作。"《福建省人民防空条例》第三条第一款规定："县级以上地方人民政府人民防空主管部门是同级人民政府负责管理本行政区域人民防空工作的职能部门。"第十五条规定："经县级以上地方人民政府人民防空主管部门批准可以不修建防空地下室的，建设单位应当按照规定向所在地人民政府人民防空主管部门缴纳防空地下室易地建设费。"你办是本行政区域内人民防空的行政管理单位，负有监督管理职责。

综上所述，为防止国有资产流失，保障国家和社会公共利益，现根据全国人民代表大会常务委员会《关于授权最高人民检察院在部分地区开展公益诉讼试点工作的决定》和最高人民检察院《人民检察院提起公益诉讼试点工作实施办法》第四十条的规定，向你办提出如下检察建议：积极采取措施依法依规收缴竣邦公司应补缴的防空地下室易地建设费 339.8553 万元。

请在收到后一个月内作出处理并将处理结果书面回复本院。

2017 年 1 月 10 日

 起诉书

建宁县人民检察院
行政公益诉讼起诉书

建检行公诉〔2016〕1 号

公益诉讼人：建宁县人民检察院。

被告：建宁县人民防空办公室，住所地建宁县濉溪镇荷花东路。

法定代表人：林升文，建宁县人民防空办公室主任。

诉讼请求：

1. 确认建宁县人民防空办公室在建宁县闽赣汽车城项目人防易地建设费管理过程中未严格依法履行法定职责的行为违法；

2. 判令建宁县人民防空办公室依法履职，并采取有效措施收缴福建闽赣汽贸有限公司欠缴的人防易地建设费 87.082 万元。

事实和理由：

2016 年，本院在开展收缴防空地下室易地建设费专项检查中，发现福建闽赣汽贸有限公司（以下简称闽赣汽贸公司）开发的闽赣汽车城项目存在未依法足额缴纳防空地下室易地建设费问题。经本院调查查明：2012 年 11 月，闽赣汽贸公司计划在建宁县濉溪镇河东村建设闽赣汽车城项目，由于该项目地质条件的限制，不能就地修建防空地下室，为此闽赣汽贸公司向建宁县人防办提交《防空地下室易地建设申请审批表》和《申请书》，并附有《易地修建防空地下室工程地质论证报告表》，申请人防易地建设。经被

告建宁县人防办批准，同意该公司不建设防空地下室，按照人防工程易地建设费每平方米 1000 元的标准向人防办缴纳防空地下室易地建设费 107.082 万元。被告建宁县人防办在闽赣汽贸公司只缴纳了防空地下室易地建设费 20 万元，欠缴 87.082 万元的情况下，在该项目的《建设工程规划许可证申请审批表》中签字盖章，同意项目易地建设。2016 年 3 月 22 日，闽赣汽贸公司向被告提交《欠条》一份，承诺在 2016 年 8 月 30 日前将所欠缴的 87.082 万元缴清。

建宁县人防办于 2016 年 6 月发出建人防〔2016〕督字第 6 号缴纳防空地下室易地建设费的通知，要求闽赣汽贸公司缴纳欠缴的防空地下室易地建设费，但未追缴到位。在闽赣汽贸公司承诺缴清防空地下室易地建设费的期限届满之后，被告建宁县人防办于 2016 年 9 月委托福建永能律师事务所发出律师函，要求闽赣汽贸公司缴纳拖欠的防空地下室易地建设费用，但是至今仍未追缴到位。

2016 年 10 月 31 日，本院根据全国人民代表大会常务委员会《关于授权最高人民检察院在部分地区开展公益诉讼试点工作的决定》和《人民检察院提起公益诉讼试点工作实施办法》的相关规定，向被告发出检察建议书，建议其积极采取措施依法依规收缴闽赣汽贸公司所欠缴的人防工程易地建设费，避免国有资产流失。

2016 年 11 月 30 日，被告书面反馈称：一、其已向县分管领导汇报有关情况，取得领导的支持；二、其没有强制手段催缴，只能通过上门发放追缴通知书、电话追缴、发放律师函等形式进行催缴，由于业主单位以各种理由拖欠人防易地建设费，欠缴的人防易地建设费用还没有追缴到位。

本院认为，根据《中华人民共和国人民防空法》第七条第三款、《福建省人民防空条例》第三条第一款的规定，被告建宁县人防办对建宁县的人防易地建设工作负有法定职责。

根据《福建省人民防空条例》第十四条第二款第一项规定：确因建在流沙、暗河等地段受地质条件限制且结构和基础处理困难不能就地修建的，可以申请人防易地建设。但同时，该条第三款规定："属于本条第二款第一项情形的，建设单位必须持勘察单位出具的地质勘察报告和设计单位出具的资料，向所在地人民政府防空主管部门提出申请，由所在地人民政府人民防空主管部门报上级人民政府人民防空主管部门审批。"而建宁县人防办违反该规定，在收到建设单位申请材料后，未向上级人防部门报批，而是直接批准该项目，同意闽赣汽贸公司易地建设，违法行使审批职权。

《福建省人民防空条例》第十六条第二款规定："除国家规定的减免项目外，任何组织和个人不得批准免建、少建、缓建防空地下室或者降低防空地下室防护标准，不得批准免交、减交或者缓交防空地下室易地建设费。"另外根据《人民防空工程建设管理规定》（〔2003〕国人防办第18号）第五十四条规定："经人民防空主管部门批准需缴纳防空地下室易地建设费的，建设单位在办理建设工程规划许可证前，应当先缴纳防空地下室易地建设费。"但建宁县人防办违反上述规定，在闽赣汽贸公司未足额缴清防空地下室易地建设费的情形下，同意该公司缓交欠缴87.082万元，并在《建设工程规划许可证申请审批表》上签字盖章，致使该公司取得了建设工程规划许可证。

综上，被告违法行使行政职权，未依法依规进行人防易地建设审批，并违规批准同意闽赣汽贸公司缓交欠缴的人防易地建设费。本院发现被告违法违规的情形后，向被告发出检察建议书，被告怠于履职并未采取有效措施，导致闽赣汽贸公司欠缴的87.082万元人防易地建设费至今仍未追缴到位，国家和社会公共利益仍处于受侵害状态。现根据全国人民代表大会常务委员会《关于授权最高人民检察院在部分地区开展公益诉讼试点工作的决定》和最高人民检察院《人民检察院提起公益诉讼试点工作实施办法》第四十一条及福建省人民检察院《关于检察机关提起公益诉讼试点工作实施方案》的相关规定，特向你院提起行政公益诉讼，请依法判决。

此致
建宁县人民法院

公益诉讼人：建宁县人民检察院
2016年12月5日

建宁县人民检察院
行政公益诉讼起诉书

建检行公诉〔2016〕2号

公益诉讼人：建宁县人民检察院。
被告：建宁县人民防空办公室，住所地建宁县濉溪镇荷花东路。
法定代表人：林升文，建宁县人民防空办公室主任。
诉讼请求：
1. 确认建宁县人民防空办公室在福建省竣邦房地产开发有限公司的人防

易地建设费管理过程中未严格依法履行法定职责的行为违法；

2. 判令建宁县人民防空办公室依法履职，采取有效措施收缴福建省竣邦房地产开发有限公司欠缴的防空易地建设费135.3646万元。

事实和理由：

2016年，本院在开展收缴防空地下室易地建设费专项检查中，发现福建省竣邦房地产开发有限公司（以下简称竣邦房地产公司）开发的万家财富广场房地产项目（即：建宁商贸城项目）存在未依法足额缴纳防空地下室易地建设费问题。经本院调查查明：2013年7月，竣邦房地产公司在建宁县城区建设万家财富广场房地产开发项目时，经被告建宁县人民防空办公室（以下简称建宁县人防办）批准，未建设防空地下室，按照人防工程易地建设费1000元/平方米的标准，应向人防办缴纳防空地下室易地建设费165.3646万元，欠缴135.3646万元。竣邦房地产公司未向被告建宁县人防办提交《防空地下室易地建设申请审批表》等申请材料，被告也没有就该审批事项向上级人防部门报批，擅自在该项目的《建设工程规划许可证申请审批表》中签字盖章，同意该项目易地建设。2014年12月10日，竣邦房地产公司向被告提交《承诺函》一份，申请缓交所欠的防空易地建设费，并承诺在2015年5月30日前缴清。被告同意竣邦房地产公司的缓交申请，并在该《承诺函》上写有书面意见。

上述承诺期限到期后，建宁县人防办于2015年6月、2016年6月分别发出建人防〔2015〕督字第4号、建人防〔2016〕督字第5号缴纳防空地下室易地建设费的通知，要求竣邦房地产公司缴纳欠缴的防空地下室易地建设费，但是至今仍未追缴到位。

2016年10月31日，本院根据全国人民代表大会常务委员会《关于授权最高人民检察院在部分地区开展公益诉讼试点工作的决定》和《人民检察院提起公益诉讼试点工作实施办法》的相关规定，向被告发出建检民（行）行政违监〔2016〕35043000006号检察建议书，建议其积极采取措施依法依规收缴竣邦房地产公司所欠缴的人防工程易地建设费，避免国有资产流失。

2016年11月30日，被告书面回复称：一、其已向县分管领导汇报有关情况，取得领导的支持；二、其没有强制手段催缴，只能通过上门发放追缴通知书、电话追缴、发放律师函等形式进行催缴，由于业主单位以各种理由拖欠人防易地建设费，欠缴的人防易地建设费用还没有追缴到位。

本院认为，根据《中华人民共和国人民防空法》第七条第三款、《福建省人民防空条例》第三条第一款的规定，被告建宁县人防办对建宁县的人防易地建设工作负有法定职责。

福建省人民防空办公室下发的闽人防办〔2010〕120号《关于规范防空地下室易地建设审批管理的意见》第一条规定："建设单位申请防空地下室易地建设时，应持相关材料，向所在地人民防空主管部门填报《防空地下室易地建设申请审批表》。"竣邦房地产公司未提交《防空地下室易地建设申请审批表》等申请材料，建宁县人防办负有监督管理之责，应当按规定要求竣邦房地产公司补足材料，否则不能予以审批。但是建宁县人防办怠于履职，违反该规定，并未要求竣邦房地产公司补全材料。

《福建省人民防空条例》第十四条规定申请人防易地建设的理由有两种，竣邦房地产公司该项目应建防空地下室面积大于该条第二款第二项规定的一百四十平方米，因此申请人防易地建设的理由只能是该条第二款第一项规定的情形，即：确因建在流沙、暗河等地段受地质条件限制且结构和基础处理困难不能就地修建的。

同时，该条第三款规定："属于本条第二款第一项情形的，建设单位必须持勘察单位出具的地质勘察报告和设计单位出具的资料，向所在地人民政府防空主管部门提出申请，由所在地人民政府人民防空主管部门报上级人民政府人民防空主管部门审批。省或者设区的市人民政府人民防空主管部门应当对建设单位的申请进行核查，组织专家论证，必要时举行听证会，听取各方面意见，并在批准前向社会公示。"而建宁县人防办违反该规定，未向上级人防部门报批，擅自批准该项目，同意竣邦房地产公司易地建设，违法行使审批职权。

根据〔2003〕国人防办第18号关于颁发《人民防空工程建设管理规定》的通知，《人民防空工程建设管理规定》第五十四条规定："经人民防空主管部门批准需缴纳防空地下室易地建设费的，建设单位在办理建设工程规划许可证前，应当先缴纳防空地下室易地建设费。"建宁县人防办未尽该条规定的法定职责，致使竣邦房地产公司在未缴清防空地下室易地建设费的情形下，便取得了建设工程规划许可证。

《福建省人民防空条例》第十六条第二款规定："除国家规定的减免项目外，任何组织和个人不得批准免建、少建、缓建防空地下室或者降低防空地下室防护标准，不得批准免交、减交或者缓交防空地下室易地建设费。"建宁县人防办在追缴过程中，违法行使法定职权，在《承诺函》上批准同意竣邦房地产公司缓交欠缴的135.3646万元，放任国有资产处于受侵害状态。

综上，被告违法行使行政职权，未依法依规进行人防易地建设审批，并违规批准同意竣邦房地产公司缓交欠缴的人防易地建设费。本院发现被告违法违规的情形后,向被告发出检察建议书,被告怠于履职并未采取有效措施,导致竣邦房地产公司欠缴的 135.3646 万元人防易地建设费至今仍未追缴到位,国家和社会公共利益仍处于受侵害状态。现根据全国人民代表大会常务委员会《关于授权最高人民检察院在部分地区开展公益诉讼试点工作的决定》和最高人民检察院《人民检察院提起公益诉讼试点工作实施办法》第四十一条及福建省人民检察院《关于检察机关提起公益诉讼试点工作实施方案》的相关规定,特向你院提起行政公益诉讼,请依法判决。

此致
建宁县人民法院

公益诉讼人:建宁县人民检察院
2016 年 12 月 5 日

建宁县人民检察院
行政公益诉讼起诉书

建检行公诉〔2017〕1 号

公益诉讼人:建宁县人民检察院

被告:建宁县人民防空办公室,住所地:建宁县濉溪镇荷花东路北侧,组织机构代码:66928960-0。

法定代表人:林升文,建宁县人民防空办公室负责人。

诉讼请求:

1. 确认被告在建宁县万家财富广场房地产开发 B 区项目的人防易地建设费管理过程中未严格依法履行法定职责的行为违法;

2. 判令被告依法履职,采取有效措施收缴福建竣邦房地产开发有限公司欠缴的防空地下室易地建设费。

事实和理由:

2016 年,本院在开展收缴防空地下室易地建设费专项检查中,发现福建竣邦房地产开发有限公司(以下简称"竣邦公司")开发的万家财富广场房地产开发 B 区项目(即:建宁商贸城 B 区项目)存在未依法足额缴纳防空地下室易地建设费问题。经本院调查查明:2014 年 12 月,竣邦公司向被告建宁县人民防空办公室(以下简称"建宁县人防办")提交《建设工程规划许可证申请审批表》(项目名称:建宁商贸城 B 区),计划在建宁县城区建设万家财富广场房地产开发 B 区项目。该项目未建设防空地下室,因而向建宁县人防办申请缴纳防空地下室易地建设费。但竣邦公司未向被告建宁县人防办提交《防空地下室易地建设申请审批表》等申请材料,被告也未就该审批事项向上级人防部门报批。2014 年 12 月 15 日,被告在上述情况下,在 B 区项目的《建设工程规划许可证申请审批表》中签字盖章,同意该项目易地建设。此时,被告也未对 B 区项目人防易地建设费进行核算。

2016 年 11 月 28 日,经本院督促,被告着手开展 B 区项目人防易地建设费的核算工作,2017 年 1 月 9 日被告出具《证明》一份,证实该 B 区项目应当缴纳的人防易地建设费为 339.8553 万元。

2017 年 1 月 11 日,本院根据全国人民代表大会常务委员会《关于授权最高人民检察院在部分地区开展公益诉讼试点工作的决定》和《人民检察院提起公益诉讼试点工作实施办法》的相关规定,向被告发出检察建议书,建议其积极采取措施依法依规收缴竣邦公司所欠缴的人防工程易地建设费,避免国有资产流失。但被告仍未采取有效措施催缴,B 区项目所欠的人防易地建设费尚未追缴到位,国家利益处于受侵害的状态。

认定上述事实的主要证据有:(1)建宁县人防办组织机构代码、福建省组织机构代码年度申报报告表、建宁县人防办统一社会信用代码证书;(2)《建设工程规划许可证申请审批表》;(3)《建宁县人防办缴纳防空地下室易地建设费的通知》建人防〔2015〕督字第 4 号、建人防〔2016〕督字第 5 号、福建永能律师事务所律师函;(4)核算竣邦公司 B 区项目人防易地建设费的《证明》;(5)建宁县人防办工程科科长林建强的证言、竣邦公司代董事长万寿义的证言;(6)本院检察建议及送达回证、建宁县人防办复函。

本院认为,根据《中华人民共和国人民防空法》第七条第三款、《福建省人民防空条例》第三条第一款的规定,被告建宁县人防办是建宁县人民防空工作的主管部门,对建宁县的人防易地建设工作负有法定职责。建宁县人防办在防空地下室建设管理工作中,未依法履行法定职责,存在以下违法情形:一是违规审批同意易地建设。根据《福建省人民防空条例》第十四条规定及闽人防办〔2010〕120 号《关于规范防空地下室易地建设审批管理的意见》第一条的要求,建宁县人防办未收到《易地建设防空地下室工程地质论证报告表》《防空地下室易地建设申请审批表》等申请材料,也未按规定报上级人防部门批准,就直接在《建设工程规划许可证申请审批表》上签字盖章,审批同意易地建设,违反了上述相关行政法规的规定。二是根据《人民防空工程建设管理规定》(〔2003〕国人防办第 18 号)第五十四条规定,建宁县人防办在竣邦公司未缴清防空地下室易地建设费的情形下便取得了建设工程规划许可证，违反了上述行政法规的规定。三是怠于履职，未采取有效措施将欠缴的人防易地建设费追缴到位。建宁县人防办在追缴过程中，仅限于口头催缴，并未采取其他有效措施将所欠防空地下室易地建设费追缴到位，致使339.8553万元人防易地建设费至今未能追缴到位，造成国有资产流失，影响人防工程建设，损害国家和社会公共利益。

综上，被告在防空地下室建设管理工作中，存在未依法履行法定职责，造成国有资产流失，损害国家和社会公共利益的情形，经检察机关发出检察建议督促履行职责，被告至今未采取有效措施追回人防易地建设费，致使国家和社会公共利益仍处于受侵害状态。现根据《全国人民代表大会常务委员会关于授权最高人民检察院在部分地区开展公益诉讼试点工作的决定》《人民检察院提起公益诉讼试点工作实施办法》第四十一条的规定，向你院提起行政公益诉讼，请依法裁判。

此致
建宁县人民法院

公益诉讼人：建宁县人民检察院
2017年3月30日

出庭预案

建宁县人民检察院诉建宁县人民防空办公室未依法履职案出庭预案

一、出庭人员的组成及分工（略）

二、出庭证据的提交顺序及证据的证明作用

公益诉讼人陈述单位全称：建宁县人民检察院，出庭人员为副检察长、检察员：姚建辉，检察员：夏志坚，陈建飞，书记员：付标利。

公益诉讼人陈述提起公益诉讼依据：根据全国人大常委会《关于授权最高人民检察院在部分地区开展公益诉讼试点工作的决定》、最高人民检察院《检察机关提起公益诉讼试点方案》、福建省人民检察院《关于提请批准建宁县人民检察院拟对建宁县人民防空办公室未依法履职提起行政公益诉讼的请示》的批复。

公益诉讼人宣读被告负有履行防空地下室建设工作管理职责的法律依据：根据《中华人民共和国防空法》第七条第三款规定："县级以上地方各级人民政府人民防空主管部门管理本行政区域的人民防空工作。"《福建省人民防空条例》第三条第一款规定："县级以上地方人民政府防空主管部门是同级人民政府负责管理本行政区域人民防空工作的职能部门。"据此，建宁县人防办作为建宁县人民政府人民防空主管部门，其具有管理本行政区域人防工作职责，对建设项目防空地下室的易地建设工作负有监管职责。

审判长：为便于合议庭以及旁听的各位群众更加清晰地了解案件的真实情况，现公益诉讼人将本案证据分成四组，以多媒体示证方式向法庭进行举证：

（一）公益诉讼人出示第一组证据证实本院提起公益诉讼已完成提起公益诉讼诉前程序

为证明这一事实，公益诉讼人向法庭提供以下证据：

1. 建检民（行）行政违监〔2016〕35043000005号《检察建议书》（该检察建议针对闽赣汽车城项目，摘自闽赣汽车城卷宗22－24页）以及建人防〔2016〕10号《建宁县人民防空办公室关于检查（察）建议书的回复》（摘自闽赣汽车城卷宗25－26页），上述证据证实本院于2016年10月31日发出检察建议书，建议建宁县人防办要积极采取措施依法依规收缴闽赣汽车城应补缴的防空地下室易地建设87.082万元的事实，以及被告在收到本院《检察建议书》后，于2016年11月30日回函确认其采取了相关措施进行追缴，但是尚未追缴到位，同时将加强与本院的联系进行追缴的事实。

2. 建检民（行）行政违监〔2016〕35043000006号检察建议书及送达回证（该检察建议针对万家财富广场项目A区，摘自万家财富广场A区卷宗23－25页）以及建人防〔2016〕10号《建宁县人民防空办公室关于检查（察）建议书的回复》（摘自万家财富广场A区卷宗26－27页）。证实本院于2016年10月31日发出检察建议书，建议建宁县人防办要积极采取措施依法依规收缴竣邦公司应补缴所开发的万家财富广场项目A区的防空地下室易地建设费135.3643万元的事实。以及被告在收到本院的《检察建议书》后，于2016年11月30日回函确认其采取了相关措施进行追缴，但是尚未追缴到位，同时将加强与本院的联系进行追缴的事实。

3. 建检民（行）行政违监〔2017〕35043000001号检察建议书及送达回证（该检察建议针对万家财富广场B区项目，摘自万家财富广场B区卷宗1－3页）以及建人防〔2017〕05号《建宁县人民防空办公室文件关于检察建议书的回复》（摘自万家财富广场B区卷宗4－5页）证实本院于2017年1月

11日向建宁县人防办发出检察建议书，要求建宁县人防办积极采取措施依法依规收缴竣邦公司所欠缴的人防工程易地建设费，并在收到检察建议书后一个月内书面回复追缴情况以及被告在收到本院针对万家财富广场B区项目的《检察建议书》后，于2017年2月14日回函确认其采取了相关措施进行追缴，但是尚未追缴到位，同时将加强与本院的联系进行追缴的事实。

（二）公益诉讼人出示第二组证据证实被告建宁县人防办违规越权审批的事实

该组证据分三部分进行举证。现在，向法庭出示的第一部分证据证实被告建宁县人防办闽赣汽车城项目防空地下室易地建设管理工作中，存在违法履职情形，具体表现在：一是违规同意易地建设。根据2008年度《福建省人民防空条例》第十四条"人防易地建设，应当由所在地人民政府人民防空主管部门报上级人民政府人民防空主管部门审批"的规定，县人防办未经上级人防部门批复同意，却直接于2012年11月30日在《防空地下室易地建设审批表》上盖章签字，审批同意易地建设，行政行为违法。二是违规认可闽赣汽贸公司建设规划许可申请。根据《福建省人民防空条例》第十六条第二款、《人民防空工程建设管理规定》（〔2003〕国人防办字第18号）第五十四条的规定，除国家规定的减免项目外，建设单位在办理建设工程规划许可前，应当足额缴纳防空地下室易地建设费，而闽赣汽车城项目属于商业建设项目，不符合《福建省规范防空地下室易地建设收费实施办法》（闽价〔2002〕房133号）第五条可以免交、减交人防易地建设费的建筑项目。2012年12月3日，建宁县人防办在闽赣汽贸公司未足额缴清防空地下室易地建设费的情况下，在该公司建设项目《建设工程规划许可证申请审批表》上签字盖章，同意该建设项目的建设工程规划许可申请，违反法律规定。

1. 闽赣汽贸公司营业执照、闽赣汽贸公司原法人代表吴小明的身份证复印件及证明、《申请书》《建设用地规划许可证》《易地修建防空地下室工程地质论证报告表》（摘自闽赣汽车城卷宗29－39页）。证实闽赣汽贸公司作为建设业主单位就闽赣汽车城建设项目向建宁县人防办申请防空地下室易地建设的申请手续。

2. 《防空地下室易地建设申请审核表》《防空地下室易地建设审批表》（摘自闽赣汽车城卷宗40－43页）。证实建宁县人防办未向上级人防办报批，就签字盖章同意闽赣汽车城建设项目防空易地建设，并就该项目应当缴纳的人防易地建设费进行核算。

3. 闽赣汽贸公司记账凭证、福建省政府非税收入票据（NO.05134892）、福建省政府非税收入缴款通知书（NO.124018716）。（摘自闽赣汽车城卷宗44-46页）证实闽赣汽贸公司于2012年11月30日，向建宁县人民防空办公室缴纳了20万元人防易地建设费。

4. 闽赣汽贸公司《欠条》。（摘自闽赣汽车城卷宗51页）证实2016年3月22日，闽赣汽贸公司向人防办承诺于2016年8月30日缴清所欠的87.082万元人防易地建设费。

5. 《建设工程规划许可证申请审批表》。（摘自闽赣汽车城卷宗47-50页）证实建宁县人民防空办原主任林任礼于2012年12月3日在闽赣汽贸公司未足额缴纳防空地下室易地建设费的情况下，在该申请表上签字盖章，同意易地建设。

6. 建宁县人防办工程科科长林建强的证言（2016年11月23日）。（摘自闽赣汽车城卷宗54-59页）证实闽赣汽车城建设项目防空易地建设由县人防办同意，并未向上级人防部门报批，且闽赣汽车城项目应缴人防易地建设费107.082万元，按规定，人防易地建设费在申请人防易地建设时必须足额缴清，该项目不存在国家规定的减免情形，建宁县人防办在该建设项目只缴纳了20万元，还尚未缴清87.082万元人防易地建设费的情况下，同意了该建设项目的建设工程规划许可申请。

7. 建宁县人防办综合科办事员邹艳虹的证言（2016年12月5日）。（摘自闽赣汽车城卷宗65-67页）证实我县人防易地建设审批历来做法都是由县人防办审批，没有提交上级人防部门审批，对于由县人防办审批的做法，没有找到相关文件规定。

8. 闽赣汽贸公司原法人代表吴小明的证言（2016年11月24日）。（摘自闽赣汽车城卷宗60-64页）证实闽赣汽贸公司于2102年11月缴纳20万元人防易地建设费，欠缴87.082万元。在建宁县人防办批准易地建设后，到县城乡规划局办理了建设工程规划许可证。

现在，向法庭出示第二部分的证据证实福建竣邦房地产开发有限公司建设万家财富广场A区项目时，未按照《关于规范防空地下室易地建设审批管理的意见》（闽人防办〔2010〕120号）第一条的要求，向人防办提交《易地建设防空地下室工程地质论证报告表》《防空地下室易地建设审批表》。建宁县人防办在未收到上述两表的情况下，同意该项目按易地建设进行了审批，同时违反《福建省人民防空条例》第十四条的"应当报上级人防办审批"的规定，建宁县人防办未向上级人防办报批，违规审批万家财富广场房地产开发项目A区防空易地建设。

1. 福建竣邦房地产开发有限公司营业执照及公司代理董事长的身份证明材料。（摘自万家财富广场 A 区卷宗 30－32 页）证实万家财富广场房地产开发项目建设主体身份情况。

2. 《建设工程规划许可证申请审批表》（建宁商贸城 A 区），（摘自万家财富广场 A 区卷宗 36－39 页）证实：建宁县人防办原主任林任礼于 2013 年 7 月 19 日在该份申请表上签字并加盖公章，同意易地建设。

3. 建宁县人防办工程科科长林建强的证言（2016 年 11 月 23 日）。（摘自万家财富广场 A 区卷宗 54－60 页）证实建宁县人防办未收到竣邦房地产公司的《易地修建防空地下室工程地质论证报告表》和《防空地下室易地建设申请审批表》，也未向上级人防部门报批的事实。

4. 建宁县人防办综合科办事员邹艳虹的证言（2016 年 12 月 5 日）。（摘自万家财富广场 A 区卷宗 64－66 页）证实建宁县人防办未保存竣邦房地产公司的其他申请材料（《易地建设防空地下室工程地质论证报告表》和《防空地下室易地建设费申请审批表》等），也未向上级人防部门报批的事实。

现在，向法庭出示第三部分的证据证实福建竣邦房地产开发有限公司建设万家财富广场 B 区项目时，未按照《关于规范防空地下室易地建设审批管理的意见》（闽人防办〔2010〕120 号）第一条的要求，向人防办提交《易地建设防空地下室工程地质论证报告表》《防空地下室易地建设审批表》。建宁县人防办未在未收到上述两表的情况下，同意该项目按易地建设进行了审批，同时违反《福建省人民防空条例》第十四条"防空易地建设，应当报上级人防办审批"的规定，但建宁县人防办未向上级人防办报批，违规审批万家财富广场房地产开发项目 B 区防空易地建设。

1. 竣邦公司在建宁县建设的万家财富广场房地产 B 区开发项目（建宁商贸城 B 区）《建设工程规划许可证申请审批表》一份（摘自万家财富广场 B 区卷宗 9－12 页），证实建宁县人防办原主任林任礼于 2014 年 12 月 5 日在这份申请表上签字并加盖公章，同意易地建设。

2. 建宁县人防办工程科科长林建强的证言（2016 年 11 月 23 日、2016 年 11 月 28 日）。（摘自万家财富广场 B 区卷宗 25－36 页）证实建宁县人防办未收到竣邦公司针对 B 区开发项目的《防空地下室易地建设申请审批表》等相关申请材料，也未向上级人防部门报批的事实。

（三）公益诉讼人出示第三组证据证实建宁县人防违反规定，在万家财富广场 A 区建设项目中，批准缓交人防易地建设费的事实

现在，向法庭出示证据证实建宁县人防办未按照 2008 年度《福建省人民

防空条例》第十六条第二款、《人民防空工程建设管理规定》（〔2003〕国人防办字第18号）第五十四条、《福建省规范防空地下室易地建设收费实施办法》（闽价〔2002〕房133号）第五条的规定，针对万家财富广场A区建设项目不符合国家规定免交、减交建筑项目，在福建竣邦房地产开发有限公司未足额缴清人防易地建设费情况下，原人防办主任林任礼于2014年12月10日，在竣邦房地产公司提交的《承诺函》上批示，明确同意该公司缓交人防易地建设费用，是明显的批准缓交行为。

1. 竣邦房地产公司提交的《承诺函》及建宁县人防办原主任林任礼在承诺函上的签字。（摘自万家财富广场A区卷宗41页）证实2014年12月10日，竣邦房地产公司向建宁县人防办承诺于2015年5月30日前缴清，建宁县人防办原主任林任礼在承诺函上的签字，同意竣邦房地产公司于2015年5月底缴清。

2. 建宁县人防办工程科科长林建强的证言（2016年11月23日）。（摘自万家财富广场A区卷宗54－60页）证实竣邦公司所开发的万家财富广场房地产开发项目A区应缴人防易地建设费165.3643万元，按规定，人防易地建设费在申请人防易地建设时必须足额缴清，该公司不存在国家规定的减免情形。但是该公司至今仍有135.3643万元尚未缴清。

3. 福建竣邦房地产开发有限公司记账凭证、福建省政府非税收入缴款通知书（NO.124018735）、福建省非税收入票据（NO.03654064）。（摘自万家财富广场A区卷宗33－35页）证实竣邦房地产公司于2013年7月，仅缴纳30万元人防易地建设费。

4. 竣邦房地产公司代董事长万寿义的证言（2016年11月16日）。（摘自万家财富广场A区卷宗46－50页）证实该公司提交的《承诺函》经建宁县人防部门批准，允许其缓交所欠的人防易地建设费。

（四）第四组证据证实建宁县人防办怠于履职，未将欠缴的人防易地建设费用追缴到位，在检察机关发出检察建议，督促县人防办履职之后，人防办仍未采取有效措施，追回人防易地建设费的事实

该组证据仍分为三部分进行举证。

先向法庭出示第一部分的证据证实建宁县人防办对闽赣汽贸公司欠缴的人防易地建设费虽然发出了催缴通知书、律师函等书面催缴文件向闽赣汽贸公司催缴所欠的防空易地建设费，但建宁县人防部门针对欠缴情形没有按照行政行为程序完成任何一个行政行为步骤，如被告未进行立案调查，未向行政相对人送达告知义务，也未作出行政征收决定，正是由于建宁县人防办怠于履行以上

行政职责，导致闽赣汽贸公司所欠人防易地建设费用至今没有缴清，致使人防办无法作出行政处罚或向法院申请强制执行，扰乱了建宁县人民防空易地建设费管理工作的秩序，国家利益处于受侵害的状态中。

1.《建宁县人民防空办公室缴纳防空地下室易地建设费的通知》建人防〔2016〕督字第6号、福建永能律师事务所律师函。（摘自闽赣汽车城卷宗52－53页）证实建宁县人防办于2016年6月、9月先后向闽赣汽贸公司发出书面通知，律师函要求其及时缴纳欠缴的87.082万元。并表示逾期未缴纳的将给予行政处罚。

2. 闽赣汽贸公司原法人代表吴小明的证言（2016年11月24日）。（摘自闽赣汽车城卷宗60－64页）证实闽赣汽贸公司于2012年11月缴纳20万元人防易地建设费，欠缴87.082万元。对于欠缴的87.082万元，建宁县人防办每年都有书面催缴，但是闽赣汽贸公司出具欠条承诺在一定期限内缴清，建宁县人防办没有采取进一步的措施，没有针对欠缴行为作出过行政处罚。

3. 建宁县人防办工程科科长林建强的证言（2016年11月23日）。（摘自闽赣汽车城卷宗54－59页）2016年3月22日，人防办收到闽赣汽贸公司欠条，以资金紧张为由，申请逾期缴纳，建宁县人防办同意了该申请。建宁人防办在2016年6月发出了催缴通知书、9月发出律师函，进行追缴，但至今没有缴清，建宁县人防办也未采取其他有效措施对闽赣汽贸公司欠缴的人防易地建设费进行追缴。

现向法庭出示第二部分证据证实建宁县人防办在万家财富广场房地产项目A区防空易地建设费的追缴过程中，仅限于书面催缴，且文书送达不规范，且并未依照相关法律法规，对竣邦房地产公司作出行政告知和采取行政征收决定书等形式进行追缴。致使竣邦房地产公司所欠人防易地建设费用至今没有缴清，扰乱了建宁县人民防空易地建设费管理工作的秩序，国家利益处于受侵害的状态中。

1. 建宁县人防办工程科科长林建强的证言（2016年11月23日，摘自万家财富广场A区卷宗54－60页）。证明竣邦公司开发的万家财富广场房地产项目A区应缴人防易地建设费165.3646万元，按规定，人防易地建设费在申请人防易地建设时必须足额缴清，该公司不存在国家规定的减免情形。但是该公司至今仍有135.3643万元尚未缴清。

2. 竣邦房地产公司代董事长万寿义的证言（2016年11月16日、2016年11月28日）。（摘自万家财富广场A区卷宗46－53页）。证明该公司经建宁县人防部门批准后，人防办允许该公司逾期缴纳所开发的万家财富广场房地产开发项目A区所欠的人防易地建设费。建宁县人防办采取的追缴措施仅限于书面催缴通知函等，并未接到人防办的行政处罚通知。至今仍未缴纳拖欠的人防易地建设费用。

3.《建宁县人防办缴纳防空地下室易地建设费的通知》建人防〔2015〕督字第4号、建人防〔2016〕督字第5号、福建永能律师事务所律师函。（摘自万家财富广场A区卷宗42-45页）证明建宁县人防办采取催缴通知等书面形式追缴竣邦公司所欠的人防易地建设费用，并表示将作出行政处罚，对竣邦公司进行罚款。其中建人防〔2016〕督字第5号缴纳通知书，无竣邦房地产公司签字或者盖章，体现建宁县人防部门文书送达不规范。

现向法庭出示第三部分证据证实2014年12月15日，建宁县人防办审批同意竣邦公司所开发的万家财富广场项目B区进行易地建设，但在此后近2年的时间里怠于履职，未核算B区项目的人防易地建设费。2016年11月28日，建宁县人防办在检察机关的督促下才着手对竣邦公司B区项目的核算工作。建宁县人防办在近2年的时间里未对该B区项目的人防易地建设费进行追缴。在收到检察机关的检察建议后，也仅仅是采取口头催缴的方式，未能有效追回欠缴的人防易地建设费。建宁县人防办怠于履职的行为导致竣邦公司B区项目的人防易地建设费一直处于不受监管的状态。

1. 建宁县人防办工程科科长林建强的证言（2016年11月23日、2016年11月28日、2017年1月9日、2017年2月28日）。（摘自万家财富广场B区卷宗27-42页）证明建宁县人防办在检察机关督促下，着手对竣邦公司B区项目人防易地建设费进行核算。并证实此前发出的催缴通知书只针对竣邦公司A区项目的人防易地建设费，在收到检察机关的检察建议后并未采取有效措施对B区项目进行催缴。

2. 建宁县人防办出具的《证明》一份（摘自万家财富广场B区卷宗17页）。证明建宁县人防办2017年1月9日向检察机关出具核算结果，竣邦公司B区项目应缴纳的人防易地建设费为339.8553万元。

3. 竣邦公司代董事长万寿义的证言（2016年11月16日、2017年2月28日）。（摘自万家财富广场B区卷宗21-26页）证明建宁县人防办发出的追缴通知书、律师函等均是针对A区工程项目，目前尚未缴纳B区项目的人防易地建设费，曾收到过防办的口头催缴通知。

三、出庭或答辩意见

被告在庭审提供了相应的答辩状。根据答辩状提出的答辩意见，我们发现三起案件的答辩状的主要观点一致，现列举如下：

1. 建宁县人防办在行政管理过程中确实存在未严格依法履行法定职责的行为违法，检察机关提出的意见被告予以接受，同时感谢检察机关的监督，使建宁县人防办对自己的职责及工作程序有深刻的了解，对自己的错误有深刻的认识，今后，将采取有效措施积极追缴被拖欠的易地建设费，并以此为戒，在今后的工作中，依法履行好法定职责。

答辩要点：第一，公益诉讼人对建宁县人防办能够深刻认识到其在人民防空工作中未依法履职的观点表示赞许。第二，被告在本院提起的三起行政公益诉讼案件中，违法事实清楚，证据确实充分。在法庭调查中，公益诉讼人针对被告违法违规行使行政审批权、违规批准缓交人防易地建设费的违法事实、诉讼请求等进行了全面深入的举证、质证。充分证明被告建宁县人防办按规定向上级人防部门报批，在申请材料缺乏、易地建设费未缴清的情况下，批准同意了闽赣汽车城、万家财富广场 A 区、B 区项目人防易地建设。致使竣邦公司、闽赣公司欠缴的 560 余万元人防易地建设费一缓再缓，时至今日都未能上交国家。人防办的行为严重侵害了国家和社会公共利益。且在本院于 2016 年 10 月至 2017 年 1 月，先后向被告建宁县人防办发出 3 份检察建议书，督促其采取有效措施进行追缴。建宁县人防办收到本院发出的检察建议后，仅通过口头通知的方式催缴，未依法依规采取行政监管、行政执法的相应措施，全力向欠缴单位追缴应征收的国家人防建设专项资金。因其怠于履职，所采取的措施并未追回任何欠缴的人防易地建设费，国家利益仍处于受侵害状态。第三，公益诉讼人认为人民防空是我国国防建设的重要组成部分，建宁县人防办作为本区域内人防工作的法定监督管理机关，没有认真贯彻落实中央"提高国防能力，加强国防建设"的方针政策，在管理竣邦公司、闽赣公司人防易地建设工作中，违法行使职权，致使上述企业欠缴的人防易地建设费至今未能追回，严重扰乱人防工作秩序，给国家和社会的公共利益造成严重侵害。

2. 建宁县人防办人员少，除主任和副主任是正式干部外，其余几个都是临时聘用人员，如负责的工作人员林建强，就是临时聘用人员，仅初中学历，后被临时调整负责人防建设审批工作，且单位人员工作调进调出频繁，特别是领导层，调动更为频繁，且工作人员大部分是劳务派遣人员，文化水平低，又缺少必要培训，业务能力不足。

答辩要点：根据《中华人民共和国防空法》第七条，《福建省人民防空条例》第三条第一款规定，县级以上地方各级人民政府人民防空主管部门管理本区域的人民防空工作，因此，被告作为县级人民防空主管部门负有对建宁县区域的人民防空工作的管理的法定职责。行政机关选人、用人，对工作人员的培训和管理监督均是其履行人民防空工作管理职责的一部分。本案中，被告将不符合履行职责素质要求的人员安排到相应岗位，审批岗位的工作人员违法行使职权等事实，证实被告在选人用人、对工作人员的监督管理存在问题，存在履职不到位的情形。被告以工作人员的素质差、是临时聘用人员等作为其违法履行职责的理由不能成立。

3. 收到检察建议前由于自身原因及外在干预因素没有履行好法律职责、但收到检察建议后，也恰好现任法定代表人调任到位，整个单位极为重视，对是否存在违规免交、减交、缓交防空地下室易地建设费问题，对于是否存在违法行使职权或行政不作为等问题予以自查自纠，并聘请了法律顾问协助，对查处未清缴易地建设费问题，被告采取电话联系催收、上门催收等形式，在未果的情况下还多方联系法院欲申请强制执行。因此在2016年检察机关发出检察建议之后，被告是积极履职的。

答辩要点：第一，在检察机关发出检察建议前，建宁县人防办未能采取积极有效的措施收缴欠缴的人防易地建设费用，致使国家利益仍处于受侵害状态，事实是清楚的、明确的。第二，公益诉讼人对于建宁县人防办高度重视我院发出的检察建议，能在检察机关发出检察建议之后，采取相关措施进行整改的行为表示肯定。第三，公益诉讼人发现，建宁县人防办在检察机关发出检察建议前后，建宁县人防部门针对欠缴情形没有按照行政行为程序完成任何一个行政行为步骤，如被告未对闽赣汽贸公司、竣邦公司欠缴行为进行立案调查，未向闽赣汽贸公司、竣邦公司送达行政告知义务，也未作出行政征收决定，正是由于建宁县人防办怠于履行以上行政职责，导致闽赣汽贸公司所欠人防易地建设费用至今没有缴清，致使人防办无法作出行政处罚或向法院申请强制执行，闽赣汽贸公司、福建竣邦房地产开发有限公司所欠缴的人防易地建设费用到目前为止仍未收回，未挽回国家损失，国家利益仍处于受侵害状态中。公益诉讼人认为建宁县人防办履职仍不到位，仍需要建宁县人防办积极履职，根据相关法律规定，采取必要的行政措施追缴所欠缴的防空易地建设费。（法律赋予检察机关的职责是督促行政机关依法履职，不是代行履行职责，行政机关如何履职有相关法律法规具体规定，检察机关在履行监督职责时既不能缺位，也不能越位，不能越俎代庖代行行政监管职责）

四、预测辩论的问题

1. 被告提出通过县有关领导同意，而缓交防空地下室易地建设费。

答辩要点：一是根据行政诉讼"谁主张，谁举证"的举证规则要求，被告应提供有关县领导同意的证据，如果不能提供有关证据，应当承担举证不能的法律后果。

二是根据《福建省人民防空条例》第十六条第二款"除国家规定的减免项目外，任何组织和个人不得批准免建、少建、缓建防空地下室或者降低防空地下室防护等级，不得批准免交、减交或者缓交防空地下室易地建设费"。

《人民防空工程建设管理规定》（〔2003〕国人防办字第18号）第五十条："任何部门和个人无权批准减免应建防空地下室建筑面积和易地建设费。或者降低防空地下室防护标准。"

《福建省人民防空条例》第四十一条："国家机关工作人员有下列行为之一的，由其主管机关或者监察机关对主要负责人、直接负责的主管人员和其他直接人员依法给予行政处分；构成犯罪的，依法追究刑事责任。

（一）违反规定批准免建、少建、缓建防空地下室或者降低防空地下室防护等级；

（二）违反规定批准免交、减交或者缓交防空地下室易地建设费的……"

从上述规定上看，除国家规定的减免项目外，任何人无权同意或批准免交、减交或者缓交防空地下室易地建设费。

2. 被告提出对闽赣汽车城、万家财富广场建设项目A、B区项目批准缓交人防易地建设费符合法律规定。

答辩要点：根据《福建省人民防空条例》第十六条第二款，《人民防空工程建设管理规定》（〔2003〕国人防办字第18号）第五十条、第五十四条的规定，除国家规定的减免项目外，任何人无权同意或批准免交、减交或者缓交防空地下室易地建设费。根据国家计委、财政部、国家国防动员委员会、建设部《关于规范防空地下室易地建设收费的规定》；福建省物价局、福建省财政厅、福建省人防办《福建省规范防空地下室易地建设收费实施办法》可以免收或减半收取的项目为：一是享受政府优惠政策建设的廉政房、经济适用房等居民住房；二是新建幼儿园、学校教学楼、养老院及为残疾人修建的民用建筑；三是经县级以上建设主管部门鉴定为危房需要翻建改造的商品住宅项目；四是为主体工程施工服务，竣工后拆除的临时建筑；五是因受水灾、火灾或其他不可抗拒的灾害造成损坏后按原面积重建的民用建筑。从上述规定上看，闽赣汽车城和万家财富广场建设项目A、B区项目是属于商业性质，不符合以上可以免交、减交或者缓交防空地下室易地建设费的项目。

3. 建宁县人防办以《福建省人民防空条例》于2016年9月30日被修改，修改后的第十四条规定人防易地建设，报经所在地人民政府防空主管部门审批，无须报上级人防部门审批未由进行抗辩。

答辩要点：首先，我们应当看见建宁县人防办违规审批批准闽赣汽车城和万家财富广场建设项目A、B区项目易地建设，这一违法行政行为是发生在2012年、2013年以及2015年。其次，依法行政的原则决定了行政机关在作出具体行政行为时，应当适用作出具体行政行为时有效的规范性文件。建宁县人防办发生的行政行为是在2012年、2013年以及2015年，应当适用2008年修订并实施的《福建省人民防空条例》，故建宁县人防办未尽上级部门批准，违规审批批准闽赣汽车城和万家财富广场建设项目易地建设违反了《福建省人民防空条例》2008年修订版第十四条。最后，2016年9月30修改后的《福建省人民防空条例》只适用发生在此之后的行政行为，不能以此为依据予以认定之前的行政行为合法。

五、出庭意见书

审判长、审判员、人民陪审员：

为加强对国家和社会公共利益的保护，促进行政机关严格执法、依法行政，根据全国人民代表大会常务委员会《关于授权最高人民检察院在部分地区开展公益诉讼试点工作的决定》、行政诉讼法的有关规定、最高人民检察院《检察机关提起公益诉讼试点方案》的相关规定，我们受本院检察长的指派，代表本院出席法庭支持公益诉讼，并依法对行政公益诉讼审判活动实行法律监督。我们就本案事实和证据情况发表如下意见，请法庭注意。

（一）本院提起的三起行政公益诉讼案件，被告的违法事实清楚，证据确实充分

本院认定被告建宁县人防办违法行使行政审批权、违规批准企业缓交人防易地建设费，违法事实清楚、证据确实充分。在法庭调查中，公益诉讼人针对被告违法违规行使行政审批权、违规批准缓交人防易地建设费的违法事实、诉讼请求等进行了全面深入的举证、质证。充分证明被告建宁县人防办明知竣邦公司未提交万家财富广场A区、B区项目人防易地建设申请材料、未缴清人防易地建设费，明知闽赣公司未缴清人防易地建设费，在此过程中未起到监督管理职责，也未按规定向上级人防部门报批，在申请材料缺乏、易地建设费未缴清的情况下，批准同意了上述企业的易地建设申请及建设规划申请。《福建省人民防空条例》第十六条明确规定不得批准缓交人防易地建设费，但是建宁县人防办或未缴先批或在企业出具的《承诺函》上批示，同意其缓交请求，致使竣邦公司、闽赣公司欠缴的560余万元人防易地建设费一缓再缓，时至今日都未能上交国家。特别是在审批竣邦公司B区项目易地建设中，县人防办

原主任在该区项目审批资料不全，申请条件欠缺的情况下，便在该项目的《建设工程规划许可证申请审批表》上签字盖章。审批后，县人防办无资料、无档案、无核算、无据可查，致使339万余元人防易地建设费一直处于无人监管、无据征收的流失状态。直至2016年，在全省检察机关与人防办统一部署开展的督促收取人防易地建设费专项行动中才发现县人防办有关领导人员滥用职权，严重失职渎职的行为，该行为严重侵害了国家和社会公共利益。

（二）被告怠于履行职责，致使国家和社会公共利益至今处于受侵害状态

本院于2016年10月至2017年1月，先后向被告建宁县人防办发出3份检察建议书，督促其采取有效措施进行追缴。被告建宁县人防办是该地区人防工作法定管理机关，负有审批、监管、征收的法律责任，应当积极采取有效措施追缴竣邦公司与闽赣公司欠缴的560余万元人防易地建设费。但建宁县人防办在收到本院发出的检察建议后，仅通过口头通知的方式催缴，未深入实地调查研究问题、分析解决问题。更未依法依规采取行政监管、行政执法的相应措施，全力向欠缴单位追缴应征收的国家人防建设专项资金。因其怠于履职，所采取的措施并未追回上述企业所欠缴的人防易地建设费，国家和社会公共利益仍处于受侵害状态。

（三）检察机关提起行政公益诉讼，旨在督促依法行政保障公共利益

习近平总书记在《中共中央关于全面推进依法治国若干重大问题的决定》的说明中指出："行政违法行为更多的是乱作为、不作为。如果对此类违法行为置之不理，任其发展，一方面不可能根本扭转一些地方和部门的行政乱象，另一方面可能使苗头性问题演变为刑事犯罪。"《全国人大常委会关于授权最高人民检察院在部分地区开展公益诉讼试点工作的决定》和最高检《人民检察院提起公益诉讼试点工作实施办法》旨在要求检察机关依托公益诉讼督促行政机关依法行政，维护国家和社会公共利益不受侵害。结合本案，本院在全省、全市统一部署下，开展督促收取人防易地建设费专项行动，摸排出建宁县欠缴人防易地建设费的企业达十余家、金额高达1000余万元。这暴露出县人防部门早些年行政监管的乱作为、不作为现象十分严重，检察机关从中查办渎职犯罪案件1件2人，提起行政公益诉讼3件，涉案金额共计700余万元。去年来，在检察机关督促下，陆续追回500余万元人防易地建设费。

公益诉讼人认为人民防空是我国国防建设的重要组成部分，人防易地建设费是人防事业发展的关键。人防易地建设费是社会承担的人民防空经费，是国家有效组织人民防空、保护人民生命财产安全，保障社会主义现代化建设顺利进行的基础和重要保障。建宁县人防办作为国家人防工作的法定监督管理机关,没有认真贯彻落实中央"提高国防能力,加强国防建设"的方针政策,未依法履行法定管理职责,在管理闽赣公司、竣邦公司人防易地建设工作中,违法行使职权,违规审批同意易地建设。违反人防易地建设申请审批程序,违规批准缓交,致使上述企业欠缴的人防易地建设费至今未能追回,严重扰乱人防工作秩序,严重影响政府"提升国防能力,加强国防建设"政策的实施效果,给人民的生命财产安全产生重大危害,国家和社会的公共利益受到严重侵害,法律必须做到有法必依、违法必究,通过司法监督、督促行政执法机关依法行政,秉公办案。

最后,公益诉讼人请求法院判决:(1)确认建宁县人防办在闽赣公司、竣邦公司人防易地建设管理过程中未严格依法履行法定职责的行为违法;(2)责令被告建宁县人防办依法履职,采取有效措施收缴竣邦公司、闽赣公司欠缴的人防易地建设费。

希望被告建宁县人防办能依法履职、善于履职,采取有效措施追缴上述三案所欠的易地建设费。积极挽回国家损失。

审判长、审判员、人民陪审员,公益诉讼人的法庭综合辩论意见发表完毕,请法庭依法裁判。

建宁县人民检察院
二〇一七年四月二十六日

 判决书

福建省建宁县人民法院
行政判决书

〔2016〕闽 0430 行初 28 号

公益诉讼人:建宁县人民检察院,住所地福建省建宁县濉溪镇荷花路10号。

被告:建宁县人民防空办公室,住所地福建省建宁县濉溪镇荷花东路建宁县公安局旁。

法定代表人:林升文,该单位主任。

委托代理人:应维新,建宁县永能律师事务所律师。

公益诉讼人建宁县人民检察院因被告建宁县人民防空办公室（以下简称建宁县人防办）违法行使职权和不作为一案，于2016年12月29日向本院提起行政公益诉讼。本院立案后，在法定期限内向被告送达了起诉状副本及应诉通知书。本院依法组成合议庭，由审判员罗国栋担任审判长并主审，代理审判员余颖、人民陪审员丁六凤参加评议，于2017年4月26日公开开庭审理了本案。公益诉讼人建宁县人民检察院指派检察员姚建辉、夏志坚、陈建飞及书记员付标利出席法庭，被告建宁人防办法定代表人林升文、委托代理人应维新到庭参加诉讼。本案现已审理终结。

公益诉讼人诉称，2016年建宁县人民检察院在开展人防易地建设费征缴过程中，发现福建闽赣汽贸有限公司（以下简称闽赣汽贸公司）开发建设的闽赣汽车城项目存在未依法足额缴纳人防易地建设费的情形。经调查查明：2012年11月，闽赣汽贸公司因拟建设的闽赣汽车城房产项目用地不能修建防空地下室，向建宁县人防办申请防空地下室易地建设。建宁人防办未报请上级主管部门批准，即同意该公司不建设防空地下室改缴纳易地建设费107.082万元。嗣后，在该公司仅缴纳了20万元欠缴87.082元情况下，建宁县人防办在该项目的《建设工程规划许可证申请审批表》中签字盖章，同意建设工程项目。2016年3月22日闽赣汽贸公司向建宁县人防办提交《欠条》一份，承诺在2016年8月30日前将欠缴的87.082万元缴清。此后至今，建宁县人防办仅在2016年6月7日向闽赣汽贸公司发出过一份缴纳防空易地建设费通知，2016年9月委托福建永能律师事务所律师出具律师函，要求闽赣汽贸公司缴纳拖欠的人防易地建设费，但闽赣汽贸公司未缴纳。

2016年10月31日，建宁县人民检察院向被告建宁县人防办发出建检民（行）行政违监〔2016〕30543000005号检察建议，建议其采取有效措施追缴闽赣汽贸公司欠缴的人防易地建设费。2016年11月30日，建宁县人防办书面回函称，一是已经将企业所欠人防费情况向分管领导汇报，取得领导支持；二是通过上门发放追缴通知、电话催缴、发律师函等形式进行催缴，但欠缴企业仍未交纳人防易地建设费。

公益诉讼人认为，根据《中华人民共和国人民防空法》第七条第三款、《福建省人民防空条例》第三条第一款规定，建宁县人防办是建宁县人民防空工作的主管部门，对防空地下室建设工作负有法定管理职责。但是，建宁县人防办在行使职责过程中，存在以下违法情形：一是违规审批同意易地建设。根据《福建省人民防空条例》第十四条第二款、《人民防空工程建设管理规定》第四十八条第一款的规定，因地质、地形等原因不宜修建防空地下室的，建设单位应向所在地人民政府防空主管部门提出申请，由所在地人民防空主管部门报上级人民防空主管部门审批。闽赣汽贸公司因建设用地受地质条件限制且结构和基础处理困难不能就地修建防空地下室，向建宁县人防办提出申请，但建宁县人防办未报上级人民政府人民防空主管部门审批，而是直接审批同意闽赣汽贸公司易地建设，明显违反了上述规定。二是违规审批认可闽赣汽贸公司建设规划许可证申请。根据《人民防空工程建设管理规定》第五十四条第一款的规定，经人民防空主管部门批准需缴纳防空地下室易地建设费的，建设单位在办理建设工程规划许可证前，应当先缴纳防空地下室易地建设费。建宁县人防办在闽赣汽贸公司未缴清防空地下室易地建设费的情况下，在该公司建设项目《建设工程规划许可证申请审批表》上签字盖章，致使该公司顺利取得建设工程规划许可。三是怠于履职，未采取有效措施将欠缴的防空易地建设费追缴到位。建宁县人防办在追缴过程中，仅限于口头或书面催缴，未采取有效法律手段，致使87.082万元防空易地建设费尚未追缴，造成了国有资产流失，影响人防工程建设，损害国家和社会公共利益。检察机关向建宁县人防办发出检察建议后，被告至今未采取有效措施收回欠缴的防空易地建设费，国家利益仍处于受侵害状态。

综上，检察机关向建宁县人防办发出检察建议后，被告至今未采取有效措施收回欠缴的费用，致使国家和社会公共利益仍处于受侵害状态。根据《全国人民代表大会常务委员会关于授权最高人民检察院在部分地区开展公益诉讼试点工作的决定》《人民检察院提起公益诉讼试点工作实施办法》第四十一条的规定，向建宁县人民法院提起行政公益诉讼，请求判令：（1）确认被告建宁县人防办在闽赣汽贸公司防空地下室易地建设管理过程中未严格依法履行法定职责的行为违法；（2）判令被告建宁县人防办依法履行追缴防空地下室易地建设费法定职责。

公益诉讼人为证明其主张向本院提交五组证据、依据，分别是：

第一组：《全国人民代表大会常务委员会关于授权最高人民检察院在部分地区开展公益诉讼试点工作的决定》《检察机关提起公益诉讼试点方案》《人民检察院提起公益诉讼试点工作实施办法》，证明公益诉讼人起诉主体资格。

第二组：《检察建议书》及送达回证、《建宁人防办关于检察建议的回复》，证明公益诉讼人起诉前已经完成了诉前程序。

第三组：《申请书》、《建设用地规划许可证》、《易地修建防空地下室工程地质论证报告表》、《防空地下室易地建设审批表》、林建强和邹艳红的证言，证明被告违规审批的事实。

第四组：闽赣汽贸公司记账凭证、福建省政府非税收入票据（NO：05134892）、福建省政府非税收入缴款通知（NO：124018716）、《建设工程规划许可证审批表》、《欠条》、林建强和吴小明的证言，证明被告违反规定，批准闽赣汽贸公司欠缴和缓交防空易地建设费。

第五组：建人防〔2016〕督字第6号催缴通知书、福建永能律师事务所律师函、林建强和吴小明的证言，证明被告怠于履行职责，未依法采取措施将欠缴的防空易地建设费征收到位的事实。

依据：《中华人民共和国防空法》《福建省人民防空条例》《人民防空工程建设管理规定》等。

被告辩称，（1）关于检察机关所诉答辩人对闽赣汽贸公司违规审批同意防空地下室易地建设和违规批准防空易地建设费缓交问题，因建宁县人防办人员少、调动频繁、业务能力不足，加之建设项目为当地重点项目人为干预较多，检察机关所诉未严格依法履职之情况属实，今后改正。（2）关于检察机关所诉答辩人怠于履职，要求答辩人履行追缴所欠防空易地建设费法定职责问题，答辩人在2016年6月检察机关通知之前，没有履行好法定职责。但答辩人在收到检察建议后，成立了专项检查领导小组，对是否存在违规免交、减交、缓交和挪用人防费问题，进行了认真自查对查出均被公司未缴清人防费的问题，积极采取一些措施催收，但是至今仍然未收到位，答辩人表示将依法征收，积极履职。

被告建宁县人防办向本院提交的证据、依据与公益诉讼人提交的证据、依据相同。

经庭审质证，双方对对方所出示证据均未提出否定的质证意见，对证据证明的事实基本无异议。本院认为，本案公益诉讼人提供的证据，符合证据三性，本院予以采信。

经审理查明，2012年11月30日，闽赣汽贸公司拟建设的闽赣汽车城房产项目用地因地质原因不能修建防空地下室，向建宁县人防办申请防空地下室易地建设。同日，建宁县人防办审核同意易地建设防空地下室，并根据《福建省规范防空地下室易地建设费收费实施办法》核定闽赣汽贸公司应缴纳人防易地建设费107.082万元，但闽赣汽贸公司仅缴纳了20万元。2012年12月3日，建宁县人防办在该项目的《建设工程规划许可证申请审批表》中签字盖章，同意建设工程项目。2016年3月22日，闽赣汽贸公司向建宁县人防办出具《欠条》，载明欠到人防易地建设费87.082万元，承诺于2016年8月30日前缴清。2016年6月7日，被告向闽赣汽贸公司发出《缴纳防空地下室易地建设费的通知》，要求闽赣汽贸公司在收到通知后5日内缴纳所欠款项，逾期将根据有关规定给予处罚。2016年9月12日，福建永能律师事务所根据被告的委托，向闽赣汽贸公司出具律师函，建议闽赣汽贸公司及时支付欠缴的防空易地建设费。2016年10月31日，建宁县人民检察院向被告建宁县人防办发出检察建议，建议其采取有效措施追缴闽赣汽贸公司欠缴的人防易地建设费。2016年11月30日，建宁县人防办书面回函称，一是已经将企业所欠人防费情况向分管领导汇报，取得领导支持；二是通过上门发放追缴通知、电话催缴、发律师函等形式进行催缴。但欠缴的人防易地建设费至今仍未缴纳，国家和社会公共利益仍处于受侵害状态。

本院认为，根据《全国人民代表大会常务委员会关于授权最高人民检察院在部分地区开展公益诉讼试点工作的决定》和《人民检察院提起公益诉讼试点工作实施办法》的规定，人民检察院有权提起公益诉讼。根据《中华人民共和国人民防空法》第七条第三款、《福建省人民防空条例》第三条第一款规定，被告建宁县人防办作为防空主管部门，对本辖区内的人防工作负有法定管理职责。然而，被告建宁县人防办在行使职责过程中，不作为和乱作为：一是违反《福建省人民防空条例》第十四条第二款、《人民防空工程建设管理规定》第四十八条第一款的规定，越权审批属于上级人民政府防空主管部门审批权限范畴的"防地下室易地建设"事项。二是违反《人民防空工程建设管理规定》第五十四条第一款的规定，审批认可闽赣汽贸公司建设规划许可证申请。在闽赣汽贸公司欠缴人防易地建设费的情况下，在《建设工程规划许可证申请审批表》签字盖章，致使闽赣汽贸公司获得建设工程规划许可。三是在闽赣汽贸公司所欠防空易地建设费征缴问题上不作为，既未下达过告知书，也未作出过征收决定，仅以一份通知要求相对人履行缴纳义务，被告的这一做法不仅于法无据，导致在相对人拒绝缴纳的情况下，无法对相对人作出行政处罚或向人民法院申请强制执行。检察机关向建宁县人防办发出检察建议后，被告仅限向领导汇报或书面口头通知催缴，未依法采取法律手段追缴，由于被告的不作为导致闽赣汽贸公司欠缴87万多元防空易地建设费至今没有征收到位，造成了国家财产的极大损失。

综上，被告作出的越权审批防空地下室易地建设和认可建设工程规划许可申请的行政行为明显违法，鉴于被告作出的行政行为不具有可撤销性，应予确认违法。另外，在闽赣汽贸公司欠缴费用后，被告未依法征收，存在不作为。因此，对建宁县人民检察院的诉讼请求予以支持。据此，为维护国家法律的权威和有效实施，保护国家和社会公共利益，依照《中华人民共和国行政诉讼法》第七十四条第二款第一项、第七十二条、第一百零二条，《最高人民法院关于执行〈中华人民共和国行政诉讼法〉若干问题的解释》第六十条第二款的规定，判决如下：

一、确认被告建宁县人民防空办公室对审批福建闽赣汽贸有限公司闽赣汽贸城项目防空地下室易地建设和认可福建闽赣汽贸有限公司建设工程规划许可申请的行政行为违法；

二、判令被告建宁县人民防空办公室于本判决生效后60日内依法履行追缴福建闽赣汽贸有限公司防空易地建设费职责。

案件受理费50元，由被告建宁县人民防空办公室承担。

如不服本判决，可以在判决书送达之日起十五日内向本院递交上诉状，并按对方当事人的人数提出副本，上诉于三明市中级人民法院。

审　判　长　罗国栋

代理审判员　余　颖

人民陪审员　丁六凤

二〇一七年四月二十六日

书记员　蔡妙君

福建省建宁县人民法院
行政判决书

〔2016〕闽0430行初29号

公益诉讼人：建宁县人民检察院，住所地福建省建宁县濉溪镇荷花路10号。

被告：建宁县人民防空办公室，住所地福建省建宁县濉溪镇荷花东路建宁县公安局旁。

法定代表人：林升文，该单位主任。

委托代理人：应维新，建宁县永能律师事务所律师。

公益诉讼人建宁县人民检察院因被告建宁县人民防空办公室（以下简称"建宁县人防办"）违法行使职权和不作为一案，于2016年12月29日向本院提起行政公益诉讼。本院立案后，在法定期限内向被告送达了起诉状副本及应诉通知书。本院依法组成合议庭，由审判员罗国栋担任审判长并主审，代理审判员余颖、人民陪审员丁六凤参加评议，于2017年4月26日公开开庭审理了本案。公益诉讼人建宁县人民检察院指派检察员姚建辉、夏志坚、陈建飞及书记员付标利出席法庭,被告建宁人防办法定代表人林升文、委托代理人应维新到庭参加诉讼。本案现已审理终结。

公益诉讼人诉称,2016年建宁县人民检察院在开展人防易地建设费征缴过程中,发现福建竣邦房地产开发有限公司(以下简称"竣邦公司")开发的万家财富房地产项目(以下简称"建宁商贸城A区")存在未依法足额缴纳人防易地建设费问题。经调查查明:竣邦公司建设的建宁商贸城A区项目未申请防空地下室易地建设。2013年7月19日,建宁县人防办在该项目的《建设工程规划许可证申请审批表》中签字盖章,同意该项目缴纳防空地下室易地建设费。经建宁县人防办核算,A区项目应缴纳防空地建设费165.3643万元,但竣邦公司仅缴纳了30万元,欠缴135.3643万元。2014年12月10日,竣邦公司向被告提交《承诺函》一份,承诺在2015年5月30日前将欠缴的135.3643万元缴清,建宁县人防办原主任林任礼在该《承诺函》上载明:"同意按县协调会精神缓交至2015年5月底"字样并签字,事实上同意了竣邦公司的缓交申请。2016年6月,建宁县人防办向竣邦公司发出过一份缴纳防空易地建设费通知,2016年9月委托福建永能律师事务所律师出具律师函,要求竣邦公司缴纳拖欠的人防易地建设费,但竣邦公司未缴纳。

2016年10月31日,建宁县人民检察院向被告建宁县人防办发出建检民(行)行政违监〔2016〕30543000006号检察建议,建议被告积极采取措施依法依规收缴竣邦公司欠缴的人防易地建设费。但被告未采取有效措施催缴,竣邦公司A区欠缴的人防易地建设费仍未追缴到位。

公益诉讼人认为,根据《中华人民共和国人民防空法》第七条第三款、《福建省人民防空条例》第三条第一款规定,建宁县人防办是建宁县人民防空工作的主管部门,对防空地下室建设工作负有法定管理职责。建宁县人防办在防空地下室建设管理工作过程中,未依法履行法定职责,存在以下违法情形:一是违规同意易地建设。根据《福建省人民防空条例》第十四条第二款、福建省人防办《关于规范防空地下室建设审批管理的意见》(闽人防办〔2010〕120号)第一条的规定,被告在未收到建设单位的申请材料,也未按规定报上级人防部门批准,就直接在《建设工程规划许可证申请审批表》上签字盖章,审批同意易地建设,违反了上述规定。二是违规批准竣邦公司缓交人防易地建设费。根据《关于规范防空地下室易地建设收费的规定》(计价格〔2000〕474号)的规定,竣邦公司开发的该项目并不存在国家规定的减交、免交情形。被告在竣邦公司提交的《承诺函》上签字同意缓交防空易地建设费,违反了《福建省人民防空条例》第十六条第二款规定。根据《人民防空工程建设管理规定》第五十四条第一款的规定，经人民防空主管部门批准需缴纳防空地下室易地建设费的，建设单位在办理建设工程规划许可证前，应当先缴纳防空地下室易地建设费。建宁县人防办在竣邦公司未缴清防空地下室易地建设费的情况下，在该公司建设项目《建设工程规划许可证申请审批表》上签字盖章，致使该公司顺利取得建设工程规划许可。三是怠于履职，未采取有效措施将欠缴的防空易地建设费追缴到位。被告在追缴过程中，仅限于口头或书面催缴，并未采取有效措施，致使135.3643万元防空易地建设费至今尚未追缴，造成国有资产流失，损害国家和社会公共利益。

综上，检察机关向建宁县人防办发出检察建议后，被告至今未采取有效措施收回欠缴的费用，致使国家和社会公共利益仍处于受侵害状态。根据《全国人民代表大会常务委员会关于授权最高人民检察院在部分地区开展公益诉讼试点工作的决定》和《人民检察院提起公益诉讼试点工作实施办法》第四十一条的规定，向建宁县人民法院提起行政公益诉讼，请求判令：（1）确认被告建宁县人防办在竣邦公司万家财富广场开发A区项目防空地下室易地建设管理过程中未严格依法履行法定职责的行为违法；（2）判令被告建宁县人防办依法履行追缴相对人防空地下室易地建设费法定职责。

公益诉讼人为证明其主张向本院提交五组证据、依据，分别是：

第一组：《全国人民代表大会常务委员会关于授权最高人民检察院在部分地区开展公益诉讼试点工作的决定》《检察机关提起公益诉讼试点方案》《人民检察院提起公益诉讼试点工作实施办法》，证明公益诉讼人起诉主体资格。

第二组：《检察建议书》及送达回证、《建宁人防办关于检察建议的回复》，证明公益诉讼人起诉前已经完成了诉前程序。

第三组：《建设工程规划许可证审批表》、林建强和邹艳红的证言，证明被告违规审批的事实。

第四组：竣邦公司记账凭证、福建省政府非税收入票据（NO：03654064）、福建省政府非税收入缴款通知（NO：124018735）、《建设工程规划许可证审批表》、《承诺函》、万寿义和林建强的证言，证明被告违反规定，批准竣邦公司欠缴和缓交防空易地建设费。

第五组：建人防〔2016〕督字第4、5号催缴通知书、福建永能律师事务所律师函、万寿义和林建强的证言，证明被告怠于履行职责，未依法采取措施将欠缴的防空易地建设费征收到位的事实。

依据：《中华人民共和国防空法》、《福建省人民防空条例》、《人民防空工程建设管理规定》、《关于规范防空地下室易地建设收费的规定》（计价格〔2000〕474号）等。

被告辩称，（1）关于检察机关所诉答辩人在竣邦公司未提交申请材料，违规审批同意防空地下室易地建设和违规批准防空易地建设费缓交问题，因建宁县人防办人员少、调动频繁、业务能力不足，加之建设项目为当地重点项目人为干预较多，检察机关所诉未严格依法履职之情况属实，今后改正。（2）关于检察机关所诉答辩人怠于履职，要求答辩人履行追缴所欠防空易地建设费法定职责问题，答辩人在2016年6月检察机关通知之前，没有履行好法定职责。但答辩人在收到检察建议后，成立了专项检查领导小组，对是否存在违规免交、减交、缓交和挪用人防费问题，进行了认真自查对查出均被公司未缴清人防费的问题，积极采取一些措施催收，但是至今仍然未收到位，答辩人表示将依法征收，积极履职。

被告建宁县人防办向本院提交的证据、依据与公益诉讼人提交的证据、依据相同。

经庭审质证，双方对对方所出示证据均未提出否定的质证意见，对证据证明的事实基本无异议。本院认为，本案公益诉讼人提供的证据，符合证据三性，本院予以采信。

经审理查明，2013年7月，竣邦公司拟建设万家财富广场房地产开发A区项目。竣邦公司未提出过防空地下室易地建设申请。经建宁县人防办核算，该项目A区应缴纳防空地建设费165.3643万元，2013年7月10日，竣邦公司缴纳了30万元防空易地建设费。2013年7月19日，建宁县人防办在竣邦公司建设的建宁商贸城A区项目的《建设工程规划许可证申请审批表》中签字盖章。2014年12月10日，竣邦公司向被告提交《承诺函》一份，承诺在2015年5月30日前将欠缴的135.3643万元防空易地建设费缴清。被告单位原主任林任礼在该《承诺函》上签注："同意按县协调会精神缓交至2015年5月底"并签字。2016年6月7日，建宁县人防办向竣邦公司发出过一份缴纳防空易地建设费通知，2016年9月12日，被告委托福建永能律师事务所律师出具律师函，要求竣邦公司缴纳拖欠的人防易地建设费，但竣邦公司未缴纳。2016年10月31日，建宁县人民检察院向被告建宁县人防办发出检察建议，建议其采取有效措施追缴竣邦公司欠缴的人防易地建设费。2016年11月30日，建宁县人防办书面回函称，一是已经将企业所欠人防费情况向分管领导汇报，取得领导支持；二是通过上门发放追缴通知、电话催缴、发律师函等形式进行催缴。但欠缴的人防易地建设费至今仍未缴纳，国家和社会公共利益仍处于受侵害状态。

本院认为，根据《全国人民代表大会常务委员会关于授权最高人民检察院在部分地区开展公益诉讼试点工作的决定》和《人民检察院提起公益诉讼试点工作实施办法》的规定，人民检察院有权提起公益诉讼。根据《中华人民共和国人民防空法》第七条第三款、《福建省人民防空条例》第三条第一款规定，被告建宁县人防办作为防空主管部门，对本辖区内的人防工作负有法定管理职责。然而，被告建宁县人防办在行使职责过程中，不作为和乱作为：一是在建设单位未提出防空地下室易地建设申请和提供申请材料的情况下，核定竣邦公司应当缴纳的防空易地建设费费，实际上变相同意竣邦公司防空地下室易地建设，违反《福建省人民防空条例》第十四条第二款、《人民防空工程建设管理规定》第四十八条第一款的规定，不但审批条件不具备，还越权审批属于上级人民政府防空主管部门审批权限范畴的"防地下室易地建设"事项，属于严重违反之情形。二是违反《人民防空工程建设管理规定》第五十四条第一款的规定，擅自同意竣邦公司缓交欠缴人防易地建设费，致使竣邦公司获得建设工程规划许可。三是在竣邦公司所欠防空易地建设费征缴问题上不作为，既未下达过告知书，也未作出过征收决定，仅以一份通知要求相对人履行缴纳义务，被告的这一做法不仅于法无据，导致在相对人拒绝缴纳的情况下，无法对相对人作出行政处罚或向人民法院申请强制执行。检察机关向建宁县人防办发出检察建议后，被告仅限向领导汇报或书面口头通知催缴，未依法采取法律手段追缴，由于被告的不作为导致竣邦公司欠缴135万元多元防空易地建设费至今没有征收到位，造成了国家财产的极大损失。

综上，被告在未严格审核竣邦公司所开发的房地产项目是否符合防空地下室易地建设的情况下，核定竣邦公司应缴纳的防空易地建设费，实际变相批准了竣邦公司建设项目防空地下室易地建设。同时，竣邦公司应缴纳的防空易地建设费不存在国家规定的减交、免交的情形，被告批准同意竣邦公司缓交，致使竣邦公司获得建设工程规划许可。被告的上述行为行为明显违法，但鉴于被告作出的行政行为不具有可撤销性，应判决确认违法。另外，在竣邦公司欠缴费用后，被告未依法征收，存在不作为。因此，本院对建宁县人民检察院的诉讼请求予以支持。据此，为维护国家法律的权威和有效实施，保护国家和社会公共利益，依照《中华人民共和国行政诉讼法》第七十四条第二款第一项、第七十二条、第一百零二条，《最高人民法院关于执行〈中华人民共和国行政诉讼法〉若干问题的解释》第六十条第二款的规定，判决如下：

一、确认被告建宁县人民防空办公室对审批福建竣邦房地产开发有限公司万家财富广场（建宁商贸城 A 区）项目防空地下室易地建设和同意福建竣邦房地产开发有限公司缓缴建宁商贸城 A 区项目防空易地建设费的行政行为违法。

二、判令被告建宁县人民防空办公室于本判决生效后 60 日内依法履行追缴福建竣邦房地产开发有限公司万家财富广场（建宁商贸城 A 区）项目防空易地建设费职责。

案件受理费 50 元，由被告建宁县人民防空办公室承担。

如不服本判决，可以在判决书送达之日起十五日内向本院递交上诉状，并按对方当事人的人数提出副本，上诉于三明市中级人民法院。

审　判　长　罗国栋
代理审判员　余　颖
人民陪审员　丁六凤
二〇一七年四月二十六日
书　记　员　蔡妙君

福建省建宁县人民法院
行政判决书

〔2017〕闽 0430 行初 9 号

公益诉讼人：建宁县人民检察院，住所地福建省建宁县濉溪镇荷花路 10 号。

被告：建宁县人民防空办公室，住所地福建省建宁县濉溪镇荷花东路建宁县公安局旁。

法定代表人：林升文，该单位主任。

委托代理人：应维新，建宁县永能律师事务所律师。

公益诉讼人建宁县人民检察院因被告建宁县人民防空办公室（以下简称建宁县人防办）违法行使职权和不作为一案，于 2017 年 3 月 31 日向本院提起行政公益诉讼。本院立案后，在法定期限内向被告送达了起诉状副本及应诉通知书。本院依法组成合议庭，由审判员罗国栋担任审判长并主审，代理审判员余颖、人民陪审员丁六凤参加评议，于 2017 年 4 月 26 日公开开庭审理了本案。公益诉讼人建宁县人民检察院指派检察员姚建辉、夏志坚、陈建飞及书记员付标利出席法庭，被告建宁人防办法定代表人林升文、委托代理人应维新到庭参加诉讼。本案现已审理终结。

公益诉讼人诉称，2016年建宁县人民检察院在开展人防易地建设费征缴过程中，发现福建竣邦房地产开发有限公司（以下简称竣邦公司）开发的万家财富房地产项目（以下简称建宁商贸城B区）存在未依法足额缴纳人防易地建设费问题。经调查查明：竣邦公司建设的建宁商贸城B区项目未申请防空地下室易地建设。2014年12月15日，建宁县人防办在该项目的《建设工程规划许可证申请审批表》中签字盖章，但未对B区项目防空易地建设费进行核算。2016年11月28日，经本院督促，被告着手开展B区项目防空易地建设费核算工作。2017年1月9日被告出具《证明》一份，证实B区项目应当缴纳的防空易地建设费为339.8553万元。2017年1月11日，建宁县人民检察院向被告建宁县人防办发出建检民（行）行政违监〔2017〕30543000001号检察建议，建议被告积极采取措施依法依规收缴竣邦公司应缴的人防易地建设费339.8553万元。但被告未采取有效措施催缴，竣邦公司B区项目欠缴欠缴的人防易地建设费仍未追缴到位。

公益诉讼人认为，根据《中华人民共和国人民防空法》第七条第三款、《福建省人民防空条例》第三条第一款规定，建宁县人防办是建宁县人民防空工作的主管部门，对防空地下室建设工作负有法定管理职责。建宁县人防办在防空地下室建设管理工作过程中，未依法履行法定职责，存在以下违法情形：一是违规同意易地建设。被告在未收到建设单位的防空地下室易地建设申请材料，也未按规定报上级人防部门批准，就直接在《建设工程规划许可证申请审批表》上签字盖章，审批同意易地建设，违反了《福建省人民防空条例》第十四条第二款、福建省人防办《关于规范防空地下室建设审批管理的意见》（闽人防办〔2010〕120号）第一条的规定。二是在竣邦公司B区项目未缴纳防空易地建设费的情况下，直接在《建设工程规划许可证申请审批表》上签字盖章，违反了《人民防空工程建设管理规定》（〔2003〕国人防办第18号）第五十四条的规定。三是怠于履职，未采取有效措施将欠缴的防空易地建设费追缴到位。被告在追缴过程中，仅限于口头或书面催缴，并未采取有效措施，致使339.8553万元防空易地建设费至今尚未追缴，造成国有资产流失，损害国家和社会公共利益。

综上，检察机关向建宁县人防办发出检察建议后，被告至今未采取有效措施收回欠缴的费用，致使国家和社会公共利益仍处于受侵害状态。根据《全国人民代表大会常务委员会关于授权最高人民检察院在部分地区开展公益诉讼试点工作的决定》和《人民检察院提起公益诉讼试点工作实施办法》第四十一条的规定,向建宁县人民法院提起行政公益诉讼,请求判令:(1)确认被告建宁县人防办在竣邦公司万家财富广场开发B区项目防空地下室易地建设管理过程中未严格依法履行法定职责的行为违法;(2)判令被告建宁县人防办依法履行,采取有效措施收缴相对人防空地下室易地建设费法定职责。

公益诉讼人为证明其主张向本院提交四组证据、依据,分别是:

第一组:《全国人民代表大会常务委员会关于授权最高人民检察院在部分地区开展公益诉讼试点工作的决定》《检察机关提起公益诉讼试点方案》《人民检察院提起公益诉讼试点工作实施办法》,证明公益诉讼人起诉主体资格。

第二组:《检察建议书》及送达回证、《建宁人防办关于检察建议的回复》,证明公益诉讼人起诉前已经完成了诉前程序。

第三组:《建设工程规划许可证审批表》、万寿义和林建强的证言,证明被告违规审批的事实。

第四组:被告出具的核算《证明》,证明竣邦公司B区项目应当缴纳防空易地建设费339.8553万元。

依据:《中华人民共和国防空法》、《福建省人民防空条例》、《人民防空工程建设管理规定》、福建省人防办《关于规范防空地下室建设审批管理的意见》(闽人防办〔2010〕120号)等。

被告辩称:(1)关于检察机关所诉答辩人在竣邦公司未提交申请材料,违规审批同意防空地下室易地建设和违规批准防空易地建设费缓交问题,因建宁县人防办人员少、调动频繁、业务能力不足,加之建设项目为当地重点项目人为干预较多,检察机关所诉未严格依法履职之情况属实,今后改正。(2)关于检察机关所诉答辩人怠于履职,要求答辩人履行追缴所欠防空易地建设费法定职责问题,答辩人在2016年6月检察机关通知之前,没有履行好法定职责。但答辩人在收到检察建议后,成立了专项检查领导小组,对是否存在违规免交、减交、缓交和挪用人防费问题,进行了认真自查对查出均被公司未缴清人防费的问题,积极采取一些措施催收,但是至今仍然未收到位,答辩人表示将依法征收,积极履职。

被告建宁县人防办向本院提交的证据、依据与公益诉讼人提交的证据、依据相同。

经庭审质证,双方对对方所出示证据均未提出否定的质证意见,对证据证明的事实基本无异议。本院认为,本案公益诉讼人提供的证据,符合证据三性,本院予以采信。

经审理查明,2014年12月,竣邦公司拟建设万家财富广场房地产开发B

区项目。竣邦公司未向被告提出过防空地下室易地建设申请。2014年12月15日，被告在竣邦公司建设的建宁商贸城B区项目的《建设工程规划许可证申请审批表》中签字盖章。2016年11月28日，经建宁县人民检察院督促，被告于2017年1月9日出具《证明》，证实B区项目应当缴纳防空地下室易地建设费339.8553万元。2017年1月11日，建宁县人民检察院向被告建宁县人防办发出检察建议，建议其采取有效措施依法依规收缴竣邦公司应当缴纳的人防易地建设费339.8553万元。2017年2月14日，建宁县人防办书面回函称，一是已经将企业所欠人防费情况向分管领导汇报，取得领导支持；二是通过上门发放追缴通知、电话催缴、发律师函等形式进行催缴。但欠缴的人防易地建设费至今仍未缴纳，国家和社会公共利益仍处于受侵害状态。

  本院认为，根据《全国人民代表大会常务委员会关于授权最高人民检察院在部分地区开展公益诉讼试点工作的决定》和《人民检察院提起公益诉讼试点工作实施办法》的规定，人民检察院有权提起公益诉讼。根据《中华人民共和国人民防空法》第七条第三款、《福建省人民防空条例》第三条第一款规定，被告建宁县人防办作为防空主管部门，对本辖区内的人防工作负有法定管理职责。然而，被告建宁县人防办在行使职责过程中，不作为和乱作为：一是在建设单位未提出防空地下室易地建设申请和提供申请材料的情况下，在《建设工程规划许可证申请审批表》上签字盖章同意易地建设，违反《福建省人民防空条例》第十四条第二款、《人民防空工程建设管理规定》第四十八条第一款的规定，不但审批条件不具备，还越权审批属于上级人民政府防空主管部门审批权限范畴的"防地下室易地建设"事项，属于严重违反之情形。二是违反《人民防空工程建设管理规定》第五十四条第一款的规定，在未核定竣邦公司B区项目防空易地建设费的情况下，在《建设工程规划许可证申请审批表》上签字盖章，致使竣邦公司获得建设工程规划许可。三是在竣邦公司未缴纳防空易地建设费征缴问题上存在严重不作为，首先未核定防空易地建设费，其次未下达过告知书和作出过征收决定，由于被告的不作为，导致在相对人拒绝缴纳的情况下，无法对相对人作出行政处罚或向人民法院申请强制执行。检察机关向建宁县人防办发出检察建议后，被告仅限向领导汇报或书面口头通知催缴，未依法采取法律手段追缴，由于被告的不作为导致竣邦公司欠缴339.8553万元防空易地建设费至今没有征收到位，造成了国家财产的极大损失。

  综上，被告在建设单位未提出人防地下室易地建设申请的情况下，在未严格审核建设单位所开发的房地产项目是否符合防空地下室易地建设的情况下，在未及时核定建设单位应当缴纳的防空易地建设费的情况下,审核同意竣邦公司易地建设防空地下室,被告的行为存在严重违法性。但鉴于被告作出的行政行为不具有可撤销性,应判决确认违法。另外,被告批准竣邦公司防空地下室易地建设后,未核定防空地下室易地建设费,也未进行依法征收,存在不作为。因此,本院对建宁县人民检察院的诉讼请求予以支持。据此,为维护国家法律的权威和有效实施,保护国家和社会公共利益,依照《中华人民共和国行政诉讼法》第七十四条第二款第一项、第七十二条、第一百零二条,《最高人民法院关于执行〈中华人民共和国行政诉讼法〉若干问题的解释》第六十条第二款的规定,判决如下:

一、确认被告建宁县人民防空办公室对审批福建竣邦房地产开发有限公司万家财富广场(建宁商贸城B区)项目防空地下室易地建设和未核定建宁商贸城B区项目防空易地建设费的行政行为违法。

二、判令被告建宁县人民防空办公室于本判决生效后60日内依法履行追缴福建竣邦房地产开发有限公司万家财富广场(建宁商贸城B区)项目防空易地建设费职责。

案件受理费50元,由被告建宁县人民防空办公室承担。

如不服本判决,可以在判决书送达之日起十五日内向本院递交上诉状,并按对方当事人的人数提出副本,上诉于三明市中级人民法院。

审　判　长　罗国栋
代理审判员　余　颖
人民陪审员　丁六凤
二〇一七年四月二十六日
书　记　员　蔡妙君

9 山东省聊城市阳谷县人民检察院诉阳谷县林业局不作为案

（财政补贴）

一、基本案情

阳谷县人民检察院在履行职责中发现，阳谷县林业局在申报林业贷款财政贴息项目中存在违法行为，给国有资产造成重大损失，遂依法审查处理。经查，阳谷县林业局在对阳谷县景阳冈木业有限公司、山东欧格地板有限公司、阳谷诚信木业有限公司三家企业申报的林业贷款财政贴息项目的审核、验收和资金发放过程中，不认真履行职责，未对项目申报情况进行实地查验，亦未对申报材料认真审核，将虚假材料报送至上级林业部门，致使不符合项目申报要求的阳谷县景阳冈木业有限公司于2010年至2012年骗取财政贴息资金135万元，山东欧格地板有限公司于2010年、2011年骗取财政贴息资金24万元，阳谷诚信木业有限公司于2011年骗取财政贴息资金15.492万元，以上共计174.492万元。2014年，阳谷县林业局追回阳谷县景阳冈木业有限公司骗取的林业贷款财政贴息资金25万元，但至今仍有149.492万元未能追回，给国有资产造成重大损失。

二、诉前程序

2016年11月16日，阳谷县人民检察院向阳谷县林业局发出检察建议，建议其依法履行职责，追回被骗取的财政贴息资金，挽回国家损失。同年12月14日，阳谷县林业局书面回复称针对检察建议，其专门召开会议进行研究并分别联系和督促涉案三家企业，但阳谷县景阳冈木业有限公司、阳谷诚信木业有限公司因经营困难，现无力偿还林业贷款财政贴息资金，待经营状况好转后分批偿还；山东欧格地板有限公司现已破产，无法与该公司负责人取得联系。经阳谷县检察院调查核实，目前三家涉案企业均未注销，且仍属在营企业。阳谷县林业局未依法充分履职，追回被骗取的财政贴息资金，国家利益仍处于受侵害状态。

三、诉讼情况

为保护国有资产、维护国家利益，根据全国人民代表大会常务委员会《关于授权最高人民检察院在部分地区开展公益诉讼试点工作的决定》和《人民检察院提起公益诉讼试点工作实施办法》等有关规定，阳谷县人民检察院在严格落实诉前程序后，依法以公益诉讼人的身份向阳谷县人民法院提起行政公益诉讼。

2017年1月3日，阳谷县人民法院立案受理，依法组成合议庭，于2017年4月25日召开庭前会议，并于次日公开开庭审理本案。

阳谷县人民法院经审理认为，阳谷县人民检察院作为公益诉讼人提起诉讼，符合《人民法院审理人民检察院提起公益诉讼案件试点工作实施办法》《人民检察院提起公益诉讼试点工作实施办法》规定的行政公益诉讼的受案范围，且阳谷县人民检察院已于诉前向阳谷县林业局发出了督促其履行职责的检察建议书，符合法定的起诉条件。

阳谷县人民法院认为，被告阳谷县林业局对涉案三家企业申报林业贷款财政贴息项目的合规性及申报材料具有审查、核实职责，应当对项目申报单位提交的全部材料进行严格审查和现场核对，并对项目建设进行跟踪检查，但被告阳谷县林业局并未严格履行该职责，即会同同级财政部门制作申报文件，并将申报文件连同工业原料林基地建设项目建议书逐级呈报，致使并不符合林业贷款财政贴息条件的三家企业通过了最终审核并得到了财政贴息资金，导致国有资产流失，国家利益受到侵害。依法确认阳谷县林业局在涉案三家企业林业贷款财政贴息项目的审核和呈报过程中未依法履行监管职责的行为违法。关于阳谷县林业局是否怠于履行追回涉案资金的监管职责，应否判决其履行该职责，法院审理认为，阳谷县林业局在本案诉讼中已履行了追回被骗取林业贷款财政贴息资金的相关监管职责，不需再判决其履行。依照《中华人民共和国行政诉讼法》第74条第2款第3项之规定，判决确认阳谷县林业局2009年至2012年审核、呈报阳谷县景阳冈木业有限公司、山东欧格地板有限公司、阳谷诚信木业有限公司林业贷款财政贴息项目及其后的监督过程中怠于履行监管职责的行为违法。

阳谷县林业局收到起诉书副本后，立即采取了有力措施，在4月11日联合阳谷县财政局对三家公司送达了催还贴息贷款的通知，同时在4月24日向阳谷县公安局发出了提供线索的函，希望能通过刑事手段来追回142.492万元的中央贴息资金。涉案企业阳谷县景阳冈木业有限公司于4月25日在开庭之前积极补缴林业贴息贷款资金 40 万元，剩余款项与阳谷县财政局签订分期还款计划书。

四、办案指引

 管辖

根据全国人民代表大会常务委员会《关于授权最高人民检察院在部分地区开展公益诉讼试点工作的规定》及最高人民检察院《检察机关提起公益诉讼改革试点方案》规定，检察机关提起行政公益诉讼的案件，一般由违法行使职权或者不作为的行政机关所在地的基层人民检察院管辖。因此，阳谷县检察院对本案享有管辖权。

 立案

本案系阳谷县检察院在履行职责中发现。阳谷县检察院在开展山东省院部署开展的国资保护领域行政执法检察监督专项活动中发现该案线索。行政执法部门存在违法情形，检察机关在发出检察建议后国家利益仍然处于被侵害状态且行政部门怠于履行职责，此种情况下检察机关应当立案审查。

 诉前程序

1. 本案调查的重点

本案主要调查：2008 年 11 月至 2013 年 4 月，阳谷县林业局在负责阳谷县景阳冈木业有限公司、山东欧格地板有限公司、阳谷诚信木业有限公司林业贷款中央贴息林业贷款中央财政贴息项目的申报及实施过程中，不认真履行职责，未对申报情况进行实地查验，以及对企业提供的虚假申报材料未按照规定认真审核，违规予以上报的问题。

2. 本案如何针对调查重点开展调查

首先，本案是在颜世奇（原阳谷县林业局计财科科长）涉嫌玩忽职守罪一案中发现。2014 年 12 月 9 日，高唐县人民法院〔2014〕高刑初字第 140 号刑事判决书认定涉案三家公司的林业贷款财政贴息资金系以虚假申报材料骗取所得，三家公司并未实际建设工业原料林基地，并认定颜世奇在阳谷县景阳冈木业有限公司、山东欧格地板有限公司、阳谷诚信木业有限公司林业贷款中央财政贴息项目的审核报送工作中，不认真履职，构成玩忽职守，判处其有期徒

刑3年,缓刑4年,该判决已发生法律效力。

其次,调取阳谷县林业局、阳谷县财政局阳林字〔2010〕9号关于呈报阳谷森泉板业、景阳冈木业、欧格地板三个有限公司原材料基地建设项目建议书的报告;阳谷县林业局、阳谷县财政局阳林字〔2012〕26号关于呈报阳谷景阳冈木业、诚信木业、北方木业三个有限公司原材料基地建设项目建议书及小额贴息贷款的报告;以及阳谷县林业局、阳谷县财政局阳林字〔2011〕14号关于呈报阳谷景阳冈木业、欧格地板、诚信木业三个有限公司原材料基地建设项目建议书及小额贴息贷款的报告。

最后,在阳谷县工商行政管理局调取阳谷景阳冈木业、欧格地板、诚信木业三个有限公司企业信息,调查核实目前三家涉案企业均未注销,且仍属在营企业。

3. 本案审查的关键问题

本案审查的关键问题是阳谷县林业局在2009年至2012年对涉案阳谷景阳冈木业、欧格地板、诚信木业三个有限公司申报的林业贷款财政贴息项目的审核、呈报过程中是否怠于履行监管职责。

4. 诉前文书写作的关键问题

一是文书样式部分,严格按照最高人民检察院下发的《人民检察院提起公益诉讼试点工作法律文书》样式进行制作。

二是事实认定部分,写明检察机关调查核实后查明的事实,重点写明阳谷县林业局怠于履行监管职责的相关事实。

三是法律适用部分,写明阳谷县林业局依法负有的监督管理职责以及对涉案阳谷景阳冈木业、欧格地板、诚信木业三家有限公司申报的林业贷款财政贴息项目的审核、呈报过程中怠于履行监管职责的情形。

四是建议内容部分,要求相关行政机关依法履行法定监督管理职责,并写明具体履职事项。依据《林业贷款中央财政贴息资金管理办法》《山东省林业贷款财政贴息项目及资金管理实施细则》等规范性法律文件,写明要求阳谷县林业局履行法定监督管理职责。

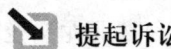 提起诉讼

1. 起诉条件

(1)全国人民代表大会常务委员会《关于授权最高人民检察院在部分地区开展公益诉讼试点工作的规定》及《检察机关提起公益诉讼试点方案》规

定。上述两份规定证明本院在履行职责中发现林业部门怠于履行职责，造成国家利益受到侵害，从而提起公益诉讼符合法律规定。

（2）阳检民（行）行政违监〔2016〕37152100023号检察建议书及送达回证，证明本院在提起行政公益诉讼前，已先行向被告提出检察建议，督促其依法履行职责，诉前程序已履行完毕。

阳谷县检察院作为公益诉讼人，阳谷县林业局作为被告，要求依法确认阳谷县林业局怠于履行监管职责的行为违法，判令阳谷县林业局依法追回被骗取的林业贷款中央财政贴息资金149.492万元，挽回国有资产，属于阳谷县人民法院管辖，符合《中华人民共和国行政诉讼法》第49条规定的提起诉讼的条件。综上，阳谷县检察院提起行政公益诉讼符合法定条件。

2. 提供材料

第一组证据证实阳谷县林业局对林业贷款中央财政贴息项目具有"申报、监管"的职责。

本组证据有《林业贷款中央财政贴息资金管理办法》《山东省林业贷款财政贴息项目及资金管理实施细则》。

《林业贷款中央财政贴息资金管理办法》第8条规定：林业龙头企业、国有林场（苗圃）、集体林场（苗圃）、国有森工企业、自然保护区和森林公园等的贴息贷款项目，由项目单位向当地林业主管部门提出申请。林业部门商同级财政部门同意后，逐级审核申报，由省级林业部门会同财政部门负责审核汇总。

第9条规定：农户和林业职工个人小额贷款项目，由县级林业部门（国有森工企业）统一汇总，并以县级林业部门（国有森工企业）作为申报单位，商同级财政部门同意后，逐级审核申报，由省级林业部门会同财政部门负责审核汇总。

《山东省林业贷款财政贴息项目及资金管理实施细则》第14条规定：申请贴息资金需报送以下材料：（二）林业龙头企业、国有林场（苗圃）、集体林场（苗圃）、自然保护区和森林公园申报项目，需报送贷款经办银行签章的借款合同、借款凭证、银行进账单复印件，本年度项目建设检查验收报告（具体按本办法第二十三条执行）。林业龙头企业需同时报送有效期内的县级以上人民政府或林业主管部门认定文件；贷款余额项目需同时报送最后一次付息单和《林业贴息贷款余额证明表》（附件5）。贷款余额项目是指贴息期限内，以前年度发生贷款的项目。（三）农户和林业职工个人小额贷款项目，向县级林业主管部门报送贷款人身份证复印件，贷款经办银行签章的借款合同、借款凭证、银行进账单复印件。小额贷款余额项目需同时报送贷款经办银行签章的最后一次付息单。县级林业部门对贷款真实性、用途等进行认真审核,对符合贴息扶持方向的贷款户进行台账登记,留存申请人身份证、贷款经办行盖章的借款合同、借据等贷款证明材料复印件备查。县级林业部门向上级林业部门报送检查验收报告和《林业小额贷款财政贴息资金申请表》(附件6)。

第23条规定:实行项目检查验收制度。申报贴息资金前需对项目单位当年完成建设内容进行检查验收,并填报《林业贷款财政贴息项目进度验收表》(附件8),项目检查验收的内容包括项目贷款到位及使用情况,自有资金投入及使用情况,项目建设情况和资金核算情况。贷款总额少于3000万元的项目,由县级以上林业部门组织检查验收并出具验收报告;贷款总额3000万元以上的,由市级以上林业部门组织检查验收并出具验收报告,由会计(审计)中介机构出具资金使用情况报告。

上述条文明确规定县级林业部门对贷款真实性、用途负有认真审核的职责。

第二组证据证实阳谷县林业局在申报、监管林业贷款中央财政贴息项目中怠于履行职责。

本组证据有:

(1)〔2014〕高刑字第140号刑事判决书,本刑事判决书已认定阳谷县林业局在阳谷景阳冈木业有限公司、山东欧格地板有限公司、阳谷诚信木业有限公司林业贷款中央财政贴息项目的申报及实施过程中,存在怠于履行职责行为。

(2)阳检民(行)行政违监〔2016〕37152100023号检察建议书的回复证实阳谷县林业局在收到检察建议后仍怠于履行职责,致使国家利益仍处于受侵害状态。

阳谷县林业局收到检察建议后,于2016年12月14日回函称"阳谷县景阳冈木业有限公司连年亏损,经营困难,现已无力偿还;阳谷诚信木业无能力偿还骗取的国家林业贴息贷款资金;山东欧格地板有限公司现已破产,无法与该公司责任人取得联系",上述证实县林业局收到检察建议后,没有采取有效措施,怠于履行职责,至今未追回被骗取的国家林业贷款贴息资金的事实,国家利益仍处于受侵害状态。

(3)阳谷县检察院在阳谷县工商行政管理局查询的阳谷景阳冈木业有限公司、山东欧格地板有限公司、阳谷诚信木业有限公司的企业信息。该企业信息显示三家企业都属于在营企业,结合本组证据中第二份证据,证实至本院起诉前阳谷县林业局未采取有效措施，怠于履行职责，国家利益仍处于受侵害状态。

第三组证据证实阳谷县林业局有追回林业贷款中央财政贴息项目贴息资金的职责。

本组证据有：

（1）《山东省林业贷款财政贴息项目及资金管理实施细则》第18条规定："实行项目管理责任制。各地申报的项目，当地林业、财政部门为项目监管人。各级林业、财政部门要按照'谁申报、谁监管、谁负责'的原则，切实加强对项目的检查监督，层层负责，严格把关，确保监管责任到位。县级林业、财政部门负责对辖区内项目的合规性、项目单位申报材料的真实性进行严格审查、现场核对，对项目建设进行跟踪检查，从源头上杜绝虚报、冒领贴息资金的行为……"

（2）《山东省林业贴息贷款项目及贴息资金申报程序规范》第6项规定："项目的检查监督（一）检查主体按照项目属地管理的原则，坚持'谁申报、谁监管、谁负责'，各级林业、财政部门要加强对林业贷款项目的检查监督。……（三）处罚措施2.对虚报、冒领财政贴息资金的，一经查实，要追回已拨付的财政贴息资金。"

3. 庭前会议

本案庭前会议确定的问题：

（1）阳谷县林业局对当地的林业贷款财政贴息项目负有申报、审查、监督的职责。

（2）阳谷县林业局怠于履行职责，致使国家利益遭受侵害。

（3）阳谷县林业局收到检察建议后仍怠于履行职责，使国家利益仍处于受侵害状态。

4. 庭审应对

焦点一：阳谷县林业局在2009年至2012年对涉案三家企业申报的林业贷款财政贴息项目的审核、呈报过程中是否怠于履行监管职责。

应对：

〔2014〕高刑字第140号刑事判决书，本刑事判决书已认定阳谷县林业局在阳谷景阳冈木业有限公司、山东欧格地板有限公司、阳谷诚信木业有限公司林业贷款中央财政贴息项目的申报及实施过程中，存在怠于履行职责行为。

阳检民（行）行政违监〔2016〕37152100023号检察建议书的回复证实阳

谷县林业局在收到检察建议后仍怠于履行职责，致使国家利益仍处于受侵害状态。

阳谷县林业局收到检察建议后，于2016年12月14日回函称"阳谷县景阳冈木业有限公司连年亏损，经营困难，现已无力偿还；阳谷诚信木业无能力偿还骗取的国家林业贴息贷款资金；山东欧格地板有限公司现已破产，无法与该公司责任人取得联系"，上述证实县林业局收到检察建议后，没有采取有效措施，怠于履行职责，至今未追回被骗取的国家林业贷款贴息资金的事实，国家利益仍处于受侵害状态。

阳谷县检察院在阳谷县工商行政管理局查询的阳谷景阳冈木业有限公司、山东欧格地板有限公司、阳谷诚信木业有限公司的企业信息。该企业信息显示三家企业都属于在营企业，结合本组证据中第二份证据，证实至本院起诉前阳谷县林业局未采取有效措施，怠于履行职责，国家利益仍处于受侵害状态。

焦点二：阳谷县林业局是否怠于履行追回涉案三家企业骗取的林业贷款财政贴息资金的监管职责，应否判决其履行该职责。

应对：

《山东省林业贷款财政贴息项目及资金管理实施细则》第18条规定："实行项目管理责任制。各地申报的项目，当地林业、财政部门为项目监管人。各级林业、财政部门要按照'谁申报、谁监管、谁负责'的原则，切实加强对项目的检查监督，层层负责，严格把关，确保监管责任到位。县级林业、财政部门负责对辖区内项目的合规性、项目单位申报材料的真实性进行严格审查、现场核对，对项目建设进行跟踪检查，从源头上杜绝虚报、冒领贴息资金的行为……"

《山东省林业贴息贷款项目及贴息资金申报程序规范》第6项规定："项目的检查监督（一）检查主体按照项目属地管理的原则，坚持'谁申报、谁监管、谁负责'，各级林业、财政部门要加强对林业贷款项目的检查监督。……（三）处罚措施2. 对虚报、冒领财政贴息资金的，一经查实，要追回已拨付的财政贴息资金。"

五、依据指引

1. 《中华人民共和国行政诉讼法》

第四十九条 提起诉讼应当符合下列条件：

（一）原告是符合本法第二十五条规定的公民、法人或者其他组织；

（二）有明确的被告；

（三）有具体的诉讼请求和事实根据；

（四）属于人民法院受案范围和受诉人民法院管辖。

第七十四条 行政行为有下列情形之一的，人民法院判决确认违法，但不撤销行政行为：

（一）行政行为依法应当撤销，但撤销会给国家利益、社会公共利益造成重大损害的；

（二）行政行为程序轻微违法，但对原告权利不产生实际影响的。

行政行为有下列情形之一，不需要撤销或者判决履行的，人民法院判决确认违法：

（一）行政行为违法，但不具有可撤销内容的；

（二）被改变原违法行政行为，原告仍要求确认原行政行为违法的；

（三）被告不履行或者拖延履行法定职责，判决其履行没有意义的。

2.《林业贷款中央财政贴息资金管理办法》

第八条 林业龙头企业、国有林场（苗圃）、集体林场（苗圃）、国有森工企业、自然保护区和森林公园等的贴息贷款项目，由项目单位向当地林业主管部门提出申请。林业部门商同级财政部门同意后，逐级审核申报，由省级林业部门会同财政部门负责审核汇总。

第九条 农户和林业职工个人小额贷款项目，由县级林业部门（国有森工企业）统一汇总，并以县级林业部门（国有森工企业）作为申报单位，商同级财政部门同意后，逐级审核申报，由省级林业部门会同财政部门负责审核汇总。

3.《山东省林业贷款财政贴息项目及资金管理实施细则》

第十四条 申请贴息资金需报送以下材料：

（二）林业龙头企业、国有林场（苗圃）、集体林场（苗圃）、自然保护区和森林公园申报项目，需报送贷款经办银行签章的借款合同、借款凭证、银行进账单复印件，本年度项目建设检查验收报告（具体按本办法第二十三条执行）。林业龙头企业需同时报送有效期内的县级以上人民政府或林业主管部门认定文件；贷款余额项目需同时报送最后一次付息单和《林业贴息贷款余额证明表》（附件5）。贷款余额项目是指贴息期限内，以前年度发生贷款的项目。

（三）农户和林业职工个人小额贷款项目，向县级林业主管部门报送贷款人身份证复印件，贷款经办银行签章的借款合同、借款凭证、银行进账单复印件。小额贷款余额项目需同时报送贷款经办银行签章的最后一次付息单。县级林业部门对贷款真实性、用途等进行认真审核，对符合贴息扶持方向的贷款户进行台账登记，留存申请人身份证、贷款经办行盖章的借款合同、借据等贷款证明材料复印件备查。县级林业部门向上级林业部门报送检查验收报告和《林业小额贷款财政贴息资金申请表》。

第二十三条 实行项目检查验收制度。申报贴息资金前需对项目单位当年完成建设内容进行检查验收，并填报《林业贷款财政贴息项目进度验收表》（附件8），项目检查验收的内容包括项目贷款到位及使用情况，自有资金投入及使用情况，项目建设情况和资金核算情况。贷款总额少于3000万元的项目，由县级以上林业部门组织检查验收并出具验收报告；贷款总额3000万元以上的，由市级以上林业部门组织检查验收并出具验收报告，由会计（审计）中介机构出具资金使用情况报告。

六、文书指引

 受案登记表

阳谷县人民检察院受理案件登记表

统一受案号	37152120160033400	案件类别	对行政机关不当履行职责的监督
移送单位	阳谷检察院民行科	受理日期	2016年11月10日
当事人姓名	阳谷县林业局	案由	怠于履行职责
案卷册数	1	承办部门	民行科
案管部门意见	符合受理条件，予以受理		
备 注		接收人	盛欣

 检察建议书

阳谷县人民检察院
　　检察建议书
　　阳检民（行）行政违监〔2016〕37152100023号

阳谷县林业局：

高唐县人民检察院在办理阳谷县林业局颜世奇玩忽职守案中发现，阳谷县林业局对申报林业贷款贴息项目未进行严格审查、监督，致使阳谷景阳冈木业有限公司2010年至2013年骗取林业贷款国家财政贴息共计135万元，山东欧格地板有限公司 2011 年、2012 年骗取林业贷款国家财政贴息共计 24 万元，阳谷诚信木业有限公司 2011 年骗取林业贷款国家财政贴息款 15.492 万元，共计 174.492 万元，给国家造成重大经济损失。至今尚有 149.492 万元损失未追回，现移交本院办理。

本院经调查核实，现查明：2008 年 11 月至 2013 年 4 月，阳谷县林业局在负责阳谷景阳冈木业有限公司、山东欧格地板有限公司、阳谷诚信木业有限公司林业贷款中央财政贴息项目的申报及实施过程中，不认真履行职责，未对申报情况进行实地查验，对企业提供的虚假申报材料未按照规定认真审核，违规予以上报，致使阳谷景阳冈木业有限公司 2010 年至 2013 年骗取林业贷款国家财政贴息共计 135 万元，山东欧格地板有限公司 2011 年、2012 年骗取林业贷款国家财政贴息共计 24 万元，阳谷诚信木业有限公司 2011 年骗取林业贷款国家财政贴息款 15.492 万元，共计给国家造成 174.492 万元的重大经济损失。至今尚有 149.492 万元损失未追回。

《山东省林业贷款财政贴息项目及资金管理实施细则》（鲁林基法〔2011〕95 号）第十八条规定："实行项目管理责任制。各地申报的项目，当地林业、财政部门为项目的监管人。各级林业、财政部门要按照'谁申报、谁监管、谁负责'的原则，切实加强对项目的检查监督，层层负责，严格把关，确保监管责任到位。县级林业、财政部门负责对辖区内项目的合规性、项目单位申报材料的真实性进行严格审查、现场核对，对项目建设进行跟踪检查，从源头上杜绝虚报、冒领贴息资金的行为……"2012 年《山东省林业贴息贷款项目及贴息资金申报程序规范》第六项规定："项目的检查监督（一）检查主体按照项目属地管理的原则，坚持'谁申报、谁监管、谁负责'，各级林业、财政部门要加强对林业贷款项目的检查监督。……（三）2. 对虚报、冒领财政贴息资金的，一经查实，要追回已拨付的财政贴息资金。"阳谷县林业局作为林业贷款项目的检查监督部门，对企业申报的虚假材料未按规定认真审核就予以上报，对林业贷款中央财政贴息项目实施情况未认真履行监管职责，致使上述该企业骗取项目贴息 174.492 万元，给国家造成重大经济损失。至今尚有 149.492 万元损失未追回，国家利益目前仍处于受侵害状态。

综上，根据《人民检察院检察建议工作规定（试行）》第三条的规定，建议阳谷县林业局依法履行职责，追回被骗取的林业贷款中央财政贴息项目贴息资金 149.492 万元，挽回国家损失。

请在收到后一个月内作出处理并将处理结果书面回复本院。

2016 年 11 月 16 日

行政机关落实报告

关于阳谷县人民检察院检察建议书落实情况的报告

阳谷县人民检察院：

贵院于 2016 年 11 月 16 日下发的阳检民（行）行政违监〔2016〕37152100023 号检察建议书已收悉。接到该建议书后，我局高度重视，专门召开党组和领导班子会议，就如何追回被骗的林业贷款国家财政贴息资金进行了分析和研究，并分别和各涉案企业负责人联系，当面了解情况，督促该企业将骗取的林业贷款国家财政贴息偿还给国家。

一、阳谷县景阳冈木业有限公司，该公司承认违规使用国家林业贷款贴息资金，资金的用途使用不当，但因该公司 2014 年以来产品的市场行情不好，设备落后，连年亏损，经营困难，现已无能力偿还，等该公司经营状况好转时，再分笔、分批次偿还国家的林业贷款贴息资金。

二、阳谷诚信木业有限公司，该公司原法人张庆良承认骗取国家贷款林业贴息资金，由于 2012 年该公司经营不善，资金链断裂，公司的设备及财物被哄抢，再无能力运营，所欠银行贷款 720 万元和欠该法人叔兄弟张庆钢 180 万元一直还不上，后经协商原诚信木业所属厂房抵给张庆钢，目前该公司由张庆钢经营管理，以抵消所欠 180 万元。原法人张庆良现在广东打工，勉强维持一家人的生活，无能力偿还骗取的国家林业贴息贷款资金，今后等有所发展后分笔次偿还所骗资金。

三、山东欧格地板有限公司现已破产，无法与该公司责任人取得联系。

下一步，林业局将积极调动一切力量，想方设法，采取措施，追回涉案企业骗取的国家林业贷款贴息资金，挽回损失。

阳谷县林业局
2016 年 12 月 14 日

起诉书

山东省阳谷县人民检察院
行政公益诉讼起诉书

阳检行公诉〔2017〕1 号

公益诉讼人：山东省阳谷县人民检察院。

被告：阳谷县林业局。地址：阳谷县谷山路。

法定代表人：杨希玉　职务：局长

诉讼请求：

（一）依法确认阳谷县林业局怠于履行监管职责的行为违法；

（二）判令阳谷县林业局依法追回被骗取的林业贷款中央财政贴息资金，挽回国家经济损失。

事实和理由：

本院在履行职责中发现阳谷县林业局在申报林业贷款贴息项目中存在违法行为，给国有资产造成重大损失，遂依法审查处理。2008年11月至2013年4月，阳谷县林业局在林业贷款中央财政贴息项目的审核、验收和资金发放过程中，不认真履行职责，未到实地对申报情况进行查验，亦未对企业申报的材料予以认真审核，将虚假材料报送到上级林业部门，致使不符合项目申报要求的阳谷景阳冈木业有限公司于2010年至2012年骗取林业贷款中央财政贴息资金135万元，山东欧格地板有限公司于2010年、2011年骗取林业贷款中央财政贴息资金24万元，阳谷诚信木业有限公司于2011年骗取林业贷款中央财政贴息资金15.492万元，以上共计174.492万元。2014年，阳谷县林业局追回阳谷景阳冈木业有限公司骗取的林业贷款中央财政贴息资金25万元，但至今尚有149.492万元的林业贷款中央财政贴息资金未能追回，给国有资产造成重大损失。

2016年11月16日，本院向被告发出阳检民（行）行政违监〔2016〕37152100023号检察建议书，建议阳谷县林业局依法履行职责，追回被骗取的林业贷款中央财政贴息资金149.492万元，挽回国家损失。

2016年12月14日，阳谷县林业局回复本院，主要内容为，针对检察建议，阳谷县林业局专门召开了会议进行研究，和各涉案企业进行联系督促，但阳谷县景阳冈木业有限公司、阳谷诚信木业有限公司因经营困难，现无力偿还林业贷款中央财政贴息资金，待经营状况好转后分批偿还；山东欧格地板有限公司现已破产，无法与该公司负责人取得联系。

本院认为，阳谷县林业局作为阳谷县林业贷款财政贴息项目的行政主管部门，对辖区内的林业贷款贴息工作负有检查监督的职责，但该局怠于履行职责，对企业的申报材料未认真核实，未实际查验，致使涉案三家企业利用伪造的材料骗取了国家资金，给国有资产造成重大损失。在本院发出检察建议后，阳谷县林业局仍未依法充分履行职责，追回被骗取的国家资金，导致国家利益仍处于受侵害状态。

《中华人民共和国行政诉讼法》第七十二条规定："人民法院经过审理，查明被告不履行法定职责的，判决被告在一定期限内履行。"第七十四条第二款规定:"行政行为有下列情形之一,不需要撤销或者判决履行的,人民法院判决确认违法:(一)行政行为违法,但不具有可撤销内容的;(二)被告改变原违法行政行为,原告仍要求确认原行政行为违法的;(三)被告不履行或者拖延履行法定职责,判决履行没有意义的。"阳谷县林业局对企业申报的虚假材料未认真审核,未到实地对申报情况进行查验,并将虚假材料报送到上级林业部门的行为,属于怠于履行监管职责,应依法确认其违法。阳谷县林业局在收到检察建议后仍未依法追回被骗取国家资金的行为,属于怠于履行追回被骗取资金的法定职责,应依法判令其在一定期限内履行。

现根据《全国人民代表大会常务委员会关于授权最高人民检察院在部分地区开展公益诉讼试点工作的决定》和《人民检察院提起公益诉讼试点工作实施办法》第四十一条的规定,向你院提起诉讼,请依法裁判。

此致
山东省阳谷县人民法院

2016 年 12 月 28 日

 出庭预案

山东省阳谷县人民检察院诉阳谷县林业局不作为案
出庭预案

为充分证明本院诉求合理合法,便于合议庭及旁听人员更加清晰的了解本案的案情,公益诉讼人将本案证据分成四组进行举证。

第一组证据证实本院提起行政公益诉讼符合法定条件。

本组证据有:

1. 全国人民代表大会常务委员会《关于授权最高人民检察院在部分地区开展公益诉讼试点工作的规定》及《检察机关提起公益诉讼试点方案》规定。上述两份证据证明本院在履行职责中发现林业部门怠于履行职责,造成国家利益受到侵害,从而提起公益诉讼符合法律规定。

2. 阳检民(行)行政违监〔2016〕37152100023 号检察建议书及送达回证,证明本院在提起行政公益诉讼前,已先行向被告提出检察建议,督促其依法履行职责,诉前程序已履行完毕。

本院作为公益诉讼人,林业局作为被告,要求依法确认阳谷县林业局怠于履行监管职责的行为违法,判令阳谷县林业局依法追回被骗取的林业贷款中央财政贴息资金 149.492 万元,挽回国有资产,属于阳谷县人民法院管辖,符合

《中华人民共和国行政诉讼法》第四十九条规定的提起诉讼的条件。

综上，本院提起行政公益诉讼符合法定条件。

第二组证据证实阳谷县林业局对林业贷款中央财政贴息项目具有"申报、监管"的职责。

本组证据有《林业贷款中央财政贴息资金管理办法》《山东省林业贷款财政贴息项目及资金管理实施细则》。

《林业贷款中央财政贴息资金管理办法》第八条 林业龙头企业、国有林场（苗圃）、集体林场（苗圃）、国有森工企业、自然保护区和森林公园等的贴息贷款项目，由项目单位向当地林业主管部门提出申请。林业部门商同级财政部门同意后，逐级审核申报，由省级林业部门会同财政部门负责审核汇总。

第九条 农户和林业职工个人小额贷款项目，由县级林业部门（国有森工企业）统一汇总，并以县级林业部门（国有森工企业）作为申报单位，商同级财政部门同意后，逐级审核申报，由省级林业部门会同财政部门负责审核汇总。

《山东省林业贷款财政贴息项目及资金管理实施细则》第十四条 申请贴息资金需报送以下材料：（二）林业龙头企业、国有林场（苗圃）、集体林场（苗圃）、自然保护区和森林公园申报项目，需报送贷款经办银行签章的借款合同、借款凭证、银行进账单复印件，本年度项目建设检查验收报告（具体按本办法第二十三条执行）。林业龙头企业需同时报送有效期内的县级以上人民政府或林业主管部门认定文件；贷款余额项目需同时报送最后一次付息单和《林业贴息贷款余额证明表》（附件5）。贷款余额项目是指贴息期限内，以前年度发生贷款的项目。（三）农户和林业职工个人小额贷款项目，向县级林业主管部门报送贷款人身份证复印件，贷款经办银行签章的借款合同、借款凭证、银行进账单复印件。小额贷款余额项目需同时报送贷款经办银行签章的最后一次付息单。县级林业部门对贷款真实性、用途等进行认真审核，对符合贴息扶持方向的贷款户进行台账登记，留存申请人身份证、贷款经办行盖章的借款合同、借据等贷款证明材料复印件备查。县级林业部门向上级林业部门报送检查验收报告和《林业小额贷款财政贴息资金申请表》（附件6）。

第二十三条 实行项目检查验收制度。申报贴息资金前需对项目单位当年完成建设内容进行检查验收，并填报《林业贷款财政贴息项目进度验收表》（附件8），项目检查验收的内容包括项目贷款到位及使用情况，自有资金投入及使用情况，项目建设情况和资金核算情况。贷款总额少于3000万元的项目，由县级以上林业部门组织检查验收并出具验收报告；贷款总额3000万元以上的，由市级以上林业部门组织检查验收并出具验收报告，由会计（审计）中介机构出具资金使用情况报告。

上述条文明确规定县级林业部门对贷款真实性、用途负有认真审核的职责。

第三组证据证实阳谷县林业局在申报、监管林业贷款中央财政贴息项目中怠于履行职责。

本组证据有：

1.〔2014〕高刑字第 140 号刑事判决书，本刑事判决书已认定阳谷县林业局在阳谷景阳冈木业有限公司、山东欧格地板有限公司、阳谷诚信木业有限公司林业贷款中央财政贴息项目的申报及实施过程中，存在怠于履行职责行为。

2. 阳检民（行）行政违监〔2016〕37152100023 号检察建议书的回复证实阳谷县林业局在收到检察建议后仍怠于履行职责，致使国家利益仍处于受侵害状态。

县林业局收到检察建议后，于 2016 年 12 月 14 日回函称"阳谷县景阳冈木业有限公司连年亏损，经营困难，现已无力偿还；阳谷诚信木业无能力偿还骗取的国家林业贴息贷款资金；山东欧格地板有限公司现已破产，无法与该公司责任人取得联系"，上述证实县林业局收到本院检察建议后，没有采取有效措施，怠于履行职责，至今未追回被骗取的国家林业贷款贴息资金的事实，国家利益仍处于受侵害状态。

3. 本院在阳谷县工商行政管理局查询的阳谷景阳冈木业有限公司、山东欧格地板有限公司、阳谷诚信木业有限公司的企业信息。该企业信息显示三家企业都属于在营企业，结合本组证据中第二份证据，证实至本院起诉前阳谷县林业局未采取有效措施，怠于履行职责，国家利益仍处于受侵害状态。

第四组证据证实阳谷县林业局有追回林业贷款中央财政贴息项目贴息资金的职责。

本组证据有：

1.《山东省林业贷款财政贴息项目及资金管理实施细则》第十八条规定："实行项目管理责任制。各地申报的项目，当地林业、财政部门为项目监管人。各级林业、财政部门要按照'谁申报、谁监管、谁负责'的原则，切实加强对项目的检查监督，层层负责，严格把关，确保监管责任到位。县级林业、财政部门负责对辖区内项目的合规性、项目单位申报材料的真实性进行严格审查、现场核对，对项目建设进行跟踪检查，从源头上杜绝虚报、冒领贴息资金的行为……"

2.《山东省林业贴息贷款项目及贴息资金申报程序规范》第六项规定："项目的检查监督（一）检查主体按照项目属地管理的原则，坚持'谁申报、谁监管、谁负责'，各级林业、财政部门要加强对林业贷款项目的检查监督。……

（三）处罚措施 2. 对虚报、冒领财政贴息资金的，一经查实，要追回已拨付的财政贴息资金。"

 判决书

山东省阳谷县人民法院
行政判决书

〔2017〕鲁 1521 行初 2 号

公益诉讼人：山东省阳谷县人民检察院。

法定代表人：牛廷彪，该院检察长。

被告：阳谷县林业局。住所地：阳谷县谷山南路 67 号。

法定代表人：杨希玉，该局局长。

委托诉讼代理人：赵贤民，该局副局长。

委托诉讼代理人：范杰，该局公安科科员。

公益诉讼人阳谷县人民检察院诉被告阳谷县林业局怠于履行监管职责行政公益诉讼案，本院于 2017 年 1 月 3 日立案受理，同月 5 日向被告送达了起诉状副本及应诉通知书。本院依法组成合议庭，于 2017 年 4 月 25 日召开庭前会议，并于次日公开开庭审理了本案。公益诉讼人阳谷县人民检察院指派副检察长张晓辉、检察员肖丽芬出庭支持行政公益诉讼，被告阳谷县林业局的委托诉讼代理人赵贤民、范杰到庭参加诉讼。本案现已审理终结。

阳谷县人民检察院向本院提出以下诉讼请求：（1）依法确认阳谷县林业局怠于履行监管职责的行为违法；（2）判令阳谷县林业局依法追回被骗取的林业贷款财政贴息资金，挽回国家经济损失。

事实与理由如下：阳谷县人民检察院在履行职责过程中发现，阳谷县林业局在申报林业贷款财政贴息项目中存在违法行为，给国有资产造成重大损失，遂依法审查处理。经查，阳谷县林业局在对阳谷景阳冈木业有限公司、山东欧格地板有限公司、阳谷诚信木业有限公司三家企业申报的林业贷款财政贴息项目的审核、验收和资金发放过程中，不认真履行职责，未对项目申报情况进行实地查验，亦未对申报材料认真审核，将虚假材料报送至上级林业部门，致使不符合项目申报要求的阳谷县景阳冈木业有限公司于 2010 年至 2012 年骗取财政贴息资金 135 万元，山东欧格地板有限公司于 2010 年、2011 年骗取财政贴息资金 24 万元，阳谷诚信木业有限公司于 2011 年骗取财政贴息资金 15.492 万元，以上共计 174.492 万元。2014 年，阳谷县林业局追回阳谷景阳冈木业

有限公司骗取的林业贷款财政贴息资金25万元，但至今仍有149.492万元未能追回。2016年11月16日，阳谷县人民检察院向阳谷县林业局发出阳检民（行）行政违监〔2016〕37152100023号检察建议书，建议其依法履行职责，追回被骗取的林业贷款财政贴息资金149.492万元，挽回国家损失。同年12月14日，阳谷县林业局书面回复称针对检察建议，其专门召开会议进行了研究并分别联系和督促涉案三家企业，但阳谷景阳冈木业有限公司、阳谷诚信木业有限公司因经营困难，现无力偿还林业贷款财政贴息资金，待经营状况好转后分批偿还；山东欧格地板有限公司现已破产，无法与该公司负责人取得联系。检察机关认为，阳谷县林业局作为本县林业贷款财政贴息项目的行政主管部门，对该项目的申报工作负有检查监督的职责，但该局怠于履行职责，对涉案三家企业的申报材料未认真核实查验，致使其利用伪造的材料骗取了林业贷款财政贴息资金，国家利益受到侵害。在收到检察建议后，阳谷县林业局仍未依法充分履行职责，追回被骗取的国家资金，国家利益仍处于被侵害的状态。《中华人民共和国行政诉讼法》第七十二条规定："人民法院经过审理，查明被告不履行法定职责的，判决被告在一定期限内履行"；第七十四条第二款规定："行政行为有下列情形之一，不需要撤销或者判决履行的，人民法院判决确认违法：（一）行政行为违法，但不具有可撤销内容的；（二）被告改变原违法行政行为，原告仍要求确认原行政行为违法的；（三）被告不履行或者拖延履行法定职责，判决履行没有意义的。"阳谷县林业局对涉案三家企业的林业贷款财政贴息项目申报材料未认真审核，未实地查验，将虚假材料报送至上级林业部门的行为，属于怠于履行监管职责，应依法确认其违法；阳谷县林业局在收到检察建议后仍未依法追回被骗国家资金的行为，亦属于怠于履行对林业贷款财政贴息项目的监管职责，应确认其违法并判令其在一定期限内履行。综上，依照《全国人民代表大会常务委员会关于授权最高人民检察院在部分地区开展公益诉讼试点工作的决定》和《人民检察院提起公益诉讼试点工作实施办法》第四十一条的规定，提起诉讼，请依法裁判。

公益诉讼人阳谷县人民检察院在举证期限内，向本院提交了以下证据：

第一组证据：(1)《全国人民代表大会常务委员会关于授权最高人民检察院在部分地区开展公益诉讼试点工作的规定》；(2)《人民检察院提起公益诉讼试点工作实施办法》；(3) 阳检民（行）行政违监〔2016〕37152100023号检察建议书及送达回证。拟证明其作为公益诉讼人提起行政公益诉讼符合法定条件及程序。

第二组证据：相关法律规定——《中央财政林业补助资金管理办法》（第八条、第九条）；《山东省林业贷款财政贴息项目及资金管理实施细则》（第十四条、第二十三条)。拟证明阳谷县林业局对林业贷款中央财政贴息项目具有申报、监管的职责。

第三组证据:(1)高唐县人民法院〔2014〕高刑初字第140号刑事判决书;(2)阳谷县林业局对阳检民(行)行政违监〔2016〕37152100023号检察建议书的书面回复;(3)在阳谷县工商行政管理局调取的阳谷景阳冈木业有限公司、山东欧格地板有限公司、阳谷诚信木业有限公司的企业信息。拟证明阳谷县林业局在审核、申报、监管林业贷款中央财政贴息项目中怠于履行职责以及涉案三家企业均属于在营企业。

第四组证据:(1)相关法律规定——《山东省林业贷款财政贴息项目及资金管理实施细则》第十八条;(2)《山东省林业贴息贷款项目及贴息资金申报程序规范》第六项。拟证明阳谷县林业局具有追回被骗取的林业贷款财政贴息资金的职责。

被告阳谷县林业局辩称:

1. 阳谷县林业局不存在违法行为。(1)对林业贷款财政贴息项目的申报单位阳谷景阳冈木业有限公司、山东欧格地板有限公司、阳谷诚信木业有限公司提交的借款合同,阳谷县林业局无法进行实体审查,客观上也不具备鉴别借款合同真伪的能力和权力。换言之,阳谷县林业局对借款合同仅作形式审查,如材料是否符合上级要求、是否完备等,对合同的真实性,应由上述三家项目单位负责。(2)人民法院对具体行政行为的合法性进行审查,采用"适用法律、法规、参照规章"的原则。阳谷县林业局的行为并不违反任何法律法规的规定,因此,不应认定阳谷县林业局行为违法。

2. 阳谷县林业局无权追回被骗取的资金。(1)于法无据。林业贷款中央财政贴息属于财政法律法规管理和约束的行政行为,阳谷县林业局作为县政府直属机构,既无追回被骗资金的法律依据,也无法定义务和职责,如行使该职责,则属越权行政。阳谷县林业局在接到检察建议书后,对检察建议反映的问题高度重视,已郑重通知涉案三家公司,敦促其尽快交回贴息资金,但因无法律依据,通知无法产生法律约束力。2017年4月11日,阳谷县林业局联合阳谷县财政局对涉案三家项目单位下发了《催还贷款贴息资金的通知》,再次敦促其交回贴息资金。2017年4月25日,在其积极敦促下,阳谷景阳冈木业有限公司又交回贴息资金40万元,并提交了还款计划书。(2)在其协助下,阳谷县财政局已于2017年4月7日对涉案三家公司分别作出了行政处罚决定,要求其交回林业贷款财政贴息资金,并分别处以被骗取资金10%的罚款。根据"一事不再罚"的原则,阳谷县林业局也无法再行追缴。(3)我局于2017年4月24日向阳谷县公安局发出《关于提供景阳冈木业等三家公司骗取林业贷款中央贴息资金线索的函》，阳谷县公安局作出了书面回复，拟对上述线索进行初查，如发现有违法犯罪事实，将立案侦查。综上，阳谷县林业局在组织涉案三家项目单位的林业贷款财政贴息项目的申报及实施过程中，并不存在怠于履行监管职责的违法行为。对于伪造借款合同一事，应由涉案三家项目单位承担责任；对于追缴被骗取的林业贷款财政贴息资金，因其无法定权限和义务，故不存在"怠于履行追回被骗取资金的法定职责"的情形，请求法院依法驳回公益诉讼人的诉讼请求。

被告阳谷县林业局为支持其主张，在举证期限内向本院提交了以下证据：

第一组证据：（1）关于阳谷县人民检察院检察建议书的落实报告、阳谷景阳冈木业有限公司向其提交的书面情况报告；（2）阳谷县财政局作出的阳财罚决字〔2017〕1-6号行政处罚决定书及送达回证；（3）阳谷县林业局联合阳谷县财政局共同下发的《催还贷款贴息资金的通知》及送达回证各三份；（4）阳谷景阳冈木业有限公司于2017年4月25日交还林业贷款贴息资金40万元的结算票据以及分期还款计划书。

第二组证据：阳谷县林业局向阳谷县公安局递交的《关于提供景阳冈木业等三家公司骗取林业贷款中央贴息资金线索的函》及阳谷县公安局对阳谷县林业局的复函。

以上两组证据拟证明阳谷县林业局已经尽到了追回被骗取的林业贷款财政贴息资金的职责。

本院对上述证据认证如下：诉讼双方提供的证据，与本案具有关联性、其来源和形式均符合法律规定，且双方均未提出实质性的反驳意见，本院予以采纳并作为定案依据。

经本院审理，确认如下事实：阳谷景阳冈木业有限公司系2001年7月成立的有限责任公司，主要从事密度板、装饰材料等制造与销售。2009年至2012年，阳谷景阳冈木业有限公司连续四年向被告阳谷县林业局提出林业贷款财政贴息项目申请，并提交了借款合同、银行借款凭证、银行付息单、银行贷款余额证明表等申报材料。阳谷县林业局审核上述申报材料后，由时任计财科科长的颜世奇在阳谷景阳冈木业有限公司的银行贷款余额证明表上加盖个人印章及阳谷县林业局单位公章，在年度林业贷款中央财政贴息余额项目备案表及进度验收表上分别加盖了阳谷县林业局的公章，并出具了"经核实，情况属实，同意上报"的审核意见。2009年至2012年，针对阳谷景阳冈木业有限公司的四次项目申报，阳谷县林业局均会同阳谷县财政局联合行文，连同《阳谷景阳冈木业有限公司工业原料林基地建设项目建议书》等相关材料分别逐级呈报至山东省林业局和山东省财政厅。审核通过后，分别列入年度林业贷款财政贴息项目计划。2010年7月、2011年1月、2012年4月、2013年4月,阳谷县财政局分四次通过其开立于中国人民银行阳谷县支行的账户将林业贷款财政贴息资金共计189万元拨付至阳谷景阳冈木业有限公司的企业账户(账号831101040000141)中。

山东欧格地板有限公司系2009年5月成立的有限责任公司,主要从事木地板加工及销售。2010年、2011年山东欧格地板有限公司连续两年向被告阳谷县林业局提出林业贷款财政贴息项目申请,并提交了小企业借款合同、银行借款凭证、银行付息单、银行贷款余额证明表等申报材料。阳谷县林业局审核上述申报材料后,由时任计财科科长的颜世奇在山东欧格地板有限公司的银行贷款余额证明表上加盖个人印章及阳谷县林业局单位公章,在年度林业贷款中央财政贴息项目进度验收表上加盖了阳谷县林业局的公章,并出具了"经核实,情况属实,同意上报"的审核意见。2010年10月29日、2011年10月27日,阳谷县林业局会同阳谷县财政局两次联合行文,连同《山东欧格木业有限公司工业原料林基地建设项目建议书》《年度林业贴息贷款项目计划备案表》等相关材料分别逐级呈报至山东省林业局和山东省财政厅。审核通过后,各列入年度林业贷款财政贴息项目计划。2012年4月12日、2013年4月17日,阳谷县财政局通过其开立于中国人民银行阳谷县支行的账户分别将9万元、15万元林业贷款财政贴息资金拨付至山东欧格地板有限公司企业账户(账号1611002819024580439)中。

阳谷诚信木业有限公司系2011年1月成立的有限责任公司,主要从事木材、板材加工及销售等。2011年至2012年,阳谷诚信木业有限公司连续两年向被告阳谷县林业局提出林业贷款财政贴息项目申请,并提交了小企业借款合同、流动资金借款合同、银行借款凭证、银行付息单、银行贷款余额证明表等申报材料。阳谷县林业局审核上述申报材料后,由时任计财科科长的颜世奇在阳谷诚信木业有限公司的银行贷款余额证明表上加盖个人印章及阳谷县林业局单位公章,在年度林业贷款中央财政贴息项目进度验收表上加盖了阳谷县林业局的公章,并出具了"经核实,情况属实,同意上报"的审核意见。2011年10月27日、2012年10月27日,阳谷县林业局会同阳谷县财政局两次联合行文,连同《阳谷诚信木业有限公司的原料林基地建设项目建议书》等相关材料分别逐级呈报至山东省林业局和山东省财政厅。审核通过后,各列入年度林业贷款贴息项目计划。2013年4月16日,阳谷县财政局通过其开立于中国人民银行阳谷县支行的账户将15.492万元林业贷款贴息资金拨付至阳谷诚信木业有限公司企业账户(账号1611002819024611237)中。

另查明,山东省高唐县人民检察院指控颜世奇任阳谷县林业局计财科科长负责林业贷款财政贴息项目工作期间涉嫌玩忽职守罪一案，于 2014 年 9 月 10 日在高唐县人民法院立案受理。该案审理阶段，颜世奇追回阳谷景阳冈木业有限公司骗取的林业贷款财政贴息资金 25 万元。2014 年 12 月 9 日，高唐县人民法院〔2014〕高刑初字第 140 号刑事判决认定涉案三家公司的林业贷款财政贴息资金系以虚假申报材料骗取所得，三家公司并未实际建设工业原料林基地，并认定颜世奇在阳谷景阳冈木业有限公司、山东欧格地板有限公司、阳谷诚信木业有限公司林业贷款中央财政贴息项目的审核报送工作中，不认真履职，构成玩忽职守罪，判处其有期徒刑三年，缓刑四年。该判决已发生法律效力。

2016 年 11 月 17 日，阳谷县人民检察院以阳检民（行）行政违监〔2016〕37152100023 号检察建议书向阳谷县林业局发出检察建议，督促其依法履职，追回被骗取的林业贷款财政贴息项目资金 149.492 万元，挽回国家损失，并要求阳谷县林业局一个月内作出处理并将处理结果书面回复。2016 年 12 月 14 日，阳谷县林业局以《关于阳谷县人民检察院检察建议书落实情况的报告》的形式向阳谷县人民检察院进行了书面回复，该报告主要内容为：收悉检察建议书后，阳谷县林业局召开了党组和领导班子会议，就如何追回被骗的林业贷款财政贴息资金进行了分析研究，并分别和涉案三家企业负责人联系，了解情况，督促涉案企业交回骗取的贴息资金。具体情况如下：阳谷景阳冈木业有限公司自 2014 年以来连年亏损，现无力偿还，待经营状况好转后分批次偿还林业贷款财政贴息资金；阳谷诚信木业有限公司于 2012 年后资金链断裂，已无法经营，现无力偿还；山东欧格地板有限公司现已破产，无法取得联系。下一步将积极调动一切力量，采取措施追回涉案企业骗取的林业贷款财政贴息资金，挽回损失。

阳谷县人民检察院提起行政公益诉讼之后，2017 年 4 月 7 日，经阳谷县林业局的协同，阳谷县财政局对阳谷景阳冈木业有限公司作出阳财罚决字〔2017〕1 号处罚决定，对其作出如下处罚：（1）责令改正，调整有关会计账目；（2）已拨付资金 110 万元全额收缴国库；（3）处以被骗取资金 10% 的罚款 11 万元。对其法定代表人蒋作华作出阳财罚决字〔2017〕4 号处罚决定，处以 2 万元罚款。同日，阳谷县财政局分别对山东欧格地板有限公司、阳谷诚信木业有限公司作出阳财罚决字〔2017〕2 号/3 号处罚决定，对两公司分别作出如下处罚：（1）责令改正，调整有关会计账目；（2）已拨付资金 24 万元/15.492 万元全额收缴国库；（3）处以被骗取资金 10% 的罚款 2.4 万元/1.5492 元。对山东欧格地板有限公司的法定代表人吕寻强、阳谷诚信木业有限公司的法定代表人张庆良分别作出阳财罚决字〔2017〕5 号/6 号行政处罚决定，对二人分别处 1 万元/3000 元罚款。以上处罚决定均于作出当日向相对人送达。

2017年4月11日，被告阳谷县林业局联合阳谷县财政局向阳谷景阳冈木业有限公司、山东欧格地板有限公司、阳谷诚信木业有限公司分别下发了催还贴息贷款资金的书面通知。2017年4月24日，被告阳谷县林业局向阳谷县公安局发出了《关于提供景阳冈木业等三家公司骗取林业贷款中央财政贴息资金线索的函》。阳谷县公安局书面回复称拟对上述线索初查，如发现违法事实，将立案侦查。2017年4月25日，阳谷景阳冈木业有限公司向阳谷县财政局交回林业贷款财政贴息资金40万元，并向阳谷县林业局提交了分期还款计划书，表示将于2017年5.6月份，分批次还清林业贷款财政贴息资金。

本院认为，阳谷县人民检察院作为公益诉讼人提起本案的诉讼，符合《人民法院审理人民检察院提起公益诉讼案件试点工作实施办法》《人民检察院提起公益诉讼试点工作实施办法》规定的行政公益诉讼的受案范围，且阳谷县人民检察院已于诉前向阳谷县林业局发出了督促其履职的检察建议书，符合法定的起诉条件。本案争议焦点问题有二：（1）被告阳谷县林业局在2009年至2012年对涉案三家企业申报的林业贷款财政贴息项目的审核、呈报过程中是否怠于履行监管职责；（2）被告阳谷县林业局是否怠于履行追回涉案三家企业骗取的林业贷款财政贴息资金的监管职责，应否判决其履行该职责。

对于焦点问题一，本院认为：《山东省林业贷款财政贴息项目及资金管理实施细则》第十三条规定："项目单位根据贷款落实及项目实施情况向当地林业部门申请贴息资金。当地林业部门会同同级财政部门具体负责对辖区内项目单位提交的材料进行审查核实。……"第十八条第二款规定："县级林业、财政部门负责对辖区内林业贷款财政贴息项目的合规性、项目单位申报材料的真实性进行严格审查、现场核对，对项目建设进行跟踪检查，从源头上杜绝虚报、冒领贴息资金的行为。"第二十三条第一款规定："……申报贴息资金前需对项目单位当年完成建设内容进行检查验收，并填报《林业贷款财政贴息项目进度验收表》，项目检查验收的情况包括项目贷款到位及使用情况，自有资金投入及使用情况，项目建设情况和资金核算情况。贷款总额少于3000万元的项目，由县级以上林业部门组织检查验收并出具验收报告；……"根据上述规定，被告阳谷县林业局对涉案三家企业申报林业贷款财政贴息项目的合规性及申报材料具有审查、核实的职责。作为林业主管部门，阳谷县林业局应本着坚持生态、社会和经济效益相结合的原则，组织林业贷款财政贴息项目的申报，对项目申报单位提交的全部材料进行严格审查核实和现场核对，并对项目建设进行跟踪检查。本案中，被告阳谷县林业局并未严格履行该职责，仅对涉案三家企业的申报材料作形式审查，未对申报材料的真实性进行严格审查，也未对涉案三家企业的工业原料林基地建设项目进行验收和跟踪检查。在涉案三家企业提交的借款合同及借款凭证和银行付息单、原料林基地建设项目进度验收表等申报材料均存在伪造情节，且均未实际建设工业原料林基地项目的情况下，即会同同级财政部门制作申报文件，并将申报文件连同工业原料林基地建设项目建议书逐级呈报，致使并不符合林业贷款财政贴息条件的阳谷景阳冈木业有限公司、山东欧格地板有限公司、阳谷诚信木业有限公司通过了林业贷款财政贴息项目的最终审核并得到了财政贴息资金，导致国有资产流失，国家利益受到侵害。综上，被告阳谷县林业局在林业贷款财政贴息项目的审核、呈报过程中怠于履行监管职责，行为违法。被告阳谷县林业局辩称其审核、呈报林业贷款财政贴息项目中不存在违法行为的诉讼主张与案件事实相悖，不能成立。但因针对涉案三家企业的林业贷款财政贴息资金已于2013年全部发放到位，阳谷县林业局怠于履行监管职责产生的损害后果已实际发生，再判决其履行上述职责没有意义。依照《中华人民共和国行政诉讼法》第七十四条第二款第（三）项之规定，本院确认阳谷县林业局2009年至2012年在阳谷景阳冈木业有限公司、山东欧格地板有限公司、阳谷诚信木业有限公司林业贷款财政贴息项目的审核和呈报过程中未依法履行监管职责的行为违法。

对于焦点问题二，本院认为：《中央财政林业补助资金管理办法》第三十条规定："各级财政部门和林业主管部门应加强对林业补助资金的申请、分配、管理使用情况的监督检查，发现问题及时纠正。对各类违法违规以及违反本办法规定的行为，按照《财政违法处罚处分条例》等国家有关规定追究法律责任。"《山东省林业贷款财政贴息项目及资金管理实施细则》第十八条第一款规定："……各级林业、财政部门要按照'谁申报、谁监管、谁负责'的原则，切实加强对项目的检查监督，层层负责，严格把关，确保监管责任到位。"《山东省林业贴息贷款项目及贴息资金申报程序规范》第六项规定："（一）检查主体按照项目属地管理的原则，坚持'谁申报、谁监管、谁负责'，各级林业财政部门要加强对林业贷款项目的检察监督。……"上述规定表明，有职权必有职责，行政机关行使职权，自当负有保障其职权依法行使，并在职权行使失当时予以及时纠正、补救，以保障行政目的顺利实现的行政职责。因此，行政机关应当履行的"法定职责"，除法律明确规定的职责事项以外，还应包括因依法行使职权而自然负有的纠正、补救失当行政行为的行政职责。《财政违法行为处罚处分条例》第十四条虽然赋予县级以上人民政府财政部门及审计机关对以虚报手段骗取的财政资金，具有追回的行政职权，但该规定与林业主管部门依照上述规定行使受理、审核、呈报林业贷款财政贴息资金项目的行政职权而自然负有的纠正、补救失当行政行为的行政职责并不矛盾。本案中，被告阳谷县林业局2009年至2012年对涉案三家企业的林业贷款财政贴息项目的审核、呈报过程中存在违法行使职权的行为，造成了国有资产流失的后果，依照上述规定，其在林业贷款财政贴息项目的监管过程中自应负有依法纠正及补救的职责。特别是在其工作人员颜世奇因犯玩忽职守罪被判处刑罚后，阳谷县林业局即已明确知晓涉案三家企业不具备申报林业贷款财政贴息项目的条件，作为该项目审核、呈报的主管部门，其既未敦促、监督涉案三家企业缴回林业贷款财政贴息资金，也未主动向同级财政部门通报情况，协同同级财政部门采取有效措施追回被骗资金，放任财政资金被骗取的状态继续存续，其行为属于怠于履行监管职责的不作为行为。被告阳谷县林业局称其对追回被骗取的林业贷款财政贴息资金没有法定义务和职责的诉讼主张，与上述规定明显不符，不能成立。在阳谷县人民检察院向本院提起行政公益诉讼后，被告阳谷县林业局联合阳谷县财政局向涉案三家企业分别下发了《催还贷款贴息资金的通知》，并向阳谷县公安局提供了关于涉案三家企业的犯罪线索；阳谷县财政局经被告阳谷县林业局的协同，对涉案三家企业及负责人亦分别作出了收缴已拨付的林业贷款财政贴息资金和相应罚款的处罚决定。综上，被告阳谷县林业局在本案诉讼中已履行了追回被骗取林业贷款财政贴息资金的相关监管职责，本院不需再判决其履行，但公益诉讼人的第一项诉讼请求即确认被告阳谷县林业局怠于履行监管职责的行为违法，该诉请于法有据。依照《中华人民共和国行政诉讼法》第七十四条第二款第（三）项之规定，本院确认被告阳谷县林业局在对涉案三家企业的林业贷款财政贴息项目的监督过程中怠于履行追回被骗取资金的相关监管职责行为违法。

综上，本案经本院审判委员会讨论决定，依照《中华人民共和国行政诉讼法》第七十四条第二款第（二）、（三）项之规定，判决如下：

确认被告阳谷县林业局2009年至2012年审核、呈报阳谷景阳冈木业有限公司、山东欧格地板有限公司、阳谷诚信木业有限公司林业贷款财政贴息项目及其后的监督过程中怠于履行监管职责的行为违法。

如不服本判决，可在判决书送达之日起十五日内，向本院递交上诉状，并按对方当事人的人数提出副本，上诉于山东省聊城市中级人民法院

审　判　长　杨树新
审　判　员　陈文娟
人民陪审员　王垂华
二〇一七年六月二十日
书　记　员　秦广宇

10 甘肃省酒泉市肃州区人民检察院诉肃州区财政局不作为案

(其他类型：中央淘汰落后产能奖励资金)

一、基本案情

酒泉市检察机关在办案中发现，2011年1月5日，付庆泉以原酒泉市兴盛纸品厂名义向肃州区工业和信息化管理局（以下简称"肃州区工信局"）申请2011年中央淘汰落后产能奖励资金项目经济补偿。肃州区工信局未严格按照《淘汰落后产能中央财政奖励资金管理办法》的规定，对原酒泉市兴盛纸品厂所报材料的真实性和完整性进行审核把关，逐级上报了付庆泉申请淘汰落后产能中央财政奖励资金的相关材料，致使原酒泉市兴盛纸品厂在不符合"近三年正常生产"条件（2009年4月已注销工商登记）的情况下，成功申报了2011年中央淘汰落后产能奖励资金项目，付庆泉实际获得奖励资金44万元。

2013年7月15日，甘肃省财政厅根据国家审计署驻兰办事处的审计报告和审计决定，作出甘财建〔2013〕189号《关于收回相关企业财政补助（奖励）资金的通知》。该《通知》以原酒泉市兴盛纸品厂项目资金44万元不符合相关规定为由，要求酒泉市财政局从相关企业追缴并上交省财政厅。7月18日，酒泉市财政局作出酒市财建〔2013〕93号《关于收回相关企业财政奖励资金的通知》，要求肃州区财政局于7月20日前从相关企业收回奖励资金。7月26日，肃州区工信局从设在兰州银行的中小企业服务协会专项资金账户提取44万元，退回省财政厅。8月2日，肃州区工信局要求付庆泉退回违规获取的资金，付庆泉未能如期退回。2014年1月29日，肃州区工信局向付庆泉作出《关于限期退回2011年淘汰落后产能中央财政补助（奖励）资金的决定书》，付庆泉仍未退还。5月20日，肃州区工信局从其行政账户向中小企业服务协会专项资金账户转入资金44万元，以补齐挪用的该协会专项资金。并于同日向肃州区人民法院提出强制执行申请，要求执行该局肃工信字〔2014〕15号《关于限期退回2011年淘汰落后产能中央财政补助（奖励）资金的决定书》。9月15日,肃州区人民法院作出〔2014〕酒肃执字第921号行政裁定书,以肃州区工信局不具有对企业和个人的财政违法行为作出处理、处罚的法定职权为由,裁定对该决定书不准予强制执行。2015年4月2日,甘肃省酒泉市中级人民法院作出〔2015〕酒刑二终字第1号刑事判决书,对原酒泉市兴盛纸品厂业主付庆泉虚报、冒领奖励资金44万元的事实予以认定,但未将该44万元奖励资金认定为工信局副局长陈百树滥用职权罪的犯罪数额,44万元财政资金未能收回,国家利益受到损害。

二、诉前程序

酒泉市检察机关经审查认为,根据国务院《财政违法行为处罚处分条例》第2条第1款及第14条第1款的规定,对企业和个人以虚报、冒领等手段骗取财政资金或者以其他违反规定使用、骗取财政资金的行为,应由县级以上人民政府财政部门责令改正,追回违反规定使用、骗取的有关资金,给予警告,没收违法所得,并处一定额度的罚款。根据财政部、工信部联合印发的财企〔2010〕231号《中央财政关闭小企业补助资金管理办法》第15条、第16条规定,对于中央财政对关闭淘汰落后产能申报项目,各地工信部门负责对上报的关闭小企业年度计划和实施效果的真实性负责。各地财政部门负责监管并保证中央财政资金的规范、安全、有效使用。根据上述规定,财政部门对于提供虚假材料、虚报冒领奖励资金的行为,具有扣回相关奖励资金的职责,同时有权对虚报、冒领行为作出处罚。本案中,原酒泉市兴盛纸品厂业主付庆泉虚报、冒领淘汰落后产能中央财政奖励资金44万元的事实清楚,证据确凿,肃州区财政局在省、市财政局明确通知要求其从相关企业收回奖励资金的情况下,未依法履行职责,致使国有资产遭受侵害,损害了国家利益。

2016年1月4日,酒泉市肃州区人民检察院作出肃检行政违监〔2015〕62090200008号检察建议书,建议肃州区财政局严格按照相关法律法规的规定,对44万元财政资金依法履行行政监管职责。肃州区财政局于2月1日作出《关于对原酒泉市兴盛纸品厂业主付庆泉骗取淘汰落后产能中央财政奖励资金案检察建议书的回复意见》,该意见内容为:现付庆泉下落不明,告知其相关事项及送达法律文书存在严重阻碍、困难;同时,原酒泉市兴盛纸品厂业主付庆泉隐瞒事实,提供虚假材料,骗取财政奖励资金44万元,数额巨大,其行为已涉嫌刑事犯罪,应依法追究刑事责任。将再次联系案件移送事宜,并请检察机关依法监督协调,将本案以刑事案件立案侦查为宜;如果本案不涉嫌刑事犯罪,将依法查处,并根据相关法律法规,拟作出责令付庆泉退回44万元奖励资金,给予其警告和并处一定金额罚款的处理决定,并根据付庆泉履行处理决定的情况，采取相应的法律措施。3月7日，该局作出补充回复，以检察机关向财政局发出检察建议主体错误为由，建议检察机关予以撤销。同时，在明知肃州区工信局不具有对企业和个人的财政违法行为作出处理、处罚法定职权的情况下，再次责令工信局限期追回奖励资金。

三、诉讼情况

酒泉市肃州区人民检察院于2016年2月28日将该案报送酒泉市检察院审查，后逐级层报最高人民检察院审批，2016年5月30日，最高人民检察院批复同意该案向人民法院提起行政公益讼诉。2016年5月30日，酒泉市肃州区检察院以肃州区财政局为被告向玉门市人民法院提起行政公益诉讼，请求判决确认被告肃州区财政局对原酒泉市兴盛纸品厂业主付庆泉非法获取的44万元财政奖励资金未依法履行行政监管职责的行为违法；判决责令被告肃州区财政局依法对原酒泉市兴盛纸品厂业主付庆泉非法获取的44万元财政奖励资金履行行政监管职责。

玉门市人民法院于2016年5月30日受理该案，2016年9月28日进行庭前证据交换，2016年11月10日依法公开开庭审理。诉讼期间，肃州区财政局已将国有资产追回，酒泉市肃州区人民检察院撤回了"请求判决责令被告肃州区财政局依法对原酒泉市兴盛纸品厂业主付庆泉非法获取44万元财政奖励资金履行行政监管职责"的诉讼请求。2017年4月14日公宣判，支持检察机关的诉讼请求。

玉门市人民法院审理认为：根据法律规定，肃州区检察院具备就国有资产保护等领域造成国家和社会公共利益侵害提起公益诉讼的资格。肃州区财政局作为本辖区内财政管理部门，具有财政资金行政监督、管理法定职责，是本案适格被告。行政机关没有依法履行法定职责与国家和社会公共利益受到侵害是检察机关提起公益诉讼的必要条件，根据法律规定财政资金属于国家所有，属国有资产。肃州区检察院发出检察建议后肃州区财政局在一段时间内仍未履行收回国有资金的法定职责，使国家资产处于被侵害状态，其提起公益诉讼符合法定条件。行政机关是否履行严格审查职责，尽到合理的审查义务及行政相对人违法行为是否停止是司法机关审查行政机关履行法定职责是否合法到位的重要标准。本案中肃州区财政局在审核原兴盛纸品厂业主付庆泉提交材料是否符合有关规定的近三年处于正常生产状态情形过程中，未尽到合法审查义务，且未经酒泉市财政主管部门同意的条件下，将原兴盛纸品厂的关停时间编造为2010年12月，并与该企业签订了《财政专项资金使用协议书》，使得原兴盛纸品厂业主付庆泉取得2011年度淘汰落后产能中央财政奖励补助资金44万元,造成国有资产受到侵害的后果。2013年7月18日,酒泉市财政局通知被告肃州区财政局将44万元收回财政,负有监督管理职责的肃州区财政局怠于履行法定职责,既未按《财政违法行为处罚处分条例》第14条之规定追回国有资产,也未依法履行后续监督、管理职责,导致国家公共利益未脱离受侵害状态。经肃州区检察院督促依法履职后,肃州区财政局才于2016年3月7日对肃州区工信局作出了《限期整改通知书》,因此肃州区财政局虽有执法行为,但在一定期限内仍然没有按照法定职责执法到位,导致原兴盛纸品厂业主付庆泉的违法行为仍在继续,国家和社会公共利益仍处在被侵害的状态。直到诉讼阶段,肃州区财政局才履行追缴资金的法定职责,将国有资金44万元收回。综上,肃州区财政局未依法严格履行对财政资金的管理职责,也未尽到必要的审慎审核义务,违法发放财政资金,至公益诉讼人肃州区检察院发出检察建议前一直未履行法定职责;而且在收到诉前检察建议后的一段时间内,在其有能力、有条件履行的情况下,仍然未按照规定履行责令原兴盛纸品厂退回违法取得44万元的法定职责,拖延履行作为义务的行为违反法律法规的规定,公益诉讼人酒泉市肃州区人民检察院要求确认被告肃州区财政局对原酒泉市兴盛纸品厂业主付庆泉非法获取44万元财政奖励资金未依法履行行政监管职责的行为违法,符合法律规定,应予支持。因本案受理后,肃州区财政局已将国有资产追回,酒泉市肃州区人民检察院撤回了请求判决责令被告肃州区财政局依法对原酒泉市兴盛纸品厂业主付庆泉非法获取44万元财政奖励资金履行行政监管职责的诉讼请求,本院认为,公益诉讼人的诉讼目的部分得以实现,依法适时变更诉讼请求,符合最高人民法院《关于行政诉讼撤诉若干问题的规定》第2条及《人民检察院提起公益诉讼试点工作实施办法》第49条的规定,本院予以准许。据此,依照《中华人民共和国行政诉讼法》第74条第2款第2项之规定,判决如下:确认被告肃州区财政局对原酒泉市兴盛纸品厂业主付庆泉不符合国家政策获取的44万元财政奖励资金未依法履行行政监督、管理职责的行为违法。

四、办案指引

 管辖

第十二届全国人民代表大会常务委员会第十五次会议于2015年7月1日通过的《全国人民代表大会常务委员会关于授权最高人民检察院在部分地区开展公益诉讼试点工作的决定》,高检院于2015年7月1日作出的高检发民字〔2015〕2号关于印发《检察机关提起公益诉讼试点方案》的通知,将甘肃确定为全国十三个公益诉讼工作试点省份之一。甘肃省人民检察院于2015年9月10日作出甘检发民字〔2015〕4号关于印发《甘肃省检察机关提起公益诉讼试点工作实施方案》的通知，将酒泉确定为全省公益诉讼试点地区之一。该案经层报审批，高检院于2016年5月30日作出高检发民字〔2016〕19号关于《关于酒泉市肃州区人民检察院提起行政公益诉讼案件请示的批复》，同意向人民法院提起行政公益诉讼。

综上，酒泉市肃州区人民检察院对肃州区财政局不依法履职案具有管辖权。

立案

试点之初，酒泉市检察机关将中央各类财政奖励资金的行政监管作为监督对象，是因为近几年来，随着职务犯罪案件查处力度的增大，所反映出来的以各种手段虚报、冒领或套取国家奖励补助资金的案件层出不穷。其中很大一部分案件涉及行政机关工作人员渎职犯罪问题，也同时反映了行政机关及工作人员的不作为、乱作为等行政违法乱象。全省首例报经高检院审批提起的公益诉讼案件，本案在立案时，就是否符合公益诉讼案件立案条件，检察机关内部产生重大意见分歧。首先，本案是否适合提起行政公益诉讼。第一种意见认为，本案中肃州区工信局相关责任人员因材料审核把关不严导致奖励资金被虚报冒领已经被追究渎职犯罪的刑事责任，被虚报冒领的款项应由检察机关在职务犯罪案件侦查过程中进行追缴，不宜作为行政公益诉讼案件立案审查；第二种意见认为在检察机关未能追缴的情况下，应由法院在刑事案件审判过程中追缴，不宜作为行政公益诉讼案件立案审查；第三种意见认为，在刑事案件生效判决未将被虚报冒领资金认定为渎职犯罪数额的情况下，可以提起行政诉讼要求行政机关依法追回。该案在办理过程中最终采纳了第三种意见。其次，本案应以谁为被告提起行政公益诉讼。一种意见认为应以肃州区工信局为被告，理由是：本案44万元奖励资金被虚报冒领的主要责任在于肃州区工信局对申报材料的真实性审核把关不严，追回资金的责任应由工信局承担；另一种意见认为应以肃州区财政局为被告，理由是：法院生效裁定已经认定肃州区工信局不具有对企业和个人的财政违法行为作出处理、处罚法定职权，财政部门对于提供虚假材料，虚报冒领奖励资金，有权予以收回。该案最终采用了第二种意见。

综上，该案作为国有资产保护领域行政案件，在立案时，首先需要考虑是否损害了国家财产利益；其次要考虑的是监督对象的主体资格和职责范围。

诉前程序

1. 本案调查的重点

本案调查的重点为监督对象的主体资格和职责范围。即财政局和工信局在原酒泉市兴盛纸品厂法人付庆泉虚报、冒领国家奖励补助资金过程中,各自具有何种监管职责,各自是否履行到位。

2. 本案如何针对调查重点开展调查

针对监督对象的主体资格和职责范围,检察机关从以下几方面进行了调查:

首先,调阅了本院自侦部门查处肃州区工信局工作人员陈百树涉嫌滥用职权罪的案件卷宗,证实,原酒泉市肃州区工信局工作人员陈百树等人因申报淘汰落后产能奖励资金项目,犯受贿罪、滥用职权罪被追究刑事责任。并证实,原酒泉市兴盛纸品厂业主付庆泉虚报、冒领的44万元奖励资金未被认定为陈百树滥用职权的犯罪数额。还证实,原酒泉市兴盛纸品厂业主付庆泉申报、领取奖励资金行为的违法性。

其次,调阅了甘肃省酒泉市肃州区人民法院〔2014〕酒肃执字第921号案件审判卷宗。该案系肃州区工信局申请法院强制执行其对原酒泉市兴盛纸品厂业主付庆泉作出的《关于限期退回2011年淘汰落后产能中央财政补助(奖励)资金的决定书》,法院裁定不准予强制执行。证实,原酒泉市兴盛纸品厂业主付庆泉获取奖励资金的违法性;并证实,肃州区工信局不是清收付庆泉虚报冒领奖励资金的合法主体;还证实,肃州区工信局不具有对企业和个人的财政违法行为作出处理、处罚的法定职权。

最后,查阅了酒泉市肃州区人民政府于2015年11月18日作出的酒肃政发〔2015〕229号《关于公布肃州区区级政府部门行政权力清单和责任清单目录的通知》,证实:对企业和个人以虚报冒领等手段骗取财政资金的行为作出处罚是财政局的法定职责,工信局并没有该项权力。

3. 本案审查的关键问题

一是本案应以谁为被告提起行政公益诉讼。本案中,肃州区工信局对上报材料的真实性和申报项目的具体实施进行审核把关,肃州区财政局对奖励资金的安全使用承担监管责任。在原酒泉市兴盛纸品厂法人付庆泉虚报、冒领国家奖励补助资金过程中,由于肃州区工信局对申报材料审核把关不严,导致原酒泉市兴盛纸品厂在不符合关闭前三年正常生产条件的情况下,获取奖励资金44万元。国家审计署审计发现后,责令省财政厅依法追回被虚报、冒领的奖励资金,省财政厅通知酒泉市财政局依法从企业追回奖励资金后逐级上缴省财政,市财政局转发通知要求肃州区财政局依法从企业追回奖励资金后逐级上缴。区财政局没有向企业追收,而是责令工信局予以追收。导致不是清收付庆泉虚报冒领奖励资金的合法主体的区工信局,作出了对企业和个人的财政违法行为进行处理、处罚的错误决定。另外,本案中与原酒泉市兴盛纸品厂签订《财政专项资金使用协议书》的是肃州区财政局,该协议约定的资产所有权人为肃州区财政局,并同时约定"对建设单位挤占挪用项目资金影响项目建设的,肃州区财政局有权收回项目资金"。因此,本案中,仅就被虚报、冒领国家奖励资金的追收来讲,无论从《财政违法行为处罚处分条例》的规定、《肃州区区级政府部门行政权力清单和责任清单目录》内容,《财政专项资金使用协议书》的约定,还是肃州区法院〔2014〕酒肃执字第921号行政裁定书裁决情况来看,履行法定职责的主体系肃州区财政局,而非工信局。

二是关于本案适用法律的问题。肃州区财政局在诉讼中认为,本案不适用《财政违法行为处罚处分条例》的规定,应适用《预算法》。理由是:《财政违法行为处罚处分条例》对骗取财政资金的行为没有作出规定,而《预算法》明确预算单位为资金的监管主体。

检察机关则认为,本案应适用《财政违法行为处罚处分条例》的规定。首先,被告肃州区财政局主张的《预算法》于2014年8月31日经全国人大常委会修订,甘肃省财政厅根据国家审计署驻兰办事处的审计报告和审计决定于2013年7月15日向酒泉市财政局作出《关于收回相关企业财政补助(奖励)资金的通知》,肃州区财政局不能以后修订的《预算法》免除其法定职责。其次,根据《预算法》第53条第2款"各部门、各单位是本部门、本单位的预算执行主体,负责本部门、本单位的预算执行,并对执行结果负责";《中央财政关闭小企业补助资金管理办法》"各地工业和信息化主管部门对上报的关闭小企业年度计划和实施效果的真实性负责"等规定,肃州区工信局对项目执行结果负责。但依据《预算法》第95条"各级政府有关部门、单位及其工作人员有下列行为之一的,责令改正,追回骗取、使用的资金,有违法所得的没收违法所得,对单位给予警告或者通报批评;对负有直接责任的主管人员和其他直接责任人员依法给予处分:(一)违反法律、法规的规定,改变预算收入上缴方式的;(二)以虚报、冒领等手段骗取预算资金的;(三)违反规定扩大开支范围、提高开支标准的;(四)其他违反财政管理规定的行为"之规定,《预算法》调整的对象是各级政府部门、单位及其工作人员,对企业、个人虚报冒领财政奖励资金的行为没有作出明确规定。《财政违法行为处罚处分条例》作为国务院行政法规,于2011年1月8日经日国务院令第588号《国务院关于废止和修改部分行政法规的决定》修订,该《条例》对企业、个人虚报冒领财政奖励资金行为所作出了明确规定。该规定与《预算法》相关内容并无冲突,应予适用。再次,《中央财政关闭小企业补助资金管理办法》作为财政部、工业和信息化部等部门为执行政府具体决议所作的行政规章,其对企业、个人虚报冒领财政奖励资金行为所作出的具体规定,在与上位法不冲突的情况下,可以适用。最后,根据肃州区人民政府关于区级政府部门行政权力清单和职责清单目录的通知以及省市人民政府关于权责清单来看,对财政违法资金处罚处分是各级财政部门的权限。各级工信部门作为预算单位并不具有对财政违法行为进行处理、处罚的权限。

综上,本案应适用《财政违法行为处罚处分条例》《中央财政关闭小企业补助资金管理办法》的相关规定,由肃州区财政局对企业、个人虚报冒领财政奖励资金行为依法履行监管职责。

4. 诉前文书写作的关键问题

诉前检察建议写作的关键是检察建议内容的确定,因本案相关事实清楚、证据确凿、法律依据充分,但根据《行政权力清单和职责清单目录》内容来看,肃州区财政局具有多项行政执法权限,既包括对企业和个人违反规定使用、骗取资金行为作出行政处罚,也包括对奖励资金的追收,还包括对相关国家机关及其工作人员财政违法行为的行政处理。本案中,相关情形同时存在,向哪些行政监管对象作出何种处罚,是行政权的范畴。检察建议太具体,有干涉行政权的嫌疑,太过宽泛则达不到监督效果。因此,出于对国有资产保护的考虑,诉前检察建议将关键点放在了原酒泉市兴盛纸品厂法人付庆泉虚报、冒领国家奖励补助资金的行为。这意味着,我们的监督重点是被虚报、冒领资金的追收,和对原酒泉市兴盛纸品厂法人付庆泉虚报、冒领行为的处罚。后期诉讼中,检察机关始终围绕这一关键问题与肃州区财政局及法院进行沟通交流,确保试点期间全国国有资产领域首例行政公益诉讼案件取得良好的法律效果与社会效果。

 变更诉讼请求

1. 本案为何变更诉讼请求

酒泉市检察机关于2016年5月30日将该案起诉至玉门市人民法院,肃州区财政局于2016年6月4日以原酒泉市兴盛纸品厂法人付庆泉骗取44万元财政资金涉嫌犯罪为由向酒泉市公安局肃州分局移送材料要求公安机关处理。6月5日,肃州区财政局申请肃州区不动产登记管理局暂时对付庆泉在酒泉的房屋登记手续进行冻结。6月6日,肃州区财政局在《酒泉日报》上公告给付庆泉送达《行政处罚意见告知书》。6月7,酒泉市公安局肃州分局给肃州区财政局出具《不予立案通知书》,以付庆泉的行为不构成犯罪为由,决定不予立案。6月15日,肃州区财政局向酒泉市肃州区人民法院提出财产保全申请,请求对付庆泉名下的住房一套进行财产保全。当日,酒泉市肃州区人民法院作出《执行裁定书》,裁定对付庆泉的住房一套予以查封。此后,肃州区财政局得知付庆泉在上海治病,遂到上海找付庆泉。6月22日,肃州区财政局对付庆泉作出《行政处罚前先(听证)告知书》并送达。6月26日,肃州区财政局作出《行政处罚决定书》,决定对:原酒泉市兴盛纸品厂业主付庆泉作出没收违法所得资金44万元,并处违法所得资金10%的罚款4.4万元的行政处罚。当日,《行政处罚决定书》给付庆泉送达。执行该行政处罚过程中,肃州区财政局允许付庆泉变卖房。8月4日,付庆泉与其妻陈玉凤与肃州区城市物业监督管理局签订房地产买卖契约,将该房屋以581177.4元卖与肃州区城物业监督管理局。9月6日,双方完成房屋过户手续,肃州区城市物业监督管理局取得了该房产的房产证。9月8日,肃州区住房和城乡建设局将付庆泉房款中的484000元转交肃州区财政,并将下余房款97177.4元付给付庆泉。酒泉市肃州区人民检察院以肃州区财政局在诉讼中依法履行职责使其保护国有资产的诉讼请求已实现为由,申请撤回了"请求责令肃州区财政局依法对原酒泉市兴盛纸品厂业主付庆泉非法获取的44万元财政奖励资金履行行政监管职责"的诉讼请求,但仍要求确认肃州区财政局对原酒泉市兴盛纸品厂业主付庆泉非法获取44万元财政奖励资金未依法履行行政监管职责的行为违法。

2. 本案如何变更诉讼请求

2016年11月10日,酒泉市肃州区人民检察院向玉门市人民法院作出肃检行公诉〔2016〕1号变更诉讼请求决定书,以该院对肃州区财政局怠于履行职责以肃检行公诉〔2016〕1号行政公益诉讼起诉书提起诉讼后,被告高度重视,对照请求,依法履行了监管职责,收回被原酒泉市兴盛纸品厂业主付庆泉虚报冒领奖励资金44万元,使公益诉讼人的部分诉讼请求提前实现。因此,根据《人民检察院提起公益诉讼试点工作实施办法》第49条之规定,决定变更诉讼请求,撤回第二项诉讼请求,仅保留下列诉讼请求:依法判决确认被告肃州区财政局对原酒泉市兴盛纸品厂业主付庆泉非法获取的44万元财政奖励资金未依法履行行政监管职责的行为违法。

五、依据指引

1. 《财政违法行为处罚处分条例》

第二条 县级以上人民政府财政部门及审计机关在各自职权范围内，依法对财政违法行为作出处理、处罚决定。

省级以上人民政府财政部门的派出机构，应当在规定职权范围内，依法对财政违法行为作出处理、处罚决定；审计机关的派出机构，应当根据审计机关的授权，依法对财政违法行为作出处理、处罚决定。

根据需要，国务院可以依法调整财政部门及其派出机构（以下统称财政部门）、审计机关及其派出机构（以下统称审计机关）的职权范围。

有财政违法行为的单位，其直接负责的主管人员和其他直接责任人员，以及有财政违法行为的个人，属于国家公务员的，由监察机关及其派出机构（以下统称监察机关）或者任免机关依照人事管理权限，依法给予行政处分。

第十四条 企业和个人有下列行为之一的，责令改正，调整有关会计账目，追回违反规定使用、骗取的有关资金，给予警告，没收违法所得，并处被骗取有关资金10%以上50%以下的罚款或者被违规使用有关资金10%以上30%以下的罚款；对直接负责的主管人员和其他直接责任人员处3000元以上5万元以下的罚款：

（一）以虚报、冒领等手段骗取财政资金以及政府承贷或者担保的外国政府贷款、国际金融组织贷款；

（二）挪用财政资金以及政府承贷或者担保的外国政府贷款、国际金融组织贷款；

（三）从无偿使用的财政资金以及政府承贷或者担保的外国政府贷款、国际金融组织贷款中非法获益；

（四）其他违反规定使用、骗取财政资金以及政府承贷或者担保的外国政府贷款、国际金融组织贷款的行为。

属于政府采购方面的违法行为，依照《中华人民共和国政府采购法》及有关法律、行政法规的规定处理、处罚。

2. 《中央财政关闭小企业补助资金管理办法》

第十五条 各地工业和信息化主管部门对上报的关闭小企业年度计划和实施效果的真实性负责；各地财政部门要加强资金的管理，确保财政资金使用的规范、安全和有效。

第十六条 工业和信息化部、财政部及财政部驻各地财政监察专员办事处应根据确定的关闭小企业工作目标对各地关闭小企业计划完成情况及补助资金使用情况进行检查。发现弄虚作假、未按要求完成关闭任务、虚报冒领、截留挪用财政资金或其他违规行为的，要追回资金，并依法依规处理。

六、文书指引

 立案决定书

酒泉市肃州区人民检察院
行政公益诉讼立案决定书

肃检行公立〔2015〕1号

  我院在办理案件中发现肃州区财政局不依法履行职责可能损害国家利益，根据《全国人民代表大会常务委员会关于授权最高人民检察院在部分地区开展公益诉讼试点工作的决定》和《人民检察院提起公益诉讼试点工作实施办法》的规定，我院决定立案审查。

肃州区人民检察院
2015年12月10日

 检察建议书

肃州区人民检察院
检察建议书

肃检行政违监〔2015〕62090200008号

酒泉市肃州区财政局：

  2014年酒泉市检察机关立案侦查"淘汰落后产能领域"职务犯罪案件4案12人，共计涉案资金1775.6万元，已追回损失565万元，部分款项未予追回。其中付庆泉以原酒泉市兴盛纸品厂名义虚报冒领的淘汰落后产能奖励资金44万元未予退回，导致国家财产造成重大损失。

  经审查查明，2011年1月5日，付庆泉以原酒泉市兴盛纸品厂名义向肃州区工业和信息化管理局（以下简称肃州区工信局）申请2011年中央淘汰落后产能奖励资金项目经济补偿。肃州区财政局、肃州区工信局未对原酒泉市兴盛纸品厂所报材料的真实性和完整性进行审核把关，逐级上报了付庆泉申请淘汰落后产能中央财政奖励资金的相关材料，致使原酒泉市兴盛纸品厂在不符合

"近三年正常生产"条件（2009年4月已注销工商登记）的情况下，成功申报了2011年中央淘汰落后产能奖励资金项目，付庆泉实际获得奖励资金44万元。

2013年7月15日，甘肃省财政厅根据国家审计署驻兰办事处的审计报告和审计决定，作出《关于收回相关企业财政补助（奖励）资金的通知》（甘财建〔2013〕189号文件），以原酒泉市兴盛纸品厂项目资金44万元不符合相关规定为由，要求酒泉市财政局从相关企业追缴并上交省财政。2013年7月26日，肃州区工信局从设在兰州银行的中小企业服务协会专项资金账户提取44万元，退回省财政厅。同年8月2日，肃州区工信局要求付庆泉退回违规获取的资金，付清泉未能如期退回。2014年1月29日，肃州区工信局再次向付庆泉作出《关于限期退回2011年淘汰落后产能中央财政补助（奖励）资金的决定书》，付庆泉仍未如期退还。2014年5月20日，肃州区工信局从其行政账户向中小企业服务协会专项资金账户转入资金44万元，以补齐挪用的该协会专项资金。并于同日向肃州区人民法院提出非诉强制执行申请，要求强制执行该局肃工信字〔2014〕15号《关于限期退回2011年淘汰落后产能中央财政补助（奖励）资金的决定书》。肃州区人民法院于2014年9月15日作出〔2014〕酒肃执字第921号行政裁定书，以肃州区工信局不具有对企业和个人的财政违法行为作出处理、处罚的法定职权为由，裁定对肃州区工信局肃工信字〔2014〕15号关于限期退回2011年淘汰落后产能中央财政补助（奖励）资金的决定不准予强制执行。导致44万元财政资金至今未予追回。

本院认为，根据国务院《财政违法行为处罚处分条例》第二条第一款及第十四条第一款的规定，对企业和个人以虚报、冒领等手段骗取财政资金或者以其他违反规定使用、骗取财政资金的行为，应由县级以上人民政府财政部门责令改正，追回违反规定使用、骗取的有关资金，给予警告，没收违法所得，并处被骗取有关资金10%以上50%以下的罚款或者被违规使用有关资金10%以上30%以下的罚款；对直接负责的主管人员和其他直接责任人员处3000元以上5万元以下的罚款。另根据财政部、工信部联合印发的财企〔2010〕231号《中央财政关闭小企业补助资金管理办法》第十五条规定："各地工业和信息化主管部门对上报的关闭小企业年度计划和实施效果的真实性负责；各地财政部门要加强资金的管理，确保财政资金使用的规范、安全和有效。"第十六条规定："工业和信息化部、财政部及财政部驻各地财政监察专员办事处应根据确定的关闭小企业工作目标对各地关闭小企业计划完成情况及补助资金使用情况进行检查。发现弄虚作假、未按要求完成关闭任务、虚报冒领、截留挪用财政资金或其他违规行为的，要追回资金，并依法依规处理。"综上所述，县级以上人民政府财政部门对企业和个人以虚报、冒领等手段骗取财政资金的行为具有行政监管责任。同时，依据《财政违法行为处罚处分条例》第六条的规定，县级以上人民政府财政部门对国家机关及其工作人员违规使用、截留、挪用财政资金的行为具有责令改正，并追回有关财政资金的行政监管职责。本案中，在付庆泉以原酒泉市兴盛纸品厂名义虚报冒领淘汰落后产能奖励资金44万元未能如期退回，致使国有财产遭受损失的情况下，肃州区财政部门应当依法履行监管职责。

综上，为了严格贯彻执行《财政违法行为处罚处分条例》《中央财政关闭小企业补助资金管理办法》等相关法律法规规定，依法履行行政监管职责，确保国家利益免受损失。根据《人民检察院检察建议工作规定（试行）》第三条、第六条之规定，特提出如下检察建议：

严格按照法律法规的相关规定，对44万元财政资金依法履行监管职责。

请在收到检察建议后一个月内作出处理，并将处理结果书面回复本院。

2016年1月4日

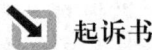起诉书

肃州区人民检察院
行政公益诉讼起诉书

肃检行公诉〔2016〕1号

公益诉讼人：肃州区人民检察院。地址：甘肃省酒泉市肃州区。

法定代表人：邓志宏，肃州区人民检察院检察长。

被告：肃州区财政局。地址：甘肃省酒泉市肃州区。

法定代表人：朱建强，肃州区财政局局长。

诉讼请求：

请求依法判令肃州区财政局严格按照法律规定，依法对原酒泉市兴盛纸品厂业主付庆泉获取的财政奖励资金44万元履行行政监管职责。

事实和理由：

2011年1月5日，付庆泉以原酒泉市兴盛纸品厂名义向肃州区工业和信息化管理局（以下简称肃州区工信局）申请2011年中央淘汰落后产能奖励资金项目经济补偿。肃州区工信局未严格按照《淘汰落后产能中央财政奖励资金管理办法》的规定，对原酒泉市兴盛纸品厂所报材料的真实性和完整性进

行审核把关，逐级上报了付庆泉申请淘汰落后产能中央财政奖励资金的相关材料，致使原酒泉市兴盛纸品厂在不符合"近三年正常生产"条件（2009年4月已注销工商登记）的情况下，成功申报了2011年中央淘汰落后产能奖励资金项目，付庆泉实际获得奖励资金44万元。

2013年7月15日，甘肃省财政厅根据国家审计署驻兰办事处的审计报告和审计决定，作出甘财建〔2013〕189号文件，即关于收回相关企业财政补助（奖励）资金的通知，以原酒泉市兴盛纸品厂项目资金44万元不符合相关规定为由，要求酒泉市财政局从相关企业追缴并上交省财政厅。2013年7月26日，肃州区工信局从设在兰州银行的中小企业服务协会专项资金账户提取44万元，退回省财政厅。同年8月2日，肃州区工信局要求付庆泉退回违规获取的资金，付庆泉未能如期退回。2014年1月29日，肃州区工信局向付庆泉作出《关于限期退回2011年淘汰落后产能中央财政补助（奖励）资金的决定书》，付庆泉仍未退还。2014年5月20日，肃州区工信局从其行政账户向中小企业服务协会专项资金账户转入资金44万元，以补齐挪用的该协会专项资金。并于同日向肃州区人民法院提出强制执行申请，要求执行该局肃工信字〔2014〕15号《关于限期退回2011年淘汰落后产能中央财政补助（奖励）资金的决定书》。肃州区人民法院于2014年9月15日作出〔2014〕酒肃执字第921号行政裁定书，以肃州区工信局不具有对企业和个人的财政违法行为作出处理、处罚的法定职权为由，裁定对肃州区工信局该决定书不准予强制执行，导致44万元财政资金未能追回。

2016年1月4日，本院作出肃检行政违监〔2015〕62090200008号检察建议书，建议肃州区财政局严格按照相关法律法规的规定，对44万元财政资金依法履行行政监管职责。肃州区财政局于2016年2月1日作出《关于对原酒泉市兴盛纸品厂业主付庆泉骗取淘汰落后产能中央财政奖励资金案检察建议书的回复意见》，答复：现付庆泉下落不明，告知其相关事项及送达法律文书存在严重阻碍、困难。同时，原酒泉市兴盛纸品厂业主付庆泉隐瞒事实，提供虚假材料，骗取财政奖励资金44万元，数额巨大，其行为已涉嫌刑事犯罪，应依法追究刑事责任。将再次联系案件移送事宜，并请检察机关依法监督协调，将本案以刑事案件立案侦查为宜。如果本案不涉嫌刑事犯罪，将依法查处，并根据相关法律法规，拟作出责令付庆泉退回44万元奖励资金，给予其警告和并处一定金额罚款的处理决定，并根据付庆泉履行处理决定的情况，采取相应的法律措施。

本院认为：根据国务院《财政违法行为处罚处分条例》第二条第一款及第十四条第一款的规定，对企业和个人以虚报、冒领等手段骗取财政资金或者以其他违反规定使用、骗取财政资金的行为,应由县级以上人民政府财政部门责令改正,追回违反规定使用、骗取的有关资金,给予警告,没收违法所得,并处一定额度的罚款。另根据财政部、工信部联合印发的财企〔2010〕231号《中央财政关闭小企业补助资金管理办法》第十五条、第十六条规定,对于中央财政对关闭淘汰落后产能申报项目,各地工信部门负责对上报的关闭小企业年度计划和实施效果的真实性负责。各地财政部门负责监管并保证中央财政资金的规范、安全、有效使用。

根据上述法律规定,对国家审计署驻兰办事处的审计报告和审计决定,认定不符合相关规定的原酒泉市兴盛纸品厂项目资金44万元,肃州区财政部门应当履行职责依法追缴,并对相关责任人予以处罚。但该局未依法履行职责,使国有资产仍然处于受侵害状态。为了严格贯彻执行《财政违法行为处罚处分条例》《中央财政关闭小企业补助资金管理办法》等法律法规,督促肃州区财政局依法履行行政监管职责,确保国家利益免受损失。现根据《全国人民代表大会常务委员会关于授权最高人民检察院在部分地区开展公益诉讼试点工作的决定》《人民检察院提起公益诉讼试点工作实施办法》第二十八条一款、第二十九条一款之规定,按照酒泉市人民检察院指示,经本院检察委员会讨论决定,依法提起诉讼,请求依法判处。

此致
肃州区人民法院

2016 年 2 月 18 日

 出庭预案

甘肃省酒泉市肃州区人民检察院诉肃州区财政局不作为案
出庭预案

一、出庭人员的组成及分工(略)
二、庭前准备
法庭核对双方当事人身份
公益诉讼人报告身份:
　　公益诉讼人:报告审判长,公益诉讼人酒泉市肃州区人民检察院,法定代表人潘玉明,检察长。
　　酒泉市肃州区人民检察院检察员王艳萍、助理检察员吕玉琴,受肃州区人

民检察院的指派出席法庭，提起公益诉讼，并履行法律监督职责。（宣读派员出庭通知书）

三、法庭调查

（一）公益诉讼人宣读起诉书，并对相关情况补充说明

1. 公益诉讼人：宣读行政公益诉讼起诉书……（略）

2. 公益诉讼人：报告审判长，公益诉讼人在此口头说明，在本案提起诉讼后，肃州区财政局局长朱建强工作调整，肃州区财政局现在负责人为：刘儒彦。

3. 公益诉讼人：报告审判长，公益诉讼人现对第二项诉讼请求予以明确。依照相关法律规定，公益诉讼起诉书第二项诉讼请求，是指：请求人民法院判令被告肃州区财政局对原酒泉市兴盛纸品厂业主付庆泉虚报、冒领财政奖励资金的行为继续履行监管职责，并对44万元财政奖励资金予以追缴。

4. 公益诉讼人：针对被告的答辩意见做如下补充陈述：

公益诉讼人对案件事实再无补充，需要强调的是：党的十八届四中全会提出探索建立检察机关提起公益诉讼制度。2015年7月1日，第十二届全国人大常委会第十五次会议通过《关于授权最高人民检察院在部分地区开展公益诉讼试点工作的决定》。以充分发挥法律监督、司法审判职能作用，促进依法行政、严格执法，维护宪法法律权威，维护国家利益和社会公共利益。以公益诉讼人的身份提起诉讼，是检察机关保护国家利益和社会公共利益的重要手段，而督促行政机关主动纠正违法行为，有助于推动法治政府建设，有助于提高全社会公益意识和公益保护的自觉性。公益诉讼人补充陈述完毕。

（二）法庭举证

第一，公益诉讼人举证提纲及证据内容：

公益诉讼人：为了便于举证质证，公益诉讼人将证据分为七组向法庭举证。举证顺序以向法庭提交的证据清单为准：

第一组证据：共4份19页，证明肃州区人民检察院具有对本案提起行政公益诉讼的主体资格方面的证据。即最高人民检察院经全国人大授权，在部分省份开展公益诉讼试点工作，甘肃省作为试点省份之一，确定酒泉等地为甘肃省检察机关提起公益诉讼的试点地区，肃州区检察院就本案提起行政公益诉讼经过最高人民检察院批准同意，证明肃州区检察院作为公益诉讼人主体资格合法。

举证说明：

1. 第十二届全国人民代表大会常务委员会第十五次会议于2015年7月1日通过的《全国人民代表大会常务委员会关于授权最高人民检察院在部分地

区开展公益诉讼试点工作的决定》。证实全国人大授权高检院将甘肃确定为公益诉讼试点省份之一。

2. 高检院于 2015 年 7 月 1 日作出的高检发民字〔2015〕2 号关于印发《检察机关提起公益诉讼试点方案》的通知。证实高检院将甘肃确定为公益诉讼试点省份之一。

3. 甘肃省人民检察院甘检发民字〔2015〕4 号关于印发《甘肃省检察机关提起公益诉讼试点工作实施方案》的通知。证实甘肃省院将酒泉确定为公益诉讼试点地区之一。

4. 高检发民字〔2016〕19 号关于《关于酒泉市肃州区人民检察院提起行政公益诉讼案件请示的批复》。证实该案经层报高检院同意向人民法院提起行政公益诉讼。

被告可能的质证意见：《批复》应当附有请示报告，否则不完整。

公益诉讼人应对意见：因本案系逐级请示、层报高检院批复，既然对高检院批复没有异议，关于请示报告，公益诉讼人认为没有必要提供。

第二组证据：共 2 份 7 页，证实肃州区人民检察院已完成提起行政公益诉讼诉前程序准备工作。

举证说明：

1. 肃州区人民检察院于 2016 年 1 月 4 日作出的肃检行政违监〔2015〕62090200008 号检察建议书。证实：肃州区院诉前建议被告肃州区财政局严格按照相关法律法规的规定，对 44 万元财政资金依法履行行政监管职责的事实。

2. 肃州区财政局于 2016 年 2 月 1 日作出的《关于对原酒泉市兴盛纸品厂业主付庆泉骗取淘汰落后产能中央财政奖励资金案检察建议书的回复意见》。证实：被告肃州区财政局收到肃州区检察院的检察建议后，回函确认原酒泉市兴盛纸品厂业主付庆泉隐瞒事实提供虚假材料骗取财政奖励资金 44 万元，数额巨大，同时加强与本院和公安机关沟通联系，拟作出责令付庆泉退回 44 万元奖励资金，给予其警告和并处一定金额罚款处理决定的事实。

被告可能的质证意见：针对检察建议，肃州区财政局在法定期限内向检察机关予以回复，并且履行职责向公安机关报案。收回奖励资金并不是财政局的法定职责。

公益诉讼人拟应对意见：检察机关已经按照《检察机关提起公益诉讼试点方案》和《人民检察院提起公益诉讼试点工作实施办法》第四十四条规定，国家利益受到损失的证据，能够初步证明国家和社会公共利益受到侵害，检察机关已经完成了其应有的举证责任。

第三组证据：共 5 份 29 页，证实肃州区财政局收到检察建议后未采取有效措施积极履行职责，导致国家利益仍然处于受侵害状态的事实。

举证说明：

1. 肃州区财政局于 2016 年 3 月 7 日向肃州区检察院作出的《关于对肃检行政违监〔2015〕62090200008 号检察建议书的执行情况说明》。证实：被告认为已经依法履行监管职责，且检察机关以财政部门为主体提出检察建议或拟提起诉讼主体错误，对建议内容不予采纳并建议撤销检察建议。

2. 肃州区财政局于 2016 年 3 月 7 日向肃州区工信局作出的《限期整改通知书》。证实：肃州区财政局责令肃州区工信局于 2016 年 6 月 30 日前负责收回原酒泉市兴盛纸品厂法人付庆泉骗取的 44 万元财政资金。进一步证实：财政局在明知工信局不具有法定职责的情况下，再次责令工信局追收资金是推卸责任的表现。

3. 肃州区工信局于 2016 年 5 月 11 日向肃州区政府作出的肃工信发〔2016〕61 号《关于对〈限期整改通知书〉的整改意见建议》。该《整改意见建议》中，肃州区工信局以该案办理难度大为由，建议由财政部门作出限期追回决定书，证实：肃州区工信局不具有监管职责。

4. 肃州区政府分管领导于 2016 年 5 月 16 日批示："请工信局按原分管领导指示，提供相关资料，配合肃州区财政局依法追回被骗资金。"进一步证实：肃州区财政局对 44 万元财政奖励资金具有追缴责任。

上列证据相互印证并证实：关于肃州区人民检察院发出检察建议后，肃州区财政局仍未依法采取有效措施履行法定职责，国家利益仍然处于受侵害状态。

被告可能的质证意见：

1. 肃州区财政局已经履行监管职责，责令肃州区工信局限期收回付庆泉骗取的 44 万元奖励资金。

公益诉讼人拟应对意见：《人民检察院提起公益诉讼试点工作实施办法》第四十四条规定，检察机关在行政公益诉讼中，只需提交国家和社会公共利益受到侵害的初步证明材料。本案中，检察机关已经做到了初步证明的责任，被告财政局应当按照行政诉讼法的规定，承担其已经履职，被原酒泉市兴盛纸品厂业主付庆泉虚报冒领资金 44 万元已经追回的举证责任。

2. 检察机关提出诉前检察建议以后，行政机关已经责令工信局处理，不存在不履职的情形。

应对意见：检察机关发出诉前检察建议后，判断行政机关是否履职的标准是：行政机关是否按照法律的规定全面、正确、及时履职。法律规定，对财政违法行为处罚的适格主体只能是县级以上人民政府财政主管部门。财政局于

2014年9月明知工信局不具有追回奖励资金法定职责的情况下，仍然责令工信局限期追回被骗取的奖励资金，明显违反法律规定，且推卸责任。故财政局没有按照法律规定采取有效措施正确、适当、全面履行职责。

第四组证据（共5份23页）：省市区三级财政部门向原酒泉市兴盛纸品厂拨付奖励资金的相关文件及凭证，证实：付庆泉以原酒泉市兴盛纸品厂名义获取44万元奖励资金的事实经过。（陈百树、张建军、王昕、袁建军涉嫌滥用职权、受贿罪一案侦查卷第三卷。）

举证说明：

1. 甘肃省财政厅、甘肃省工业和信息化委员会联合下发甘财建〔2011〕364号文件，即关于下达2011年淘汰落后产能中央财政奖励资金的通知及奖励资金表（第55页至第57页）。

2. 酒泉市财政局、酒泉市工信委文件，即酒市财建〔2011〕199号文件，关于下达2011年淘汰落后产能中央财政奖励资金的通知及奖励资金表（第65页至第67页）。

3. 肃州区财政局资金拨付申请书、申请表、记账凭证、拨款凭证、行政事业单位资金往来结算票据（第68页至第71页、第78页、第110页至第112页）。

4. 肃州区财政局与酒泉市兴盛纸品厂于2011年12月9日签订的"财政专项资金使用协议书"（第76页至第77页）。被告肃州区财政局与原酒泉市兴盛纸品厂约定，肃州区财政局作为资产所有权人将国家投入的2011年淘汰落后产能奖励补助资金44万元交由乙方使用，并按照国有资产管理办法进行管理。酒泉市兴盛纸品厂必须保证资金专款专用，并严格按照有关要求使用，对建设单位挤占挪用项目资金影响项目建设的，肃州区财政局有权收回项目资金。

5. 肃州区财政局肃财发〔2011〕237号文件，即关于拨付2011年淘汰落后产能中央财政奖励资金的通知、付庆泉签名领取44万元现金的兰州银行转账支票存根、付庆泉领款收据（第114页）。

被告可能质证意见：原酒泉市兴盛纸品厂业主付庆泉获得奖励资金44万元属实，但该项目资金的监管部门应该是肃州区工信局。

公益诉讼人拟应对意见：根据《财政违法行为处罚处分条例》《中央财政关于关闭小企业补助资金管理办法》法律法规以及肃州区财政局与酒泉市兴盛纸品厂于2011年12月9日签订的"财政专项资金使用协议书"可见，对虚报冒领淘汰落后产能补助（奖励）资金应当有各级财政部门依法收回。故对该笔资金的监管部门是肃州区财政局，并非肃州区工信局。

第五组证据：共 5 份 10 页，证实肃州区工信局向财政部门清退 44 万元现金的事实。（陈百树、张建军、王昕、袁建军涉嫌滥用职权、受贿罪一案侦查卷第三卷第 120 页至第 130 页）。

举证说明：

1. 甘肃省财政厅于 2013 年 7 月 15 日向酒泉市财政局作出的《甘肃省财政厅关于收回相关企业财政补助（奖励）资金的通知》（甘财建〔2013〕189号）。证实：该《通知》要求酒泉市财政局将酒泉市兴盛纸品厂套取的 2011年淘汰落后产能项目资金 44 万元于 2013 年 7 月 20 日前从企业收回同级财政，并上解省财政。

2. 酒泉市财政局于 2013 年 7 月 18 日作出的《关于收回相关企业财政补助（奖励）资金的通知》（酒市财建〔2013〕93 号）。证实：酒泉市财政局通知肃州区财政局与 2013 年 7 月 20 日前将该补助资金性相关企业收回同级财政，并逐级专项上解省财政。

3. 甘肃省审计厅、甘肃省监察厅、甘肃省财政厅于 2013 年 7 月 23 日向酒泉市政府作出的《关于督促整改落实审计决定的紧急通知》（甘审发电〔2013〕3 号）。证实：甘肃省审计厅、甘肃省监察厅、甘肃省财政厅要求按时上缴收回财政专项资金。

4. 兰州银行转账支票存根、肃州区财政局收据、肃州区工信局记账凭证共 4 份。证实：肃州区工信局于 2013 年 7 月 26 日向肃州区财政局归还清退资金 44 万元。

5. 肃州区工信局于 2014 年 7 月 1 日向肃州区检察院作出的《关于原酒泉市兴盛纸品厂违规申报淘汰落后产能中央财政补助资金项目造成 44 万元财政损失相关情况的说明》（肃工信字〔2014〕97 号）。证实：肃州区工信局向财政部门清退 44 万元资金的来源渠道。即肃州区工信局于 2013 年 7 月 26 日将设在兰州银行的中小企业服务协会专项资金提取 44 万元退回省财政。后于2014 年 5 月 20 日从肃州区工信局行政账户提取 44 万元弥补该中小企业服务协会专项资金。付庆泉以原酒泉市兴盛纸品厂名义套取的 44 万元专项财政奖励资金未予退回。

被告可能的质证意见：肃州区财政局已经按照省市财政部门要求，从工信局收回 44 万元财政奖励资金，已经履行监管职责。至于工信局上缴财政部门的 44 万元资金来源，财政局并不清楚。

公益诉讼人拟应对意见：省、市财政部门文件明确要求，从原企业收回奖励资金。而财政局并没有履行从原酒泉市兴盛纸品厂收回 44 万元奖励资金的职责。被告辩解并不清楚资金来源的理由不能成立，被告的答辩状、向检察机关的回复意见已经认可:"2014年9月工信局将相关案件材料向财政局移交"的事实,可见从当时财政局就知道资金来源;而且在本院于2016年1月4日向该局发出检察建议,已明确该资金来源,但是财政局也没有采取措施履行职责。

第六组证据:(1份10页):证实原酒泉市兴盛纸品厂业主付庆泉获得44万元奖励资金具有违法性的事实。

1. 国家审计署驻兰办事处审计取证单、税务登记证、个体工商户经济户口。证实:原酒泉市兴盛纸品厂2005年1月至2008年6月有纳税记录。2008年6月以后企业基本处于停产状态,调查确定2009年1月4日税务登记就已经注销。同时延伸调查酒泉市工商局资料显示:酒泉市兴盛纸品厂2009年4月3日也已经注销,印证该厂于2011年申报项目资金不符合"近三年正常营业"规定。

2. 甘肃省酒泉市肃州区人民法院行政裁定书(〔2014〕酒肃执字第921号)。证实,原酒泉市兴盛纸品厂业主付庆泉获取奖励资金的违法性;并证实,肃州区工信局不是清收付庆泉虚报冒领奖励资金的合法主体;还证实,肃州区工信局不具有对企业和个人的财政违法行为作出处理、处罚的法定职权。

3. 甘肃省酒泉市中级人民法院刑事判决书(〔2015〕酒刑二终字第1号)。证实,原酒泉市肃州区工信局工作人员陈百树等人因申报淘汰落后产能奖励资金项目,犯受贿罪、滥用职权罪被追究刑事责任;并证实,原酒泉市兴盛纸品厂业主付庆泉虚报、冒领的44万元奖励资金未被认定为陈百树滥用职权的犯罪数额;还证实,原酒泉市兴盛纸品厂业主付庆泉申报、领取奖励资金行为的违法性。

第七组证据(共4份):证实检察机关对肃州区财政局提起公益诉讼,法律依据充分。

举证说明:

1. 《财政违法行为处罚处分条例》第二条、第十四条。

2. 《中央财政关于关闭小企业补助资金管理办法》第十五条、第十六条。

3. 酒泉市肃州区人民政府于2015年11月18日作出的酒肃政发〔2015〕229号《关于公布肃州区区级政府部门行政权力清单和责任清单目录的通知》,证实:对企业和个人以虚报冒领等手段骗取财政资金的行为作出处罚是财政局的法定职责,工信局并没有该项权力。

被告可能的质证意见:根据本案情况并不能适用《财政违法行为处罚处分条例》规定,因为对骗取财政资金行为《条例》并没有规定,并不是财政局的法定职责。且根据《预算法》规定,对该项资金追回的责任主体应当是工信局。

公益诉讼人的应对意见：《预算法》第五十三条规定："各部门、各单位是本部门、本单位预算执行主体，负责本部门、本单位的预算执行，并对执行结果负责。"《中央财政关闭小企业补助资金管理办法》规定："各地工业和信息化主管部门对上报的关闭小企业年度计划和实施效果的真实性负责。"

《预算法》第九十五条规定："各级政府有关部门、单位及其工作人员有下列行为之一的，责令改正，追回骗取、使用的资金，有违法所得的没收违法所得，对单位给予警告或者通报批评；对负有直接责任的主管人员和其他直接责任人员依法给予处分：（一）违反法律、法规的规定，改变预算收入上缴方式的；（二）以虚报、冒领等手段骗取预算资金的；（三）违反规定扩大开支范围、提高开支标准的；（四）其他违反财政管理规定的行为。"根据上述法律规定可见，《预算法》调整对象是各级政府部门、单位及其工作人员。而企业、个人虚报冒领财政奖励资金并不是上述法律规定调整对象。

并且根据肃州区人民政府关于区级政府部门行政权力清单和职责清单目录的通知以及省市人民政府关于权责清单来看，对财政违法资金处罚处分，就是各级财政部门的权限。各级工信部门并不具备对财政违法行为处罚权限。

第二，公益诉讼人根据庭前证据交换时被告所举证据及证明目的发表的质证意见：

公益诉讼人：公益诉讼人针对被告分组举证情况，分别发表质证意见：

1. 被告举证的第一组证据：即1、2、3、4、5、6、7、8、23、24、26号证据（证据名称后面明确）（2013年7月29日之前的证据，被告证实：2013年7月29日，财政局向工信局收回奖励资金，已经完全履行职责）

1号证据：肃州区政府关于取缔永鑫纸品厂等3户造纸企业的通知；

2号证据：肃州区财政局关于肃州区靖安球团加工厂等3户企业申请2011年度淘汰落后产能中央财政奖励资金的请示；

3号证据：酒泉市财政局关于申报2011年淘汰落后产能中央财政奖励资金的请示；

4号证据：肃州区财政局关于拨付2011年淘汰落后产能中央财政奖励资金的通知。

6号证据：国家审计署驻兰州办事处对酒泉市兴盛纸品厂申报财政奖励资金的调查取证单；

7号证据：甘肃省财政厅关于收回相关企业存在补助奖励资金的通知；

8号证据：酒泉市财政局关于收回相关企业财政补助资金的通知；

公益诉讼人质证意见：对上列1、2、3、4、6、7、8七份证据的来源、内容及证明目的均无异议；对5、23、24、26号证据来源、内容没有异议，但对证明目的有异议。

对被告提供的5号证据质证意见：财政专项资金使用协议书，该证据完全可以证明肃州区财政局对原酒泉市兴盛纸品厂业主付庆泉虚报、冒领财政奖励资金的行为具有监管责任，但不能证实肃州区财政局对该虚报、冒领行为履行了监管职责。由于该协议明确约定，肃州区财政局作为资产所有权人，有权对违规资金予以收回。但实质上，该笔奖励资金并未从企业收回。

对被告提供的23、24号证据质证意见：23号证据2013年7月29日兰州银行进账单及甘肃省行政事业单位资金往来结算票据各一份；24号证据预算拨款凭证（回单）。上列证据虽然可以证实：肃州区财政局从工信局收回资金44万元，但并不能证实：该笔资金是被告按照省市财政部门要求从原酒泉市兴盛纸品厂收回的，也不能证实：被告依法、全面、适当履行了对原酒泉市兴盛纸品厂业主付庆泉虚报、冒领财政奖励资金行为的监管职责。

对被告提供的26号证据质证意见：即肃州区人民政府向酒泉市人民政府所做的关于审计署审计报告反映问题整改情况的报告。（酒肃政发〔2013〕145号）。根据《财政违法行为处罚处分条例》的规定，对企业和个人虚报、冒领财政奖励资金的行为进行监管的责任主体是财政局，工信局并不是法定的监管主体。同时，财政局、工信局均为政府职能部门，相互之间没有隶属关系，财政局不能将工信局的行为视为自己所做的工作。故上列证据并不能证明被告已经履行职责。

被告可能针对公益诉讼人的质证意见辩解：自2013年7月29日工信局将44万元资金上缴财政后，即视为肃州区财政局依法履行监管职责。

公益诉讼人拟应对意见：这与事实不符，一是省市财政部门明确要求从原企业收回奖励资金，被告并没有从原企业收回；二是2014年9月工信局向肃州区法院申请执行行政处罚决定书，法院以工信局不具有法定职责为由不予执行后，工信局将案件材料移送财政局，财政局应当知道被原酒泉市兴盛纸品厂业主付庆泉虚报冒领资金没有收回，国家利益仍然处于受侵害状态，财政局应当依法履行职责，但财政局并没有按照法律规定履行职责。因此，被告的辩解不能成立。

2. 被告举证的第二组证据，即9号至16号八份证据（2013年7月29日至收到检察机关检察建议之前证据，证明目的：证实被告一直在履行职责）

9号证据：肃州区工信局于2013年8月2日作出的关于限期退回2011年淘汰落后产能中央财政奖励资金的执行决定书；

10号证据：肃州区工信局关于追缴酒泉市兴盛纸品厂2011年淘汰落后产

能中央财政奖励资金的情况说明；

11号证据：肃州区工信局的行政决定书送达回证；

12号证据：肃州区工信局于2014年1月29日作出的关于限期退回2011年淘汰落后产能中央财政奖励资金的执行决定书；

13号证据：肃州区工信局向付庆泉催收奖励资金的情况说明；

14号证据：肃州区工信局向付庆泉送达行政决定书的公告；

15号证据：肃州区工信局向肃州区法院申请非诉强制执行的申请书；

16号证据：酒泉市肃州区人民法院〔2014〕921号不准予强制执行的行政裁定书。

公益诉讼人的质证意见：对上列八份证据的来源内容没有异议，但对证明目的有异议。上列八份证据证实，原酒泉市兴盛纸品厂业主付庆泉申报、领取44万元奖励资金不符合相关规定，肃州区工信局虽然为收回奖励资金作了一定工作，但由于工信局不具有对企业或个人虚报、冒领奖励资金的行为作出处理、处罚的法定职权，致使被虚报、冒领的奖励资金未能收回，国家利益仍然处于受侵害状态。因此，上列八份证据，并不能证实肃州区财政局对该笔奖励资金依法履行了监管职责。

3. 被告举证的第三组证据：17号至21号证据（证明目的：收到检察机关检察建议后，被告并没有拒绝检察建议，一直在积极履行职责）

17号证据：肃检行政违监〔2015〕62090200008号检察建议；

18号证据：关于对原酒泉市兴盛纸品厂业主付庆泉骗取淘汰落后产能中央财政奖励资金案检察建议书的回复意见；

19号证据：肃财发〔2016〕58号文件；

20号证据：肃财发〔2016〕57号文件《限期整改通知书》及送达回证；

21号证据：肃工信发〔2016〕61号文件。

公益诉讼人质证意见：对上述五份证据的来源、内容均无异议；但对肃州区财政局的回复、补充情况说明及《限期整改通知书》的证明目的有异议。其中：

对于肃州区财政局的回复意见。公益诉讼人认为，该回复意见，能够证实肃州区财政局在限定期限内作出答复，并对虚报、冒领的事实及其监管责任予以认可，但未依法采取有效措施，对虚报、冒领行为作出处理。

而对于被告提供的补充情况说明，内容与《回复意见》相矛盾，其以主体错误为由，建议检察机关撤销检察建议，并向肃州区工信局重新提出。该情况说明证实被告肃州区财政局未依法履行职责，相反，将监管责任予以推卸，使国家利益仍然处于受侵害状态。该事实有肃州区财政局向肃州区工信局作出的《限期整改通知书》及送达回执予以进一步证实。

同样，被告提供的，肃州区工信局向肃州区政府所做的，关于对财政局限期整改通知书的整改意见建议（肃财发〔2016〕57号）。也不能证实肃州区财政局依法履行法定监管职责，相反，却证实肃州区工信局不具有对虚报、冒领财政奖励资金进行监管的主体资格，工信局于2014年9月已将案件材料移交财政局，并且区政府领导在该整改意见上明确批示，由财政局追回该资金。

被告针对公益诉讼人质证意见可能辩解："财政局在收到检察建议之前都不清楚工信局向财政局上缴资金是垫付。"

公益诉讼人拟应对意见：该辩解与被告的答辩意见、向检察机关回复意见自相矛盾。被告向法院提交的答辩状第七个问题已经认可："2014年9月肃州区工信局将原酒泉市兴盛纸品厂骗取2011年淘汰落后产能奖励资金一案材料移交答辩人后，答辩人一直在积极主动履行行政监管职责。"该局于2016年2月1日，向检察机关的回复意见对上述事实继续认可。故被告的辩解不能成立。

4. 被告举第四组证据：22号、28号、29号、30号证据。

22号证据：关于原酒泉市兴盛纸品厂业主付庆泉涉嫌刑事犯罪的案件移送书。

28号证据：肃州区财政局向肃州区公安局案件移送函、送达回证、肃州区公安局受案回执及不予立案通知书。

29号证据：肃州区财政局行政处罚告知书。

30号证据：肃州区财政局向付庆泉送达行政处罚决定书的公告。

补充证据：一是行政处罚告知书、行政处罚决定书、公告、送达回证；二是呈报表、会议记录；三是申请法院保全财产证据；四是向付庆泉收回奖励资金的证据；五是2016年3月向公安机关的报案材料、案件移送函、受案回执。

公益诉讼人质证意见：对上列证据的来源、内容、证明目的没有异议，在检察机关提起公益诉讼后，肃州区财政局为追回国有资金，采取了有效措施、做了大量工作，挽回了国家经济损失，对此，检察机关予以充分肯定并认同。但这些行为均为本院提起公益诉讼后所做，并不能否认其前期存在怠于履行职责的行为。

上述证据同时证实：一是检察机关提起公益诉讼后被告履行职责的事实；二是财政局具有收回奖励资金并作出处罚的权力；三是被告财政局具有收回被原酒泉市兴盛纸品厂法定代表人付庆泉虚报冒领的奖励资金的法定职责；四是肃州区财政局有能力、有条件履行法定职责。

5. 被告举第五组证据：25号至27号证据。

25号证据：〔2014〕酒肃刑初字第433号刑事判决书、〔2015〕酒刑二终字第 1 号刑事判决书；

26 号证据：酒肃政发〔2013〕145 号文件；

27 号证据：关于追缴原酒泉市兴盛纸品厂 44 万元资金的情况说明。

公益诉讼人针对上列证据的质证意见：对 25 号、26 号证据即 2 份判决书，证明企业套取 44 万元奖励资金的违法行为事实无异议，但是对被告的证明目的有异议。因酒泉中级人民法院生效判决未将该笔资金认定为陈百树滥用职权的犯罪数额，故没有判决依法追缴。同时，在上级财政部门明确要求区财政局从原企业收回奖励资金的情况下，其以检察机关未能追回资金为由不履行法定监管职责的理由不能成立。

27 号证据质证意见：关于追缴酒泉市兴盛纸品厂 44 万元资金的情况说明，对被告证明目的有异议，只证实上缴财政部门 44 万元资金的来源渠道，并不能证明工信局是收回奖励资金的合法主体，即不能证实责任主体的合法性。

（三）法庭发问

公益诉讼人对双方争议的焦点问题预测并拟向被告发问问题：

公益诉讼人预测焦点问题：

1. 付庆泉获得奖励资金是否符合法律规定；
2. 收回 44 万元财政奖励资金是否财政局的法定职责；
3. 工信局将 44 万元资金上缴财政部门是否视为财政局已经履行了法定职责。
4. 被告是否存在怠于履行职责的违法行为。

根据预测双方争议的焦点，公益诉讼人拟向被告发问的问题：

1. 是否收到本院的检察建议书？什么时候收到？
2. 2016 年 1 月收到检察机关检察建议后，做了哪些工作？
3. 检察机关于 2016 年 5 月 30 日提起公益诉讼后，你局为了向原酒泉市兴盛纸品厂业主付庆泉追回 44 万元奖励资金，采取了哪些措施？
4. 2016 年 6 月 26 日，财政局作出向付庆泉收回 44 万元奖励资金的行政处罚决定书，依据的是哪部法律法规？具体的法律条文是什么？
5. 在 2013 年 7 月收到省市财政部门要求你局从原企业收回奖励资金时，你局做了哪些工作？是否依照上述法律规定采取以上措施？
6. 2014 年 9 月，收到工信局移交材料要求你局从原企业收回奖励资金时，做了哪些工作？是否依照上述法律规定采取上述措施？
7. 自 2014 年 9 月肃州区工信局将案件材料移交你局至 2016 年 5 月 30 日，检察机关向法院提起公益诉讼前近 20 个月的时间内，你局均未按照法律规定采取措施收回奖励资金，国家利益一直处于受侵害状态，你局是否存在怠于履行职责的行为？你局怠于履行职责是否违反了《财政违法行为处罚处分条例》？

8. 你局是否具有追回奖励资金的法定职权？你局是否存在怠于履行职责的情形？是否违反法律规定？

（上述预测发问问题，根据法庭调查情况灵活掌握）

公益诉讼人预测法庭可能向公益诉讼人发问的问题及回答要点：

1. 公益诉讼人何时向被告发出检察建议？

答：2016年1月4日作出，1月8日送达。

2. 被告财政局有哪些行政职责？法律依据是什么？

答：根据肃州区政府公布的行政权力清单，肃州区财政局共有权力事项54项，其中行政许可1项、行政处罚权力20项、行政监督权力1项、其他行政权力32项。其中，对企业和个人以虚报、冒领等手段骗取财政资金等行为进行处罚，是权力清单所列行政处罚权力之一。主要法律依据是《财政违法行为处罚处分条例》第二条、第十四条。

因此，本案中原酒泉市兴盛纸品厂业主付庆泉虚报冒领淘汰落后产能奖励资金44万元，依法应当追回虚报冒领资金并对相关企业个人予以处罚是肃州区财政局法定职责。肃州区工信局并不具有该项法定职责。

3. 被告有无按照检察建议办理？原因？被告是否将办理结果向检察机关回复？回复的时间？

答：被告在法定期限内向检察机关回复，于2016年2月4日回复。财政局回函确认原酒泉市兴盛纸品厂业主付庆泉隐瞒事实提供虚假材料骗取财政奖励资金44万元，数额巨大，同时加强与本院和公安机关沟通联系，拟作出责令付庆泉退回44万元奖励资金，给予其警告和并处一定金额罚款处理决定的事实。

但是肃州区财政局于2016年3月7日向肃州区检察院作出的《关于对肃检行政违监〔2015〕62090200008号检察建议书的执行情况说明》。被告认为已经依法履行监管职责，且检察机关以财政部门为主体提出检察建议或拟提起诉讼主体欠妥，对建议内容不予采纳并建议撤销检察建议。

当日向肃州区工信局作出的《限期整改通知书》，责令肃州区工信局于2016年6月30日前负责收回原酒泉市兴盛纸品厂法人付庆泉骗取的44万元财政资金。因此，财政局在明知工信局不具有法定职责的情况下，再次责令工信局追收资金是推卸责任的表现。并没有按照检察建议履行职责。

4. 原酒泉兴盛纸品厂的企业性质？业主是谁？

答：原酒泉市兴盛纸品厂性质：个体工商户；业主：付庆泉；

5. 企业何时注销？注销的原因？

答：2008年6月以后，企业基本处于停产状态；2009年1月4日税务登记注销；2009年4月3日，工商部门登记也已被注销。

6. 诉讼中，财政局何时作出行政行为？处罚时间？何时追回资金？如何追回？

答：诉讼中，财政局于2016年6月22日作出行政处罚告知书，2016年6月26日作出行政处罚决定书；2016年9月8日追回资金，通过法律途径保全付庆泉房屋，后经协商由肃州区物管局收购其房屋。

7. 经过法庭举证、质证，被告已经履行法定监管职责，追回了被虚报、冒领的财政奖励资金，公益诉讼人对诉讼请求是否变更或者撤回。

公益诉讼人回答：审判长，因检察机关提起诉讼后，肃州区财政局对原酒泉市兴盛纸品厂业主付庆泉虚报、冒领财政奖励资金行为作出处罚，且将罚款和奖励资金收缴到位。其依法履行监管职责，使公益诉讼人的部分诉讼请求提前得以实现。现根据《人民检察院提起公益诉讼试点工作实施办法》第四十九条之规定，经本院检委会讨论，决定变更本案诉讼请求，撤回第二项诉讼请求，保留第一项诉讼请求，仅要求确认被告肃州区财政局未依法履行行政监管职责的行为违法。

（第二项诉讼请求：责令肃州区财政局对原酒泉兴盛纸品厂业主付庆泉虚报、冒领财政补助资金的行为继续履行监管职责，并对未收回的44万元财政补助资金履行追缴职责。）

四、法庭辩论意见

公益诉讼人第一轮辩论意见：

尊敬的审判长、审判员、人民陪审员：

根据全国人民代表大会常务委员会《关于授权最高人民检察院在部分地区开展公益诉讼试点工作的决定》，受肃州区人民检察院的指派，出席本次庭审活动，支持公益诉讼并履行法律监督职责。在法庭调查中，公益诉讼人就提起公益诉讼出示了相关证据，足以证明公益诉讼人的诉讼请求合法、合理。现根据审判长归纳、总结的争议焦点问题，对本案证据和案件事实发表如下意见，供法庭参考。

1. 被告肃州区财政局是本案的适格监管主体。

从法律方面来讲：

《财政违法行为处罚处分条例》第二条、第十四条的规定，县级以上人民政府财政部门对财政违法行为具有法定的监管职责，有权对企业和个人违规骗取、使用、挪用、虚报、冒领财政资金的行为作出处罚并追回资金。

《中央财政关闭小企业补助资金管理办法》第十五条、第十六条规定,财政部门负责对财政资金的资金规范、安全和有效使用,发现弄虚作假、虚报冒领、截留挪用财政资金或其他违规行为的,要追回资金,并依法依规处理。

综上法律法规,财政部门对于虚报、冒领国家奖励资金的行为,具有法定监管职责。

从事实方面来讲:

(1) 2013年7月15日,甘肃省财政厅根据国家审计署审计报告、审计决定书,以原酒泉市兴盛纸品厂申报2011年淘汰落后产能项目资金,不符合规定为由,向酒泉市财政局作出《关于收回相关企业财政补助(奖励)资金的通知》(甘财建〔2013〕189号),要求酒泉市财政局从相关企业收回奖励资金,并逐级上交省财政。2013年7月18日,酒泉市财政局向肃州区财政局作出《关于收回相关企业财政奖励资金的通知》(酒市财建〔2013〕93号)文件,要求肃州区财政局从相关企业收回奖励资金。

(2) 2011年12月9日,肃州区财政局与原酒泉市兴盛纸品厂签订了《财政专项资金使用协议书》。该协议书明确约定:肃州区财政局为资产所有权人,应按照国有资产管理办法对奖励资金进行管理,对违规使用资金的行为,有权进行监管,并收回资金。

综上所述,根据上级财政部门的要求和双方签订的协议书约定,被告肃州区财政局对原酒泉市兴盛纸品厂业主付庆泉虚报、冒领44万元财政奖励资金的行为具有法定监管职责,事实清楚,证据充分。

2. 被告肃州区财政局存在怠于履职行为。

(1) 2013年7月,省、市财政部门根据国家审计署要求,发文通知肃州区财政局,要求从酒泉市兴盛纸品厂追缴44万元奖励资金,上交省财政。但肃州区财政局并没有按照通知要求,履行追缴职责,向企业收回资金。

(2) 2013年7月29日,肃州区财政局向上级财政返还资金44万元。但是,该笔款项并不是肃州区财政局向原企业追缴的奖励资金,而是肃州区工信局挪用中小企业服务协会账户的专项资金。之后,工信局从单位行政账户向中小企业服务协会账户转入资金44万元,补齐挪用资金。该44万元,实质上仍然为政府财政资金。被虚报冒领的44万元奖励资金并未追回,国家利益仍然处于受侵害状态。被告只问结果不问出处的行为,与《财政违法行为处罚处分条例》的规定不符,并且与国家审计署、省财政厅、酒泉市财政局要求从相关企业收回奖励资金,挽回国家财政损失的目的相违背。

(3) 2014年1月29日,肃州区工信局向付庆泉作出限期退回奖励资金决定书,后申请人民法院执行。2014年9月,肃州区人民法院经审查,以肃州区工信局不具有对企业和个人财政违法行为作出处罚处分的法定职权为由，裁定不予执行。肃州区工信局因此将全案材料移交肃州区财政局履行监管职责。在明知工信局挪用资金，以及被虚报、冒领资金未予收回、国家利益仍然处于受侵害状态的情况下，肃州区财政局直至2016年1月8日收到检察建议，没有采取任何有效措施，对虚报、冒领奖励资金的行为作出处罚，致使被虚报、冒领的奖励资金不能按期收回。

（4）2016年1月4日，公益诉讼人作出诉前监督检察建议后，肃州区财政局虽然如期回复，但并未采纳，只表示以该案涉嫌刑事犯罪为由，向公安机关移送线索。随后又于2016年3月7日作出补充回复，以检察机关向财政局发出检察建议主体错误为由，建议检察机关予以撤销。同时，在明知工信局不具有监管职责的情况下，再次责令工信局限期追回奖励资金。直至5月30日提起诉讼，被虚报、冒领的44万元奖励资金仍未收回，国家利益仍然处于受侵害状态。

综上，被告肃州区财政局在长达近三年的时间，未依法履行行政监管职责，存在怠于履职行为的事实清楚，证据确实充分。

3. 被告肃州区财政局怠于履职行为违法。

肃州区政府部门权力清单明确规定，肃州区财政局具有对企业和个人虚报冒领财政资金行为进行处罚的权力。依据《财政违法行为处罚处分条例》《中央财政关于关闭小企业补助资金管理办法》，被告肃州区财政局对原酒泉市兴盛纸品厂业主付庆泉虚报冒领44万元奖励资金，依法应当履行行政监管职责。但事实上，并没有按照法律规定正确、及时、适当履行监管职责。2016年5月30日，公益诉讼人提起诉讼后，被告肃州区财政局于同年6月26日向原酒泉市兴盛纸品厂业主付庆泉作出行政处罚决定书，决定追回奖励资金44万元、并处罚款4.4万元。截至9月8日，肃州区财政局将奖励资金及罚款48.4万元收缴到位，完全履行职责。

综上所述，被告肃州区财政局具有对原酒泉市兴盛纸品厂业主付庆泉，虚报冒领淘汰落后产能44万元奖励资金依法监管的法定职责，因其有条件、有能力履行，却未依法、及时、全面、正确履行职责，致使国有资金失去监管、国家利益长期处于受侵害状态。最高人民法院《关于人民法院审理公益诉讼案件试点工作实施办法》第二十三条规定："人民法院审理检察机关提起公益诉讼案件，本法没有规定的，适用《行政诉讼法》及相关司法解释。"《中华人民共和国行政诉讼法》第七十四条二款二项规定："行政行为有下列情形之一的，人民法院判决确认违法：……（二）被告改变原违法行为，原告仍要求确认原行政行为违法的……"因此，公益诉讼人提起诉讼后虽然被告依法履行职责，但是人民法院依法应当支持公益诉讼人的诉讼请求，依法确认肃州区财政局怠于履行职责违法。

公益诉讼人第二轮辩论要点：

针对被告的辩论意见，公益诉讼人将从以下几个方面进行答辩：

1. 被告如果认为公益诉讼人提出诉讼主体不当，适用法律错误。

公益诉讼人答辩意见，该观点不能成立：

一是被告提供的《预算法》于2014年修改实施，其规范的是各级政府、各部门、各单位的预算工作，包括各级政府有关部门、单位及其工作人员以虚报、冒领手段骗取预算资金的行为。本案中，原酒泉市兴盛纸品厂业主付庆泉虚报、冒领行为发生在2011年，且兴盛纸品厂系企业法人，不属于《预算法》规范调整的范围。

二是被告提供的《肃州区项目申报管理暂行办法》，是2014年发布实施，只适用于实施后新申报项目的管理。况且该《暂行办法》第十条规定，对于补贴、奖励、补助类项目，由行业行政主管部门根据各类项目管理办法，及相应程序监督项目单位，按要求实施项目。

三是根据肃州区政府部门行政权力清单，可以证实对企业和个人虚报、冒领财政资金行为的监管责任主体是肃州区财政局。肃州区工信局不具有该项法定职责。

四是肃州区财政局于2016年6月26日向原酒泉市兴盛纸品厂业主付庆泉作出的行政处罚决定书，依据的也是《财政违法行为处罚处分条例》第十四条。

因此，被告肃州区财政局对原酒泉市兴盛纸品厂业主付庆泉虚报、冒领国家奖励资金的行为，具有法定监管职责。其关于自己并非本案适格责任主体的答辩意见没有法律依据，依法不能成立。

2. 如果被告反复强调其从工信局收回44万元钱上交省财政厅，即已履行监管责任。

公益诉讼人辩论意见，该观点不能成立：

被告向工信局收回的44万元，是工信局挪用的行政专户资金，该专户资金仍然为财政资金，并非企业退回的奖励资金。被告肃州区财政局作为国家财政资金的管理者，其所称的履职行为，只是将政府的钱从左口袋钱挪到了右口袋。表面上看，是弥补了损失，但实质上国家损失并未得到挽回，同时造成了新的财政违法行为产生。因此，只要被虚报、冒领的财政奖励资金没有真正的从企业追回；虚报、冒领财政奖励资金的行为没有得到处罚，肃州区财政局的行为就不能算作完全履职。

因此，被告肃州区财政局主张，2013年7月，其向肃州区工信局追回资金,上交省财政,即已履行对44万元奖励资金的监管职责,而工信局挪用资金行为与财政局无关,应由肃州区工信局负责追回44万元奖励资金的辩论意见依法不能成立。换句话说,截至目前,若被告财政局仍然认为自己对被虚报、冒领的44万元奖励资金没有法定监管职责,那么,你们后期向兴盛纸品厂业主付庆泉收回资金,并作出行政处罚的依据是什么?

3. 如果被告强调工信局上缴的44万元系挪用款项,直至检察机关提出检察建议才知道。

公益诉讼人辩论意见,该观点不能成立:

肃州区工信局给检察机关的情况说明、被告给检察机关的回复意见、被告向人民法院提交的答辩状内容,均可以证实肃州区财政局对工信局挪用44万元财政资金的事实是知情的。若不知情,那么在工信局于2013年7月已经向财政局上缴44万元的情况下,2014年9月工信局因向企业追收奖励资金未果,向财政局移交案件材料是基于什么理由?移交的又是什么材料?因此,被告对于工信局挪用行政专户资金不知情的观点合及理由不能成立。

4. 若被告强调工信局向企业追收资金的行为等同于财政局的履职行为。

公益诉讼人辩论意见,该观点于法无据,不能成立:

首先,需要向被告强调的是,肃州区工信局不具有对企业和个人虚报、冒领财政奖励资金行为作出处理、处罚的行政职权。对于这一点,法院生效行政裁决已经确认。财政局对企业和个人虚报、冒领财政奖励资金行为的处理、处罚职权,是法律法规赋予的,且在肃州区政府的权力清单中是予以明确的。在没有法律、法规明确规定的情况下,任何行政权力的让渡都是违法的。只能说,公务人员不依法履职就是失职。行政机关不依法作出行政行为,就属于违法行政。这其中包括怠于履职行为、不完全履职行为、也包括不正确履职行为。因此,肃州区工信局向企业追收资金的行为,并不当然等同于财政局的履职行为。肃州区财政局作为对企业和个人虚报、冒领财政奖励资金行为具有法定监管职责的行政主体,在明知国家财政奖励资金被虚报、冒领的情况下,未依法作出处理、处罚措施,致使国家利益遭受损害。且在有条件、有能力挽回损失的情况下,推诿责任,致使国家损失未及时得到挽回。其怠于履职行为本身,即为违法。

其次,在资金发放过程中,被告肃州区财政局与原酒泉市兴盛纸品厂签订的《财政专项资金使用协议书》明确约定,肃州区财政局作为资产所有权人,将国家投入的44万元交由乙方使用,并按照国有资产管理办法进行管理,对违反协议约定的,有权履行监管职责并收回资金。该《协议书》属于行政协议。众所周知,行政协议是指行政机关为了实现公共利益或者行政管理目标,在法定职责范围内，与公民、法人或者其他组织协商订立的具有行政法上权利义务内容的协议。它不同于民事合同，是为了实现公法上的行政目的。其必备要件之一是，行政机关签订行政协议必须是在"法定的职权范围内"。本案中，该《协议书》可以证实，肃州区财政局对原酒泉市兴盛纸品厂申报、领取的44万元财政奖励资金，负有不可推卸的行政监管职责。虽然，在实际拨付过程中，该笔资金是通过肃州区工信局予以转付，但在资金来源及性质不变的情况下，仅凭资金支付途径的变更，并不当然意味着资金监管责任的转移。

综上所述，肃州区财政局未依照法律规定、也未依照协议约定履行自己的监管职责，使国家利益长期处于受侵害状态，其怠于履职行为构成违法。

5. 若被告强调自己在收到检察机关的检察建议后，已经履行了监管职责（比如向公安机关报案、责令肃州区工信局追回等）。

公益诉讼人辩论观点：

公益诉讼人之所以发出诉前检察建议，是因为被告肃州区财政局在明知财政奖励资金被虚报、冒领的情况下，长达近3年的时间，没有采取有效措施，对虚报、冒领财政奖励资金收回并对该行为作出处理、处罚。尤其是在2014年9月收到肃州区工信局移交的材料以后，针对虚报、冒领财政奖励资金的行为仍未采取有效措施。如果说被告肃州区财政之前没有搞清楚自己的法定职权，那么接到工信局移交的材料，并且面对法院生效行政裁决书以后呢？财政局仍然没有作出有效的作为。公益诉讼人发出诉前检察建议后，被告虽然如期回复，表示以该案涉嫌刑事案件向公安机关移送，后又予以否定，认为检察建议针对的主体错误。并且置法院生效裁决于不顾，再次责令肃州区工信局向企业收回被虚报、冒领资金，明显推卸监管职责。截至提起诉讼时，被虚报、冒领资金未予追回，虚报、冒领行为未依法得到处罚。国家利益仍然处于受侵害状态。

因此，公益诉讼人认为，被告肃州区财政局截至诉讼前，并未依法、及时、全面、正确履行监管职责。

6. 如果被告认为已经收回奖励资金，完全履行法定监管职责，依据《人民检察院提起公益诉讼试点工作实施办法》相关规定，应该撤回起诉，以消除影响。

公益诉讼人答辩意见：

首先，在检察机关提起公益诉讼后，被告财政局作出行政处罚决定书，并收回被原酒泉市兴盛纸品厂业主付庆泉虚报冒领财政奖励资金及罚款，挽回国家经济损失，国家利益得到保护。对此，检察机关予以充分肯定。但是，在诉讼后所做工作，并不能否认其前期不依法履职行为违法，仍有必要确认其行为违法。

其次，公益诉讼人提起诉讼时，有两项诉讼请求，一是请求确认被告未依法履行监管职责的行为违法；二是请求判令被告依法履行行政监管职责。正是因为被告依法向原酒泉市兴盛纸品厂业主付庆泉作出行政处罚决定，并追回奖励资金及罚款，履行了行政监管职责，故检察机关撤回了第二项诉讼请求。

根据《人民检察院提起公益诉讼试点工作实施办法》第四十九条规定："在行政公益诉讼审理过程中，被告纠正违法行为或者依法履行职责，而使人民检察院的诉讼请求全部得以实现的，人民检察院可以变更诉讼请求，请求判决确认行政行为违法，或者撤回起诉。"因此，本案检察机关变更诉讼请求，撤回第二项诉讼请求符合相关法律规定，被告要求公益诉讼人撤回起诉于法无据。

如果被告反复讲检察机关如果不撤诉，会对政府形象造成负面影响。公益诉讼人辩论意见：被告的这个观点与理由不能成立。

今天，检察机关提起公益诉讼的目的就是唤醒财政部门采取有力手段，挽回国家经济损失，维护国家财政经济秩序，保护国有资产安全，纠正财政违法行为。同时也唤醒所有的行政执法部门依法全面履行政府职能，坚持严格、规范、公正、文明执法，敢于担当，强化对行政权力的制约和监督等，真正把依法行政落到实处，加快建设职能科学、权责法定、执法严明、公开公正、廉洁高效、守法诚信的法治政府，坚决杜绝一些行政机关不执行法律、滥用职权等不作为、乱作为等损害法律尊严和政府形象的问题发生，为建设社会主义法治国家作出应有工作。因此，行政机关进行整改与检察机关提起公益诉讼的目的是一致的，并不存在提起公益诉讼会给被告造成不良影响的问题。

7. 被告如果辩解：2016 年 9 月 8 日，收回奖励资金及罚款后，却无法处理，印证被告已经完全履行职责。

公益诉讼人答辩意见：对于被告肃州区财政局收回奖励资金无法入账的问题，是因为前期被告不依法、不正确履行职责所致，对于相关资金如何处理的问题，希望被告能够依法依规妥善处理。

8. 被告如果辩论提出：肃州区人民政府 145 号文件证实，收取被付庆泉虚报冒领财政奖励资金是工信局的职责。

公益诉讼人辩论意见，被告的这一观点不能成立：

酒肃政发〔2013〕145 号文件，是肃州区政府向酒泉市人民政府所做的关于审计署审计报告反映问题整改情况的报告。同时，财政局部门对企业和个人虚报、冒领财政奖励资金的监管职责，是由法律法规明确规定的，属于肃州区财政局的法定职责。肃州区工信局不具有监管职权。且该文件只是肃州区政府向酒泉市政府的报告，不具有正式授权效力。肃州区财政局不能以此作为免除自身监管职责的理由。

五、最后陈述意见

公益诉讼人：审判长，在刚才的法庭调查及辩论过程中，公益诉讼人围绕诉讼请求，及争议焦点进行了举证，经庭审质证，充分证实所有证据来源合法、内容真实、足以证明本院的诉讼请求合法、合理。

本案中，公益诉讼人提请法院确认，被告肃州区财政局对虚报、冒领财政奖励资金行为，未依法履行行政监管职责，行为违法的诉讼请求，非常有必要。虽然被告肃州区财政局已经对原酒泉市兴盛纸品厂业主付庆泉作出行政处罚，并收回奖励资金。但由于对虚报、冒领行为缺乏及时有效的行政监管，致使国家利益受到损失，已产生不良社会影响，因此，仍有判决确认违法的必要性。

首先，从主观上来讲。被告肃州区财政局对原酒泉市兴盛纸品厂业主付庆泉虚报、冒领奖励资金行为的行政监管责任，既有法律法规的明确规定，又有上级财政部门的明文要求，还有《财政专项资金使用协议书》的具体约定。可以证实，本案从一开始，肃州区财政局对自己的监管主体身份是有明确认识的。但在明知自己对该笔资金具有监管职责的情况下，肃州区财政局没有按照法律法规的规定、上级部门的要求，以及《协议书》的约定，对虚报、冒领奖励资金的行为作出监管行为。而是责令不具有监管职责的工信局予以追回。在收到诉前检察建议后，仍然坚持自己不是适格监管主体。因此可以认定，由于肃州区财政局主观上存在懈怠，致使虚报、冒领行为，未能得到有效监管，被虚报、冒领资金不能及时收回，国家利益遭受重大损害。

其次，从客观上来讲。根据前面所述的事实和法律依据，已充分证实肃州区财政局是虚报、冒领财政奖励资金行为的适格监管主体。其怠于履职行为的违法性，从时间节点上表现为：2013年7月接到省市财政部门的通知后，肃州区财政局没有按照上级部门的明文要求从企业追回资金。2014年9月，法院生效裁判明确认定肃州区工信局不具有法定监管职权后，肃州区财政局没有依法对虚报、冒领行为作出处罚，并收回资金。2016年1月8日，在接到公益诉讼人的诉前检察建议后，截至5月30日提起诉讼前，肃州区财政局仍然没有对虚报、冒领行为作出处罚，并收回资金。其间，肃州区财政局虽然向公安机关移送了付庆泉涉嫌刑事犯罪的线索，但在公安机关答复不予立案后，再次责令肃州区工信局收回资金。其行为属于怠于履职和不正确履职。

而在本案提起诉讼后，被告财政局对付庆泉作出了没收违法所得44万元，并处违法所得资金4.4万元的行政处罚。且在三个月内，将虚报、冒领所得资金与罚款收缴到位，这说明肃州区财政局完全有条件、有能力、有责任履行行政监管职责。

综上所述，公益诉讼人的诉讼请求既有事实根据，又有法律依据。本案事实清楚，证据确实、充分，判决确认被告被诉行政行为违法很有必要，请法庭依法支持公益诉讼人的诉讼请求。

最后，检察机关想在这里强调，党的十八届四中全会将"依法全面履行政府职能"列为深入推进依法行政，加快建设法治政府的首要工作。从依法全面履行政府职能的角度看，"法定职责必须为、法无授权不可为"是法治政府的边界，也是重中之重。法治目标要求，建设法治国家，政府权力必须法定，必须对政府权力进行有效的控制和制约。而政府及其工作人员的所作所为，发挥着重要的引领与示范作用。

检察机关，作为国家法律监督机关，根据全国人大常委会授权，在国有资产保护等领域，开展行政公益诉讼试点工作。国有资产，是指在法律上，有国家代表全民，拥有所有权的各类资产。目前，我国国有资产管理的主要任务，是维护作为所有者的国家权益，保障国有资产的保值增值，提高国有资产的运营效益，以增加社会财富和国家财政收入。

从我国国有资产管理现状来看，多年来，国有资产管理都是采用"一锅煮"的管理办法，并没有针对不同类型，国有资产的性质，进行甄别对待和差异化管理。本案作为全国首例国有资产领域公益诉讼案件，主要针对淘汰落后产能中央补助项目资金的管理。

大家知道，淘汰落后产能是转变经济发展方式、调整经济结构、提高经济增长质量和效益的重大举措，是加快节能减排、环保安全，积极应对全球气候变化的迫切需要，是促进能源节约，提高能源利用效率，保护和改善环境的重要举措。现阶段，由于在项目申报中，重资金争取、轻资产管理问题突出，制度缺乏执行力。使得财政奖励资金在使用过程中，责任主体和责任范围划分不清，监管责任难以落实到位，追踪问责流于形式，国有资产遭受损失。

今年是"十三五"规划的开局年，肃州区作为全省农业现代化先行区、新能源综合利用实验区、产程融合创新区。同时，作为下一步要打造的丝绸之路经济带、商贸物流节点城市和文化旅游特色城市，要敢于直面问题，敢于担当作为，不怕揭短亮丑，坚持开门纳谏，凝心聚力，持续做强区域性经济中心。

今天的庭审，是甘肃省首例行政公益诉讼，在这样的大背景下，可以说案件虽小，意义重大。希望肃州区财政局能够以此为戒，吸取教训，严格履职，依法监管。也希望，此案能唤醒所有行政执法部门，能够依法、全面履行政府职能，坚持严格、规范、公正、文明、执法。为打造"三区两城一中心，建设幸福美丽新肃州"作出贡献!

最后陈述意见发表完毕,请合议庭予以采纳。

2016 年 6 月 2 日

 判决书

甘肃省玉门市人民法院
行政判决书

〔2016〕甘 0981 行初 30 号

公益诉讼人:酒泉市肃州区人民检察院,住所地酒泉市肃州区阳关路北侧。

被告:肃州区财政局,住所地酒泉市肃州区解放路 7-11 号。

法定代表人:朱建强,该局局长。

委托代理人:高梦孝,甘肃神舟律师事务所律师。

委托代理人:聂振东,肃州区财政局经济建设股股长。

公益诉讼人酒泉市肃州区人民检察院因认为被告肃州区财政局不履行国有资产保护法定职责,于 2016 年 5 月 30 日向本院提起行政公益诉讼。本院于 2016 年 5 月 31 日立案后,于 6 月 1 日向被告肃州区财政局送达了起诉状副本、应诉通知书、举证责任通知书等法律文书。本院依法组成合议庭,于 2016 年 11 月 10 日公开开庭审理了本案。公益诉讼人酒泉市肃州区人民检察院指派检察员王艳萍、吕玉琴,被告肃州区财政局的负责人刘儒彦副局长及委托代理人高梦孝、聂振东到庭参加诉讼。本案现已审理终结。

2016 年 1 月 4 日,公益诉讼人酒泉市肃州区人民检察院向被告肃州区财政局作出肃检行政违监〔2015〕62090200008 号《检察建议书》,根据《财政违法行为处罚处分条例》第二条第一款、第六条、第十四条,认为肃州区财政局对付庆泉以原酒泉市兴盛纸品厂名义虚报冒领淘汰落后产能奖励资金 44 万元的行为应当依法履行监管职责,建议:肃州区财政局严格按照相关法律法规的规定,对 44 万元财政资金依法履行行政监管职责。被告肃州区财政局收到《检察建议书》后,于 2 月 1 日向公益诉讼人酒泉市肃州区人民检察院作出《关于对原酒泉市兴盛纸品厂业主付庆泉骗取淘汰落后产能中央财政奖励资金案检察建议书的回复意见》,该意见为:现付庆泉下落不明,告知其相关事项及送达法律文书存在严重阻碍、困难,行政处理程序复杂,期限势必较

长；同时，原酒泉市兴盛纸品厂业主付庆泉隐瞒事实、提供虚假材料，骗取财政奖励资金44万元，数额巨大，其行为已涉嫌刑事犯罪，将再次联系案件移送事宜；如果本案不涉嫌刑事犯罪，将依法查处，并根据相关法律法规，拟作出责令付庆泉退回44万元奖励资金，给予其警告和并处一定金额罚款的处理决定。3月7日，被告肃州区财政局向公益诉讼人酒泉市肃州区人民检察院作出《关于对肃检行政违监〔2015〕62090200008号检察建议书的执行情况说明》，在说明中提出：其单位在3月7日与酒泉市公安局肃州分局衔接付庆泉骗取44万元财政资金的立案事宜，短期无法确定公安机关是否立案；已对肃州区工业和信息化局下发《限期整改通知书》，责令肃州区工业和信息化局于2016年6月30日前负责收回原酒泉市兴盛纸品厂法人付庆泉骗取的44万元财政资金，并补齐被挪用的其他财政资金；同时提出，该笔资金应由肃州区工业和信息化局追回，对肃州区财政局提出检察建议主体欠妥。

公益诉讼人酒泉市肃州区人民检察院诉称，2011年1月5日，原酒泉市兴盛纸品厂业主付庆泉以该厂名义向肃州区工业和信息化局申请2011年中央淘汰落后产能奖励资金项目经济补偿。肃州区工业和信息化局未严格按照规定，对原酒泉市兴盛纸品厂所报材料的真实性和完整性进行审核把关，逐级上报了付庆泉申请淘汰落后产能中央财政奖励资金的相关情况，致使原酒泉市兴盛纸品厂在不符合"近三年正常生产"条件（2009年4月已经注销工商登记）的情况下，成功申报了2011年中央淘汰落后产能奖励资金项目，付庆泉获得奖励资金44万元。2013年7月15日，甘肃省财政厅根据国家审计署驻兰办事处的审计报告和审计决定，作出《关于收回相关企业财政补助（奖励）资金的通知》，以原酒市兴盛纸品厂的项目资金44万元不符合相关规定为由，要求酉泉市财政局从相关企业追缴并上交省财政厅。2013年7月26日，肃州区工业和信息化局从设在兰州银行的中小企业服务协会专项资金账户提取44万元，退回省财政厅。同年8月2日，肃州区工业和信息化局要求付庆泉退回违规获取的资金，付庆泉未能如期退回。2014年1月29日，肃州区工业和信息化局向付庆泉作出《关于限期退回2011年淘汰落后产能中央财政补助（奖励）资金的决定书》，付庆泉仍未退还该笔资金。2014年5月20日，肃州区工业和信息化局从其行政账户向中小企业服务协会专项资金账户转入资金44万元，以补齐挪用的该协会专项资金；并向肃州区人民法院提出强制执行申请，要求执行该局《关于限期退回2011年淘汰落后产能中央财政补助（奖励）资金的决定书》。2014年9月15日，肃州区人民法院作出《行政裁定书》，以肃州区工业和信息化局不具有对企业和个人的财政违法行为处理、处罚的法定职权为由，裁定对肃州区工业和信息化局作出的该决定书不准予强制执行。2016年1月4日，我院作出《检察建议书》，建议：肃州区财政局严格按照相关法律法规的规定，对原酒泉市兴盛纸品厂业主付庆泉获取的44万元财政奖励资金履行行政监管职责。2月1日，肃州区财政局作出《关于对原酒泉市兴盛纸品厂业主付庆泉骗取淘汰落后产能中央财政奖励资金案检察建议书的回复意见》。因肃州区财政局对44万元财政资金未履行行政监管职责，在我院发出《检察建议》后，仍未采取有效措施，致使国家利益仍然处于受侵害状态。我院经层报最高人民检察院批准，提起行政公益诉讼，请求：（1）判决确认肃州区财政局对原酒泉市兴盛纸品厂业主付庆泉非法获取44万元财政奖励资金未依法履行行政监管职责的行为违法；（2）判决责令肃州区财政局依法对原酒泉市兴盛纸品厂业主付庆泉非法获取的44万元财政奖励资金履行行政监管职责。

公益诉讼人酒泉市肃州区人民检察院于法定举证期限内向本院提供并经庭审质证的证据、依据有：（1）酒泉市肃州区人民检察院作出的肃检行政违监〔2015〕62090200008号《检察建议书》；（2）肃州区财政局作出的《关于对原酒泉市兴盛纸品厂业主付庆泉骗取淘汰落后产能中央财政奖励资金案检察建议书的回复意见》；（3）肃州区财政局作出的《关于对肃检行政违监〔2015〕62090200008号检察建议书的执行情况说明》；（4）肃州区财政局给肃州区工业和信息化局作出的肃财发〔2016〕57号《限期整改通知书》；（5）肃州区工业和信息化局作出的《关于对肃财发〔2016〕57号〈限期整改通知书〉的整改意见和建议》；（6）肃州区人民政府分管领导王立明的公文处理单；（7）甘肃省财政厅、甘肃省工业和信息化委员会作出的《关于下达2011年淘汰落后产能中央财政奖励资金的通知》；（8）酒泉市财政局2011年淘汰落后产能中央财政奖励资金表；（9）酒泉市财政局、酒泉市工业和信息化委员会作出的《关于下达2011年淘汰落后产能中央财政奖励资金的通知》；（10）肃州区财政局2011年淘汰落后产能中央财政奖励资金表；（11）肃州区财政局财政资金拨款申请书；（12）国债及财政性专项资金拨款申请表；（13）肃州区财政局2011年12月30日记账凭证；（14）肃州区财政局事业单位资金往来结算票据2张；（15）拨款凭证2张附记账凭证1张；（16）2011年12月9日肃州区财政局与酒泉市兴盛纸品厂签订的《财政专项资金使用协议书》；（17）肃州区财政局作出的《关于拨付2011年淘汰落后产能中央财政奖励资金的通知》；（18）2011年12月21日肃州区工业和信息化局给付庆泉转账44万元的支票存根；（19）酒泉市兴盛纸品厂2011年12月20日收取44万元的收据2张；（20）甘肃省财政厅作出的《甘肃省财政厅关于收回相关企业财政补助（奖励）资金的通知》；（21）肃州区工业和信息化局作出的《收回相关企业财政补助资金名单》；（22）酒泉市兴盛纸品厂《个体工商户基本情况》；（23）酒泉市财政局作出的《酒泉市财政局关于收回相关企业财政补助（奖励）资金的通知》；（24）甘肃省审计厅、甘肃省监察厅、甘肃省财政厅作出的《关于督促整改落实审计决定的紧急通知》；（25）2013年7月26日给肃州区财政局转账44万元清退资金支票存根；（26）肃州区财政局收取44万元的收据1张附凭证粘贴单1张；（27）肃州区工业和信息化局2013年9月1日的记账凭证；（28）肃州区工业和信息化局作出的《关于原酒泉市兴盛纸品厂违规申报淘汰落后产能中央财政奖励资金项目造成44万元财政损失相关情况的说明》；（29）酒泉市中级人民法院〔2015〕酒刑二终字第1号《刑事判决书》；（30）酒泉市肃州区人民法院〔2014〕酒肃执字第921号《行政裁定书》；（31）酒泉市肃州区人民政府《关于公布肃州区区级政府部门行政权力清单和责任清单目录的通知》；（32）最高人民检察院高检发民字〔2016〕19号《关于酒泉市肃州区人民检察院提起行政公益诉讼案件请示》的批复。法律依据：（1）全国人民代表大会常务委员会《关于授权最高人民检察院在部分地区开展公益诉讼试点工作的决定》；（2）最高人民检察院作出的《检察机关提起公益诉讼改革试点方案》；（3）甘肃省人民检察院甘检发民字〔2015〕4号关于印发《甘肃省检察机关提起公益诉讼试点工作实施方案》的通知。

被告肃州区财政局辩称，2013年7月15日，甘肃省财政厅根据国家审计署驻兰州办事处的审计报告决定，作出《关于收回相关企业财政补助（奖励）资金的通知》，其中就包括原酒泉市兴盛纸品厂业主付庆泉非法获取的44万元财政奖励资金。7月18日，酒泉市财政局作出《关于收回相关企业财政补助（奖励）资金的通知》下发区财政局。区财政局向肃州区人民政府主管领导作了汇报，后肃州区人民政府责成肃州区工业和信息化局负责收回原酒泉市兴盛纸品厂业主付庆泉非法获取的44万元财政奖励资金。故负责收回该笔资金的责任主体是肃州区工业和信息化局，而不是区财政局。7月29日，肃州区工业和信息化局通过银行转账汇入区财政局账户44万元财政奖励资金。至此，区财政局已经履行了对原酒泉市兴盛纸品厂业主付庆泉非法获取的44万元财政奖励资金收回的行政监管职责。8月2日，肃州区工业和信息化局作出《关于限期退回2011年淘汰落后产能中央财政奖励资金的执行决定书》，要求原酒泉市兴盛纸品厂业主付庆泉在收到决定书后7日内将违规获取的淘汰落后产能中央财政奖励补助资金44万元退回肃州区工业和信息化局。2014年5月20日，肃州区工业和信息化局就原酒泉市兴盛纸品厂业主付庆泉非法获取的44万元财政奖励资金依法向肃州区人民法院申请强制执行。肃州区人民法院经过审理，认为肃州区工业和信息化局不具有对企业和个人的财政违法行为作出处理、处罚的法定职权,对肃州区工业和信息化局作出的《关于限期退回 2011年淘汰落后产能中央财政奖励资金的执行决定书》不准予强制执行。2014 年 9 月 15 日之前,肃州区工业和信息化局一直在履行对原酒泉市兴盛纸品厂业主付庆泉非法获取 44 万元财政奖励资金追回的职责。区财政局收到肃州区工业和信息化局移交的材料后,认为原酒泉市兴盛纸品厂业主付庆泉在申报 2011 年淘汰落后产能中央财政奖励资金时涉嫌诈骗罪。2015 年 3 月,区财政局依法向酒泉市肃州区公安局递交了报案材料,要求依法立案追究原酒泉市兴盛纸品厂业主付庆泉涉嫌诈骗罪的刑事责任。但酒泉市公安局肃州分局不按法定程序办理案件,始终没有给区财政局任何答复。2016 年 6 月 4 日,区财政局再次将原酒泉市兴盛纸品厂业主付庆泉非法获取 44 万元财政奖励资金涉嫌诈骗罪一案移送至酒泉市公安局肃州分局。6 月 5 日,区财政局请肃州区不动产登记管理局暂时对付庆泉的房屋登记手续进行冻结。6 月 7 日,酒泉市公安局肃州分局作出《不予立案通知书》,以原酒泉市兴盛纸品厂业主付庆泉非法获取 44 万元财政奖励资金不构成犯罪,对区财政局移送的案件不予立案。在此期间,区财政局履行了行政监管职责,于 6 月 6 日依法作出《行政处罚告知书》,并通过《酒泉日报》依法向原酒泉市兴盛纸品厂业主付庆泉进行公告送达。区财政局已经履行了行政监管职责,请求驳回公益诉讼人的诉讼请求。

被告肃州区财政局于法定举证期限内向本院提供并经庭审质证的证据、依据有:(1)酒泉市肃州区人民政府作出的《关于取缔永鑫纸品厂等 3 户造纸企业的通知》;(2)肃州区财政局、肃州区工业和信息化局作出的《关于酒泉市肃州区靖安球团加工厂等 3 户企业申请 2011 年度淘汰落后产能中央财政奖励资金的请示》;(3)酒泉市财政局、酒泉市工信委、酒泉市能源局作出的《关于申报 2011 年淘汰落后产能中央财政奖励资金的请示》;(4)肃州区财政局作出的《关于拨付 2011 年淘汰落后产能中央财政奖励资金的通知》;(5)肃州区财政局与酒泉市兴盛纸品厂 2011 年 12 月 9 日签订的《财政专项资金使用协议书》;(6)中华人民共和国审计署驻兰州特派员办事处审计(调查)取证单;(7)甘肃省审计厅、甘肃省监察厅、甘肃省财政厅作出的《关于督促整改落实审计决定的紧急通知》;(8)甘肃省财政厅作出的《甘肃省财政厅关于收回相关企业财政补助(奖励)资金的通知》;(9)酒泉市财政局作出的《酒泉市财政局关于收回相关企业财政补助(奖励)资金的通知》;(10)肃州区工业和信息化局作出的《关于限期退回 2011 年淘汰落后产能中央财政奖励资金的执行决定书》;(11)肃州区工业和信息化局作出的《关于追缴酒泉市兴盛纸品厂 2011 年淘汰落后产能中央财政奖励咨仓的情况说明》;(12)给付庆泉送达《行政决定书》的送达回证;(13)肃州区工业和信息化局作出的《关于限期退回 2011 年淘汰落后产能中央财政补助（奖励）资金的决定书》；（14）肃州区工业和信息化局作出的《关于催告肃州区兴盛纸品厂原法定代表人付庆泉回酒接受国家审计署驻兰州特派办处理决定退回中央淘汰落后产能补助资金情况的说明》及附件、快递回执；（15）肃州区工业和信息化局给付庆泉公告送达限期退款《催告书》的报纸；（16）肃州区工业和信息化局作出的《强制执行申请书》；（17）酒泉市肃州区人民法院作出的〔2014〕酒肃执字第 921 号《行政裁定书》；（18）酒泉市肃州区人民检察院作出的肃检行政违监〔2015〕62090 加 0008 号《检察建议书》；（19）肃州区财政局作出的《关于对原酒泉市兴盛纸品厂业主付庆泉骗取淘汰落后产能中央财政奖励资金案检察建议书的回复意见》；（20）肃州区财政局作出的《关于对肃检行政违监〔2015〕62090200008 号检察建议书的执行情况说明》；（21）肃州区财政局给肃州区工业和信息化局作出的肃财发〔2016〕57 号《限期整改通知书》及送达回执；（22）肃州区工业和信息化局作出的《关于对肃财发〔2016〕57 号〈限期整改通知书〉的整改意见建议》；（23）肃州区财政局给酒泉市公安局肃州分局作出的《关于原酒泉市兴盛纸品厂业主付庆泉涉嫌刑事犯罪的案件移送书》；（24）肃州区工业和信息化局向肃州区财政局转账 44 万元的进账单及资金往来结算票据 2 张；（25）肃州区财政局向酒泉市财政局退付 2011 年淘汰落后产能专项资金 44 万元的预算拨款凭证 1 张；（26）酒泉市肃州区人民法院〔2014〕酒肃刑初字第 433 号《刑事判决书》；（27）酒泉市中级人民法院〔2015〕酒刑二终字第 1 号《刑事判决书》；（28）酒泉市肃州区人民政府给酒泉市人民政府作出的《酒泉市肃州区人民政府关于审计署审计报告反映问题整改情况的报告》；（29）肃州区工业和信息化局给审计署驻兰州特派员办事处作出的《关于追缴酒泉市兴盛纸品厂 44 万元资金的情况说明》；（30）肃州区财政局作出的《案件移送函》及送达回证；（31）酒泉市公安局肃州分局经济犯罪侦查大队给肃州区财政局作出的《受案回执》；（32）酒泉市公安局肃州分局给肃州区财政局作出的《不予立案通知书》；（33）肃州区财政局于 2016 年 6 月 3 日作出《行政处罚意见告知书》及送达公告；（34）肃州区财政局给区不动产登记管理局作出的《关于请求案件协助工作的函》：拟证肃州区财政局一直在履行法定职责。法律依据：（1）《中华人民共和国预算法》第五十三条第二款；（2）《财政违法行为处罚处分条例》第二十条；（3）《肃州区项目申报管理暂行办法》第八条。

  庭审质证中，公益诉讼人酒泉市肃州区人民检察院对被告肃州区财政局举证证据的真实性均无异议，但认为以上证据不能证明被告肃州区财政局依法履行了行政监管职责。

被告肃州区财政局对公益诉讼人酒泉市肃州区人民检察院举证证据的真实性均无异议，但认为以上证据不能证明其单位未依法履行行政监管职责。

本院对上述证据认证如下：公益诉讼人酒泉市肃州区人民检察院与被告肃州区财政局提供证据所证明的内容与本案具有关联性，且来源合法，内容真实，属有效证据，本院予以确认。

经审理查明：2011年1月5日，付庆泉以原酒泉市兴盛纸品厂名义向肃州区工业和信息化局申请2011年中央淘汰落后产能奖励资金项目经济补偿。4月，肃州区工业和信息化局按照《淘汰落后产能中央财政奖励资金管理暂行办法》（财建〔2007〕113号）审核同意后上报。经酒泉市工信委、省工信委、省财政厅的初审后，该项目于4月21日在省工信委网站进行了公示。4月20日，财政部、工业和信息化部、国家能源局颁布了《淘汰落后产能中央财政奖励资金管理办法》（财建〔2011〕180号），要求申报的企业必须具备近三年处于正常生产状态。5月12日，肃州区财政局、肃州区工业和信息化局作出《关于酒泉市肃州区靖安球团加工厂等3户企业申请2011年度淘汰落后产能中央财政奖励资金的请示》，在该请示中将酒泉市兴盛纸品厂的关停时编造为"2010年12月被肃州区人民政府限期关停"。12月9日，肃州区财政局与酒泉市兴盛纸品厂签订《财政专项资金使用协议书》，协议约定：区财政局作为资产所有权人将国家投入的2011年度淘汰落后产能中央财政奖励补助资金44万元交给酒泉市兴盛纸品厂使用，并按国有资产管理办法进行管理。12月，该项目资金44万元通过肃州区财政局拨付至肃州区工业和信息化局。12月21日，肃州区工业和信息化局将44万元资金拨付给付庆泉。

2012年12月21日，国家审计署驻兰州特派员办事处查明：酒泉市兴盛纸品厂在2008年6月基本处于停产状态，2009年1月4日税务登记就已注销，酒泉市工商局资料显示该厂于2009年4月3日已注销。2013年7月15日，甘肃省财政厅根据国家审计署驻兰办事处的审计报告和审计决定，作出《关于收回相关企业财政补助（奖励）资金的通知》，以原酒泉市兴盛纸品厂所得项目资金44万元不符合政策规定为由，要求酒泉市财政局于7月20日前收回并上交省财政厅。2013年7月18日，酒泉市财政局作出《酒泉市财政局关于收回相关企业财政补助（奖励）资金的通知》，通知肃州区财政局于2013年7月20日前将酒泉市兴盛纸品厂不符合政策规定所取得的2011年淘汰落后产能项目资金44万元收回同级财政并逐级专项上解省财政。7月23日，甘肃省审计厅、甘肃省监察厅、甘肃省财政厅作出《关于督促整改落实审计决定的紧急通知》，通知酒泉市按审计整改事项及督办要求，于7月25日前专题上报处理结果。7月29日，肃州区工业和信息化局挪用中小企业协会专项资金44万元，通过银行转账转入肃州区财政局账户，垫付了原酒泉市兴盛纸品厂业主付庆泉不符合政策规定获取的44万元财政奖励资金。8月2日，肃州区工业和信息化局对原酒泉市兴蕴纸品厂及付庆泉作出《关于限期退回2011年淘汰落后产能中央财政奖励资金的执行决定书》，限其于决定书送达后7日内将违规获取的淘汰落后产能资金44万元退回。2014年1月29日，肃州区工业和信息化局向付庆泉作出《关于限期退回2011年淘汰落后产能中央财政补助（奖励）资金的决定书》并于当日向付庆泉送达。该决定书限付庆泉在收到决定书之日起7日内，将违规获取的淘汰落后产能中央财政补助资金44万元退回。5月28日，肃州区工业和信息化局向付庆泉公告送达《限期退款催告书》。8月26日，肃州区工业和信息化局向肃州区人民法院提出强制执行申请，要求执行该局作出的《关于限期退回2011年淘汰落后产能中央财政补助（奖励）资金的决定书》。9月15日，肃州区人民法院作出〔2014〕酒肃执字第921号《行政裁定书》，认为肃州区工业和信息化局不具有对企业和个人的财政违法行为作出处理、处罚的法定职权，裁定对肃州区工业和信息化局该决定不准予强制执行。当月，肃州区工业和信息化局将该案卷宗移送肃州区财政局。2016年1月4日，酒泉市肃州区人民检察院向肃州区财政局作出《检察建议书》，建议：对付庆泉以原酒泉市兴盛纸品厂名义虚报冒领的淘汰落后产能奖励资金44万元的行为，严格按照相关法律法规的规定，依法履行行政监管职责。2月1日，肃州区财政局向酒泉市肃州区人民检察院作出《关于对原酒泉市兴盛纸品厂业主付庆泉骗取淘汰落后产能中央财政奖励资金案检察建议书的回复意见》，提出：付庆泉下落不明，且隐瞒事实、提虚假材料骗取财政奖励资金44万元已涉嫌犯罪，将依法联系案件移送事宜；如案件明确不涉嫌刑事犯罪，将依法查处。3月7日，肃州区财政局向酒泉市肃州区人民检察院作出《关于对肃检行政违监〔2015〕62090200008号检察建议书的执行情况说明》，提出：其单位在3月7日向酒泉市公安局肃州分局衔接付庆泉骗取44万元财政资金的立案事宜，短期无法确定公安机关是否立案；已对肃州区工业和信息化局作出了《限期整改通知书》，责令肃州区工业和信息化局于2016年6月30日前负责收回原酒泉市兴盛纸品厂法人付庆泉骗取的44万元财政资金；该项目主管部门工信局应对资金负有追回责任，不应由财政部门负责，对财政局提出检察建议主体欠妥。当日，肃州区财政局对肃州区工业信息化局作出了《限期整改通知书》，责令肃州区工业和信息化局于2016年6月30日前负责收回原酒泉市兴盛纸品厂法人付庆泉骗取的44万元财政资金，并原渠道补齐被挪用的其他财政资金。3月8日，肃州区财政局给肃州区工业和信息化局送达《限期整改通知书》。5月11日，肃州区工业和信息化局向肃州区人民政府作出

《关于对肃财发〔2016〕57号〈限期整改通知书〉的整改意见建议》，提出付庆泉多年来一直生活在新疆，无法查找具体下落；建议：（1）区政府协调公安机关查找付庆泉下落；（2）协调法院立案处理；（3）由财政部门作出限期追回决定书。5月26日，最高人民检察院批准肃州区人民检察提起行政公益诉讼。5月30日，肃州区人民检察院提起公益行政诉讼，请求：（1）判决确认被告肃州区财政局对原酒泉市兴盛纸品厂业主付庆泉非法获取44万元财政奖励资金未依法履行行政监管职责的行为违法；（2）判决责令被告肃州区财政局依法对原酒泉市兴盛纸品厂业主付庆泉非法获取的44万元财政奖励资金履行行政监管职责。此后，公益诉讼人将其第二项诉讼请求明确为：要求肃州区财政局依法向原酒泉市兴盛纸品厂业主付庆泉追回套取的44万元财政奖励资金，同时对其套取国家奖励资金的行为依法进行处罚。6月3日，肃州区财政局对付庆泉作出《行政处罚意见告知书》，提出拟作出收回骗取的中央财政补助资金44万元，并处骗取资金10%罚款4.4万元的行政处罚。6月4日，肃州区财政局以原酒泉市兴盛纸品厂法人付庆泉骗取44万元财政资金涉嫌犯罪为由向酒泉市公安局肃州分局移送材料要求公安机关处理。6月5日，肃州区财政局请肃州区不动产登记管理局暂时对付庆泉在的房屋登记手续进行冻结。6月6日，肃州区财政局在《酒泉日报》上公告给付庆泉送达《行政处罚意见告知书》。6月7日，酒泉市公安局肃州分局给肃州区财政局出具《不予立案通知书》，以付庆泉的行为不构成犯罪为由，决定不予立案。6月15日，肃州区财政局向酒泉市肃州区人民法院提出财产保全申请，请求对付庆泉名下的住房一套进行财产保全。当日，酒泉市肃州区人民法院作出《执行裁定书》，裁定对付庆泉的住房一套予以查封。此后，肃州区财政局得知付庆泉在上海治病，遂到上海找付庆泉。6月22日，肃州区财政局对付庆泉作出《行政处罚前事先（听证）告知书》并送达。6月26日，肃州区财政局作出《行政处罚决定书》，决定对：原酒泉市兴盛纸品厂业主付庆泉作出没收违法所得资金44万元，并处违法所得资金10%的罚款4.4万元的行政处罚。当日，《行政处罚决定书》给付庆泉送达。在执行该行政处罚过程中，肃州区财政局允许了付庆泉变卖房屋。8月4日，付庆泉与其妻陈玉凤与肃州区城市物业监督管理局签订房地产买卖契约，将该房屋以581177.4元卖与肃州区城市物业监督管理局取得了该房屋的房产证。9月8日，肃州区住房和城乡建设局将付庆泉房款中的484000元转交肃州区财政局，并将下余房款97177.4元付给付庆泉。庭审中，酒泉市肃州人民检察院以肃州区财政局在诉讼中依法履行职责使其保护国有资产的诉讼请求已实现为由，申请撤回责令肃州区财政局依法对原酒泉市兴盛纸品厂业主付庆泉非法获取的44万元财政奖励资金履行行政监管职责的诉讼请求，但仍要求确认肃州区财政局对原酒泉市兴盛纸品厂业主付庆泉非法获取44万元财政奖励资金未依法履行行政监管职责的行为违法。

本院认为，根据《全国人民代表大会常务委员会关于授权最高人民检察院在部分地区开展公益诉讼试点工作的决定》及《最高人民检察院关于开展检察机关提起公益诉讼试点工作的通知》的规定，甘肃省是试点省份，肃州区检察院具备就国有资产保护等领域造成国家和社会公共利益侵害提起公益诉讼的资格。《财政违法行为处罚处分条例》第二条第一款规定，县级以上人民政府财政部门及审计机关在各自职权范围内，依法对财政违法行为作出处理、处罚决定。肃州区财政局作为本辖区内财政管理部门，具有财政资金行政监督、管理法定职责，是本案适格被告。

行政机关没有依法履行法定职责与国家和社会公共利益受到侵害是检察机关提起公益诉讼的必要条件，根据《中华人民共和国物权法》第五十六条、第五十七条规定，财政资金属于国家所有，属国有资产。肃州区检察院发出检察建议后肃州区财政局在一段时间内仍未履行收回国有资金的法定职责，使国家资产处于被侵害状态。其提起公益诉讼符合法定条件。

行政机关是否履行严格审查职责，尽到合理的审查义务及行政相对人违法行为是否停止是司法机关审查行政机关履行法定职责是否合法到位的重要标准。本案中肃州区财政局在审核原兴盛纸品厂业主付庆泉提交材料是否符合有关规定的近三年处于正常生产状态情形过程中，未尽到合法审查义务，且未经酒泉市财政主管部门同意的条件下，将原兴盛纸品厂的关停时间编造为2010年12月，并与该企业签订了《财政专项资金使用协议书》，使得原兴盛纸品厂业主付庆泉取得2011年度淘汰落后产能中央财政奖励补助资金44万元，造成国有资产受到侵害的后果。2013年7月18日，酒泉市财政局通知被告肃州区财政局将44万元收回财政，负有监督管理职责的肃州区财政局怠于履行法定职责，既未按《财政违法行为处罚处分条例》第十四条之规定追回国有资产，也未依法履行后续监督、管理职责，导致国家公共利益未脱离受侵害状态。经肃州区检察院督促依法履职后，肃州区财政局才于2016年3月7日对肃州区工信局作出了《限期整改通知书》，因此肃州区财政局虽有执法行为，但在一定期限内仍然没有按照法定职责执法到位，导致原兴盛纸品厂业主付庆泉的违法行为仍在继续，国家和社会公共利益仍处在被侵害的状态。直到诉讼阶段，肃州区财政局才履行追缴资金的法定职责，将国有资金44万元收回。

综上，肃州区财政局未依法严格履行对财政资金的管理职责，也未尽到必要的审慎审核义务，违法发放财政资金，至公益诉讼人肃州区检察院发出检察建议前一直未履行法定职责；而且在收到诉前检察建议后的一段时间内，在其有能力、有条件履行的情况下，仍然未按照规定履行责令原兴盛纸品厂退回违法取得44万元的法定职责，拖延履行作为义务的行为违反法律法规的规定，公益诉讼人酒泉市肃州区人民检察院要求确认被告肃州区财政局对原酒泉市兴盛纸品厂业主付庆泉非法获取44万元财政奖励资金未依法履行行政监管职责的行为违法，符合法律规定，应予支持。

肃州区财政局认为收回该笔资金的责任主体是肃州区工业和信息化局及已经履行了对财政奖励资金收回的行政监管职责的辩称意见，缺乏事实依据，本院不予采纳：因本案受理后，肃州区财政局已将国有资产追回，酒泉市肃州区人民检察院撤回了请求判决责令被告肃州区财政局依法对原酒泉市兴盛纸品厂业主付庆泉非法获取44万元财政奖励资金履行行政监管职责的诉讼请求，本院认为，公益诉讼人的诉讼目的部分得以实现，依法适时变更诉讼请求，符合《最高人民法院关于行政诉讼撤诉若干问题的规定》第二条及《人民检察院提起公益诉讼试点工作实施办法》第四十九条的规定，本院予以准许。据此，依照《中华人民共和国行政诉讼法》第七十四条第二款第二项之规定，经本院审判委员会讨论决定，判决如下：

确认被告肃州区财政局对原酒泉市兴盛纸品厂业主付庆泉不符合国家政策获取的44万元财政奖励资金未依法履行行政监督、管理职责的行为违法。

如不服本判决，可在判决书送达之日起十五日内，向本院递交上诉状，并按对方当事人的人数提出副本，上诉于甘肃省酒泉市中级人民法院。

审 判 长 程志荣
审 判 员 晋 军
人民陪审员 李建军
二〇一七年四月十三日
书 记 员 赵多芳

11 甘肃省嘉峪关市人民检察院诉嘉峪关市人民防空办公室不作为案

（费用：易地建设费）

一、基本案情

2016年3月初，嘉峪关市检察院反渎职侵权局在履行检察职责中发现嘉峪关市人防办怠于履行职责的案件线索，移送民事行政检察处办理。

2011年至2016年3月中旬，陕西天诚新开置业有限公司嘉峪关分公司（以下简称天诚公司）在佳苑壹号项目、嘉峪关溥源置业有限责任公司（以下简称溥源公司）在天空之城（天诚国际购物中心）项目建设中，均未办理防空地下室审批手续，未建防空地下室，亦未缴纳易地建设费。截至2016年3月中旬，佳苑壹号、天空之城两个项目主体工程均已完工。2012年12月12日，嘉峪关市人防办在执法检查时，曾就在建的佳苑壹号项目向天诚公司发出了《责令改正通知书》，责令天诚公司于2012年12月20日前到嘉峪关市人防办办理人防工程结建手续，逾期将依法予以行政处罚。事后建设方未办理人防工程结建手续，嘉峪关市人防办亦未依法予以行政处罚。2013年10月11日，嘉峪关市人防办对天空之城项目现场进行执法检查时，建设方溥源公司提交了《最新面积》，但检查后在明知建设方没有办理人防工程结建手续的情况下，仍未采取行政监管措施，致使违法行为持续存在。

根据嘉峪关市建设局建筑管理站提供的《关于嘉峪关市天诚国际购物中心等三项工程建筑面积摘录情况的说明》，佳苑壹号项目包括1、2、3号住宅楼，其中1号楼地下1层，地上18层，总建筑面积为335333.98平方米，其中建筑基地（首层建筑）面积为2415.85平方米，地下深度正负零以下4.5米；2号楼地下1层，地上6层，总建筑面积为6194.7平方米，其中地上建筑面积为3323.7平方米，建筑基地面积为607.6平方米，地下深度正负零以下5.7米；3号楼地下1层，地上12层，总建筑面积为6458平方米，其中建筑基地面积为460.11平方米，地下深度正负零以下3.6米。天空之城（天诚国际购物中心）项目地下1层，地上12层，总建筑面积为111011.09平方米，其中地下建筑面积为 29674.01 平方米，地上建筑面积为 81337.08 平方米。建筑基地面积为 12737.38 平方米。地下深度正负零以下 10.5 米。根据《甘肃省实施〈中华人民共和国防空法〉办法》、《甘肃省防空地下室易地建设费收费实施办法》和《嘉峪关市人防办收费公示表》的有关规定，嘉峪关市检察院核算出天诚公司、溥源公司应当缴纳的易地建设费。

二、诉前程序

2016 年 3 月 17 日，嘉峪关市检察院向嘉峪关市人防办发出嘉检民（行）行政违监〔2016〕62020000007 号检察建议书，建议嘉峪关市人防办依法追缴天诚公司、溥源公司应当缴纳的易地建设费。嘉峪关市人防办在收到检察建议后，履行职责不到位，在向天诚公司发出缴款通知，追缴 200 万元后，没有采取有效措施继续督促天诚公司及时缴纳剩余的款项。2016 年 6 月 1 日，嘉峪关市检察院向嘉峪关市人防办送达了《立案决定书》。同年 6 月 16 日，嘉峪关市人防办分别向溥源公司和天诚公司作出了嘉防易征决字〔2016〕2016001.002 号《防空地下室易地建设费征收决定书》，决定征收溥源公司易地建设费 15729950 元和天诚公司易地建设费 4029163 元（已缴纳 200 万元）。嘉峪关市人防办责令建设单位在收到决定书之日起 15 日内缴纳。溥源公司和天诚公司不服嘉峪关市人防办征收决定书，于 2016 年 8 月 3 日向嘉峪关市人民政府提起行政复议，同年 10 月 28 日，嘉峪关市人民政府分别作出嘉政复字〔2016〕9 号、11 号复议决定书，维持嘉峪关市人防办嘉防易征决字〔2016〕2016002.001 号《防空地下室易地建设费征收决定书》，因在复议决定书规定的期限内未提起行政诉讼，同年 11 月 12 日该复议决定书生效，之后，嘉峪关市人防办并未积极督促两公司缴纳易地建设费。同年 11 月 29 日甘肃省人民检察院批准嘉峪关市检察院对该案向人民法院提起行政公益诉讼，嘉峪关市检察院电话告知嘉峪关市人防办，其才于 2017 年 1 月 25 日向嘉峪关市城区人民法院申请强制执行。

三、诉讼情况

2016 年 11 月 15 日，嘉峪关市检察院根据《人民检察院提起公益诉讼试点工作实施办法》第 29 条的规定，将案件交办至嘉峪关市城区人民检察院。随后，嘉峪关市城区检察院以嘉峪关市人防办为被告向嘉峪关市城区法院提起行政公益诉讼，但嘉峪关市城区法院不予受理。根据《甘肃省高级人民法院行政案件异地管辖暂行办法》的规定，嘉峪关市检察院改变管辖办理该案，于 2017 年 2 月 20 日向酒泉市中级法院提起诉讼，酒泉市中级法院于 2017 年 3

月 7 日依法受理该案。

2017 年 7 月 12 日,酒泉市中级法院依法公开开庭审理该案,8 月 14 日作出判决。酒泉市中级法院认为,嘉峪关市人防办未依法严格履行对国有资产的管理职责,在相关项目建设期间未依法履行防空地下室审批管理职责,也未严格审核涉案公司所开发的房地产项目是否属于不宜修建防空地下室易地建设的情形,同时又未依法对不修建防空地下室的当事人进行行政处罚,至公益诉讼人嘉峪关检察院发出检察建议前一直未完全履行法定职责;且在收到诉前检察建议后的一段时间内,嘉峪关人防办在其有能力、有条件履行的情况下,拖延履行作为义务的行为违反法律法规的规定,公益诉讼人嘉峪关检察院要求酒泉市中级法院确认被告嘉峪关人防办怠于履行法定职责行为违法的诉讼请求,符合法律规定,法院予以确认。被告嘉峪关人防办认为其收到检察建议后积极履行了相关职责的辩称意见,缺乏事实依据,法院不予采纳。据此,依照《中华人民共和国行政诉讼法》第 74 条第 2 款 2 项,判决确认被告嘉峪关市人民防空办公室在对陕西天诚新开置业有限公司嘉峪关分公司建设的佳苑壹号项目、嘉峪关溥源置业有限责任公司建设的天诚国际购物中心项目人民防空管理工作中未依法履行职责行为违法。

四、办案指引

 管辖

嘉峪关市人防办是县处级行政机关,根据《中华人民共和国行政诉讼法》第 14 条、第 15 条和《人民检察院提起公益诉讼试点工作实施办法》第 29 条第 1 款的规定,由检察院提起行政公益诉讼的案件,一般由违法行使职权或者不作为的行政机关所在地的基层人民检察院管辖,即由嘉峪关市城区检察院管辖,但因嘉峪关市城区法院不予受理该案,而嘉峪关市行政区域内只有一个基层检察院即城区检察院,本区域再无其他试点基层检察院,因此嘉峪关市检察院只得依据第 29 条第 4 款规定,将该案变更管辖由嘉峪关市检察院办理,根据《甘肃省高级人民法院行政案件异地管辖暂行办法》规定,由中级法院管辖的行政案件,嘉峪关市案件交叉至酒泉市办理,因此最终起诉至酒泉市中级人民法院。

 立案

检察机关提起行政公益诉讼案件,尚没有明确的立案标准,因此,承办人在办案中对于什么情况符合立案条件、什么时候办理立案手续处于探索尝试过程。承办人认为符合三个标准应当作出立案决定。一是被监督行政机关是否适格，嘉峪关市人防办是法律授权的行政机关，是嘉峪关市人民防空工作的行政主管部门，应依法履行防空管理职责；二是是否存在违法事实，天诚公司和溥源公司在建设佳苑壹号和天空之城项目，具有未办理防空地下室审批手续，未建防空地下室，亦未缴纳易地建设费的违法事实；三是被监督行政机关对存在的违法事实是否履行职责，嘉峪关市人防办对于前述违法事实存在不主动依法履职的行为，在收到检察建议书后，虽然书面答复采纳检察建议，并前后作出了一些工作，但实际效果并不明显，直至检察机关起诉时，仅追缴回异地建设费200万元，尚欠缴1700余万元，属于不完全履职。

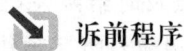 **诉前程序**

1. 本案调查的重点

嘉峪关市人防办在天诚公司和溥源公司在建设佳苑壹号和天空之城建设项目中，是否存在不依法履行职责的行为是本案的调查重点。

2. 本案如何针对调查重点开展调查

围绕这个重点，承办人展开了调查取证工作。一是全面掌握相关法律依据。人民防空办公室工作职能不为大家了解，如何精准地找出人民防空工作的问题，承办人员在案件办理中查阅了大量法律法规，对人民防空工作的工作职能和工作流程做到清晰明白，反复推敲违法事实和法律依据等，使检察机关为后来的起诉奠定了坚实的基础。二是收集案件基本事实的证据。承办人根据建设方违法事实和嘉峪关市人防办违法行为，前往嘉峪关市规划局、建设局、建设方调取了以上两个民用建筑的规划许可、施工许可等项目资料，确定建设方未将防空地下室的修建与地面建筑同步规划、设计、建设，也未办理地下人防工程审批手续，前往嘉峪关市人防办调取以上两个项目的相关资料，发现嘉峪关市人防办在以上两个项目从建设至主体完工期间，未对人防工程履行审批职责，嘉峪关市人防办在多次去施工现场进行执法检查，发现违法行为后，未依法进行行政处罚。

承办人针对以上两个建设项目主体已完工，根据法律规定，应当收取防空地下室易地建设费，嘉峪关市检察院根据《甘肃省防空地下室异地建设费收费实施办法》和《嘉峪关市人防办收费公示表》的规定，计算了以上建设项目应当缴纳的防空地下室易地建设费金额，于2016年3月17日向嘉峪关市人防办作出了嘉检民（行）行政违监〔2016〕62020000007号检察建议书，督促嘉峪关市人防办履行职责、及时追缴防空地下室易地建设费，避免巨额防空地下室易地建设费的流失。

 跟进调查

　　行政公益诉讼案件的办案周期长,行政机关的变化随时存在,因此,办理这类型案件要求承办人实时跟进行政机关新进展贯穿于办案始终。首先,检察建议作出前,承办人实时关注行政机关具体行政行为是否作出;其次,检察建议发出后至起诉期间,承办人一直密切跟进嘉峪关市人防办的履职情况,多次以口头的方式给嘉峪关市人防办相关负责人和具体工作人员释法说理,并督促其积极履职,但收效甚微,嘉峪关市人防办始终处于被动履职状态。嘉峪关市人防办在收到检察建议书后,虽及时给两公司发出了《催办人防结建手续通知书》,从佳苑壹号项目建设方追缴人防"结建"费 200 万元,但将天空之城项目建设单位提交的《易地还建人防工程的申请》报省人防办审定。承办人针对这一情况多次向嘉峪关市人防办相关工作人员讲明嘉峪关市人防办作出的具体行政行为应当是什么形式的,且建设单位提交的《易地还建人防工程的申请》是违法的。2016 年 6 月 1 日嘉峪关市检察院将本案符合提起行政公益诉讼条件的《立案决定书》送达给嘉峪关市人防办后,嘉峪关市人防办才分别向溥源公司、天诚公司作出《防空地下室易地建设费征收决定书》。此后,溥源公司、天诚公司对该征收决定书不服向嘉峪关市政府提出行政复议,嘉峪关市政府维持了原决定,在复议决定书生效后,嘉峪关市人防办仍然不积极履职,直到承办人电话告知其该案已由省检察院批准提起行政公益诉讼后,嘉峪关市人防办才于 2017 年 1 月 25 日向嘉峪关市城区人民法院申请强制执行。但截至目前,天空之城项目未缴纳易地建设费,佳苑壹号项目只缴纳易地建设费 200 万元,尚欠易地建设费 1700 多万元。

 提起诉讼

1. 起诉条件

　　提起行政公益诉讼的标准是,有适格的原告、被告,有具体的诉讼请求和事实根据,属于法院的受案范围和受诉法院的管辖。嘉峪关市人防办作为嘉峪关市人民防空工作的主管行政执法部门,对嘉峪关市的民用建筑工程项目的立项、设计、施工、监理、质量监督、造价审查至工程竣工验收每个环节,都应当依法对人民防空工程的规划、设计、建设、竣工验收等进行专业审查,而不能坐视或者放任建设单位违法不建人防工程。在检察机关的督促下虽然作出了具体行政行为,并申请法院强制执行其作出的《防空地下室易地建设费征收决定书》,但该行为并不能改变其在项目设计、建设、主体完工前不依法履行

职责和检察建议发出后怠于履行职责,及至今未追回溥源公司和天诚公司拖欠的易地建设费,致使巨额国有资产不能及时追回、国家和社会公共利益仍然受到损害的违法事实。本案有明确的被告、具体的诉讼请求和事实根据,属于检察机关提起行政公益诉讼的受案范围,也属于法院审理行政诉讼的受案范围,根据法律规定,本案的管辖明确,因此符合起诉条件。

2. 提供材料

承办人依据上述事实理由制作了行政公益诉讼起诉书,请求确认嘉峪关市人防办不依法履职行为违法,并向法院提交了检察机关作为公益诉讼人主体资格的证明材料,检察机关已完成公益诉讼前置程序的证据材料和嘉峪关市人防办作为嘉峪关市人民防空主管部门,在查处建设方未依法修建人防工程的执法过程中,存在不依法履行职责、行政行为不到位的证据材料。

3. 庭前会议

为保证庭审活动有序进行,法院组织双方召开了一次庭前会议,首先,组织双方证据交换,对双方主体资格、检察机关已履行诉前程序等证据直接予以采纳,对双方认可的事实予以明确,简化了庭审程序;其次,明确了庭审争议焦点,突出了法庭调查重点,为良好的庭审效果奠定了基础;最后,通过证据交换,在很大程度上消除了被诉行政机关的对立情绪,三方形成了共同开好此次庭审的共识,确保了庭审的顺利进行。

4. 庭审应对

行政诉讼案件的举证责任倒置,要求被告承担主要的举证责任,检察机关作为公益诉讼人,其举证责任基本上等同于原告,但为了确保案件立得起、判得下、诉得赢,承办人依职权针对本案的基本事实和争议焦点调取了近二十份证据,并对每一份证据的来源、证明的事实等进行梳理,使主张的事实均有相应的证据得以证实,庭审中,出庭人员在充分举证的基础上,从法条适用、法理解析等多个方面对被告没有完全履职进行了深入分析论证,赢得了法院对检察机关诉讼请求的支持,确认被告怠于履职行为违法。

变更诉讼请求

嘉峪关市人防办不依法履行职责,导致1700余万元防空地下室易地建设费未追缴,国有资产流失,据此,嘉峪关市检察院上报甘肃省检察院批准对该案提起行政公益诉讼时拟定了两条诉讼请求:(1)请求法院确认嘉峪关市人防办怠于履行法定职责的行为违法;(2)请求法院判令嘉峪关市人防办依法履行职责。酒泉市中级法院在2017年2月20日同意按照《甘肃省高级人民法院行政案件异地管辖暂行办法》的规定受理该案,在此期间,即 2017 年 1 月 25 日嘉峪关市人防办向嘉峪关市城区人民法院申请强制执行其作出的嘉防易征决字〔2016〕001、002 号《防空地下室易地建设费征收决定书》。嘉峪关市检察院为确保起诉效果,将第二项诉讼请求"请求法院判令嘉峪关市人防办依法履行职责"去掉,要求法院确认嘉峪关市人防办怠于履行法定职责的行为违法。

五、依据指引

1. 《中华人民共和国人民防空法》

第七条 国家人民防空主管部门管理全国的人民防空工作。

大军区人民防空主管部门管理本区域的人民防空工作。

县级以上地方各级人民政府人民防空主管部门管理本行政区域的人民防空工作。

中央国家机关人民防空主管部门管理中央国家机关的人民防空工作。

人民防空主管部门的设置、职责和任务,由国务院、中央军事委员会规定。

县级以上人民政府的计划、规划、建设等有关部门在各自的职责范围内负责有关的人民防空工作。

2. 《甘肃省实施〈中华人民共和国人民防空法〉办法》

第三条 县级以上人民政府和同级军事机关领导本行政区域的人民防空工作。

县级以上人民政府人民防空主管部门负责管理本行政区域的人民防空工作。

县级以上人民政府发展与改革、建设(规划)等有关部门应当在各自的职责范围内做好人民防空相关工作。

第十三条 城市及城市规划区内的新建民用建筑应当按照下列标准修建防空地下室:

(一)新建十层以上或者基础埋置深度三米以上的民用建筑,按地面首层建筑面积修建防空地下室;

(二)除本条第(一)项外的民用建筑,按地面建筑总面积的一定比例修建防空地下室,具体比例为:国家一类重点城市百分之五,国家二类重点城市百分之四,国家三类重点城市百分之三,其他城市(县市区)百分之二,人民防空重点城市所辖的建制镇参照其他城市标准执行。

人民防空重点城市规划确定的经济技术开发区、保税区、工业园区、高校园区、新建住宅小区、旧城改造区和统建住宅等其他民用建筑项目,应当依法修建防空地下室。

防空地下室的修建应当与地面建筑同步规划、设计、建设、竣工验收。

第十四条 结合民用建筑项目修建的防空地下室,其修建规模、防护等级、战时用途由人民防空主管部门依照管理权限审批。

城市地下空间的开发利用，应当兼顾人民防空需要。人民防空主管部门协同发展与改革、建设（规划）等部门做好城市地下空间的规划、审批和开发利用工作，并负责城市地下空间开发利用中人民防空防护等事项的监督管理。

第十五条（第一款） 按照本办法规定应当修建防空地下室的建筑，确因地质、地形和施工条件等原因，不能修建的，建设单位应当报经人民防空主管部门批准，按照规定缴纳易地建设费。

六、文书指引

立案决定书

嘉峪关市人民检察院
立案决定书

嘉检行公立〔2016〕1号

本院在履行职责过程中发现嘉峪关市人民防空办公室怠于履行职责，可能损害国家利益和社会公共利益，根据全国人民代表大会常务委员会《关于授权最高人民检察院在部分地区开展公益诉讼试点工作的决定》和最高人民检察院《人民检察院提起公益诉讼试点工作实施办法》第三十二条的规定，决定立案审查。

嘉峪关市人民检察院
2016年6月1日

检察建议书

嘉峪关市人民检察院
检察建议书

嘉检民（行）行政违监〔2016〕62020000007号

嘉峪关市人民防空办公室：

2011年至2015年，陕西天诚新开置业有限公司（以下简称天诚公司）在未办理人防工程审批手续的情况下，开工建设佳苑壹号、天空之城、天诚美居三个项目，依据《甘肃省防空地下室异地建设费收费实施办法》和《嘉峪关市人防办收费公示表》的规定，天诚公司应当缴纳三个建设项目的防空地下室易地建设费约25699770元。按照基础埋置深度计算，佳苑壹号建设项目应缴纳易地建设费（2415.85＋607.6＋460.11）×1250＝4354450元；天空之城建设项目应缴纳12737.38×1250＝15921725元。按照层高计算，天诚美居建设项目应缴纳144629.2×3%×1250＝5423595元。

为保护社会公共利益、人民群众的生命和财产安全，有效组织人民防空，切实加强人民防空行政执法力度，避免巨额防空地下室易地建设费的流失，根据《中华人民共和国人民防空法》、《甘肃省实施〈中华人民共和国人民防空法〉办法》和《人民检察院提起公益诉讼试点工作实施办法》第四十条的规定，依法向你办发出督促履行职责、及时追缴防空地下室易地建设费的检察建议。

请你办在收到检察建议后一个月内将落实情况函告我院。

2016年3月17日

起诉书

嘉峪关市人民检察院
行政公益诉讼起诉书

嘉检行公诉〔2016〕1号

公益诉讼人：嘉峪关市人民检察院（以下简称"嘉峪关市院"）。

被告：嘉峪关市人民防空办公室（以下简称"嘉峪关市人防办"），住所地：甘肃省嘉峪关市方特大道与文昌路交叉口。

法定代表人：赵录德，该办公室主任。

诉讼请求：

请求法院确认嘉峪关市人防办怠于履行法定职责的行为违法。

事实和理由：

嘉峪关市院在履行职责中发现，2011年至2016年3月中旬，陕西天诚新开置业有限公司嘉峪关分公司（以下简称"天诚公司"）在佳苑壹号项目、嘉峪关溥源置业有限责任公司（以下简称"溥源公司"）在天空之城（天诚国际购物中心）项目建设中，均未办理防空地下室审批手续，未建防空地下室，亦未缴纳易地建设费。截至2016年3月中旬，佳苑壹号、天空之城两个项目主体工程均已完工。在嘉峪关市人防办不依法履行职责、不能提供两个项目建筑层高和面积的情况下,嘉峪关市院依据嘉峪关市建筑管理站 2016 年 3 月 15 日提供的《关于嘉峪关市天诚国际购物中心等三项工程建筑面积摘录情况的说明》,根据人防法律法规和《嘉峪关市人防办收费公示表》的有关规定,核算了佳苑壹号、天空之城两个项目应当缴纳的易地建设费。2016 年 3 月 17 日嘉峪关市院作出嘉检民(行)行政违监〔2016〕62020000007 号检察建议书,建议嘉峪关市人防办依法履行职责,追缴天诚公司、溥源公司拖欠的防空地下室易地建设费。2016 年 6 月 16 日,嘉峪关市人防办分别向溥源公司、天诚公司作出嘉防易征决字〔2016〕2016001.002 号《防空地下室易地建设费征收决定书》,决定征收天空之城项目易地建设费 15729950 元、佳苑壹号项目易地建设费 4029163 元(已缴纳 200 万元)。以上两公司不服嘉峪关市人防办征收决定,向嘉峪关市人民政府(以下简称"嘉峪关市政府")提起行政复议,同年 10 月 24 日嘉峪关市政府分别作出嘉政复字〔2016〕9 号、11 号《复议决定书》,维持嘉峪关市人防办嘉防易征决字〔2016〕2016002.001 号防空地下室易地建设费征收决定。天诚公司、溥源公司在复议决定规定的期限内均未向法院提起行政诉讼。行政复议决定生效后,嘉峪关市人防办未依法督促天诚公司、溥源公司履行缴款义务,违反了《中华人民共和国行政强制法》等相关法律的规定。

认定上述事实的证据如下:(1)嘉峪关市发展和改革委员会嘉发改投资〔2011〕232 号文件《关于陕西天诚新开置业有限公司建设商品住宅楼的立项批复》;(2)嘉峪关市发展和改革委员会嘉发改经贸(备)〔2013〕1 号文件《关于嘉峪关溥源商贸有限责任公司新建天诚国际购物中心项目一期工程登记备案的通知》;(3)嘉峪关市发展和改革委员会嘉发改经贸(备)〔2013〕2 号文件《关于嘉峪关溥源商贸有限责任公司新建天诚国际购物中心项目二期工程登记备案的通知》;(4)嘉峪关市人防办针对佳苑壹号项目违法行为于 2012 年 12 月 12 日发出的《责令改正通知书》;(5)嘉峪关市人防办 2013 年 10 月 11 日在天空之城项目执法检查时建设方提交的《最新面积》;(6)嘉峪关市建筑管理站出具的《关于嘉峪关市天城购物中心等三项目工程建筑面积摘录情况的说明》;(7)嘉峪关市检察院嘉检民(行)行政违监〔2016〕62020000007 号检察建议书;(8)嘉峪关市人防办 2016 年 3 月 29 日提交市检察院的《关于催缴补缴人防"结建"费情况的汇报》(嘉人防函〔2016〕3 号);(9)嘉峪关市人防办 2016 年 4 月 15 日提交市检察院的《关于追缴人防"结建"费情况的汇报》(嘉人防函〔2016〕4 号);(10)嘉峪关市建设局关于佳苑壹号《缴款通知》、《甘肃省非税收入统一票据(NO00127718)》、《进账单》；(11) 嘉峪关市人防办嘉防易征决字（2016) 2016001 号《防空地下室易地建设费征收决定书》；(12) 嘉峪关市人防办嘉防易征决字（2016) 2016002 号《防空地下室易地建设费征收决定书》；(13) 嘉峪关市人民政府嘉政复字〔2016〕9 号复议决定书；(14) 嘉峪关市人民政府嘉政复字〔2016〕11 号复议决定书；(15) 嘉峪关市人民政府行政复议送达回证（嘉政复字〔2016〕9 号号复议决定书）；(16) 嘉峪关市人民政府行政复议送达回证（嘉政复字〔2016〕11 号复议决定书）等证据。

　　本院认为，天诚公司在佳苑壹号项目、溥源公司在天空之城项目建设中，均未办理防空地下室审批手续，未建防空地下室，亦未缴纳易地建设费，嘉峪关市人防办至今未追缴溥源公司和天诚公司的拖欠的易地建设费。嘉峪关市人防办怠于履行法定职责，致使巨额国有资产不能及时追回、国家和社会公共利益处于受损害状态。依据《全国人民代表大会常务委员会关于授权最高人民检察院在部分地区开展公益诉讼试点工作的决定》、《检察机关提起公益诉讼试点方案》、《人民检察院提起公益诉讼试点工作实施办法》和《甘肃省高级人民法院行政案件异地管辖暂行办法》的有关规定，依法向你院提起行政公益诉讼。

　　此致
酒泉市中级人民法院

2016 年 12 月 6 日

附：
　　1. 检察卷宗 1 册。
　　2. 行政公益诉讼起诉书副本 3 份。

 出庭预案

嘉峪关市人民检察院诉嘉峪关市人民防空办公室行政公益诉讼案出庭预案

　　一、出庭人员的组成及分工（略）
　　二、出庭证据的提交顺序及证据的证明作用（7 月 6 日交换证据时已举证质证）

　　为便于合议庭以及旁听人员更加清晰地了解案件的真实情况，现公益诉讼人将本案证据分成三组进行举证。

1. 证明嘉峪关市人民检察院具有对本案提起行政公益诉讼的主体资格方面的证据：

（1）全国人民代表大会常务委员会《关于授权最高人民检察院在部分地区开展公益诉讼试点工作的规定》，确定甘肃省为公益诉讼试点省份的事实。

（2）最高人民检察院《检察机关提起公益诉讼试点方案》，确定甘肃省为公益诉讼试点的事实。

（3）甘肃省人民检察院《甘肃省检察机关提起公益诉讼试点工作实施方案》第四条确定兰州、天水、白银、嘉峪关、酒泉、张掖、庆阳和陇南8个地区检察机关开展公益诉讼试点工作的事实。

2. 证明嘉峪关市检察院已完成提起公益诉讼诉前程序准备的证据：

（1）嘉峪关市人防办嘉人防函〔2016〕3号《关于天诚新开置业有限公司项目办理人防手续情况的函》，证实截至2016年3月15日，佳苑壹号、天空之城两个项目均未办理人防工程审批手续的事实。（卷宗P24）

（2）2016年3月15日，嘉峪关市建筑管理站向嘉峪关市检察院提交《关于嘉峪关市天诚国际购物中心等三项工程建筑面积摘要情况的说明》，证实天空之城、佳苑壹号两个项目的建筑层数和占地面积、建筑基地面积，嘉峪关市检察院依法计算出两个项目应当缴纳的防空地下室易地建设费。（卷宗P21—23）

（3）根据最高人民检察院《检察机关提起公益诉讼试点方案》中关于提起行政公益诉讼的诉前程序和提起诉讼的规定，嘉峪关市检察院嘉检民（行）行政违监〔2016〕62020000007号《检察建议书》及送达回证，证实2016年3月17日嘉峪关市检察院建议嘉峪关市人防办依法履行职责、及时向建设方追缴防空地下室易地建设费，证实嘉峪关市检察院对嘉峪关市人防办已完成诉前程序，符合提起行政公益诉讼的条件。（卷宗P102，P131）

（4）嘉人防函〔2016〕3号《关于催缴补缴人防"结建"费情况的汇报》，证实被告嘉峪关市人防办收到公益诉讼人的《检察建议书》后，于2016年3月29日回函确认其已于3月21日向建设方分别发出了《催办人防结建手续通知书》。佳苑壹号项目的建设方正积极办理结建手续，天空之城项目的建设方承诺易地修建人防工程的事实。（卷宗P107—116）

（5）嘉人防函〔2016〕4号《关于追缴人防"结建"费情况的汇报》，证实被告嘉峪关市人防办收到本院的《检察建议书》后，于2016年4月15日回函确认佳苑壹号项目的建设方天诚公司已于4月13日缴纳人防"结建"费（易地建设费）200万元，承诺剩余的费用在项目竣工验收到期缴纳；天空之

城项目的建设方溥源公司承诺在天诚公司"天诚美居家居文化产业园"项目中将易地修建人防工程的事实。（卷宗 P122）

（6）嘉防易征决字〔2016〕001.002 号《防空地下室易地建设费征收决定书》，证实嘉峪关市人防办于 2016 年 6 月 16 日分别向溥源公司、天诚公司作出征收 15729950 元、4029163 元（已缴纳 200 万元）易地建设费决定的事实。

3. 证明嘉峪关市人防办作为嘉峪关市人民防空主管部门，在查处建设方未依法修建人防工程的执法过程中，存在未依法履行职责及行政行为不到位的证据：

第一组证据，证明嘉峪关市人防办是嘉峪关市人民防空主管部门。

（1）《中华人民共和国人民防空法》第七条；

（2）《甘肃省实施〈中华人民共和国人民防空法〉办法》第三条。

第二组证据，证明嘉峪关市人防办应对佳苑壹号、天空之城两个项目建设方未修建人防工程的行为依法行使监管职责，而嘉峪关市人防办没有依职权监管或者监管不到位的事实，该行为违反《中华人民共和国人民防空法》第十八条、第二十二条、第二十三条、第四十八条和《甘肃省实施〈中华人民共和国人民防空法〉办法》第十三条、第十四条、第三十三条的规定。

（1）嘉峪关市防改通字〔2012〕04 号《责令改正通知书》，证实 2012 年 12 月 12 日，嘉峪关市人防办查明天诚公司佳苑壹号项目未建防空地下室，当天书面责令天诚公司于 2012 年 12 月 20 日前到嘉峪关市人防办办理结建手续，否则则予以行政处罚，但到期后天诚公司未按照通知要求履行法定义务，嘉峪关市人防办对此未依法予以行政处罚，亦未作出缴纳易地建设费决定的事实。（卷宗 P25—26）

（2）天空之城项目建设方提交嘉峪关市人防办的《最新面积》，证实 2013 年 10 月 11 日，嘉峪关市人防办前去项目场地检查时，天空之城项目建设方向其提交该项目的《最新面积》。但对建设方未修建防空地下室的违法行为，嘉峪关市人防办对其未依法给予警告，并责令限期修建，也没有予以罚款的事实。（卷宗 P27）

（3）嘉峪关市人防办嘉人防函〔2016〕3 号《关于催缴补缴人防"结建"费情况的汇报》，证实截至 2016 年 3 月 29 日，佳苑壹号项目建设方提交了项目资料，正在积极办理结建手续；天空之城项目建设方承诺易地建设人防工程，并在办理相关手续。证实嘉峪关市人防办怠于履职，不对建设方天诚公司、溥源公司依法行使行政处罚或作出缴纳易地建设费的决定，而是默认溥源公司违法易地建设的事实。（卷宗 P107）

第三组证据，证明嘉峪关市人防办怠于履行职责，对生效法律文书不及时依法申请法院强制执行，导致1700多万元的巨额国有资产流失、国家利益和社会公共利益持续受损的事实，该行为违反《中华人民共和国行政复议法》第三十三条第一项、《中华人民共和国行政诉讼法》第九十七条和《中华人民共和国行政强制法》第五十四条的规定。

（1）嘉峪关市人民政府（以下简称"市政府"）行政复议送达回证证实复议申请人溥源公司、天诚公司收到嘉政复字〔2016〕9号、11号《复议决定书》的时间是2016年10月28日，至同年11月12日，因在复议决定书规定的期限内未提起行政诉讼，嘉峪关市人民政府嘉政复字〔2016〕9号、11号《复议决定书》正式生效，嘉峪关市人防办不及时督促两公司缴纳易地建设费的事实。

（2）嘉峪关市城区人民法院〔2017〕甘0271行审2号、3号《行政裁定书》，证实嘉峪关市人防办于2017年1月25日向嘉峪关市城区法院申请强制嘉防易征决字〔2016〕001.002号《防空地下室易地建设费征收决定书》，嘉峪关市人防办在行政复议决定书生效后两个多月的时间内才向法院申请强制执行，属于怠于履职的行为。

三、对7月6日交换证据时被告提交证据的意见（第一和第三点已进行了举证质证）

第一，嘉峪关市人防办在举证期限届满后提交了三份证据，其中询问笔录在其举证期限内已提交，公益诉讼人没有意见。

第二，嘉峪关市人防办作出的嘉人防催缴结字〔2016〕20160003号《催办人防结建手续通知书》，同一文号分别于2016年3月18日和3月21日向陕西天诚新开置业有限公司发出了三份，并分别送达到了天空之城、天城美居办公室和嘉峪关市兰新东路5559—5号三个地点；在2017年7月6日的证据交换中，被告又提交了一份与〔2016〕20160003号《催办人防结建手续通知书》内容基本相同的送达给天空之城办公室的〔2016〕20160004号《催办人防结建手续通知书》，存在多次催办、多次送达重复处理的情况。综上，嘉峪关市人防办作出的《催办人防结建手续通知书》存在造假的情形，建议法庭不予采纳。（卷宗P111—116，4号通知书被告提交给法庭）

第三，对佳苑壹号项目的通告，公益诉讼人对嘉峪关市人防办提交的证据本身真实性无异议，但是对于其送达方式有异议，嘉峪关市人防办作出的法律文书送达不规范，不能够证明其送达时间和受送达人的真实身份，对该份证据，公益诉讼人建议法庭不予采纳。

四、法庭调查阶段的争议焦点

1. 嘉峪关市人防办是否具有人民防空管理的法定职责？

《中华人民共和国人民防空法》第七条和《甘肃省实施〈中华人民共和国人民防空法〉办法》第三条规定，县级以上人民防空主管部门负责本行政区域的人民防空工作，嘉峪关市人防办是嘉峪关市人民防空主管部门，应依法履行防空管理职责。

2. 嘉峪关市人防办对本案所涉两个公司的行政监管中是否存在不履行法定职责的违法之处？

（1）嘉峪关市人防办对涉案项目在开工建设前未设计人防工程的行为没有行使监管权，系不履行法定职责。

根据《甘肃省实施〈中华人民共和国人民防空法〉办法》的规定，民用建筑佳苑壹号和天空之城项目均应当按照标准修建防空地下室，并与地面建筑同步规划、设计、建设、竣工验收，但嘉峪关市人防办作为嘉峪关市的人民防空主管部门，在项目建设期间，均未对建设单位未修建防空地下工程的行为责令限期修建，没有履行法定监管职责。在对项目进行现场执法检查后，仅对佳苑壹号项目建设单位作出《责令改正通知书》，但到期后项目单位未按照通知要求履行法定义务，嘉峪关市人防办也未依法予以行政处罚，作出缴纳易地建设费的决定；对天空之城项目从项目立项到主体工程完工长达四、五年的时间内，一直未依法对其进行过行政处罚，或责令限期修建，亦未作出缴纳易地建设费的决定。嘉峪关市人防办未依法履行法定职责的行为违反了人防法律规定。

（2）嘉峪关市人防办在收到检察建议后仍不积极履行职责，系怠于履行法定职责。

针对佳苑壹号和天空之城项目在主体工程完工前后未修建防空地下室的违法行为，本院于2016年3月17日向嘉峪关市人防办发出检察建议，建议其依法履行职责，向项目建设方追缴防空地下室易地建设费。收到检察建议书后，市人防办并未严格按照本院的建议履行法定职责，在两个项目主体已完工的情况下，没有及时向建设方作出征收异地建设费的决定，而是默许建设单位迟延缴款或易地还建。直到同年6月16日，才分别向两个项目的建设单位作出《防空地下室易地建设费征收决定书》，截至目前，天空之城项目未缴纳易地建设费，佳苑壹号项目只缴纳易地建设费200万元，尚欠易地建设费1700多万元，属于怠于履行职责的情形。

（3）嘉峪关市人防办虽向嘉峪关市城区人民法院申请强制执行，但并不能否定其怠于履职的违法事实。

嘉峪关市人防办作出征收易地建设费的决定后，溥源公司、天诚公司经过行政复议救济程序，在嘉峪关市政府于 2016 年 10 月 28 日作出维持原决定的《复议决定书》，且于 11 月 12 日生效后，嘉峪关市人防办并未及时催告两公司缴纳易地建设费和向法院申请强制执行。直到本院电话告知嘉峪关市人防办该案已由甘肃省人民检察院批准提起行政公益诉讼后，其才于 2017 年 1 月 25 日向嘉峪关市城区人民法院申请强制执行。嘉峪关市人防办虽向法院申请强制执行，但并不能否定其怠于履职的违法事实。

五、法庭辩论阶段对被告方抗辩理由的答辩

嘉峪关市人防办违反了哪部法的哪一条？

依据《甘肃省实施〈中华人民共和国人民防空法〉办法》第十三条第三款规定，防空地下室的修建应当与地面建筑同步规划、设计、建设、竣工验收。第十四条规定，人民防空主管部门应对民用建筑项目修建的防空地下室的修建规模、防护等级、战时用途依照管理权限进行审批。人民防空主管部门协同发展与改革、建设（规划）等有关部门做好城市地下空间的规划、审批和开发利用工作。第十五条第一款规定，确因地质、地形和施工条件等原因不能修建的，建设单位应当报给人民防空主管部门批准，按规定缴纳易地建设费。第三十三条规定，对不修建或少修建防空地下室的，由县级以上人民防空主管部门给予警告、并责令限期修建，可并处罚款；因主体工程完工无法修建的，应当缴纳易地建设费。嘉峪关市人防办作为我市的人防工程建设主管部门，没有履行以上法定职责或者延迟履行，监管不到位。

六、辩论意见

尊敬的审判长、审判员（人民陪审员）：

嘉峪关市检察院诉嘉峪关市人防办行政公益诉讼案件，今天在这里公开审理。我们受嘉峪关市检察院检察长的指派，以公益诉讼人的身份出庭支持起诉，履行法律监督职责。在以上的法庭调查中，本院就起诉书陈述的事实和理由出示了相关证据，证据来源真实合法，被告嘉峪关市人防办当庭逐项进行了质证。综合本院及被告提供的证据，足以证明本院的诉讼请求合法、合理。现对本案证据和案件情况发表如下意见。

（一）嘉峪关市人防办是嘉峪关市人民防空主管部门，应依法履行防空管理职责

《中华人民共和国人民防空法》第七条和《甘肃省实施〈中华人民共和国人民防空法〉办法》第三条规定，县级以上人民防空主管部门负责本行政区域的人民防空工作，嘉峪关市人防办是嘉峪关市人民防空主管部门。

（二）嘉峪关市人防办违法履职

1. 嘉峪关市人防办对涉案项目在开工建设前未设计人防工程的行为没有

行使监管权，系不履行法定职责。

依据《甘肃省实施〈中华人民共和国人民防空法〉办法》第十三条、第十四条、第十五条和第三十三条的规定，防空地下室的修建应当与地面建筑同步规划、设计、建设、竣工验收。人民防空主管部门应对民用建筑项目修建的防空地下室的修建规模、防护等级、战时用途依照管理权限进行审批。人民防空主管部门协同发展与改革、建设（规划）等有关部门做好城市地下空间的规划、审批和开发利用工作。确因地质、地形和施工条件等原因不能修建的，建设单位应当报经人民防空主管部门批准，按规定缴纳易地建设费。对不修建或少修建防空地下室的，由县级以上人民防空主管部门给予警告、并责令限期修建，可并处罚款；因主体工程完工无法修建的，应当缴纳易地建设费。

本案中，民用建筑佳苑壹号和天空之城项目均应当按照标准修建防空地下室，并与地面建筑同步规划、设计、建设、竣工验收，但嘉峪关市人防办作为本市的人民防空主管部门，在这两个项目建设期间，没有和发展与改革、规划、建设等有关部门进行主动协同，也没有对建设单位未修建防空地下室的行为责令限期修建，没有履行法定监管职责。2012年，嘉峪关市人防办对正在建设的佳苑壹号项目进行现场执法检查后，对项目建设单位作出《责令改正通知书》，责令天诚公司限期到人防办办理人防工程结建手续，否则予以行政处罚，但到期后天诚公司未按照通知要求履行法定义务，嘉峪关市人防办对此未依法予以行政处罚，亦未作出缴纳易地建设费的决定；2013年，嘉峪关市人防办对正在建设的天空之城项目进行现场执法检查时，项目建设方向嘉峪关市人防办提交该项目的《最新面积》，但对该项目未修建防空地下室的行为，在从项目立项到主体工程完工长达四、五年的时间内，嘉峪关市人防办并未依法对建设方进行过行政处罚，或责令限期修建，亦未作出缴纳易地建设费的决定。以上两个项目均为修建在嘉峪关市人流集中地段的高层民用建筑，嘉峪关市人防办作为人防工程主管部门，更应当对这类大型建设项目进行全程监管，在项目开工建设后严格执法和处罚，但直至项目主体工程完工后仍不作出征收异地建设费的决定，而放任建设单位违法易地还建，嘉峪关市人防办未依法履行法定职责的行为违反了人防法律规定。

2. 嘉峪关市人防办在收到检察建议后仍不积极履行职责，系怠于履行法定职责。

针对佳苑壹号和天空之城项目在主体工程完工前未修建防空地下室的违法行为，本院于2016年3月17日向嘉峪关市人防办发出检察建议，建议其依法履行职责，向项目建设方追缴防空地下室易地建设费。收到检察建议后，市人防办并未严格按照本院的建议履行法定职责，没有及时向建设方作出征收易地建设费的决定，而是默许建设单位迟延缴款或易地还建。市人防办于同年 3 月 18 日和 21 日分别向天诚公司、溥源公司发出了《催办人防结建手续通知书》。4 月 13 日，佳苑壹号项目建设方缴纳人防"结建"费（防空地下室易地建设费）200 万元，其余 200 余万元的欠款建设方承诺项目竣工验收到期缴清；天空之城项目建设单位提交了相关资料和《易地还建人防工程的申请》，嘉峪关市人防办答复将严格按建设程序督促办理项目的报建手续，并报省人防办审定。需要强调的是，《通知书》中的"人防结建手续"并非法律术语，不知嘉峪关市人防办作出该行政行为的具体含义，作为行政相对人的建设方又该如何履行义务呢？直到同年 6 月 16 日，嘉峪关市人防办才分别向溥源公司、天诚公司作出《防空地下室易地建设费征收决定书》，截至目前，天空之城项目未缴纳易地建设费，佳苑壹号项目只缴纳易地建设费 200 万元，尚欠易地建设费 1700 多万元。嘉峪关市人防办在收到检察建议书三个月后才分别向溥源公司、天诚公司作出征收易地建设费的决定，属于怠于履行职责的情形。

3. 嘉峪关市人防办虽向嘉峪关市城区人民法院申请强制执行，但并不能否定其怠于履职的违法事实。

根据《行政强制法》第五十三条和第五十四条的规定，没有行政强制执行权的行政机关可在期限届满后申请人民法院强制执行。嘉峪关市人防办作出征收易地建设费的决定后，溥源公司、天诚公司经过行政复议救济程序，市政府于 2016 年 10 月 28 日作出嘉政复字〔2016〕9 号、11 号《复议决定书》，维持了原决定。在复议决定书规定的期限内建设方均未提起行政诉讼，同年 11 月 12 日该复议决定书生效。之后，嘉峪关市人防办并未及时催告两公司缴纳易地建设费和向法院申请强制执行。而在同年 11 月 29 日省检察院批准本院对该案向人民法院提起行政公益诉讼，本院电话告知嘉峪关市人防办后，其才于 2017 年 1 月 25 日向嘉峪关市城区人民法院申请强制执行。嘉峪关市人防办虽向法院申请强制执行，但并不能否定其怠于履职的违法事实。

最后，检察机关想在这里强调，人民防空是国防建设的重要组成部分，修建防空地下室是法律赋予建设单位的法定义务，建设方必须按照法律的规定依法建设防空地下室，且人防工程建设的设计、施工、质量必须符合国家规定的防护标准和质量标准。嘉峪关市是国家级人民防空重点城市，嘉峪关市人防办作为人防工程的主管行政执法部门，应当认识到自身肩负的行政执法重任，对民用建筑工程项目的立项、设计、施工、监理、质量监督、造价审查至工程竣工验收每个环节，都应当依法对人民防空工程的规划、设计、建设、竣工验收等进行专业审查，而不能坐视或者放任建设单位违法不建人防工程。根据《人民防空工程建设管理规定》、《国务院、中央军委关于进一步推进人民防空事业发展的若干意见》的有关规定，除国家规定的减免项目外，任何地方和部门不得将少建、不建防空地下室或者减免易地建设费作为招商引资的优惠条件。嘉峪关市人防办虽然在后期向法院申请强制执行，但其行为并不能改变其在项目设计、建设、主体完工前不依法履行职责和检察建议发出后怠于履行职责，造成至今不能追缴溥源公司和天诚公司拖欠易地建设费，致使巨额国有资产不能及时追回、国家和社会公共利益仍然受到损害的违法事实。

综上，请求酒泉市中级法院支持本院诉讼请求，确认嘉峪关市人防办不依法履行职责的行为违法。

判决书

甘肃省酒泉市中级人民法院
行政判决书

〔2017〕甘09行初3号

公益诉讼人：嘉峪关市人民检察院，地址：嘉峪关市和诚西路。

法定代表人：蔡玉霞，该院检察长。

被告：嘉峪关市人民防空办公室，地址：嘉峪关市方特大道与文昌路交接口，组织机构代码证：01390853-6。

法定代表人：崔国英，该单位办公室主任。

委托代理人：吴海龙，该单位副科长。

委托代理人：郝春虎，甘肃明吴律师事务所律师。

公益诉讼人嘉峪关市人民检察院（以下简称嘉峪关检察院）因嘉峪关市人民防空办公室（以下简称嘉峪关人防办）未履行人民防空行政管理职责，于2017年2月20日向本院提起公益诉讼。本院于当日立案后，向被告送了起诉状副本及应诉通知书。本院依法组成合议庭，于2017年7月6日组织双方当事人进行庭前证据交换，2017年7月12日公开开庭审理了本案。公益诉讼人嘉峪关检察院委派检察员张建明、马映天、王园园，被告嘉峪关市人防办的法定代表人崔国英及其委托代理人郝春虎、吴海龙到庭参加诉讼。本案现已审理终结。

公益诉讼人嘉峪关检察院在履行职责中发现，2011年至2016年3月，陕西天诚新开置业有限公司嘉峪关分公司（以下简称天诚公司）在佳苑壹号项目、嘉峪关溥源置业有限责任公司（以下简称溥源公司）在天诚国际购物中心项目建设中，均未办理防空地下室审批手续，未建防空地下室亦未缴纳易地建设费。2016年3月17日嘉峪关检察院作出嘉检民（行）行政违监〔2016〕62020000007号检察建议书，建议嘉峪关人防办依法履行职责，追缴天诚公司、溥源公司拖欠的防空地下室易地建设费，后因嘉峪关人防办至诉讼前尚未追缴回防空地下室易地建设费，公益诉讼人嘉峪关检察院向本院提起行政诉讼。

公益诉讼人嘉峪关检察院诉称，公益诉讼人嘉峪关检察院在履行职责中发现，2011年至2016年3月，天诚公司在佳苑壹号项目、溥源公司在天诚国际购物中心项目建设中，均未办理防空地下室审批手续，未建防空地下室亦未缴纳易地建设费。截至2016年3月中旬，佳苑壹号与天诚国际购物中心项目主体工程均已完工，在嘉峪关人防办不依法履行职责、不能提供两个项目建筑层高和面积的情况下，嘉峪关检察院根据嘉峪关市建筑管理站2016年3月15日提供的《关于嘉峪关市天诚国际购物中心等三项工程建筑面积摘录情况的说明》，根据人防法律法规和《嘉峪关市人防办收费公示表》的有关规定，核算了相关项目应缴纳易地建设费。2016年3月17日嘉峪关检察院作出嘉检民（行）行政违监〔2016〕62020000007号检察建议书，建议嘉峪关人防办依法履行职责，追缴天诚公司、溥源公司拖欠的防空地下室易地建设费。2016年6月16日嘉峪关人防办分别向天诚公司、溥源公司作出易地建设费征收决定书，以上两公司不服该征收决定，向嘉峪关市人民政府申请复议，同年10月24日嘉峪关市人民政府维持了征收决定。行政复议决定生效后，嘉峪关人防办未依法督促天诚公司、溥源公司履行缴款义务，违反了行政强制法等相关规定。嘉峪关检察院认为，嘉峪关人防办怠于履行职责，至提起诉讼前尚未追缴天诚公司、溥源公司拖欠的易地建设费，致使国家和社会公共利益处于受损状态，故请求法院依法确认嘉峪关人防办怠于履行法定职责行为违法。

公益诉讼人嘉峪关检察院向本院提供的证据共五组，分别是：

第一组证据，共四份，拟证明嘉峪关检察院具有对本案提起行政公益诉讼的主体资格。

1.《全国人民代表大会常务委员会关于授权最高人民检察院在部分地区开展公益诉讼试点工作的规定》；

2. 最高人民检察院高检发释字〔2015〕6号《人民检察院提起公益诉讼试点工作实施办法》；

3. 甘肃省人民检察院甘检发民字〔2015〕4号《甘肃省检察机关提起公益诉讼试点工作实施方案》；

4. 甘肃省人民检察院甘检发民字〔2016〕21号《关于〈公益诉讼的请

示》的批复》。

第二组证据，共五份，拟证明嘉峪关检察院已完成提起公益诉讼诉前程序准备的证据。

1. 嘉人防函〔2016〕3号《嘉峪关市人民防空办公室关于催缴补缴人防"结建"费情况的汇报》；

2. 2016年3月15日，嘉峪关市建筑管理站向嘉峪关市人民检察院提交《关于嘉峪关市天诚国际购物中心等三项工程建筑面积摘要情况的说明》；

3. 嘉峪关市人民检察院嘉检民（行）行政违监〔2016〕62020000007号《检察建议书》及送达回证；

4. 嘉人防函〔2016〕4号《嘉峪关市人民防空办公室关于追缴人防"结建"费情况的汇报》；

5. 嘉防易征决字〔2016〕2016001号《防空地下室易地建设费征收决定书》、嘉防易征决字〔2016〕2016002号《防空地下室易地建设费征收决定书》。

第三组证据，共两份，拟证明嘉峪关人防办是嘉峪关人民防空办公室的主管部门。

1. 《中华人民共和国人民防空法》第七条；

2. 《甘肃省实施〈中华人民共和国人民防空法〉办法》第三条。

第四组证据，共两份，拟证明嘉峪关人防办应对佳苑壹号、天诚国际购物中心两个项目建设方未修建人防工程的行为依法行使监管职责，而嘉峪关市人防办没有依职监管或者监管不到位的事实。

1. 嘉峪关市防改通字〔2012〕04号《责令改正通知书》；

2. 天诚国际购物中心项目建设方提交嘉峪关人防办的《最新面积》。

第五组证据，共两份，拟证明嘉峪关市人防办怠于履行职责，对生效法律文书不及时依法申请法院强制执行，导致国家利益和社会公共利益持续受损的事实。

1. 嘉峪关市人民政府行政复议决定书的送达回证两份；

2. 嘉峪关市城区人民法院〔2017〕甘0271行审2号、3号《行政裁定书》。

被告嘉峪关人防办辩称，公益诉讼人的请求没有事实和法律依据。一是建设单位未批先建责任不应由答辩人承担。防空地下室审批手续是核发建设工程规划许可证和施工许可证的前置程序，佳苑壹号项目及天诚国际购物中心项目未经被告审批，相关行政机关核发建设工程规划许可证和施工许可证，导致天诚公司与溥源公司未批先建，该责任不应由被告承担。二是被告依法履行了法定职责。被告自收到检察建议书之后，于同年3月18日、3月21日两次向建设单位送达《催办人防结建手续通知书》，2016年3月29日被告向嘉峪关检察院报送了《关于催缴补缴人防"结建"费情况的汇报》，2016年4月15日被告向嘉峪关检察院报送了《关于追缴人防"结建"费情况的汇报》，经被告多次催缴，建设单位未履行义务，被告核算建设单位应缴纳防空地下室易地建设费，于2016年6月16日分别向天诚公司、溥源公司作出征收决定，后两公司不服该征收决定，向嘉峪关市人民政府申请复议，同年10月24日嘉峪关市人民政府维持了征收决定。因复议决定生效后，天诚公司、溥源公司未履行义务并向嘉峪关市人民政府提出异地建设的请求，被告根据行政强制法的规定，于2016年12月29日向两家公司送达了《行政强制执行事先告知书》，2017年1月10日向嘉峪关市城区人民法院申请强制执行，该院作出的〔2017〕甘0271行审2号行政裁定：对被告作出的〔2016〕2016002号《防空地下室易地建设费征收决定书》准予强制执行，该院作出的〔2017〕甘0271行审3号行政裁定，对被告作出的〔2016〕2016001号《防空地下室易地建设费征收决定书》不准予强制执行，后被告对〔2017〕甘0271行审3号行政裁定不服，向嘉峪关市中级人民法院申请复议。因此被告积极履行法定义务，没有怠于履行法定职责的违法行为，故请求法院驳回公益诉讼人的诉请。

被告嘉峪关人防办向本院提交了以下证据：

1. 询问笔录两份；

2. 嘉人防催缴结字〔2016〕20160003号《催办人防结建手续通知书》、嘉人防催缴结字〔2016〕20160004号《催办人防结建手续通知书》及送达回证两份；

3. 嘉防易征决字〔2016〕2016001号《防空地下室易地建设费征收决定书》、嘉防易征决字〔2016〕2016002号《防空地下室易地建设费征收决定书》及送达回证两份；

4. 关于佳苑壹号等项目情况通报；

5. 嘉政复字〔2016〕9号行政复议决定书和嘉政复字〔2016〕11号行政复议决定书；

6. 嘉人防催告字〔2016〕001号行政强制执行事先催告书、嘉人防催告字〔2016〕002号行政强制执行事先催告书；

7. 强制执行申请书两份；

8. 嘉峪关市城区人民法院〔2017〕甘0271行审2号行政裁定书、〔2017〕甘0271行审3号行政裁定书；

9. 组织机构代码证；

10. 法定代表人身份证明书及身份证复印件；

11. 授权委托书及身份证复印件。以上证据拟证明嘉峪关人防办履行了相关职责。

经庭审质证,公益诉讼人对被告嘉峪关人防办提供的第1、3、5、8、9、10、11份证据真实性、合法性、关联性及举证目的均无异议。对第2份证据真实性有异议,认为存在造假情形,该证据的送达回证显示存在送达主体错误和多次送达情形;对第4份证据有异议,认为该证据存在程序瑕疵,超过举证期限;对第6份证据证明目的有异议,认为无法证明已经送达给相关案外人;对第7份证据证明目的有异议,认为没有相关法院受案通知书及立案凭证,不能证明该申请书是当天起草递交给法院的。被告嘉峪关人防办对公益诉讼人提供的证据真实性、合法性无异议,但对证据的举证目的有异议,认为不能证明嘉峪关人防办没有履行职责,存在相关违法行为。

经庭前证据交换和庭审质证,结合各方当事人的质证意见,本院对以上证据作如下认证:公益诉讼人嘉峪关检察院提供的第一组证据能作为本案定案的依据,本院予以采信;第二组至第五组证据来源合法,内容真实,且与案件有关联,能达到其证明目的,本院予以采信。被告嘉峪关人防办提供的第1、3、5、6、8、9、10、11份证据来源合法、内容真实、与案件有关联,本院予以采信。被告嘉峪关人防办提供的第2份证据,公益诉讼人嘉峪关检察院认为嘉峪关人防办存在送达主体错误及多次送达,具有事实依据,本院认为该两份证据虽为被告发现主体错误后重新制作的证据,但可基本反映案件事实,可作为定案证据予以采纳。被告嘉峪关人防办提供的第4份证据超过法律规定的举证期限,本院不予采纳。被告嘉峪关人防办提供的第7份证据与第8份证据内容相互印证,能够作为定案的依据,本院予以采信。

经审理查明:2011年天诚公司在嘉峪关市体育大道南侧开工建设了佳苑壹号小区1#、2#、3#住宅楼,总建筑面积48267.4平方米,应修建防空设施面积3223.33平方米。2013年溥源公司在嘉峪关市新华南路转盘文化宫片区开工建设了天诚国际购物中心项目,地下二层,地上十二层,总建筑面积111855.35平方米,地面首层建筑面积为12583.96平方米,应修建防空设施面积为3223.33平方米,上述两项目系十层以上或者基础埋置深度三米以上的民用建筑,均未办理人防相关手续的情况下主体已竣工,也未按法律规定修建人民防空工程。2012年12月被告嘉峪关人防办对正在建设的佳苑壹号项目进行现场执法检查后,于当年12月12日对天诚公司作出《责令改正通知书》,责令天诚公司于2012年12月20日办理人防结建手续,否则予以行政处罚。2013年10月11日嘉峪关人防办对正在建设的天诚国际购物中心项目现场检查时,溥源公司向被告提交了该项目的最新面积,该资料显示溥源公司当时并未修建防空地下室。

后经被告核算，溥源公司应缴纳防空地下室易地建设费1572.9950万元，天诚公司应缴纳防空地下室易地建设费402.9163万元。2016年3月1日被告嘉峪关人防办前往溥源公司、天诚公司进行询问，要求两公司缴纳防空地下室易地建设费。针对嘉峪关人防办的不履职行为，嘉峪关检察院于2016年3月17日作出嘉检民（行）行政违监〔2016〕62020000007号检察建议书，建议嘉峪关人防办依法履行职责，追缴佳苑壹号项目、天诚国际购物中心项目欠缴的防空地下室易地建设费。2016年3月21日被告分别向溥源公司、天诚公司送达了嘉人防催缴结字〔2016〕20160004号、嘉人防催缴结字〔2016〕20160003号催办人防结建手续通知书，责令这两家公司于3月31日前往被告处办理人防结建手续，逾期将按相关规定依法处理。

2016年3月29日被告嘉峪关人防办作出嘉人防函〔2016〕3号《嘉峪关市人民防空办公室关于催缴补缴人防"结建"费情况的汇报》，汇报中反映关于佳苑壹号项目，同年3月24日天诚公司提交了项目资料，正积极办理结建手续，关于天诚国际购物中心项目，同年3月28日溥源公司提交了部分资料，承诺易地修建人防工程，并按建设程序办理相关手续。2016年4月13日天诚公司主动向被告缴纳了佳苑壹号项目易地建设费200万元。2016年4月11日溥源公司向嘉峪关人防办提出申请称：因天诚国际购物中心建设项目由原文化宫拆迁改造，因原址地下老旧管网较多，地形比较复杂，修建人防工程施工困难，规划设计时未能设计人防工程图纸，因此特申请在天诚美居项目中易地进行防空地下室修建。2016年4月14日天诚公司向被告出具欠条、保证书各一份，载明：因公司财务困难，尚欠人防易地建设费202.91625万元，保证于2018年4月14日前交清欠款。2016年4月15日被告嘉峪关人防办作出嘉人防函〔2016〕4号《嘉峪关市人民防空办公室关于追缴人防"结建"费情况的汇报》，汇报中反映佳苑壹号项目在未办理人防结建手续情况下已建成使用，该项目已缴纳易地建设费200万元，其余欠款承诺项目竣工验收到期缴清，天诚国际购物中心项目未批先建，3月28日建设单位提交了相关资料和易地还建人防工程的申请，并承诺天诚国际购物中心项目易地还建人防工程。2016年6月16日嘉峪关人防办分别向溥源公司、天诚公司作出嘉防易征决字〔2016〕2016001号、嘉防易征决字〔2016〕2016002号《嘉峪关市人民防空办公室防空地下室易地建设费征收决定书》，责令溥源公司在收到征收决定书起十五日内缴纳防空地下室易地建设费15729950元，责令天诚公司在收到征收决定书起十五日内缴纳防空地下室易地建设费2029163元，并于同年6月17日向溥源公司、天诚公司进行了送达。该两公司不服征收决定，于2016年8月3日向嘉峪关市人民政府提出行政复议申请，嘉峪关市人民政府作出嘉政复字〔2016〕9号、嘉政复字〔2016〕11号行政复议决定，决定维持被告作出的相关征收决定。后溥源公司、天诚公司对该两份复议决定未提起行政诉讼，复议决定发生法律效力。2016年12月28日被告向溥源公司作出行政强制执行事先催告书，并于同年12月29日向溥源公司进行了送达。2016年12月29日被告向天诚公司作出行政强制执行事先催告书，并于当日进行了送达。催告期满后，因溥源公司、天诚公司未自动履行征收决定，2017年1月25日被告嘉峪关人防办向嘉峪关市城区人民法院申请强制执行嘉防易征决字〔2016〕2016001号、嘉防易征决字〔2016〕20166002号防空地下室易地建设费征收决定，经审查该法院作出〔2017〕甘0271行审2号行政裁定，裁定准予强制执行嘉防易征决字〔2016〕2016002号防空地下室易地建设费征收决定，即天诚公司向被告缴纳易地建设费2029163元及迟延履行金。该法院作出〔2017〕甘0271行审3号行政裁定，裁定不准予强制执行嘉防易征决字〔2016〕2016001号防空地下室易地建设费征收决定。嘉峪关检察院认为嘉峪关人防办未积极履行征收易地建设费的法定职责，损害了国家和社会利益，根据《全国人民代表大会常务委员会关于授权最高人民检察院在部分地区开展公益诉讼试点工作的决定》和《人民检察院提起公益诉讼试点工作实施办法》等规定，向本院提起公益诉讼，要求判如所请。

本院认为，根据《全国人民代表大会常务委员会关于授权最高人民检察院在部分地区开展公益诉讼试点工作的决定》、最高人民检察院《人民检察院提起公益诉讼试点工作实施办法》及甘肃省人民检察院《甘肃省检察机关提起公益诉讼试点工作实施方案》的规定，甘肃省是试点省份，嘉峪关检察院具备就国有资产保护等领域造成国家和社会公共利益侵害提起公益诉讼的资格。《中华人民共和国人民防空法》第七条第三项规定，县级以上地方各级人民政府防空主管部门管理本行政区域的人民防空工作。嘉峪关人防办作为嘉峪关辖区内人防行政管理部门，具备人防行政管理职责，具有收取易地建设费的法定职责，是本案适格被告。根据《中华人民共和国物权法》第五十二条第一款及《人民防空国有资产管理规定》第二条的规定，国防资产属于国家所有，易地建设费属国家资产。嘉峪关检察院发出检察建议后嘉峪关人防办在一段时间内仍未履行追缴易地建设费的职责，使国家财产处于被侵害状态，其提起公益诉讼符合法定条件。

行政机关是否履行严格审查职责，尽到合理的审查义务及行政相对人违法行为是否停止是司法机关审查行政机关履行法定职责是否合法到位的重要标准。根据《甘肃省实施〈中华人民共和国人民防空法〉办法》第十三条、第十五条、第十六条规定，新建十层以上或者基础埋置深度三米以上的新建民用建筑，按地面首层建筑面积修建防空地下室。防空地下室的修建应当与地面建筑同步规划、设计、建设、竣工验收。确因地质、地形和施工条件等原因不能修建的，建设单位应当报经人民防空主管部门批准，按照规定缴纳易地建设费，建设单位未执行上述规定的，建设（规划）行政主管部门不予核发建设工程规划许可证和施工许可证。本案中被告嘉峪关人防办在佳苑壹号、天诚国际购物中心项目建设期间未依法履行防空地下室审批管理职责，于2012年—2013年对上述项目修建期间现场执法检查时，发现涉案项目并未与地面建筑同步建设防空地下室，被告并未依法核实上述项目是否属于应予减免易地建设费的项目或者因地质等原因难以修建防空地下室，也未按照《中华人民共和国人民防空法》第四十八条规定依法履行后续监督、管理职责，即对溥源公司、天诚公司进行警告并责令限期修建，或者罚款，致使相关项目在未办理任何人防手续的情况下主体已竣工。故被告在公益诉讼人发出检察建议书前，未依法及时向相关公司进行行政处罚或没有积极履行收缴人防易地建设费职责，被告辩称已履行了部分职责，但不能否定其怠于履行法定职责的违法事实存在。

虽然嘉峪关人防办在2016年3月收到公益诉讼人嘉峪关检察院的诉前检察建议后进行了回函，并督促上述欠缴公司办理人防结建手续，但在一定期限内仍然没有按照法定职责履行到位，直到2016年6月16日嘉峪关人防办才对溥源公司、天诚公司下达征收易地建设费决定书，且至公益诉讼人提起诉讼前，溥源公司、天诚公司欠缴的人防易地建设费仍未追缴到位，上述公司的违法行为仍在继续，国家和社会公共利益仍处在被侵害的状态。

综上，嘉峪关人防办未依法严格履行对国有资产的管理职责，在相关项目建设期间未依法履行防空地下室审批管理职责，也未严格审核涉案公司所开发的房地产项目是否属于不宜修建防空地下室易地建设的情形，同时又未依法对不修建防空地下室的当事人进行行政处罚，至公益诉讼人嘉峪关检察院发出检察建议前一直未完全履行法定职责；且在收到诉前检察建议后的一段时间内，嘉峪关人防办在其有能力、有条件履行的情况下，拖延履行作为义务的行为违反法律法规的规定，公益诉讼人嘉峪关检察院要求本院确认被告嘉峪关人防办怠于履行法定职责行为违法的诉讼请求，符合法律规定，本院予以确认。被告嘉峪关人防办认为其收到检察建议后积极履行了相关职责的辩称意见，缺乏事实依据，本院不予采纳。据此，依照《中华人民共和国行政诉讼法》第七十四条第二款（二）项之规定，判决如下：

确认被告嘉峪关市人民防空办公室在对陕西天诚新开置业有限公司嘉峪关分公司建设的佳苑壹号项目、嘉峪关溥源置业有限责任公司建设的天诚国际购物中心项目人民防空管理工作中未依法履行职责行为违法。

　　如不服本判决，可在判决书送达之日起十五日内向本院递交上诉状，并按对方当事人的人数提出副本，上诉于甘肃省高级人民法院。

审　判　长　刘　平
代理审判员　郑　杰
人民陪审员　石含禄
二〇一七年七月十一日
书　记　员　魏玺颖

国有土地使用权出让

国家中学生物理竞赛出题

▶ 诉前案例

12 广东省广州市南沙区人民检察院督促南沙区国土资源和规划局、广州市国土资源和规划委员会依法履职案

（土地出让金及超规划用地）

一、基本案情

广东省广州市南沙区人民检察院在履行职责中发现，1999年11月26日，原广州南沙经济技术开发区国土办公室与苏州市康苏助剂有限公司，签订了南国土让字〔1999〕65号《国有土地使用权出让合同》，将位于南沙开发区深湾水库北侧的国有土地面积为65993平方米的使用权转让给该公司建设墓园，土地出让金和土地开发费共计41707576元。后由于该公司被依法注销，其清算组与广州玉德堂陵园有限公司签订转让协议，将本宗用地转让给玉德堂公司，由玉德堂公司履行土地出让合同的权利和义务。经核查相关资料，玉德堂公司至今拖欠土地出让金及滞纳金共计65115152元。此外，玉德堂公司还存在超出土地出让合同约定四至范围修建墓地经营销售问题。

二、检察建议

南沙区检察院于2016年9月13日向南沙区国土资源和规划局发出检察建议书，建议内容为：（1）对玉德堂公司拖欠土地出让金事宜进行清查，采取有效措施挽回国有资产的损失，维护国家对国有土地使用权的合法权益；（2）对玉德堂公司超出土地出让合同约定四至范围的行为，切实履行监管职责，依法进行整改和查处，以保护自然生态资源，维护土地管理秩序。

南沙区国土资源和规划局超过一个月未回复，鉴于广州市国土资源规划委员会为相关国土资源行政诉讼案件的适格主体，我院遂于2016年10月24日向市国规委发出检察建议书，建议内容为：强化对南沙区国土资源和规划局的工作检查督导，对广州玉德堂陵园有限公司拖欠土地出让金及超四至用地问题

依法予以处理，采取有效措施，挽回相关损失，制止违法用地，维护国家对国有土地所有权的合法权益。

三、行政机关履职情况

对于检察机关发出的检察建议书，南沙区国土资源和规划局及广州市国规委高度重视，分别于2016年11月1日、2016年11月15日、2016年12月29日，就有关落实情况复函检察机关。对拖欠土地出让金事宜，因涉及维稳等社会问题，已拟定解决方案请示南沙开发区管委会。对违法用地问题进行了测量核查，并作出行政处罚：第一，责令玉德堂公司退还非法占用的22229.21平方米土地；第二，限玉德堂公司15日内自行拆除不符合土地利用总体规划的587.69平方米土地上新建的建筑物和其他设施，恢复土地原状；第三，没收玉德堂公司在符合土地利用总体规划的21641.52平方米土地上新建的建筑物和其他设施；第四，对玉德堂公司非法占用土地的行为，并处229002.30元罚款。

四、办案指引

 管辖

1.《人民检察院提起公益诉讼试点工作实施办法》第28条规定："人民检察院履行职责中发现生态环境和资源保护、国有资产保护、国有土地使用权出让等领域负有监督管理职责的行政机关违法行使职权或者不作为，造成国家和社会公共利益受到侵害，公民、法人和其他社会组织由于没有直接利害关系，没有也无法提起诉讼的，可以向人民法院提起行政公益诉讼。人民检察院履行职责包括履行职务犯罪侦查、批准或者决定逮捕、审查起诉、控告检察、诉讼监督等职责。"南沙区检察院公诉部门在审查办理玉德堂公司有关人员涉嫌非法经营等犯罪案件中，发现本案线索，民行部门进行关注和办理，符合人民检察院在履行职责中发现的条件。此外，在发现案件线索当时，涉案国有土地合法权益仍处于受侵害状态，且公民、法人和其他社会组织由于没有直接利害关系，没有也无法提起诉讼。故该案的相关情况符合检察机关开展行政公益诉讼的实体条件。

2.《人民检察院提起公益诉讼试点工作实施办法》第29条第1款规定："人民检察院提起行政公益诉讼的案件，一般由违法行使职权或者不作为的行政机关所在地的基层人民检察院管辖。"该案属南沙区国土资源和规划局不作为导致国家利益受到侵害，作为行政机关所在地的南沙区检察院对该案具有管辖权。

在符合上述规定的情况下,检察机关即可对该案进行受理审查。

 立案

《人民检察院提起公益诉讼试点工作实施办法》第32条第1款规定:"经审查认为生态环境和资源保护、国有资产保护、国有土地使用权出让等领域负有监督管理职责的行政机关违法行使职权或者不作为可能损害国家和社会公共利益的,应报请检察长批准决定立案,并到案件管理部门登记。"

根据此条规定,南沙区检察院在发现该案线索后,向南沙区国土资源和规划局调查了解玉德堂公司拖欠土地出让金等事宜,南沙区国土资源和规划局书面对相关情况进行了说明并附涉案土地出让合同及会议纪要等材料。经综合审查,能够初步确认涉案事实基本存在,遂于2016年7月12日报请检察长批准决定立案审查。

 诉前程序

1. 本案调查的重点

一是拖欠土地出让金的事实;二是违法用地问题;三是负有监管职责的责任单位是民政部门还是国土部门。

2. 针对相关问题开展调查工作

向民政局部门调查核实:(1)陵园年检条件(如果存在超红线、超豪华、超面积,欠缴土地出让金出土开发费、土地使用费等的情况是否能通过年检,调取相关依据);(2)玉德堂经营性公墓年检合格证(2015年5月31日之后的);(3)玉德堂公墓经营许可证(2013年7月以后的);(4)什么是三超,即超四至、超豪华、超面积,调取相关依据;(5)三超情况如何处理,调取相关依据;(6)玉德堂陵园超红线的土地权利人及土地使用状况,超四至用地的起始时间,民政部门及国土部门监管情况,调取相关书面材料(如函或处理决定书等);(7)2012年7月开发区管委会会议纪要,要求由民政局牵头,尽快成立工作协调小组。咨询该小组成立情况,上报方案情况,以及后续工作情况;(8)民政部门对经营性公墓监管和指导监督的具体内容及法律法规的规定(成立、审查、检查、处罚、审批、每年年检、行政许可等);(9)关于三超问题和欠缴出让金问题、年检问题、经营问题等,由哪些行政部门负责,调取相关书面材料。

向玉德堂公司调查核实:(1)是否存在欠缴土地出让金、土地开发费、土地使用费等情况,欠缴原因及当前打算;(2)墓地整体销售情况,管理费

收取情况,销售收入是否按合同约定归入共管账户;(3)是否存在三超问题及原因;(4)相关诉讼和执行问题(刑事诉讼及民事诉讼,以及正在执行阶段的民事案件情况);(5)民政部门和国土部门是否提出纠正相关问题,监管情况,调取相关函件或其他书面材料;(6)年检和许可证发放的情况。经营过程中,具体办理相关审批手续(年检、许可、报表、财务数据)情况;(7)与民政国土等部门联系的具体部门和人员情况。

向国土部门调查核实:(1)玉德堂公司拖欠土地出让金的具体情况;(2)滞纳金的计算及依据;(3)所欠费用总数以及已缴费用的情况;(4)玉德堂公司超四至用地问题;(5)对相关拖欠出让金及超四至用地问题应如何处理,相关依据;(6)国土部门的监管职责及其法律法规规定。

3. 本案审查的关键问题

本案审查的关键,是民政部门与国土部门对涉案相关问题是否存在监督管理职责,或者是否存在交叉管理情况,以及相关的职责依据。在厘清职责的同时,还需进一步明确履行监管职责后所能达到的目的和效果,以使建议内容更加具体详实。

4. 诉前文书写作的关键问题

(1)经调查核实,对拖欠土地出让金及滞纳金的具体数额方面有充分的证据证实,但对超四至用地的数量,国土部门并未提供具体测量数据及超四至用地的使用情况,经询问玉德堂公司负责人及曾经在该公司工作过的证人,结合国土部门出具的情况说明,能够确认确实存在超四至用地问题。故在撰写检察建议书的事实部分,标明了拖欠土地出让金的具体数额,概括提出了存在超四至用地的问题。

事实证明,国土部门接到检察建议书后,对超四至用地问题进行了彻查,将超出面积的具体数量及使用情况均进行了详细列举,并就相关问题进行了行政处罚。所以,检察机关在无法或很难获取违法用地面积的具体数据情况下,只要能够确定确实存在违法用地情况,就可在检察建议中列明问题,督促负有监管职责的行政机关履行职责,亦能够取得较好的监督效果。

(2)文书重点还在于明确行政机关的职责及依据。既要着眼于法律、行政法规、部门规章方面的规定,也要对地方性的法规规章进行查询,也可从各单位"三定"方案中获取相关职责方面的规定,还可咨询上级主管部门等相关权威机构获取更加具体详尽的职责规定,以使文书引用的法律法规及规范性文件更加准确无误。

(3)建议行政机关履行职责的事项要具体明确,但要避免出现代行行政权的情况，可围绕监管职责的具体规定，在确定行政机关与涉案事件存在监管关系的情况下，提出具体的履职方向及监管后应达到的良好效果。

五、办案效果

检察建议发出后，广州市国规委党组高度重视，立即进行工作部署，执法支队立即召开会议研究制定执行方案，迅速组织对该案涉及的违法用地进行处理：一是安排专人进驻南沙区了解案件详情，指导、督促南沙区国土规划部门及时进行查处整改，执法支队多次到区开展现场督导工作。二是向南沙区区局执法大队发出督导函，明确具体工作标准和要求，要求区局执法大队立即成立专案组，抽调精干力量迅速开展查处整改工作。三是做好积极沟通汇报。玉德堂公司欠缴土地出让金及违法用地等问题迅速得到解决，确保国家土地出让收益不流失。同时，广州市国规委要求南沙区国土规划局依据《殡葬管理条例》有关规定，向南沙区民政局发函，加强对玉德堂陵园内地块二的监督管理，以避免新的违法用地行为发生。

六、依据指引

1.《中华人民共和国土地管理法》

第五条 国务院土地行政主管部门统一负责全国土地的管理和监督工作。

县级以上地方人民政府土地行政主管部门的设置及其职责，由省、自治区、直辖市人民政府根据国务院有关规定确定。

第六十六条 县级以上人民政府土地行政主管部门对违反土地管理法律、法规的行为进行监督检查。

土地管理监督检查人员应当熟悉土地管理法律、法规，忠于职守、秉公执法。

2.《广东省实施〈中华人民共和国土地管理法〉办法》

第四条 省人民政府土地行政主管部门统一负责全省土地的管理和监督工作。市、县人民政府土地行政主管部门统一负责本行政区域内土地的管理和监督工作。市、县人民政府土地行政主管部门在市辖区或乡（镇）设立土地管理机构，负责该区域的土地管理工作。

第五十条 县级以上人民政府土地行政主管部门在本行政区域内对违反土地管理法律、法规的行为进行监督检查。乡（镇）人民政府应予以协助。

七、文书指引

 立案决定书

广州市南沙区人民检察院
立案决定书

穗南检行公立〔2016〕3 号

本院在履行职责过程中发现南沙区国土资源和规划局存在违法行使职权或不作为可能损害国家利益和社会公共利益，根据《全国人民代表大会常务委员会关于授权最高人民检察院在部分地区开展公益诉讼试点工作的决定》和《人民检察院提起公益诉讼试点工作实施办法》第三十二条的规定，决定立案审查。

2016 年 7 月 12 日
（院印）

 检察建议书

广州市南沙区人民检察院
检察建议书

穗南检行建〔2016〕03 号

南沙区国土资源和规划局：

　　本院在履行民事行政检察监督职责中，发现广州玉德堂陵园有限公司存在拖欠土地出让金等问题。本院依法进行了调查。现查明：

　　1999 年 11 月 26 日，广州南沙经济技术开发区国土办公室与苏州市康苏助剂有限公司，签订了南国土让字〔1999〕65 号《国有土地使用权出让合同》，出让位于南沙区深湾水库北侧的国有土地面积为 65993 平方米的使用权，土地出让金和土地开发费共计 41707576 元。后由于该公司被依法注销，其清算组与广州玉德堂陵园有限公司（以下简称玉德堂公司）签订转让协议，将本宗土地转让给玉德堂公司，由玉德堂公司履行土地出让合同的权利和义务。根据你局出具的书面材料，证明玉德堂公司至今拖欠土地出让金及滞纳金共计 65115152 元。

本院认为，玉德堂公司拖欠国有土地出让金及滞纳金六千余万元，长达十余年，其行为严重损害了国家利益。根据《中华人民共和国土地管理法》第五条；《广东省实施〈中华人民共和国土地管理法〉办法》第四条"市、县人民政府土地行政主管部门统一负责本行政区域内土地的管理和监督工作"；第五十条"县级及以上人民政府土地主管部门在本行政区域内对违反土地管理法律、法规的行为进行监督检查"等规定，你局对涉案土地出让金的拖欠问题负有监督管理责任。现根据《全国人民代表大会常务委员会关于授权最高人民检察院在部分地区开展公益诉讼试点工作的决定》和《人民检察院提起公益诉讼试点工作实施办法》第四十条的规定，向你单位提出如下检察建议：建议你局对玉德堂公司拖欠土地出让金事宜进行清查，采取有效措施挽回国有土地资产的损失，维护国家对国有土地使用权的合法权益。

请于收到本检察建议书后一个月内将办理情况书面回复本院。

2016 年 9 月 5 日
（院印）

广州市南沙区人民检察院
检察建议书

穗南检行建〔2016〕06 号

广州市国土资源和规划委员会：

本院在履行民事行政检察监督职责中，发现广州市南沙区国土资源和规划局存在怠于履行职责的情形。本院依法进行了调查。现查明：

1999 年 11 月 26 日，广州南沙经济技术开发区国土办公室与苏州市康苏助剂有限公司，签订了南国土让字〔1999〕65 号《国有土地使用权出让合同》，出让位于南沙区深湾水库北侧的国有土地面积为 65993 平方米的使用权，土地出让金和土地开发费共计 41707576 元。后由于该公司被依法注销，其清算组与广州玉德堂陵园有限公司（以下简称玉德堂公司）签订转让协议，将本宗土地转让给玉德堂公司，由玉德堂公司履行土地出让合同的权利和义务。根据南沙区国土资源和规划局出具的书面材料，证明玉德堂公司至今拖欠土地出让金及滞纳金共计 65115152 元。此外，玉德堂公司还存在超出土地出让合同约定四至范围修建墓地经营销售的问题。

本院认为，玉德堂公司拖欠国有土地出让金及滞纳金六千余万元，长达十余年，其行为损害了国家利益；其超出土地出让合同约定四至范围修建墓地的行为，破坏了土地资源。根据《中华人民共和国土地管理法》第五条、第六十六条；《广东省实施〈中华人民共和国土地管理法〉办法》第四条"市、县人民政府土地行政主管部门统一负责本行政区域内土地的管理和监督工作"；第五十条"县级及以上人民政府土地主管部门在本行政区域内对违反土地管理法律、法规的行为进行监督检查"等规定，国土部门对国土违法行为负有监督管理责任，我院于2016年9月13日已向南沙区国土资源和规划局发出检察建议书，尚未收到回复。该局是你委的派出机构，你委对该局负有领导和督导监督管理责任。现根据《全国人民代表大会常务委员会关于授权最高人民检察院在部分地区开展公益诉讼试点工作的决定》和《人民检察院提起公益诉讼试点工作实施办法》第四十条的规定，向你单位提出如下检察建议：强化对南沙区国土资源和规划局的工作检查督导，对广州玉德堂陵园有限公司拖欠土地出让金及超四至用地问题依法采取有限措施，挽回相关损失，制止违法用地等行为，维护国家对国有土地使用权的合法权益。

请于收到本检察建议书后一个月内将办理情况书面回复本院。

2016 年 10 月 20 日
（院印）

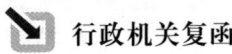 **行政机关复函**

关于玉德堂陵园用地问题的
检察建议的复函

穗南国规〔2016〕1420号

南沙区检察院：

贵院向我局送达"穗南检行建〔2016〕4号"《广州市南沙区人民检察院检察建议》，就玉德堂陵园用地问题向我局提出如下检察建议："对玉德堂公司拖欠土地出让金事宜进行清查，采取有效措施挽回国有土地资产的损失，维护国家对国有土地使用权的合法权益；对玉德堂公司超出土地出让合同约定四至范围的行为，切实履行监管职责，依法进行整改查处"。现将玉德堂用地问题的有关情况函复如下：

一、土地出让的基本情况

1999年11月26日，原广州南沙经济技术开发区国土办公室与苏州市康苏助剂有限公司（以下简称"康苏公司"）签订《国有土地使用权出让合同》

(南国土让字〔1999〕65号，附件)，将位于南沙开发区深湾水库北侧面积为65993平方米的土地出让给该公司用于建设南沙永久墓园，土地出让金总额为人民币4170.7576万元。后由于该公司被依法注销，其股东会决议成立清算组，清算组与广州玉德堂陵园有限公司（以下简称"玉德堂公司"）签订了转让协议，将本宗用地转让给玉德堂公司，由其履行土地出让合同的权利和义务，我局至今对此暂未作确认。

二、主要存在问题

（一）欠缴土地出让金及滞纳金问题

1999年11月至2009年8月，康苏公司和玉德堂公司先后缴交给原南沙管委会国土办和国土处915万元，至今该项目仍欠缴土地出让金3255.7576万元。此外，康苏公司和玉德堂公司缴交给广州南沙经济技术开发总公司850万元，根据2010年12月区国资局上报管委会的《关于原南沙永久墓园和玉德堂有关情况的调查报告》（穗南区国资报〔2010〕149号），该报告详细反映总公司收取玉德堂公司850万元款项的使用情况，全部用于解决原南沙永久墓园的历史遗留问题上，如支付原墓园的工程款、利息及工作人员工资等，并没有挪作他用。

根据原土地出让合同第七条约定，合同出让金总额需自签订合同起三年内付清，另合同第九条约定，不按规定时间缴纳土地出让金，从滞纳之日起每天按欠款总额的万分之五加收滞纳金。该项目至今仍欠缴本金3255.7576万元，已产生巨额违约金。根据广州市国土资源和房屋管理局、广州市发展和改革委员会、广州市财政局《关于规范我市土地出让金违约金计收问题的意见》（穗国房字〔2010〕1331号）的第三条规定，土地出让金违约金实行总额封顶，经核算的违约金若超过拖欠的本金数额的，违约金数额应按拖欠本金的金额收取。即违约金按3255.7576万元计算，并由土地受让人承担。

（二）违法用地问题

经现场测量，玉德堂公司南沙永久墓园范围内共有三块土地超出原土地出让合同约定四至范围，面积共61.19亩。其中地块一现场已基本建成墓地，面积11.43亩（其中11.21亩符合土规，0.22亩不符合土规）；由玉德堂公司经营和管理。地块二现场有零星村民自建墓地，面积27.84亩（其中27.50亩符合土规，0.34亩不符合土规）；土地使用主体存在争议，需进一步调查确认。地块三现场为办公楼、停车场、公共厕所等附属配套设施，面积21.91亩（其中21.25亩符合土规，0.66亩不符合土规）；由玉德堂公司管理和使用。上述用地行为违反了《中华人民共和国土地管理法》第四十三条、第四十四条的规定，涉嫌违法用地。按照《中华人民共和国土地管理法》第七十六条的规定，应责令违法用地主体退还非法占用的土地，对违反土地利用总体规划擅自将农用地改为建设用地的，限期拆除在非法占用的土地上新建的建筑物和其他设施，恢复土地原状；对符合土地利用总体规划的，没收在非法占用的土地上新建的建筑物和其他设施；同时，并处罚款。

三、我局追缴土地出让金和滞纳金过程

2012年初，玉德堂公司向我局申请完善玉德堂陵园的用地手续。2012年2月，我局向管委会上报《关于解决南沙玉德堂陵园用地问题的请示》（穗国房南开报〔2012〕3号）请求收取该宗地欠缴的土地出让金和滞纳金，完善该宗地用地手续（下称方案一）；2012年3月，管委会领导对上述请示作出"请国土分局充分考虑发改、民政部门意见，并结合南沙新区城市规划，从政策层面和规划层面提出合情、合理、合法的处理意见"。

2012年4月，我局征求相关部门意见后再次向管委会上报《关于南沙玉德堂用地问题处理意见的请示》（穗国房南开报〔2012〕13号），认为土地受让方未按照合同约定时间缴交土地出让金的严重违约行为，根据《中华人民共和国合同法》等法律规定，由我局解除土地使用权出让合同，并对玉德堂公司已缴交的土地出让金和前期投入费用进行合理补偿，对解除土地出让合同后续工作，由区民政部门牵头清理整顿玉德堂陵园公司的意见（下称方案二），管委会批复同意我局意见。

2012年5月，我局向管委会上报《关于玉德堂有关问题处理建议的请示》（穗国房南开报〔2012〕23号），提出解除出让合同及后续处理建议。2012年7月13日，南沙开发区管委会主任会议审议了玉德堂用地问题，会议要求由区政府主要领导负责，区民政局牵头，成立一个有纪委、政法委、国土规划局、国资局、工商分局等部门参加的工作协调小组，围绕"陵园设施不能再扩大、老百姓的利益不能损害、适时永久搬迁陵园、涉及相关问题逐条列出一查到底"等要求，研究制定处理玉德堂有关问题的系统方案报区委、区政府研究。2012年8月24日，区长办公会议研究了玉德堂陵园公司存在的问题、清理整顿该公司可能产生的影响，明确国土、民政、区委维稳办、宣传部等相关部门的工作分工，要求各部门在处理玉德堂陵园公司问题时要认真研究工作方案和对策，作出准确定性，以防群众出现错误理解。

综上，2012年以来我局一直履行追缴该宗地欠缴土地出让金及滞纳金的职责，制定了上述方案一和方案二两种处理方案上报管委会。根据管委会的批示意见，采取方案二（即解除土地出让合同）的方式处理，因此我局没有继续追缴该宗地欠缴土地出让金及滞纳金。但因方案二关涉到一系列社会问题，近年来玉德堂陵园的清理整顿工作没有实际进展。

四、下一步工作思路

（一）对于违法用地问题，我局经研究，现已对玉德堂陵园涉嫌违法用地问题予以立案查处。

（二）对于欠缴土地出让金和滞纳金的后续问题，由于案情复杂，关涉到一系列社会问题，我局拟将上述处理方案再次报南沙管委会、区政府审议。

（三）我局将严格按照检察建议"采取有效措施挽回国有土地资产的损失，维护国家对国有土地使用权的合法权益"的要求，对玉德堂陵园的用地问题依法进行处理，并将处理进展和结果及时向贵院反馈。

此复。

附件：国有土地使用权出让合同（南国土让字〔1999〕65 号）（略）

广州市南沙区国土资源和规划局
2016 年 11 月 4 日

广州市国土资源和规划委员会
关于检察建议书落实情况的函

穗国土规划函〔2016〕3203 号

南沙区检察院：

贵院以《广州市南沙区人民检察院检察建议书》（穗南检行建〔2016〕6 号）函告我委，就玉德堂陵园用地问题向我委提出检察建议："强化对南沙区国土资源和规划局的工作检查督导，对广州玉德堂公司拖欠土地出让金及超四至用地问题依法予以处理，采取有效措施挽回相关损失，维护国家对国有土地使用权的合法权益"。对此，我委高度重视，立即开展相关工作，现将落实情况报告如下：

一、核查情况

（一）土地出让基本情况

1995 年 3 月 28 日，经原"中共广州南沙经济技术开发区管委会"同意，"南沙公墓管理所"成立，负责原南沙经济技术开发区内墓园事务管理。

1995 年 12 月原番禺市民政局批准原南沙管委会在深湾水库划拨 100 亩土地修建公益性公墓——南沙永久墓园。该墓园违反《公墓管理法》，采取集资、承包方带资等方式建设，并预售 85 个墓位。

1996 年 5 月，广州市民政局责令停止墓园建设和出售墓位。随后，该墓园大部分人员解散，墓园工作烂尾。

1999年11月26日,原广州南沙经济技术开发区国土办公室与苏州市康苏助剂有限公司(以下简称"康苏公司")签订《国有土地使用权出让合同》(南国土让字〔1999〕65号,附件2),将位于南沙开发区深湾水库北侧面积为65993平方米的土地出让给该公司用于建设南沙永久墓园,土地出让金总额为人民币4170.7576万元。后由于该公司被依法注销,其股东会决议成立清算组,清算组与广州玉德堂陵园有限公司(以下简称"玉德堂公司")签订了转让协议,将本宗用地转让给玉德堂公司,由其履行土地出让合同的权利和义务。

(二)欠缴土地出让金及滞纳金核查情况

1999年11月至2003年8月,康苏公司和玉德堂公司先后缴交给原南沙管委会国土办和国土处915万元,至今该项目仍欠缴土地出让金3255.7576万元。此外,康苏公司和玉德堂公司缴交给广州南沙经济技术开发总公司850万元,根据2010年12月区国资局上报管委会的《关于原南沙永久墓园和玉德堂有关情况的调查报告》(穗南区国资报〔2010〕149号),该报告详细反映总公司收取玉德堂公司850万元款项的使用情况,全部用于解决原南沙永久墓园的历史遗留问题上,如支付原墓园的工程款、利息及工作人员工资等。

根据原土地出让合同第七条约定,合同出让金总额需自签订合同起三年内付清,另合同第九条约定,不按规定时间缴纳土地出让金,从滞纳之日起每天按欠款总额的万分之五加收滞纳金。该项目至今仍欠缴本金3255.7576万元,已产生巨额违约金。根据广州市国土资源和房屋管理局、广州市发展和改革委员会、广州市财政局《关于规范我市土地出让金违约金计收问题的意见》(穗国房字〔2010〕1331号)第三条规定,土地出让金违约金实行总额封顶,经核算的违约金若超过拖欠的本金数额的,违约金数额应按拖欠本金的金额收取。即违约金按3255.7576万元计算,并由土地受让人承担。

(三)违法用地问题核查情况

经委托第三方公司现场测量,玉德堂陵园范围内,共有三个地块合计40791.03平方米(61.19亩)土地位于《国有土地使用权出让合同》(南国土让字〔1999〕65号)约定四至范围以外,地块情况分别如下:

1. 西北侧地块(地块一)

现场已基本建成墓地,形成了真正意义上的墓区。该地块由玉德堂陵园有限公司建设、管理和使用,用地面积共7621.55平方米(11.432亩),无用地批准手续。其中7474.78平方米(11.212亩)土地现状地类为风景名胜设施用地,符合土规;146.77平方米(0.22亩)土地现状地类为一般农地区,不符合土规,不符合土规的146.77平方米土地现场为墓群外沿的道路。

2. 东侧地块（地块二）

现场主要是绿化树木、坡面挡土墙和排水沟，零星散布少量墓碑，并未形成真正意义上的墓群，地表基本维持了绿化种植用途，玉德堂公司尚未对该地块实施开发建设使用。经测量，地块二面积共 18561.82 平方米（27.843 亩），无用地手续。其中，18334.74 平方米（27.502 亩）现状地类为风景名胜设施用地，符合土规；227.08 平方米（0.341 亩）现状地类为一般农地区，不符合土规，不符合土规的土地现场为外沿道路。经南沙区国土规划局征询了解及调取相关历史资料显示，该地块的建设主体应为"广州南沙墓园管理所"，建设时段在 1995 年至 1996 年，随着行政区域变化和政府机构的调整，上述墓园管理所现已不复存在。目前该地块由相关主管部门委托玉德堂陵园有限公司代管，未实际使用。

3. 东南侧地块（地块三）

现场为玉德堂陵园有限公司正在管理和使用的办公楼、停车场、公共厕所等附属配套设施，面积 14607.66 平方米（21.911 亩），无用地批准手续。其中，14166.74 平方米（21.25 亩）现状地类为风景名胜设施用地，符合土规；440.92 平方米（0.661 亩）现状地类为一般农地区，不符合土规，不符合土规的土地现场为玉德堂陵园有限公司使用的一间杂物房和入园门岗亭。

根据上述三个地块的内外业核查情况，玉德堂在其管理和使用的地块一、地块三上存在超出出让合同约定四至范围用地的违法行为，该行为违反了《中华人民共和国土地管理法》相关规定，属于非法占地，其非法占地面积为 22229.21 平方米（折合 33.34 亩）。

（四）管理审批体制情况

根据南沙区"三定"方案和《广州市南沙新区条例》规定，南沙区享有市级审批权限。

二、已采取的措施和处理进展情况

收到贵院检察建议书后，我委党组高度重视，立即进行工作部署，我委执法支队立即召开会议研究制订执行方案，迅速组织对该案涉及的违法用地进行处理：一是安排专人进驻南沙区了解案件详情，指导、督促南沙国土规划部门及时进行查处整改，执法支队多次到区开展现场督导工作。二是向南沙区区局执法大队发出督导函，明确具体工作标准和要求，要求区局执法大队立即成立专案组，抽调精干力量迅速开展查处整改工作。三是做好积极沟通汇报。2016 年 11 月 15 日，我委党组成员、执法支队谢坚队长带队赴贵院，与贵院领导和经办人员进行沟通交流，恳请贵院对本案的查处整改工作进行指导。目前处理进展情况如下：

(一)对玉德堂陵园欠缴土地出让金问题的处理

2012年以来南沙区国土规划局一直履行追缴该宗地欠缴土地出让金及滞纳金的职责,制定了"收取该宗地欠缴的土地出让金和滞纳金,完善该宗地用地手续"和"解除土地使用权出让合同,并对玉德堂公司已缴交的土地出让金和前期投入费用进行合理补偿,对解除土地出让合同后续工作,由区民政部门牵头清理整顿玉德堂陵园公司"的两种处理方案上报管委会。根据管委会的批示意见,采取解除土地出让合同的方式处理,因此南沙区国土规划局没有继续追缴该宗地欠缴土地出让金及滞纳金。但因解除土地出让合同关涉到一系列社会问题,近年来玉德堂陵园的清理整顿工作没有实际进展。根据贵院检察建议书要求,南沙区国土规划部门已就下一步的处理方式专题请示南沙开发区管委会。

(二)对玉德堂陵园违法用地的处理

针对玉德堂陵园存在的违法用地问题,南沙区国土规划局制定了执法查处工作方案,成立了查办专案组。目前已基本完成对所涉地块违法用地的查处工作。针对玉德堂陵园有限公司在地块一和地块三上存在的违法用地事实,2016年11月3日,南沙区国土规划局执法监察大队向玉德堂陵园有限公司发出了《行政处罚听证告知书》,玉德堂陵园有限公司表示放弃陈述、申辩和听证的权利。2016年11月4日,南沙区国土规划局执法监察大队向玉德堂陵园有限公司发出了《行政处罚决定书》和《行政罚款缴款通知书》等。处罚内容如下:

1. 责令其退还非法占用的22229.21平方米土地;
2. 限其15日内自行拆除在不符合土地利用总体规划的587.69平方米土地上新建的建筑物和其他设施,恢复土地原状;
3. 没收其在符合土地利用总体规划的21641.52平方米土地上新建的建筑物和其他设施;
4. 对其非法占用土地的行为,并处229002.30元罚款。

2016年11月17日玉德堂公司开始对不符合土规的建筑物进行拆除;11月18日,玉德堂陵园有限公司缴交了全部229002.30元罚款,并对不符合土地利用总体规划的地上建筑物正在组织拆除。对没收的地块三上符合土地利用总体规划的建筑物和其他设施,南沙区国土规划局已专题向南沙开发区管委会请示,将移交属地南沙街道办事处进行管理。对退还的地块一墓区,南沙区国土规划局已向南沙区民政局发文,请区民政局依据《殡葬管理条例》作出处理。

(三)对玉德堂陵园内地块二的处理

鉴于地块二由原"广州南沙墓园管理所"于1995年至1996年所建,未形成真正意义上的墓葬群,且至今仍维持原样,南沙区国土规划局已专题行文向南沙开发区管委会请求,待批示后妥善处理。

三、下一步工作

下一阶段,我委将继续指导南沙区国土规划局严格按照案件查处规程,做好整改验收和移送接收等工作,并要求南沙区国土规划局依据《殡葬管理条例》有关规定,向南沙区民政局发函,加强对玉德堂陵园内地块二的监督管理,以避免新的违法用地行为发生;同时按照南沙区管委会批复的对玉德堂陵园涉及的拖欠土地出让金及滞纳金问题的处理意见及时进行追缴,确保国家土地出让收益不流失,并及时将工作进展情况报告贵院。

专此函达。

附件:1.《国有土地使用权出让合同》(南国土让字〔1999〕65号)(略)
   2. 行政处罚决定书(略)
   3. 南沙三定方案(略)
   4. 南沙新区条例(略)

广州市国土资源和规划委员会
2016年12月29日

13 江苏省徐州市沛县人民检察院 督促沛县国土资源局依法履职案

（擅自变更土地用途）

一、基本案情

上海大屯能源股份有限公司（以下简称上海能源公司）的性质为股份有限公司，大屯煤电（集团）有限责任公司系独立法人，且系上海能源公司的发起人股东之一。

2013年7月19日，沛县国土资源局向上海能源公司作出"关于研发中心项目划拨用地的批复"，内容主要为：该项目属划拨用地范围，经报县政府批准，同意将39053平方米（58.58亩）国有建设用地使用权划拨给你单位（上海能源公司）用于建设研发中心项目。希接文后，严格按照批准的用途及土地使用条件使用土地，未经县政府、县国土资源局同意，不得擅自改变。同日，沛县人民政府作出沛县〔2013〕国土资源复划字第05号建设用地批准书，内容主要为：用地单位名称为"上海大屯能源股份有限公司"、建设项目名称为"研发中心项目"，土地使用权性质为"国有"，土地取得方式为"划拨"，土地用途为"科研设施用地"，批准用地面积为"39053平方米"等。2013年8月12日，沛县人民政府向上海能源公司颁发上述39053平方米划拨用地的国有土地使用权证。

上海能源公司取得上述土地后即在该地块上进行房屋建设，房屋建成后交由大屯煤电（集团）有限责任公司微山湖假日酒店（营业执照登记类型为有限责任公司分公司，以下简称微山湖酒店）使用。

2014年1月，微山湖酒店开始营业，其经营范围包括餐饮、客房及会议接待等，单位或者个人消费后，微山湖酒店提供的住宿、餐饮等税务发票以大屯煤电（集团）有限责任公司名义从沛县地方税务局领取、出具。

针对上述擅自变更土地用途的违法用地行为，沛县国土资源局并未依法履行土地监管职责，未对涉案违法行为依法进行处罚。

二、检察建议

沛县人民检察院经调查核实认定沛县国土资源局明显存在怠于履行监管职

责的行为，已经损害国家和社会公共利益。2015年9月25日，沛县人民检察院向沛县国土资源局发出检察建议，建议该局正确履行法定职责纠正上海能源公司未经批准改变土地用途的违法行为。

三、行政机关履职情况

沛县人民检察院向沛县国土资源局发出督促履职检察建议书后，沛县国土局采纳了检察建议。2015年10月8日，沛县国土资源局向上海能源公司送达行政处罚听证告知书，10月20日，沛县国土资源局对上海能源公司作出沛国土资罚字第〔2015〕18号行政处罚决定。处罚内容为：第一，责令上海能源公司交还土地。第二，对上海能源公司改变用途的土地并处以每平方米15元的罚款，共计伍拾捌万伍仟柒佰玖拾伍元整（585795元）。2015年11月4日，上海能源公司将罚款58.5万余元上缴国库。

四、办案指引

 管辖

上海能源公司存在擅自违法变更土地用途的行为，本案属于"国有土地使用权出让领域"。沛县国土资源局负有依法对相关单位使用土地的行为进行监管的职责但却怠于履行，按照"检察机关提起行政公益诉讼的案件，一般由违法行使职权或者不作为的行政机关所在地的基层人民检察院管辖"的规定，沛县人民检察院对本案具有管辖权。

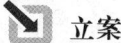 立案

1. 线索发现与评估

该案线索系检察机关在履行职责过程中通过"两法衔接"平台发现的。发现该案线索后，检察机关及时对线索进行了初步审查评估，认定该案属于国有土地使用权出让领域，且因沛县国土资源局的怠于履职行为可能造成国家利益受到侵害。

2. 立案条件

经审查，本案中存在国有土地使用权出让等领域负有监督管理职责的行政机关不作为的情形，可能侵害国家利益或者社会公共利益，报请检察长决定于2015年9月24日立案，成立办案小组办理此案。

诉前程序

1. 本案调查的重点

本案的调查重点为两个：一是上海能源公司是否存在违法变更土地用途的行为；二是沛县国土资源局是否依法、全面履行了法定职责。

2. 本案如何针对调查重点开展调查

首先，因微山湖酒店在营业场所没有依照规定悬挂营业执照，且其注册登记机关是江苏省工商行政管理局，办案人员赴南京查询了其登记内档，详细了解该酒店的设立机关、营业住所及变更情况。经调查认定该酒店为有限责任公司分公司，经营范围包括餐饮、客房及会议接待等。酒店提供的住宿、餐饮等税务发票均以大屯煤电（集团）有限责任公司名义从沛县地方税务局领取、出具，对外也以大屯煤电（集团）有限责任公司名义从事经营。

其次，办案人员至沛县国土资源局调取了微山湖酒店所在位置的土地使用权批准文件及用地面积、用途、土地类型（划拨）等材料，对微山湖酒店负责人汪月辉进行了询问。经调查认定，涉案土地系由上海能源公司以划拨方式取得后在该地块上建设房屋，建成后交微山湖酒店对外用于商业经营。上海能源公司存在违法变更土地用途的行为。

最后，查阅了《中华人民共和国土地管理法》等相关法律法规，认定沛县国土资源局具有对划拨土地使用情况进行监管的法定职责。但对上海能源公司擅自变更土地用途，在划拨土地上建设酒店并对外经营的违法行为，沛县国土资源局怠于履行监管职责，且因该怠于履职行为造成国家应收土地出让金流失，进而使国家利益受到侵害。

3. 本案审查的关键问题

上海能源公司是否存在违法变更土地用途即是否将微山湖酒店国有土地使用权由划拨变更为商业用途、沛县国土资源局对此是否具有监督管理职责是本案审查的关键问题。经过审查发现，上海能源将划拨给其用于研发中心项目的土地未经批准交付给大屯煤电（集团）有限责任公司微山湖酒店用于商业经营，改变了土地用途，违反了《中华人民共和国土地管理法》等相关法律法规。沛县国土资源局对此负有监督管理职责，存在怠于履行职责的行为。

五、办案效果

收到检察机关发出的检察建议书后，沛县国土资源局积极履行法定职责，纠正上海能源未经批准改变土地用途的违法行为，并对上海能源公司作出行政处罚决定。2015年11月4日，上海能源公司将罚款58.5795万余元上缴国库。同时，沛县国土局收回涉案土地，依法对涉案土地国有建设用地使用权注销登记后予以公开挂牌出让。上海能源公司作为竞买人以2700万元竞报买价成交。2016年3月25日，上海能源公司与沛县国土资源局签订国有建设用地使用权出让合同，并按约缴纳了2700万元土地出让金，从而避免国家数千万元土地出让金损失。

六、依据指引

《中华人民共和国土地管理法》

第五十五条（第一款） 以出让等有偿使用方式取得国有土地使用权的建设单位，按照国务院规定的标准和办法，缴纳土地使用权出让金等土地有偿使用费和其他费用后，方可使用土地。

第五十六条 建设单位使用国有土地的，应当按照土地使用权出让等有偿使用合同的约定或者土地使用权划拨批准文件的规定使用土地；确需改变该幅土地建设用途的，应当经有关人民政府土地行政主管部门同意，报原批准用地的人民政府批准。其中，在城市规划区内改变土地用途的，在报批前，应当先经有关城市规划行政主管部门同意。

七、文书指引

立案决定书

沛县人民检察院
立案决定书

沛检行公诉〔2015〕1号

本院在工作中依职权发现，大屯煤电（集团）有限责任公司微山湖假日酒店营业用房占用的建设用地系未经批准由划拨改变为商业用途。有必要督促沛县国土资源局正确履行职责纠正违法用地行为。本院经审查认为符合行政公益诉讼立案条件，决定予以立案。

2015年9月14日

检察建议书

沛县人民检察院
检察建议书

沛检民（行）行政违监〔2015〕32032200016号

本院在工作中依职权发现，大屯煤电（集团）有限责任公司微山湖假日酒店营业用房占用的建设用地系未经批准由划拨改变为商业用途。有必要督促沛县国土资源局正确履行职责纠正违法用地行为，决定予以审查。本案现已审查终结。

现查明：大屯煤电（集团）有限责任公司微山湖假日酒店（以下简称微山湖酒店）位于沛县新城区汉源大道东侧、萧何路北侧、沛公园南侧，营业执照登记类型为有限责任公司分公司，大屯煤电（集团）有限责任公司系独立法人。上海大屯能源股份有限公司（以下简称上海能源）的公司类型为股份有限公司（上市），股票在上海证券交易所挂牌交易。大屯煤电（集团）有限责任公司系上海大屯能源股份有限公司发起人股东之一。

2013年7月19日，沛县国土资源局向上海能源发出"关于研发中心项目划拨用地的批复"，内容有：依据《江苏省划拨用地目录》规定，该项目属划拨用地范围，经报县政府批准，同意将39053平方米（58.58亩）国有建设用地使用权划拨给你单位（上海能源）用于建设研发中心项目。希接文后，严格按照批准的用途及土地使用条件使用土地，未经县政府、县国土资源局同意，不得擅自改变。同日，沛县人民政府作出沛县市（县）（2013）国土资源复划字第05号建设用地批准书，内容有：用地单位名称为"上海大屯能源股份有限公司"、建设项目名称为"研发中心项目"，土地使用权性质为"国有"，土地取得方式为"划拨"，土地用途为"科研设施用地"，批准用地面积为"39053平方米"，等等。

2013年8月12日，沛县人民政府向上海大屯能源股份有限公司颁发关于上述划拨39053平方米用于科教用地的国有土地使用权证。

上海能源根据批准在该地块进行房屋建设施工，微山湖酒店使用的房屋竣工落成。

2014年1月，微山湖酒店开始营业，其经营范围包括餐饮、客房及会议接待等，单位或者个人消费后，微山湖酒店提供的住宿、餐饮等税务发票以大屯煤电（集团）有限责任公司名义从沛县地方税务局领取、出具。

本院认为，应当督促沛县国土资源局正确履行职责。理由如下：

一、微山湖酒店使用的土地批准用途为划拨用于研发中心项目。2013年8月12日，沛县人民政府向上海大屯能源股份有限公司颁发的国有土地使用权证书，明确土地使用权人是上海大屯能源股份有限公司，微山湖酒店现在使用的39053平方米建设用地用途为科教用地，土地使用类型为划拨。又根据沛县人民政府作出的建设用地批准书，明确建设项目名称为"研发中心项目"，批准用地面积为"39053平方米"。由上可知，微山湖酒店现使用的土地经批准的用途是划拨用于研发中心项目。

二、微山湖酒店使用划拨的土地进行商业经营。2014年1月，微山湖酒店开始营业至今，其经营范围包括对外营业的餐饮、客房及会议接待等，客户消费后，其提供的住宿、餐饮等税务发票以大屯煤电（集团）有限责任公司名义从沛县地方税务局领取、出具，其是使用划拨土地用于餐饮住宿商业经营。

三、微山湖酒店使用的土地系上海能源未经批准改变土地用途。微山湖酒店使用的土地是沛县人民政府划拨给上海能源用于建设研发中心项目使用，但是上海能源却将该土地及地上房屋交付给其股东之一的大屯煤电（集团）有限责任公司用于其分公司微山湖酒店的商业经营，由可以使用划拨土地的能源（研发）项目变更为需以出让方式取得土地使用权的商业经营酒店。根据《中华人民共和国土地管理法》第五十六条"建设单位使用国有土地的，应当按照土地使用权出让等有偿使用合同的约定或者土地使用权划拨批准文件的规定使用土地；确需改变该幅土地建设用途的，应当经有关人民政府土地行政主管部门同意，报原批准用地的人民政府批准"、第五十五条第1款"以出让等有偿使用方式取得国有土地使用权的建设单位，按照国务院规定的标准和办法，缴纳土地使用权出让金等土地有偿使用费和其他费用后，方可使用土地"，上海能源没有经过有权机关的批准办理土地变更登记手续，亦未按照规定支付土地出让金，其将划拨土地使用权交付微山湖酒店用于商业经营系违法用地行为。

综上，上海能源将划拨给其用于研发中心项目的土地未经批准交付给大屯煤电（集团）有限责任公司微山湖酒店进行商业经营，改变了土地用途，违反了《中华人民共和国土地管理法》等相关法律法规。根据《全国人民代表大会常务委员会关于授权最高人民检察院在部分地区开展公益诉讼试点工作的决定》"提起公益诉讼前，人民检察院应当依法督促行政机关履行法定职责"的规定。特向你单位提出检察建议，建议正确履行法定职责。

请在收到检察建议后一个月内将处理结果书面回复本院。

此致

沛县国土资源局

2015年9月25日

行政处罚决定书

沛县国土资源局
行政处罚决定书

沛国土资罚字〔2015〕18 号

上海大屯能源股份有限公司：

我局于 2015 年 9 月 23 日对上海大屯能源股份有限公司改变土地用途一案立案调查。经查：你单位未经有权机关批准，于 2014 年 1 月，擅自将位于萧何路北侧、汉源大道东侧的研发中心 39053 平方米（58.58 亩）国有土地改变土地用途，用于酒店餐饮和宾馆经营的行为，违反了《中华人民共和国土地管理法》第五十六条的规定。

上诉违法事实有下列证据证实：
1. 询问笔录、书证；
2. 现场勘测笔录、现场勘测平面图、现场照片等。

我局已于 2015 年 10 月 8 日依法向你单位进行了告知（听证告知），你放弃陈述、申辩、听证。

根据《中华人民共和国土地管理法》第八十条、《中华人民共和国土地管理法实施条例》第四十三条的规定，决定处罚如下：
1. 责令当事人交还土地；
2. 对当事人改变用途的土地并处以每平方米 15 元的罚款，共计：伍拾捌万伍仟柒佰玖拾伍元整。（小写 585795 元）

行政处罚履行方式和期限：以上罚款限当事人在接到此处罚决定书之日起十五日内交到沛县财政局非税收入专户，逾期不缴罚款，每日按罚款数额的百分之三加处罚款。

本决定送达当事人，即发生法律效力。

你如不服本处罚决定，可以在自收到本处罚决定书之日起 60 日内向沛县人民政府或徐州市国土资源局申请行政复议，或 90 日内直接向沛县人民法院提起诉讼。逾期不申请行政复议，不提起行政诉讼，又不履行本行政处罚决定的，我局将依法申请人民法院强制执行。

沛县国土资源局
2015 年 10 月 20 日

▶诉讼案例

14 辽宁省丹东市振兴区人民检察院诉丹东市国土资源局不作为案

(国有土地出让金流失)

一、基本案情

2005年7月,丹东俊达房地产开发有限公司(以下简称"俊达公司")以66万元竞得北府花园地块,2013年8月,丹东市城乡规划局调整该地块规划设计条件,将总用地面积由40.48万平方米调整为32.24万平方米,规划容积率由1.24调整为1.96。因调整后实际建筑面积增加,经丹东市国土资源局与俊达公司签订补充协议,约定需补缴土地出让金2884.4万元,2015年7月16日,丹东市政府会议纪要明确同意俊达公司缓缴包括土地使用权出让金在内的各项费用。但直至2018年1月,俊达公司未依法缴纳出让金,丹东市国土资源局也未依法收缴。

二、诉前程序

振兴区人民检察院认为,丹东市国土资源局作为负责收缴国土使用权出让金的职责部门,在与丹东俊达房地产开发有限公司签订补充协议后,怠于履行职责,未能督促该公司严格履行合同,足额缴纳应缴款项,国家利益受到损害。2018年1月17日,振兴区人民检察院根据《中华人民共和国行政诉讼法》第25条第4款的规定,向丹东市国土资源局提出检察建议:建议丹东市国土资源局依法履行职责,督促国有土地使用权受让人足额缴纳应缴款项。

三、诉讼情况

2018年6月,振兴区人民检察院在跟踪检察建议落实情况时发现,丹东市国土资源局未按照检察建议内容全面履行职责,致使国有土地使用权出让金依然处于流失状态。2018年11月7日,经高检院批准,振兴区人民检察院就丹东市国土资源局不依法履行职责向振兴区人民法院提起行政公益诉讼。2018年12月13日，本案开庭审理，2018年12月13日，振兴区人民法院依法当庭作出一审判决，支持检察机关诉讼请求，确认丹东市国土资源局对丹东市俊达房地产开发有限公司不缴纳国有土地使用权出让金未依法履行收缴职责的行为违法；丹东市国土资源局于判决生效后依法履行职责。

四、办案指引

管辖

根据《检察机关行政公益诉讼案件办案指南（试行）》规定：检察机关提起行政公益诉讼的案件，一般由违法行使职权或者不作为的行政机关所在地的基层人民检察院管辖。丹东市国土资源局住所地位于振兴区，因此振兴区人民检察院具有管辖权。

立案

俊达公司与丹东市国土资源局形成了土地使用权出让的基础法律关系，俊达公司未依合同补缴土地使用权出让金，丹东市国土资源局亦未采取有效措施予以追缴。国家利益受到损失，且一直处于持续状态。该案符合公益诉讼案件立案条件，依法应当立案审查。

诉前程序

首先，丹东市国土资源局负有收缴土地使用权出让金的法定职责。其次，丹东市国土资源局在俊达公司取得国有建设用地使用权后，没有对建设用地批后开发利用的全程进行监管。再次，丹东市国土资源局怠于履行监管职责的行为损害了国家利益。最后，丹东市国土资源局未依法履行职责的事实清楚，且检察机关已履行了相应的诉前程序。

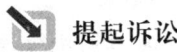

提起诉讼

1. 起诉条件

振兴区人民检察院向丹东市国土资源局发出检察建议书后，丹东市国土资源局未依法全面履行职责。振兴区人民检察院向振兴区人民法院提起行政公益诉讼。

2. 提供材料

振兴区人民检察院检察建议书、土地使用权出让合同及补充协议、丹东市国土资源局落实检察建议的函、丹东市国土资源局组织机构代码证及权责清单。

3. 庭前会议

本案庭前会议主要明确以下几个问题：一是双方出庭人员人数、称谓、座位；二是庭审程序；三是双方交换证据、归纳争议的焦点。

4. 庭审应对

一是被告提出起诉超过六个月的法定期限，对程序有异议，振兴区检察院认为，《行政诉讼法》第46条规定的6个月的期限是督促普通行政相对人积极行使诉讼权利。行政公益诉讼的目的在于通过诉前程序督促履职，是动态的跟进监督过程，不同于普通的行政诉讼。二是被告对公益诉讼人出庭人数有异议，认为三人出席法庭违反法律规定，振兴区人民检察院认为依据相关法律规定，副检察长代表检察长行使法定代表人的职责，同时指派另外二人出席法庭。三是被告主张一直在积极履行催缴义务并送达催缴通知单，因市政府会议纪要存在，客观上未追缴成功，被告积极与市政府沟通，力求解决问题。振兴区人民检察院认为，催缴行为说明丹东市国土资源局采取了部分履职措施，但不足以证实市国土局已依法全面履行职责。

五、依据指引

1. 《中华人民共和国行政诉讼法》

第二十五条（第四款） 人民检察院在履行职责中发现生态环境和资源保护、食品药品安全、国有财产保护、国有土地使用权出让等领域负有监督管理职责的行政机关违法行使职权或者不作为，致使国家利益或者社会公共利益受到侵害的，应当依法向行政机关提出检察建议，督促其依法履行职责。行政机关不依法履行职责的，人民检察院依法向人民法院提起诉讼。

2. 最高人民法院、最高人民检察院《关于检察公益诉讼案件适用法律若干问题的解释》

第二十一条（第三款） 行政机关不依法履行职责的，人民检察院依法向人民法院提起诉讼。

3. 《中华人民共和国土地管理法》

第五十四条 建设单位使用国有土地，应当以出让等有偿使用方式取得……

4. 《中华人民共和国城市房地产管理法》

第十六条 土地使用者必须按照出让合同约定，支付土地使用权出让金；

未按照出让合同约定支付土地使用权出让金的,土地管理部门有权解除合同,并可以请求违约赔偿。

5.《国有土地使用权出让收支管理办法》

第二条(第一款) 本办法所称国有土地使用权出让收入(以下简称土地出让收入)是指政府以出让等方式配置国有土地使用权取得的全部土地价款。具体包括:……改变出让国有土地使用权土地用途、容积率等土地使用条件应当补缴的土地价款……

第三条(第四款) 市、县财政部门具体负责土地出让收支管理和征收管理工作,市、县国土资源管理部门具体负责土地出让收入征收工作。

第五条 土地出让收入由财政部门负责征收管理,可由国土资源管理部门负责具体征收。

第九条 市、县国土资源管理部门和财政部门应当督促国有土地使用权受让人严格履行国有土地出让合同,确保将应缴国库的土地出让收入及时足额缴入地方国库……

第三十四条 对国有土地使用权人不按土地出让合同、划拨用地标准文件等规定及时足额缴纳土地出让收入的,应当按日加收违约金额1‰的违约金。违约金随土地出让收入一并缴入地方国库。

6. 国务院办公厅《关于规范国有土地使用权出让收支管理的通知》(国办发〔2006〕100号)

土地出让收入由财政部门负责征收管理,可由国土资源管理部门负责具体征收。国土资源管理部门和财政部门应当督促土地使用者严格履行土地出让合同,确保将应缴的土地出让收入及时足额缴入地方国库。

土地出让合同、征地协议等应约定对土地使用者不按时足额缴纳土地出让收入的,按日加收违约金1‰的违约金。违约金随同土地出让收入一并缴入地方国库。

7. 国土资源部《关于加强房地产用地供应和监管有关问题的通知》(国土资发〔2010〕34号)

第二条(第四款第四项) 土地出让成交后,必须在10个工作日内签订合同,合同后1个月内必须缴纳出让价款的50%的首付款,余款要按合同约定及时缴纳,最迟付款时间不得超过一年……已签定合同不缴纳出让价款的,必须收回土地。

六、文书指引

 立案决定书

丹东市振兴区人民检察院
立案决定书

振检行公立〔2018〕1 号

本院在履行职责过程中发现丹东市国土资源局存在怠于向丹东市俊达房地产有限公司依法收缴国有土地使用权出让金的行为，可能损害国家利益和社会公共利益。根据《中华人民共和国行政诉讼法》第二十五条第四款的规定，决定立案审查。

2018 年 1 月 3 日

 检察建议书

丹东市振兴区人民检察院
检察建议书

振检行公建〔2018〕1 号

丹东市国土资源局：

我院在办理张万鹏、范连胜非法低价出让国有土地使用权一案过程中，发现涉案土地尚有部分国有土地使用权出让收入未依法追缴，损害国家利益。本院依法进行了调查。现查明：

根据《国务院办公厅关于规范国有土地使用权出让收支管理的通知》及《国有土地使用权出让收支管理办法》第二条"本办法所称国有土地使用权出让收入（以下简称土地出让收入）是指政府以出让等方式配置国有土地使用权取得的全部土地价款。具体包括：……改变出让国有土地使用权土地用途、容积率等土地使用条件应当补缴的土地价款……"，第三条"市、县财政部门具体负责土地出让收支管理和征收管理工作，市、县国土资源管理部门具体负责土地出让收入征收工作"，第五条"土地出让收入由财政部门负责征收管理，可由国土资源管理部门负责具体征收"，第九条"市、县国土资源管理部门和财政部门应当督促国有土地使用权受让人严格履行国有土地出让合同，确保将应缴国库的土地出让收入及时足额缴入地方国库"之规定，你局负有督促国有土地使用权受让人严格履行国有土地出让合同，确保将应缴国库的土地出让收入及时足额缴入地方国库的职责。

2005年3月22日，丹东市城乡规划局出具九道、东窑东、东窑西三个地块（即北府花园地块）规划设计条件，明确三个地块总用地面积为40.48万平方米，规划容积率1.24（含棚户区改造项目可以增加的容积率）。同年7月，丹东俊达房地产开发有限公司以66万元竞得该地块。2013年8月，丹东市城乡规划局调整该地块规划设计条件，将总用地面积由40.48万平方米调整为32.24万平方米，规划容积率由1.24调整为1.96，因调整后实际建筑面积增加，丹东俊达房地产开发有限公司需补缴土地出让金。经丹东市国土资源局与丹东俊达房地产开发有限公司签订补充协议，约定需补缴土地出让金2884.4万元。但协议签订后，丹东俊达房地产开发有限公司至今未依法缴纳，你局亦未履行职责督促其缴纳。

综上，你局作为负责收缴国土使用权出让金的职责部门，在与丹东俊达房地产开发有限公司签订补充协议后，怠于履行职责。至今未能督促该公司严格履行合同，足额缴纳应缴款项，国家利益受到损害。上述事实有当事人陈述、证人证言、书证等证据予以证实。

本院认为，根据《中华人民共和国土地管理法》第五十四条：建设单位使用国有土地，应当以出让等有偿使用方式取得；《中华人民共和国城市房地产管理法》第十六条：土地使用权者必须按照合同约定，支付土地使用权出让金；未按照合同约定支付土地使用权出让金的，土地管理部门有权解除合同，并可以请求违约赔偿；《国务院办公厅关于规范国有土地使用权出让收支管理的通知》：国土资源管理部门和财政部门应当督促土地使用者严格履行土地出让合同，确保将应缴的土地出让收入及时足额缴入地方国库；《国有土地使用权出让收支管理办法》第九条、第三十四条：市、县国土资源管理部门和财政部门应当督促国有土地使用权受让人严格履行国有土地出让合同，确保将应缴国库的土地出让收入及时足额缴纳入地方国库。对国有土地使用权人不按土地出让合同、划拨用地标准文件等规定及时足额缴纳土地出让收入的，应当按日加收违约金额1‰的违约金。违约金随土地出让收入一并缴入地方国库之规定，你局在补充协议签订后，未采取有效措施督促国有土地使用权受让方足额缴纳应缴款项，怠于履行法定职责。现根据《中华人民共和国行政诉讼法》第二十五条第四款的规定，向你局提出如下检察建议：

建议你局依法履行职责，督促国有土地使用权受让人足额缴纳应缴款项。

请于收到本检察建议书后一个月内依法办理,并将办理情况及时书面回复本院。

2018 年 1 月 17 日

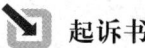

丹东市振兴区人民检察院
行政公益诉讼起诉书

振检行公诉〔2018〕1 号

公益诉讼起诉人:丹东市振兴区人民检察院
被告:丹东市国土资源局
住所地:丹东市沿江开发区房坝10号楼
法定代表人:杨东,系该局局长
诉讼请求:

1. 确认丹东市国土资源局对丹东市俊达房地产开发有限公司不缴纳国有土地使用权出让金未依法履行收缴职责的行为违法;

2. 判决被告丹东市国土资源局依法履行职责。

事实和理由:

本院在履行职责过程中发现,2005 年 3 月 22 日,丹东市城乡规划局出具九道、东窖东、东窖西三个地块(即北府花园地块)规划设计条件,明确三个地块总用地面积为 40.48 万平方米,规划容积率 1.24(含棚户区改造项目可以增加的容积率)。同年 7 月,丹东俊达房地产开发有限公司(以下简称"俊达公司")以 66 万元竞得该地块。2013 年 8 月,丹东市城乡规划局调整该地块规划设计条件,将总用地面积由 40.48 万平方米调整为 32.24 万平方米,规划容积率由 1.24 调整为 1.96。因调整后实际建筑面积增加,俊达公司需补缴土地出让金,经丹东市国土资源局与俊达公司签订补充协议,约定需补缴土地出让金 2884.4 万元。协议签订后,俊达公司未依法缴纳出让金。

本院于 2018 年 1 月 17 日向丹东市国土资源局发出振检行公建〔2018〕1号《检察建议书》,建议其向俊达公司追缴土地使用权出让金及违约金。2018 年 2 月 7 日,丹东市国土资源局向俊达公司发出追缴通知书,但该公司至今未缴纳。丹东市国土资源局亦未采取其他履职措施或形成替代性解决方案,丹东市国土资源局未依法完全履职,国家利益仍处于受损失状态。

以上事实有丹东市国土资源局统一社会信用代码证书信息变更申请表、丹东市振兴区人民检察院振检行公建〔2018〕1号《检察建议书》、北府花园地块出让合同及补充协议、丹东市财政局出具的情况说明等相关证据可以证实。

本院认为，丹东市国土资源局在与俊达公司签订补充协议之后，未采取有效措施依法及时收缴土地使用权出让金及违约金，怠于履行职责。检察机关发现后，依法建议其及时收缴，被告仍未依法全面履行职责，国家利益持续处于受侵害状态。现根据《中华人民共和国行政诉讼法》第二十五条第四款和《最高人民法院、最高人民检察院关于公益诉讼案件适用法律若干问题的解释》第二十一条第三款的规定，向你院提起诉讼，请依法裁判。

此致
丹东市振兴区人民法院

2018年11月7日

附：
1. 检察卷宗1册。
2. 行政公益诉讼起诉书副本1份。

 出庭预案

辽宁省丹东市振兴区人民检察院
诉丹东市国土资源局不作为案出庭预案

一、出庭人员简介（略）

二、庭审模式及争议焦点

（一）庭审模式

法院经召开庭前会议，结合本案具体情况，庭审主要分法庭调查、行政争议陈述、证据审查、法庭辩论、最后陈述五个环节进行审理。证据审查部分决定采用分组举证、重点。

（二）争议焦点

丹东市国土资源局未追缴的行为是否违法，是否依法全面履行职责。

三、举证提纲

（一）证明检察机关有权提起本案公益诉讼的证据

1. 《关于检察公益诉讼案件适用法律若干问题的解释》；

2. 最高检关于对《关于丹东市国土资源局不作为一案的请示》的批复;

3. 丹东市振兴区人民检察院检察建议书及送达笔录、送达回证;

3. 丹东市国土资源局组织机构代码证及统一社会信用代码证书信息变更申请表。

证明: 丹东市振兴区人民检察院对本案有管辖权, 是适格的公益诉讼起诉人主体, 本案提起诉讼前履行了诉前检察建议程序及起诉层报审批程序, 起诉符合法律规定。

(二) 本案案件来源的证据

1. 丹检刑函〔2017〕56号丹东市人民检察院《关于原审被告人张万鹏、范连胜非法低价出让国有土地使用权、滥用职权等一案移送公益诉讼线索的函》;

2. 丹东市人民检察院公益诉讼案件线索移送函;

3. 〔2017〕辽0603刑初59号刑事判决书;

4. 张万鹏、范连胜讯问笔录;

5. 证人栾天等人的询问笔录。

证明: 本案来源于检察机关履行审查起诉职责过程中发现, 张万鹏等人的笔录及一审判决书均能证实丹东市国土资源局与俊达公司签订土地使用权出让合同及补充协议这一事实。

(三) 丹东市国土资源局履职依据的证据

1. 丹东市国土资源局三定方案;

2. 丹东市国土资源局权责清单;

3. 国办发〔2006〕100号《国务院办公厅关于规范国有土地使用权出让收支管理的通知》;

4. 丹东市财政局《关于土地出让管理及部分地块出让金收入的说明》。

证明: 按照三定方案及权责清单规定, 丹东市国土资源局是国有土地使用权有偿使用审批及事后监管的职责主体, 出让金的收取是其职权的一种。

(四) 丹东市国土资源局怠于履行职责的证据

1. 2005-22《国有土地使用权出让合同》;

2. 2005-22-2号、2005-22-3号《国有建设用地使用权出让合同补充协议》;

证明: 丹东市国土资源局与俊达公司签订土地出让合同, 在补充协议中约定了出让金2884.4万元。

3. 丹国土资函发〔2018〕38号丹东市国土资源局《关于落实北府花园项目检察建议书情况的函》;

4. 丹东市国土资源局《关于北府花园项目出让价款处理意见的说明》。

证明：虽然被告在收到建议后采取了一定的措施，如发出催缴通知等，但截至检察机关起诉时，并未将土地使用权出让金追缴到位，国家利益仍处在受侵害的状态。

5. 丹东市国土资源局局诉祥永和地产公司受立案材料及民事判决书。

证明：检察机关在本案立案时，同时针对被告立案两件，另一件案件目前被告已对开发公司提起诉讼，且已胜诉，并进入执行程序。而同类案件，本案被告在处理过程中，未依法全面履行职责。

四、辩论提纲

（一）本案经诉前建议程序，符合行政公益诉讼的起诉条件

根据两高《关于检察公益诉讼案件适用法律若干问题的解释》第二十一条、第二十二条：经过诉前程序，行政机关仍不依法履行职责，国家和社会公共利益仍处于受侵害状态的，人民检察院依法向人民法院提起诉讼。

据此可见，提起行政公益诉讼有三个紧密相连的前提：经过诉前程序、仍不依法履行职责、国家和社会公共利益仍处于受侵害状态。本案中，本院于2018年1月17日诉前检察建议经市检审批通过，并于2018年1月18日向丹东市国土资源局送达，完成了法定的诉前程序；根据庭前交换的证据和今天庭审出示的证据，检察建议书发出后，丹东市国土资源局于2018年3月27日函复我院时，首先明确了该笔出让价款应予追缴，并应同时追缴违约金。且已于2018年2月7日向俊达公司发出催缴通知书，履行了部分职责。但同时又以已发出催缴通知、执行政府会议纪要等为由，不继续履行职责，属于不依法全面履行职责的情形。丹东市国土资源局作为追缴的主体，理应采取有效措施对俊达公司欠缴的国有土地使用权出让金进行收缴。在俊达公司未按追缴通知书要求交纳出让金及违约金，丹东市国土资源局又无其他具体履职措施或替代性解决方案。虽然在行政公益诉讼立案后，被告已依法起诉俊达公司，但国有利益仍处于持续受损状态。因此我们认为，本案经过了诉前程序是符合了公益诉讼的起诉的程序条件，被告虽然采取了一定措施，启动了履责程序，开展了一些实质性工作，但履职并不全面是符合了公益诉讼的行为条件，国家利益受损害是结果条件。程序和行为只是经果发生的前提和保障，而未全面履行职责是产生侵害结果的行为原因之一。已纠正和补救履行并不必然掩盖侵害结果的曾经存在或持续存在，侵害结果决定最终的处理走向，不能因事后的补救而掩盖原先的责任。

（二）丹东市国土资源局履职不充分、不全面，存在违法情形

按照高检院公益诉讼工作办案指南中规定：行政机关未依法履行职责的情

形主要有：行政机关虽然采取了履职措施，但履职仍不完全、不充分，无法达到监管目的，且没有进一步行使其他监管职权等情形。目前涉案的北府花园地块土地使用权出让金仍处于流失状态，国家利益受侵害的状态仍在持续，这一点通过庭审可以看出，双方均不持异议。

根据《国务院办公厅关于规范国有土地使用权出让收支管理的通知》及《国有土地使用权出让收支管理办法》第二条规定：国有土地使用权出让收入是指政府以出让等方式配置国有土地使用权取得的全部土地价款。具体包括：……改变出让国有土地使用权土地用途、容积率等土地使用条件应当补缴的土地价款……第三条规定：市、县财政部门具体负责土地出让收支管理和征收管理工作，市、县国土资源管理部门具体负责土地出让收入征收工作。第五条规定：土地出让收入由财政部门负责征收管理，可由国土资源管理部门负责具体征收。第九条规定：市、县国土资源管理部门和财政部门应当督促国有土地使用权受让人严格履行国有土地出让合同，确保将应缴国库的土地出让收入及时足额缴入地方国库。第三十四条规定：对国有土地使用权人不按土地出让合同、划拨用地标准文件等规定及时足额缴纳土地出让收入的，应当按日加收违约金额1‰的违约金。违约金随土地出让收入一并缴入地方国库。结合我们依法向法庭提供的丹东市国土资源局的权责清单和三定方案，足可以说明调整容积率等土地使用条件后应补缴的价款应当认为是土地使用权的出让收入，而收缴的职责主体即是被告丹东市国土资源局。作为履职的主体，行政机关必须作到依法行政、及时行政、高效行政，从而减少甚至消除国家和社会公共利益受侵害。

根据《中华人民共和国土地管理法》第五十四条规定：建设单位使用国有土地，应当以出让等有偿使用方式取得，《中华人民共和国城市房地产管理法》第十六条规定：土地使用者必须按照合同约定支付土地使用权出让金，未按土地使用权出让合同支付土地使用权出让金的，土地管理部门有权解除合同，并可以请求违约赔偿。结合本案，依据被告与俊达公司签订土地使用权出让合同约定：受让人必须按合同经销商定，按时支付土地总价款。如果受让人不能按时支付土地总价款的，自滞纳之日起，每日按迟延支付款项的2‰向出让人缴纳滞纳金，延期付款超过1个月的，出让人有权解除合同，收回土地，受让人无权要求返还定金，也让人并可请求受让人赔偿因违约造成的其他损失。补充协议约定：受让人应在补充协议签订之日起三个月内交齐应补缴的项2884.4万元。我们认为，无论从法律规定还是从合同本身来看，都赋予了被告在受让人不缴纳出让金情况下可以行使的权利及救济途径。但从现有证据和客观事实来看，被告明显没有积极的履职到位。

综上，国土部门的具体履职措施包括收缴，也包括依据法律规定和合同约定解除合同、请求违约赔偿。本案中，被告在今年2月18日即已向俊达公司发出催缴通知书，且在催缴通知书中已明确告知俊达公司，不缴纳的后果是将提起诉讼。但实际情况是，被告在未收回土地使用权出让金及违约金的情况下，长达近10个月的时间内，既不按照法律规定进入司法程序，又不能与俊达公司形成替代性解决方案，导致国有利益持续受损。因此，我们认为丹东市国土资源局没有全面、充分的履行职责，达到监管目的。

丹东市国土资源局未全面依法履行职责的理由不能成立。

其一，从被告给检察机关的两次回函中可以看出，被告未全面履行职责的主要原因是执行市政府的第14期会议纪要中要求缓缴的内容。根据《国土资源部关于加强房地产用地供应和监管有关问题的通知》规定：土地出让成交后，必须在10个工作日内签订合同，合同后1个月内必须缴纳出让价款的50%的首付款，余款要按合同约定及时缴纳，最迟付款时间不得超过一年，已签定合同不缴纳出让价款的，必须收回土地。根据这个规定，缓缴的最长期限为一年，而本案涉案合同早已超过一年的期限。

其二，被告强调对涉案土地使用权出让金的缓缴系执行丹东市人民政府的决定，但从"丹东市国土资源局关于北府花园项目出让价款处理意见的说明"中可以看出，被告在针对会议纪要的内容请示市政府后，政府明确的意见是要求被告与检察机关沟通后，再提出具体意见报市政府。而被告却始终以市政府会议纪要作为不继续全面履职的理由，没有再进一步的形成处理意见，向政府报告。

其三，俊达公司目前的经营状况并不是行政机关不履行职责的法定条件。被告追缴土地使用权出让金是基于双方签订的合同，合同中亦未约定当俊达公司出现经营困难时可以缓缴或不予追缴。因此，我们认为被告在答辩状中提到的其目前未全面履职的理由均不能成立。

综上，丹东市国土资源局目前的履职状态明显系采取了部分履职措施，但仍不完全、不充分，不能达到监管目的。因此，应当依法判决确认其不全面履行职责的行为违法。

五、公益诉讼人最后陈述意见

审判长、人民陪审员（审判员）：

根据《中华人民共和国行政诉讼法》、《关于检察公益诉讼案件适用法律若干问题的解释》的规定，我院在履行职责过程中发现丹东市国土资源局怠于履行职责，为维护国家利益和社会公共利益，根据《中华人民共和国行政诉讼法》第二十五条第四款和《最高人民法院、最高人民检察院关于检察公益诉讼案件适用法律若干问题的解释》第二十一条第三款的规定，提起本案行政公益诉讼。我们受丹东市振兴区人民检察院的指派，出席法庭履行职责。

现对本案证据和案件情况发表如下意见，提请法庭注意。

（一）丹东市国土资源局未全面履职、依法收缴土地使用权出让金及违约金的行为应被确认违法

丹东市国土资源局与俊达公司签订补充协议后，俊达公司未依法缴纳补充协议中约定的 2884.4 万元土地使用权出让金。按照相关的法律规定，市国土资源局作为收缴土地使用权出让金的主体责任部门，理应在法定期限内将涉案的土地使用权出让金收缴到位或采取相关措施。本案中，协议签订后的几年时间里，国有资产一直处于流失的状态，但丹东市国土资源局一直未采取有效的监管措施。仅在收到检察建议后作出的催缴行为，也是迫于公益诉讼的压力，作出的部分履职行为。对于法定的解除合同、请求违约赔偿等措施均未具体实施。虽然在诉讼过程中被告已经向人民法院提起诉讼，但是不能改变被告怠于履职的客观事实。结合今天的庭审举证、辩论，我们认为，丹东市国土资源局未依法全面履行职责的行为应当被确认为违法，并应依法判决其履行职责。

（二）本案的启示和意义

检察机关提起公益诉讼要求法院确认行政机关不及时启动履职程序履行职责违法，并非是要追究部门和相关人员的责任。而是因为：

首先，本案的客观实际情况是涉案土地早已交付，俊达公司法定代表人数次更换，企业财产被查封，项目虽未全部建成，商品房出售、回迁安置一直在进行。现实的情况说明，该涉案土地收回已经基本不可能实现，虽然国土部门通过部分措施限制了相关证照的发放，但实际受到制约的除了开发单位外，还有已经入住北府花园项目的住户。如果不采取积极的措施追缴该笔土地使用权出让金，不仅国有利益受到损失，下一步还涉及如果一直不能办理权属证明，北府花园地块入住的住户可能存在涉及信访的隐患。被告律师庭审过程中所提到的信访、维稳的问题也是检察机关提起此次行政公益诉讼的原由之一。2884.4 万元的土地使用权出让金是国家利益不容质疑，丹东市国土资源局作为国家权利的行使者，保护国有财产的职责不能推卸。公益诉讼起诉人对在本案从立案到发出建议后，国土部门所作的催缴工作不置可否，对被告工作过程中遇到的困难也表示理解。但我们必须强调，国家利益的实现和保护，必然离不开行政机关积极主动的作为和履职。国家利益和群众利益，甚至人民群众的幸福生活并不是对立并系，而是相互依赖、相互包含。我们提起公益诉讼的目的是为了推动行政机关履职到位，确保国家利益受保护的救济途径畅通，不能灭失。而要实现这个目的，就势必要求国土资源部门强化监管责任、发挥监管交通，确实履职到位、履责及时、敢于担当，方能落到实处。通过公益诉讼确认被告的违法履职，身边的人、身边的事更能醒人、教育人、警示人，意义重大,作用深远。

其次,公益诉讼工作虽然由检察机关牵头,但该项工作要想产生实效和作用,必须得到人民法院以及广大行政机关的理解、支持和配合,唯如此才能将公益诉讼工作逐步推向法制化、制度化、常态化轨道,才能保证其活力的长久。检察机关和被告国土部门职责虽然各不相同,我们的目的是要坚持保护公益与推进行政职能发展相协调,努力实现双赢多赢共赢的立体效果。这样才会越来越广泛的涉及行政机关执法履职的各个方面,才能将中央的利民惠民的政策决策通过依法、高效、及时的行政行为坐实到广大人民手中,才能逐步杜绝不作为、慢作为、懒作为、乱作为现象,这样不仅能保护党员干部不犯大错,而且能更好的推进法制政府建设,提升党和政府在人民群众中的威信和形象。从这个意见讲,今天检察机关提起的公益诉讼,是能够实现诉讼双方包括法院在内的各方共赢。

最后,公益诉讼人想在这里重申和强调,从今天的庭审来看,国土部门对于涉案土地使用权出让金及违约金的追缴不持异议,并也采取了一定的积极行为,只是由于客观和现实原因没有及时启动程序。检察机关对本案提起公益诉讼主要是不希望由于任何原因造成追缴工作的拖延,最终导致国家利益受损。所以诉讼的根本目的在于提醒和警示土地监管部门能够行动起来,以每个人的责任担当、务实勤政,推动土地出让金能够依法收缴,国有利益能够得到保护。同时也是借此提醒其他的行政执法部门能依法履职,勇于担当。

 判决书

辽宁省丹东市振兴区人民法院
行政判决书

〔2018〕辽 0603 行初 168 号

公益诉讼起诉人:丹东市振兴区人民检察院。

被告:丹东市国土资源局,住所地辽宁省丹东市新城区中心南路 11-39 号。

法定代表人:杨东,该局局长。

委托代理人:孙奎斌,辽宁中天律师事务所律师。

委托代理人:楚振东,男,1975 年 12 月 30 日出生,汉族,该单位土地利用科科长,住辽宁省丹东市振兴区一经街 64 号 2 单元 204 室。

公益诉讼起诉人丹东市振兴区人民检察院因认为被告丹东市国土资源局不履行法定职责,以振检行公诉〔2018〕1 号行政公益诉讼起诉书于 2018 年 11

月7日向本院提起诉讼。本院受理后，依法组成合议庭，于2018年12月13日公开开庭进行了审理。丹东市振兴区人民检察院指派副检察长徐伟、员额检察员李晓菲、检察官助理马琳琳出庭参加诉讼，被告丹东市国土资源局的委托代理人孙奎斌、楚振东到庭参加了诉讼，本案现已审理终结。

2017年1月17日，公益诉讼起诉人丹东市振兴区人民检察院向被告丹东市国土资源局发出振检行公建〔2018〕1号《检察建议书》，根据《中华人民共和国行政诉讼法》第二十五条第四款的规定，建议被告丹东市国土资源局依法履行职责，督促国有土地使用权受让人足额缴纳土地出让金，于收到该《检察建议书》后一个月内依法办理。被告收到《检察建议书》后，在公益诉讼起诉人起诉之前，未采取有效措施履行法定职责。

公益诉讼起诉人丹东市振兴区人民检察院诉称：本院在履行职责过程中发现，2005年3月22日，丹东市城乡规划局出具九道、东窑东、东窑西三个地块（即北府花园地块）规划设计条件，明确三个地块总用地面积为40.48万平方米，规划容积率1.24（含棚户区改造项目可以增加的容积率）。同年7月，丹东俊达房地产开发有限公司（以下简称"俊达公司"）以66万元竞得该地块。2013年8月，丹东市城乡规划局调整该地块规划设计条件，将总用地面积由40.48万平方米调整为32.24万平方米，规划容积率由1.24调整为1.96。因调整后实际建筑面积增加，俊达公司需补缴土地出让金，经丹东市国土资源局与俊达公司签订补充协议，约定需补缴土地出让金2884.4万元。协议签订后，俊达公司未依法缴纳出让金。本院于2018年1月17日向丹东市国土资源局发出振检行公建〔2018〕1号《检察建议书》，建议其向俊达公司追缴土地使用权出让金及违约金。2018年2月7日，丹东市国土资源局向俊达公司发出追缴通知书，但该公司至今未缴纳。丹东市国土资源局亦未采取其他履职措施或形成替代性解决方案，丹东市国土资源局未依法完全履职，国家利益仍处于受损失状态。以上事实有丹东市国土资源局统一社会信用代码证书信息变更申请表、丹东市振兴区人民检察院振检行公建〔2018〕1号《检察建议书》、北府花园地块出让合同及补充协议、丹东市财政局出具的情况说明等相关证据可以证实。本院认为，丹东市国土资源局在与俊达公司签订补充协议之后，未采取有效措施依法及时收缴土地使用权出让金及违约金，怠于履行职责。检察机关发现后，依法建议其及时收缴，被告仍未依法全面履行职责，国家利益持续处于受侵害状态。现根据《中华人民共和国行政诉讼法》第二十五条第四款和《最高人民法院、最高人民检察院关于公益诉讼案件适用法律若干问题的解释》第二十一条第三款的规定，向你院提起诉讼，请求确认丹东市国土资源局对丹东市俊达房地产开发有限公司不缴纳国有土地使用权出让金未依法履行收缴职责的行为违法并判决被告丹东市国土资源局依法履行职责。公益诉讼起诉人丹东市振兴区人民检察院向本院提交了以下证据：丹东市国土资源局主要职责内设机构和人员编制规定、丹东市国土资源局权责清单、丹东市财政局《关于土地出让管理及部分地块出让金收入的说明》、2005-22号国有土地使用权出让合同、2005-22-1、2005-11-2、2005-22-3号国有建设用地使用权出让合同、振检行公建〔2018〕1号检察建议书及送达回证、丹东市国土资源局《关于落实北府花园项目检察建议书情况的函》、丹东市振安区人民法院〔2018〕辽0604民初360号民事判决书及立案材料。被告丹东市国土资源局辩称：

一、答辩人依法与丹东俊达房地产开发有限公司签订了《补充协议》。2005年7月，答辩人与丹东俊达房地产开发有限公司（以下简称俊达公司）签订《国有土地使用权出让合同》，俊达公司已经按约缴纳了土地出让金。2013年8月，丹东市城乡规划局调整了该地块规划设计条件，因调整后单位地价发生变化，依法应补缴土地出让金，2014年4月30日，答辩人与俊达公司签订国有建设用地使用权出让合同（合同编号2005-22-1号补充协议），合同约定，俊达公司应补缴土地出让金2884.4万元，自本补充协议签订之日起三个月内，交齐应补缴的款项，受让人不能按时支付国有建设用地使用权出让价款的，自滞纳之日起，每日按应补缴土地出让金2884.4万元迟延支付款项的千分之一向出让人缴纳违约金。答辩人业已与俊达公司签订补缴土地出让金的《补充协议》。

二、答辩人依法审慎地履行了法定职责。（一）俊达公司没有补缴土地出让金系具有特殊情形，俊达公司系大连丰德资产管理有限公司和蒋铁军共同投资成立的有限公司，实际投资人和控制人为大连北府集团有限公司，因大连北府集团非法吸收公众存款案，2014年6月，由俊达公司开发的香榭水岸项目部分地块和房屋依法查封。2014年9月，大连市公安局甘井子分局委托丹东市公安局元宝分局查封、冻结了俊达公司财产，丹东市公安局元宝分局因此冻结了俊达公司全部股权。工程处于停滞状态，回迁户难以回迁，预售的商品房难以交付，群体多次到省、市、区政府集体上访，给维稳工作和地区经济发展造成较大影响。俊达公司在补缴土地出让金缴纳截止日前，发生特殊情形。（二）答辩人对补缴的土地出让金缓交，系执行丹东市人民政府的决定。鉴于俊达公司开发项目停滞，房屋被征收的居民的安置房屋不能建设，群众长达十年不能回迁，集体上访等事态，2015年7月3日，由时任市长石坚，主持召开香榭水岸项目续建工程专题会议，根据2015年7月16日，丹东市人民政府办公室下发的2015年第14期《市长办公会议纪要》"维护群众合法利益、满足群众合理诉求作为出发点和落脚点,进一步加大工作力度,积极采取有效措施,加速推进香榭水岸续建工程项目建设,切实维护社会利益和社会稳定。会议议定以下事项"原则同意对该项目建设过程中所需缴纳的有关行政事业收费、土地出让金等前期费用以及前期因违规建设所产生的罚款予以缓交处理,待项目建设完成后另行研究决定"。鉴于该项目停滞,回迁居民和已经预售的商品房不能交付,丹东市人民政府决定"由政府组织协调俊达公司和丹东地区的房地产开发企业,尽快达成合作意向,若双方未能达成合作意向,将由市、区政府指定第三方承建单位进场施工,优先保障回迁房屋和已经销售的商品房的建设"。丹东市人民政府的决定符合人民群众的根本利益,符合《辽宁省优化营商环境条例》的相关规定,符合党中央做好新形势下维护社会稳定工作的精神,是符合客观实际审慎地决定。答辩人作为丹东市人民政府的职能部门,执行了丹东市人民政府的决定。该项目规划建设103栋楼宇,幼儿园1栋,截至日前,已经建成59栋,其中28栋为回迁楼,因还有两个企业众多的动迁居民没有完成动迁,预计应再建设2-3栋回迁楼。因项目没有建设完成,丹东市人民政府没有另行研究决定缓交的土地出让金何时补缴的事宜。(三)答辩人多次向俊达公司催缴欠付的土地出让金。1. 在涉案《补充协议》签订后,答辩人多次向俊达公司催缴欠付的土地出让金;2. 在接到原告的《检察建议书》后,答辩人多次向俊达公司送达书面的《催缴通知书》;3. 在俊达公司的现执行董事张建庆因另案被刑事拘留前,明确表示正在筹措资金准备缴纳欠付的出让金;4. 答辩人为落实《检察建议书》,催缴涉案的土地出让金缴纳事项,专门召开局务会议,决定起诉俊达公司追缴土地出让金;5. 答辩人在收到本案行政公益诉讼起诉书前已经向丹东市中级人民法院提起民事诉讼,请求人民法院以国家强制力判决俊达公司给付欠缴的土地出让金并支付违约金。答辩人的上述行为,已经依法审慎地履行了相应的职责。综上,由于俊达公司发生特殊情形,为维护人民群众的根本利益,为维护丹东地区的营商环境,答辩人执行了丹东市人民政府作出的缓交土地出让金的决定,特别是在收到本案起诉书前答辩人已经对俊达公司提起了诉讼,要求其支付出让金及违约金,答辩人已经审慎地履行了相应职责,答辩人恳请原告和人民法院根据本案的实际情况,依法作出公正的判决。

被告丹东市国土资源局向本院提交了以下证据:国有建设用地使用权出让合同及补充合同,催收通知单、照片、民事起诉状及丹东市中级人民法院立案接受材料登记单、市长办公会议纪要、〔2017〕辽0604民初596号民事判决书。

经庭审质证,被告对公益诉讼起诉人提供的证据质证意见为:丹东市国土资源局主要职责内设机构和人员编制规定、丹东市国土资源局权责清单不能证明被告有催缴土地出让金的职责，丹东市财政局出具的说明出具部门是丹东市财政局城市建设处，不能代表丹东市财政局出证，2005-22号国有土地使用权出让合同、2005-22-1、2005-11-2、2005-22-3号国有建设用地使用权出让合同、振检行公建〔2018〕1号检察建议书及送达回证没有异议，丹东市国土资源局《关于落实北府花园项目检察建议书情况的函》可以证明我们已经积极履行职责，丹东市振安区人民法院〔2018〕辽0604民初360号民事判决书及立案材料与本案没有关联性；公益诉讼起诉人对被告提供的证据质证意见为：国有土地出让合同及补充合同没有异议，催收通知单及照片缺少必要的说明，不能证明已经送达，民事起诉状及丹东市中级人民法院立案接受材料登记单不能证明案件已经受理，〔2017〕辽0604民初596号民事判决书不能证明被告已经履职，市长办公会议纪要不能证明被告已经履职。

本院对上述证据认证如下：一、对公益诉讼起诉人提供的丹东市国土资源局主要职责内设机构和人员编制规定、丹东市国土资源局权责清单、2005-22号国有土地使用权出让合同、2005-22-1、2005-11-2、2005-22-3号国有建设用地使用权出让合同、振检行公建〔2018〕1号检察建议书及送达回证、丹东市国土资源局《关于落实北府花园项目检察建议书情况的函》，符合证据真实性、合法性、关联性的要求，可以用作认定本案事实的证据，对公益诉讼起诉人提供的丹东市财政局《关于土地出让管理及部分地块出让金收入的说明》、丹东市振安区人民法院〔2018〕辽0604民初360号民事判决书及立案材料，因与本案不具有关联性，本院不予认证；二、对被告提供的国有建设用地使用权出让合同及补充合同、催收通知单、照片、民事起诉状及丹东市中级人民法院立案接受材料登记单、市长办公会议纪要、〔2017〕辽0604民初596号民事判决书，合议庭认为符合证据真实性、合法性、关联性的要求，可以用作认定本案相关事实的证据。

经审理查明：2005年7月4日，案外人丹东俊达房地产开发有限公司（以下简称"俊达公司"）经挂牌竞价，获得三宗国有土地的使用权，并与被告丹东市国土资源局签订了该国有土地使用权出让合同，2014年4月30日，双方又对原合同进行了补充和变更，最终约定俊达公司于补充协议签订之日起三个月内交齐应补缴的土地出让金2884.4万元，如不能如期支付，则按日1‰承担违约金。俊达公司取得土地后，在该地块上进行了香榭水岸项目的开发建设，此后因俊达公司涉讼，该项目处于停滞状态。为推进项目继续进行，保证动迁群众的合法利益，2015年7月3日，我市第119次市长办公会议议定，原则同意俊达公司开发的元宝区香榭水岸项目建设过程中所需缴纳的有关行政事业性收费、土地出让金等前期费用以及该项目前期因违规建设所产生的罚款予以缓交处理，待项目建设完成后另行研究确定，会后，被告丹东市国土资源局并未与俊达公司就缓交土地出让金期限等事项重新进行约定。2017年11月17日，公益诉讼起诉人丹东市振兴区人民检察院向被告丹东市国土资源局发出振检行公建〔2018〕1号《检察建议书》，建议被告丹东市国土资源局依法履行职责，督促俊达公司足额缴纳土地出让金，被告收到《检察建议书》后，先后两次向俊达公司送达了催缴通知单，并于2018年11月15日向丹东市中级人民法院提起诉讼要求俊达公司立即支付土地出让金及违约金，因未缴纳诉讼费，现尚未立案。

本院认为：《中华人民共和国土地管理法》第五条规定："国务院土地行政主管部门统一负责全国土地的管理和监督工作。县级以上地方人民政府土地行政主管部门的设置及其职责，由省、自治区、直辖市人民政府根据国务院有关规定确定。"被告丹东市国土资源局作为我市土地行政主管部门，对辖区内国有土地出让负有监督和管理的职责，被告在俊达公司取得国有建设用地使用权后，没有依土地利用动态巡查制度的要求，对建设用地批后开发利用的全程进行监管，确保国有土地出让后得到有效的开发利用，尤其是在收到丹东市振兴区人民检察院发出的检察建议书后，仍未穷尽法律手段履行职责，为保证国家利益不受损害，监督行政机关依法行政，丹东市振兴区人民检察院提起的公益诉讼，其诉讼请求，本院应予支持，综上，依照《中华人民共和国行政诉讼法》第七十二条、第七十四条第二款第（一）项的规定，判决如下：

一、确认被告丹东市国土资源局对丹东市俊达房地产开发有限公司不缴纳国有土地使用权出让金未依法履行收缴职责的行为违法。

二、被告丹东市国土资源局于判决生效后依法履行职责。

如不服本判决，可在判决书送达之日起十五日内向本院递交上诉状，并按对方当事人的人数递交上诉状副本，上诉于辽宁省丹东市中级人民法院。

审 判 长 周 勇
审 判 员 田永志
审 判 员 于 义
人民陪审员 代连芬
人民陪审员 蒋雅贤
人民陪审员 于瑛杰
人民陪审员 陈晶媛
二〇一八年十二月十三日
书 记 员 左少帅

15 陕西省汉中市西乡县人民检察院诉西乡县国土资源局不作为案

（国有土地使用权出让收入流失及违法使用土地）

一、基本案情

2016年10月，西乡县检察院在走访县国土局过程中，了解到西乡学府花园房地产开发有限公司（以下简称学府花园公司）存在欠缴土地出让金问题，即立案开展调查。经调查查明：2014年6月4日，学府花园公司通过挂牌方式竞得位于西乡县城关镇樱花三路东侧面积为102.04亩国有建设用地使用权，总成交价款为4908万元，当日签订了国有建设用地使用权成交确认书，约定了付清全部成交价款时间及签订《国有土地使用权出让合同》时间，并约定违约责任。至2015年3月20日，学府花园公司共支付土地出让金1963万元，长期拖欠土地出让金2945万元，并在未付清全部土地出让金的情况下，违法占用其中97.62亩土地进行施工建设。

2016年12月初，西乡县人民检察院针对检察建议回复情况跟进调查时，又查明，2015年7月31日，西乡县国土局与学府花园公司签订国有建设用地使用权出让合同，约定由西乡县国土局将该宗102.04亩出让地块中的30.9亩土地出让给学府花园公司，成交价款1486.256万元。该成交价款从已交出让金1963万元中折抵，西乡县国土局为学府花园公司就该30.9亩土地开具了土地使用权出让金专用票据，并为该30.9亩土地单独办理了国有土地使用权证。

二、诉前程序

2016年11月9日，西乡县检察院向西乡县国土局发出诉前检察建议书，建议其依法履行行政监管职责，确保国有土地资源得到有效保护。

三、诉讼情况

2016年11月30日，西乡县国土局对检察建议作出回复，但未采取有效措施依法全面履行监管职责，学府花园公司仍欠缴土地出让金2945万元；该土地仍被非法占用，国家利益仍处于受侵害状态。

经层报陕西省人民检察院审批，西乡县检察院于 2016 年 12 月 27 日将西乡县国土局起诉至西乡县人民法院，诉请法院依法判令：（1）确认被告西乡县国土局对西乡学府花园房地产开发有限公司非法占用土地不依法履行监管职责的行为违法；（2）判令被告西乡县国土局对西乡学府花园房地产开发有限公司非法占用土地的行为依法履行监管职责，切实保护国有土地资源。

西乡县人民法院于 2017 年 6 月 23 日公开开庭审理本案，9 月 7 日公开宣判，判决支持了检察机关诉讼请求。

四、办案指引

管辖

《人民检察院提起公益诉讼试点工作实施办法》第 29 条第 1 款规定：人民检察院提起行政公益诉讼的案件，一般由违法行使职权或者不作为的行政机关所在地的基层人民检察院管辖。本案发生在陕西省汉中市西乡县，是《陕西省实施方案》确定的试点地区，西乡县国土资源局是本辖区土地监管行政机关，在本案中存在怠于履职情形，西乡县检察院对本案具有管辖权。

立案

根据行政公益诉讼的范围确定为生态环境和资源保护、国有资产保护和国有土地使用权出让等领域，西乡县人民检察院严格把握案件范围，紧扣"公益"核心，既考虑案件事实损害了国家利益，又选择对公益损害较严重的案件线索进行立案。

西乡县检察院经初步审查认为，西乡学府花园公司长期欠缴土地出让金非法占用土地行为，发生在国有土地使用权出让过程中，其欠缴 2945 万元土地出让金的行为导致巨额国有资产存在流失危险，其非法占地 97.62 亩的行为导致土地资源被非法侵占，其行为已严重损害国家利益。西乡县国土局作为本县国土资源主管部门，负责土地出让收入征收工作，应当督促国有土地使用权受让人按时足额缴纳土地出让金，对违法占用土地行为进行监管。但该局未及时将应征收土地出让收入收缴国库，未对非法占地行为进行监管，导致国家利益受到侵害，本案符合行政公益诉讼立案条件。

诉前程序

1. 本案调查的重点

诉前程序是提起公益诉讼的必经程序,旨在通过向相关行政机关提出检察建议,督促其纠正违法行政行为或依法履行职责。据此,检察机关发出检察建议前应查明:国家利益和社会公共利益受损的事实及状态,以及行政机关是否存在违法履职或未履职情形。

结合本案,西乡县检察院确定需要重点查明的内容为:学府花园公司欠缴土地出让金情况及地块现状,以及西乡县国土局是否存在违法行使职权或者不作为情况。

2. 本案针对调查重点开展调查的情况

(1) 针对学府花园公司欠缴土地出让金数额等情况及地块现状问题,西乡县检察院通过查阅西乡县国土局执法卷宗,调取了证实学府花园公司未交清土地出让金的以下证据:①西乡学府花园房地产开发有限公司企业法人营业执照;②西乡县国土局国有建设用地使用权公开出让公告;③成交确认书;④土地出让金专用票据;⑤催款通知书及送达回证;⑥关于西乡学府花园房地产开发有限公司欠缴价款的说明;⑦通过现场实地查看,拍摄了该地块非法施工建设照片:学府花园小区施工现场照片。

以上证据证实:学府花园公司于 2014 年 6 月 4 日以挂牌方式竞得位于西乡县城关镇樱花三路东侧面积为 102.04 亩国有建设用地使用权,总成交价款为 4908 万元,同日与西乡县国土局签订了国有建设用地使用权成交确认书,该确认书约定:学府花园公司保证于 2014 年 7 月 4 日以前付清全部成交价款及佣金,付清全部成交款项后,10 日内与西乡县国土局签订《国有土地使用权出让合同》。不按时付清全部成交价款,视为违约,并按成交总价的 20% 向西乡县国土局支付违约金,西乡县国土局有权对挂牌宗地再次出让,再次出让的价款低于本次挂牌成交价款的,低于部分由学府花园公司赔偿。截至 2016 年 10 月 27 日,学府花园公司仍欠缴 2945 万元土地出让金,但该公司已实际占用出让地块进行商品房开发建设。

(2) 针对西乡县国土局对学府花园公司欠缴土地出让金非法占用土地是否存在违法行使职权或者不作为情况问题,承办本案的检察员通过查阅土地管理相关法律、法规及部门规章等法律依据,确认西乡县国土局在本案中存在怠于履职情形。根据《中华人民共和国土地管理法》第 66 条第 1 款"县级以上人民政府土地行政主管部门对违反土地管理法律、法规的行为进行监督检查",第 55 条第 1 款"以出让等有偿使用方式取得国有土地使用权的建设单位,按照国务院规定的标准和办法,缴纳土地使用权出让金等土地有偿使用费和其他费用后,方可使用土地",国土资源部《招标拍卖挂牌出让国有建设用地使用权规定》第 20 条第 3 款中标通知书或者成交确认书对出让人和中标人或者竞得人具有法律效力,以及国土资源部《关于加强房地产用地供应和监管有关问题的通知》关于"受让人逾期不签合同的,终止供地,不得退还定金"的规定,西乡县国土局作为地方土地行政管理部门,负有对违反土地管理法律、法规的行为进行监督检查,依法管理保护国土资源的职责。本案中,在学府花园公司仍欠缴土地出让金、逾期不签订合同的情况下,西乡县国土局虽向学府花园公司发出了催缴欠款的通知,但并未足额清收土地出让金,未依法履行追究学府花园公司的违约责任,并履行终止供地,对挂牌宗地再次出让的职责,造成该宗土地被非法占用,致使国家利益受到侵害。西乡县国土局明显存在怠于履职情形。

3. 本案审查的关键问题

本案审查的关键在于查明西乡县国土局是否存在违法行政行为。本案在诉前程序中,主要查明西乡县国土局未按照成交确认书的约定追究学府花园公司的违约责任,并履行终止供地,对挂牌土地进行再次出让的职责,致使国有土地出让金收入存在流失危险、土地被非法占用,侵害了国家利益,属于行政违法不作为。

4. 诉前文书写作的关键问题

西乡县检察院严格按照《人民检察院提起公益诉讼试点工作实施办法》、《人民检察院提起公益诉讼试点工作法律文书》要求,制发诉前检察建议,内容包括:(1) 被建议行政机关的名称;(2) 案件来源及监督目的;(3) 检察机关认定的行政机关不作为的事实、理由及法律依据;(4) 检察机关提出检察建议的法律依据和建议的具体内容;(5) 告知行政机关在收到检察建议书后 30 日内依法履行并书面回复办理情况。

跟进调查

西乡县国土局对检察建议回复后,西乡县检察院于 2016 年 12 月初进行了跟进调查。通过采取进一步调阅行政执法卷宗材料、再次实地查看、询问相关人员等方式,调取了以下证据:学府花园出让地块平面图、国有建设用地使用权出让合同、国有土地使用证、西乡县人民政府西政土批〔2015〕12 号批复,西乡县国土资源交易管理中心《西乡学府花园房地产开发有限公司欠缴价款的补充说明》等,并就西乡国土局未对学府花园公司非法占地行为查处及分割办证情况询问了西乡县国土局相关工作人员,依法查明:学府花园公司仍未缴清拖欠的 2945 万元土地出让金,并非法占用出让地块中的 97.62 亩用于房地产开发建设。同时查明西乡县国土局在学府花园公司未付清全部出让金的情况下,为其中 30.9 亩单独办理了国有土地使用权证的事实。根据国土资源部《招标拍卖挂牌出让国有建设用地使用权规定》第 23 条第 2 款"未按出让合同约定缴清全部土地出让价款的,不得发放国有建设用地使用权证书,也不得按出让价款缴纳比例分割发放国有建设用地使用权证书"之规定,西乡县国土局分割办证行为属于违法乱作为,导致国家利益进一步受到侵害。

提起诉讼

1. 起诉条件

《人民检察院提起公益诉讼试点工作实施办法》第 41 条规定:经过诉前程序,行政机关拒不纠正违法行为或者不履行法定职责,国家和社会公共利益仍处于受侵害状态的,人民检察院可以提起行政公益诉讼。

本案中,经诉前程序及跟进调查阶段查明的事实,西乡县国土局收到检察建议后仍然没有依法全面履行职责:未采取有效措施清缴学府花园公司拖欠的 2945 万元土地出让金,未依法对学府花园公司非法占用 97.62 亩土地进行施工建设的行为作出处理,违法分割办证的事实依然存在,国家利益受到严重侵害并呈持续状态。针对收到检察建议后情形,为督促西乡县国土局依法行政,消除国家利益受侵害状态,西乡县人民检察院对本案提起行政公益诉讼。

2. 提供材料

西乡县人民检察院向西乡县人民法院起诉时,提交了以下材料:行政公益诉讼起诉书;西乡县人民检察院对本案提起行政公益诉讼具备主体资格的法律依据;西乡县国土局具有本辖区土地监管职责证据;西乡县国土局对学府花园公司非法占用国有土地 97.62 亩未依法全面履职证据;西乡县国土局非法分割办理国有土地使用权证的证据;西乡县人民检察院履行诉前程序证据;西乡县国土局收到检察建议后仍未履职的证据等材料。

3. 庭前会议

本案起诉后,西乡县人民检察院主动与西乡县人民法院建立起全方位、多层次的对话关系。检察长第一时间与县法院院长就本案立案等相关问题进行了沟通,分管检察长与分管院长就案件开庭时间、出庭人员等问题进行协商,检、法两院案件承办人就本案事实认定、适用法律等问题进行讨论。通过三次庭前会议，先后对本案争议的焦点进行归纳总结并修改完善，对检察机关的诉讼地位、应当提交的材料、双方出庭人员、合议庭组成、庭前证据交换、庭审流程、庭审示证的详略、规范庭审用语等问题进行了充分沟通，并达成基本共识。并通过与被告及其代理人充分交流，了解其观点、证据、思想顾虑等，尽量消除对立思想，适时修改、调整预测辩论焦点和答辩内容。由于庭前会议准备充分，沟通到位，因此庭审节奏紧凑，示证条理清晰，详略得当，庭审辩论具有针对性，提高了庭审效率，收到了良好的庭审效果。

4. 庭审应对

经庭前会议，本案最终确定的争议焦点是：(1) 被告对学府花园公司未缴清土地出让金而非法占用是否依法履行了监管职责；(2) 被告为学府花园公司竞买地块中的30.9亩单独办理国有土地使用权证的行为是否符合规定。

围绕争议的焦点，结合被告西乡县国土局的答辩意见，公益诉讼人重点阐明了以下两点辩论意见：

关于被告对学府花园公司违法用地是否履行了监管职责。公益诉讼人认为：

第一，依据《中华人民共和国土地管理法》第66条第1款；《国土资源行政处罚办法》（国土资源部令第60号）第2条、第11条第1款、第12条；国土资源部《招标拍卖挂牌出让国有建设用地使用权规定》（第39号）第20条第3款、第23条第2款；《关于加强房地产用地供应和监管有关问题的通知》（国土资发〔2010〕34号）的相关规定，本案被告西乡县国土局作为地方土地行政主管部门，具有对本县土地违法行为进行监督检查的职责，针对学府花园公司未缴清土地出让金而非法占用97.62亩国有建设用地的行为，既未依照成交确认书的约定，追究学府花园公司的违约责任，也未严格依照上述规定履行在10个工作日内予以立案、责令停止违法行为并终止供地的职责，明显属于未依法履行行政监管职责。

第二，根据《招标拍卖挂牌出让国有建设用地使用权规定》（国土资源部令第39号）第23条第2款"未按出让合同约定缴清全部土地出让价款的，不得发放国有建设用地使用权证书，也不得按出让价款缴纳比例分割发放国有建设用地使用权证书"的规定，凡是土地出让，必须以宗地为单位，按宗地拟定出让方案，按宗地组织出让，按宗地签订出让合同，按宗地办理土地使用证，且只有在缴清出让宗地全部出让金后，才可以办理土地使用证。现行法律不允许在未缴清出让金前将整块宗地再分割为若干宗地，分割发放土地使用证。在本案，被告在学府花园公司未缴清全部出让金的情况下，就其中30.9亩土地开具了土地出让金专用票据并从学府花园公司已缴出让金中予以折抵，按出让金缴纳比例为该地块中的30.9亩土地分割办理了国有土地使用权证，已经违反了上述行政规章的规定。被告为出让宗地中的30.9亩先行办理土地出让手续的行为，尽管有政府同意办理的批复，但不能改变其违法履职的事实本质。

针对公益诉讼人的辩论意见，被告西乡县国土局主要提出两点辩论意见：

第一，被告多次向学府花园公司发出催缴通知书，公益诉讼人发出检察建议后，被告也及时对学府花园公司违法用地问题进行了立案查处，并依法作出行政处罚决定，责令学府花园公司退还非法占用的土地并处以罚款，因此被告已经履行了行政监管职责，公益诉讼人请求法院判令被告依法履行监管职责已无实际意义，建议法院不予支持公益诉讼人的第二项诉讼请求。

第二，适用《招标拍卖挂牌出让国有建设用地使用权规定》第23条第2款规定的前提是签订了土地出让合同，但实际上被告并未与学府花园公司签订102.04亩土地的出让合同，只是签订了102.04亩成交确认书。因此本案不适用该条规定。根据《城镇国有土地使用权出让转让暂行条例》第10条的规定，本案县政府的批复实际是将102.04亩国有土地分两宗土地出让，即同意对30.9亩土地单独批准出让，被告就30.9亩土地的办证行为，既有政府的批复，也交清了土地出让金，签订了土地出让合同，符合办证条件，不存在分割办证。

公益诉讼就被告的以上观点发表了如下补充辩论意见：

首先，根据《人民检察院提起公益诉讼试点工作实施办法》第49条"在行政公益诉讼审理过程中，被告纠正违法行为或者依法履行职责而使人民检察院的诉讼请求全部实现的，人民检察院可以变更诉讼请求，请求判决确认行政行为违法，或者撤回起诉"的规定，由于本案行政处罚决定的内容还未落实，土地违法状态及西乡县国土局违法分割办证的事实依然存在，检察机关保护国家和社会公共利益的目的尚未实现，被告仍有履职空间，应继续履行监管职责努力消除土地违法状态。人民检察院的诉求还未全部实现，因此公益诉讼人坚持本院的诉讼请求。

其次，被告依据《城镇国有土地使用权出让和转让暂行条例》第10条的规定，认为30.9亩土地的办证行为有政府的批复，有缴纳出让金票据，也签订了出让合同，故办证程序合法的理由不能成立。《城镇国有土地使用权出让和转让暂行条例》第10条规定"土地使用权出让的地块、用途、年限和其他条件，由市、县人民政府土地管理部门会同城市规划和建设管理部门、房产管理部门共同拟订方案，按照国务院规定的批准权限批准后，由土地管理部门实施"。由此可见，该条规定所指由政府批准的是土地出让方案，包括出让的地块、用途、年限和其他条件等内容，政府对出让方案的批准发生在编制招标拍卖挂牌出让文件、发布招标、拍卖或者挂牌公告之前。本案中涉及的政府批复是在被告发布出让公告后一年才作出，批复的内容是同意为该宗102.04亩国有建设用地中的30.9亩先行办理出让手续，批复作出的对象是学府花园公司。且被告2014年对该宗102.04亩国有建设用地使用权进行公开出让，由学府花园公司取得竞买资格，此后，被告既未解除双方签订的成交确认书，也未对该宗地再次挂牌出让，不存在再次出让或者重新出让的问题。因此，本案中的政府批复与《城镇国有土地使用权出让和转让暂行条例》第10条所指的行政行为完全不能等同。被告适用暂行条例第10条的规定，认为办证程序合法，没有事实和法律依据。

最后，根据《关于加强房地产用地供应和监管有关问题的通知》（国土资发〔2010〕34号）"土地出让成交后，必须在10个工作日内签订出让合同，合同签订后1个月内必须缴纳出让价款50%的首付款，余款要按合同约定及时缴纳，最迟付款时间不得超过一年"的规定，被告与学府花园公司应当在土地出让成交后10个工作日内签订出让合同，本案中，被告与学府花园公司未就102.04出让地块签订出让合同已经违反上述规定，被告以未签订102.04亩土地出让合同为由，进而认为本案不适用《招标拍卖挂牌出让国有建设用地使用权规定》第23条第2款的规定，理由不能成立。被告为出让宗地中的30.9亩土地单独办理国有土地使用权证书的行为，实际上未按宗地签订合同，也未按宗地办理土地使用证，属于违法分割办证。

五、依据指引

1.《中华人民共和国土地管理法》

第五十五条（第一款） 以出让等有偿使用方式取得国有土地使用权的建设单位，按照国务院规定的标准和办法，缴纳土地使用权出让金等土地有偿使用费和其他费用后，方可使用土地。

第六十六条（第一款） 县级以上人民政府土地行政主管部门对违反土地行政管理法律、法规的行为进行监督检查。

第七十六条（第一款） 未经批准或者采取欺骗手段骗取批准，非法占用土地的，由县级以上人民政府土地行政主管部门责令退还非法占用的土地，对违反土地利用总体规划擅自将农用地改为建设用地的，限期拆除在非法占用的土地上新建的建筑物和其他设施，恢复土地原状，对符合土地利用总体规划的，没收在非法占用的土地上新建的建筑物和其他设施，可以并处罚款；对非法占用土地单位的直接负责的主管人员和其他直接责任人员，依法给予行政处分；构成犯罪的，依法追究刑事责任。

2.《国土资源行政处罚办法》

第二条 县级以上国土资源主管部门依照法定职权和程序，对自然人、法人或者其他组织违反国土资源管理法律法规的行为实施行政处罚，适用本办法。

第十一条（第一款） 国土资源主管部门发现自然人、法人或者其他组织行为涉嫌违法的，应当及时核查。对正在实施的违法行为，应当依法及时下达《责令停止违法行为通知书》予以制止。

第十二条（第一款） 符合下列条件的，国土资源主管部门应当在十个工作日内予以立案。

（一）有明确的行为人；

（二）有违反国土资源管理法律法规的事实；

（三）依照国土资源管理法律法规应当追究法律责任；

（四）属于本部门管辖；

（五）违法行为没有超过追诉时效。

3.《招标拍卖挂牌出让国有建设用地使用权规定》

第二十条（第三款） 中标通知书或者成交确认书对出让人和中标人或者竞得人具有法律效力。

第二十三条（第二款） 未按出让合同约定缴清全部土地出让价款的，不得发放国有建设用地使用权证书，也不得按出让价款缴纳比例分割发放国有建设用地使用权证书。

4.《国有土地使用权出让和转让暂行条例》

第十六条 土地使用者在支付全部土地使用权出让金后，应当依照规定办理登记，领取土地使用证，取得土地使用权。

5.《国土资源部关于规范土地登记的意见》

宗地一经确定，不得随意调整。

6.《关于加强房地产用地供应和监管有关问题的通知》

受让人逾期不签订合同的，终止供地，不得退还定金；土地出让成交后，必须在10个工作日内签订出让合同，合同签订后1个月内必须缴纳出让价款50%的首付款，余款要按合同约定及时缴纳，最迟付款时间不得超过一年。

六、文书指引

 立案决定书

陕西省西乡县人民检察院
立案决定书

西检行公立〔2016〕5 号

本院在履行职责过程中发现,西乡县国土资源局可能存在怠于履行职责损害国家利益的情形,根据《全国人民代表大会常务委员会关于授权最高人民检察院在部分地区开展公益诉讼试点工作的决定》和《人民检察院提起公益诉讼试点工作实施办法》第三十二条的规定,决定立案审查。

2016 年 10 月 26 日

 检察建议书

陕西省西乡县人民检察院
检察建议书

西检行建〔2016〕1 号

西乡县国土资源局:

本院在履行职责过程中发现,西乡学府花园房地产开发有限公司未缴清国有土地出让金即占有使用国有土地,西乡县国土资源局怠于履行监管职责,造成国家和社会公共利益受到损害。本院依法进行了调查。现查明:

2014 年 6 月 4 日,西乡学府花园房地产开发有限公司(以下简称"学府花园公司")在缴纳了 3000 万元竞买保证金后,以挂牌方式竞得位于该县城关镇樱花三路东侧面积为 102.04 亩国有建设用地使用权,总成交价款为 4908 万元。同日学府花园公司与西乡县国土资源局签订了国有建设用地使用权成交确认书,该确认书约定:学府花园公司保证于 2014 年 7 月 4 日以前付清全部成交价款及佣金,付清全部成交款项后,10 日内与西乡县国土资源局签订《国有土地使用权出让合同》,不按时付清全部成交款款,视为违约,并按成交总价的 20%向西乡县国土资源局支付违约金,西乡县国土资源局有权对挂

— 315 —

牌宗地再次出让，再次出让的价款低于本次挂牌成交价款的，低于部分由学府花园公司赔偿。

2015年3月20日，学府花园公司缴纳了970万元土地出让金，后因剩余保证金993万元（其余2007万元竞买保证金为其竞得的他宗土地开具了土地出让金专用票据）仍不足以支付该宗国有建设用地的总成交价款，现共拖欠土地出让金2945万元。截至目前，西乡县国土资源局未进一步采取有效监管措施。

本院认为，依据国土资源部《招标拍卖挂牌出让国有建设用地使用权规定》第二十条第三款"中标通知书或者成交确认书对出让人和中标人或者竞得人具有法律效力"的规定，学府花园公司与西乡县国土资源局签订的成交确认书对双方具有法律效力。同时，依据国土资源部《关于加强房地产用地供应和监管有关问题的通知》（国土资发〔2010〕34号）关于"受让人逾期不签订合同的，终止供地，不得退还定金"的规定，西乡县国土资源局作为土地行政管理部门，负有依法管理保护国土资源的职责，但你单位在学府花园公司未缴清全部土地出让金的情况下即允许其占有使用102.04亩国有建设用地，致使国家利益和社会公共利益受到损害。现根据《全国人民代表大会常务委员会关于授权最高人民检察院在部分地区开展公益诉讼试点工作的决定》和《人民检察院提起公益诉讼试点工作实施办法》第四十条的规定，向你单位提出如下建议：

建议西乡县国土资源局依法履行行政监管职责，确保国有土地资源得到有效保护。

请在收到本检察建议书后一个月内将办理情况书面回复本院。

2016年11月9日

 起诉书

陕西省西乡县人民检察院
行政公益诉讼起诉书

西检行公诉〔2016〕1号

公益诉讼人：陕西省西乡县人民检察院

被告：西乡县国土资源局，住所地：西乡县金牛路148号。

法定代表人：屈翔，西乡县国土资源局局长。

诉讼请求：

1. 确认被告西乡县国土资源局对西乡学府花园房地产开发有限公司非法

占用土地不依法履行监管职责的行为违法；

2. 判令被告西乡县国土资源局对西乡学府花园房地产开发有限公司非法占用土地的行为依法履行监管职责，切实保护国有土地资源。

事实和理由：

2016年10月24日，西乡县人民检察院依职权发现西乡学府花园房地产开发有限公司（以下简称"学府花园公司"）未全部缴清国有土地使用权出让金即非法占用国有土地，侵害了国家和社会公共利益。2016年10月26日，西乡县人民检察院决定立案审查。

经调查查明：2014年6月4日，学府花园公司在缴纳了3000万元竞买保证金后，以挂牌方式竞得位于西乡县城关镇樱花三路东侧面积为102.04亩国有建设用地使用权，总成交价款为4908万元。同日学府花园公司与西乡县国土资源局签订了国有建设用地使用权成交确认书，该确认书约定：学府花园公司保证于2014年7月4日以前付清全部成交价款及佣金，付清全部成交款项后，10日内与西乡县国土资源局签订《国有土地使用权出让合同》。不按时付清全部成交价款，视为违约，并按成交总价的20%向西乡县国土资源局支付违约金，西乡县国土资源局有权对挂牌宗地再次出让，再次出让的价款低于本次挂牌成交价款的，低于部分由学府花园公司赔偿。

2015年3月20日，学府花园公司为该宗土地缴纳了970万元土地使用权出让金，加上竞买保证金余款993万元（另外2007万元竞买保证金用于支付其他竞买土地价款），学府花园公司共支付该宗国有建设用地土地使用权出让金1963万元，拖欠土地使用权出让金2945万元。在未付清全部土地使用权出让金的情况下，学府花园公司即违法占用该出让地块中的97.62亩土地进行施工建设。

另查明，2015年7月31日，西乡县国土资源局与学府花园公司签订国有建设用地使用权出让合同，双方约定由西乡县国土资源局将该宗102.04亩出让地块中的20600.10平方米（30.9亩）土地出让给学府花园公司，成交价款为1486.256万元。2015年7月29日，西乡县国土资源局就该30.9亩土地开具了土地使用权出让金专用票据并从学府花园公司已缴出让金中予以折抵。2015年8月14日，西乡县国土资源局在学府花园公司未付清该宗102.04亩全部土地使用权出让金的情况下，违法为该地块中的30.9亩土地单独办理了国有土地使用权证。

为督促西乡县国土资源局依法履行职责，西乡县人民检察院于2016年11月9日向西乡县国土资源局发出检察建议书（西检行建〔2016〕1号），建议西乡县国土资源局依法履行监管职责，切实保护国有土地资源。

2016年11月30日，西乡县国土资源局对检察建议作出回复称：学府花园公司欠缴土地使用权出让金2945万元情况属实；因供地时没有达到"净地"条件供地，在供地后又未按时交付土地，导致政府违约在先，故未对学府花园公司进行违约处罚；该宗地除30.9亩拆迁安置区动工建设外，其余71.14亩用地因价款未交清，西乡县国土资源局未将该宗地交付学府花园公司使用，未受理学府花园公司欠缴价款宗地的确权登记发证工作。

西乡县人民检察院对西乡县国土资源局的回复情况进行了调查核实。截至目前，学府花园公司仍未缴清拖欠的2945万元土地使用权出让金，该出让地块中的97.62亩土地被学府花园公司非法占用，国家和社会公共利益仍然处于受侵害状态。

认定上述事实的主要证据有：(1) 成交确认书；(2)《关于西乡学府花园房地产开发有限公司欠缴价款的说明》；(3) 土地出让金专用票据；(4) 国有建设用地使用权出让合同；(5) 西乡县国用（土）第610724100033GB00598号国有土地使用证；(6)《西乡县国土资源局关于对西乡县人民检察院检察建议书相关问题的报告》；(7) 本院于2016年11月10日拍摄的现场照片；(8) 本院对相关证人的询问笔录。

本院认为，根据《中华人民共和国土地管理法》第五十五条第一款、第六十六条第一款、第七十六条第一款，《国土资源行政处罚办法》（国土资源部令第60号）第五条、第十一条第一款，《招标拍卖挂牌出让国有建设用地使用权规定》（国土资源部令第39号）第二十条第三款、第二十三条第二款及《国土资源部关于加强房地产用地供应和监管有关问题的通知》的规定，西乡县国土资源局作为本行政区域内的土地行政主管部门，具有对违反土地管理法律、法规的行为进行监督检查的职责，对于学府花园公司未全部缴清土地使用权出让金而非法占用97.62亩国有建设用地的行为，西乡县国土资源局应当依照法律规定履行监管职责，同时，依法追究学府花园公司未按成交确认书的约定按期缴纳土地出让金的违约责任；但西乡县国土资源局不依法履行职责，又违法为该出让地块中的30.9亩土地单独办理土地使用权证书，造成该宗土地被非法占用，致使国家和社会公共利益受到侵害。

为督促西乡县国土资源局依法履行监管职责，维护国家和社会公共利益，根据《全国人民代表大会常务委员会关于授权最高人民检察院在部分地区开展公益诉讼试点工作的决定》和《人民检察院提起公益诉讼试点工作实施办法》第四十一条的规定，特向你院提起行政公益诉讼，请依法裁判。

此致
陕西省西乡县人民法院

2016年12月26日

出庭预案

西乡县人民检察院诉西乡县国土资源局
不依法履行职责行政公益诉讼案出庭预案

一、出庭人员及分工（略）
二、庭审模式及争议焦点

依照法律规定，第一项诉讼请求的具体内容为：（1）确认被告西乡县国土资源局对西乡学府花园房地产开发有限公司未缴清全部土地出让金即非法占地不依法履行监管职责的行为违法；（2）确认被告西乡县国土资源局在西乡学府花园房地产开发有限公司未缴清全部土地出让价款的情况下为出让地块中30.9亩土地办理土地使用证的行为违法。

第二项诉讼请求的具体内容为：判令被告西乡县国土资源局对西乡学府花园房地产开发有限公司非法占用土地的行为依法履行监管职责，切实保护国有土地资源。

主要争议焦点：（1）被告对学府花园公司未缴清全部土地出让金即非法占地的行为是否存在行政违法不作为；（2）被告在学府花园公司未缴清全部土地出让价款的情况下为出让地块中30.9亩土地办理土地使用证的行为是否属于行政违法乱作为。

三、举证提纲

公益诉讼人将本案证据分为五组，以多媒体展示的方式进行举证。

第一组（共四份）

1. 2015年7月1日，第十二届全国人民代表大会常务委员第十五次会议通过的《全国人民代表大会常务委员会关于授权最高人民检察院在部分地区开展公益诉讼试点工作的决定》；

2. 最高人民检察院《检察机关提起公益诉讼试点方案》中确定陕西为公益诉讼试点地方的事实；

3. 陕西省人民检察院《陕西省检察机关提起公益诉讼试点工作实施方案》中确定汉中市为公益诉讼试点地方的事实；

4. 陕西省人民检察院《关于对〈关于拟对西乡县国土资源局不依法履行职责提起行政公益诉讼一案的请示〉的批复》（陕检复字〔2016〕25号），同意将该案向人民法院提起行政公益诉讼。

以上证据由公益诉讼人收集，证明西乡县人民检察院具有对本案提起行政公益诉讼主体资格。

第二组（共两份）

1.《中华人民共和国土地管理法》第六十六条"县级以上人民政府土地行政主管部门对违反土地管理法律、法规的行为进行监督检查"。

2.《国土资源行政处罚办法》（国土资源部令第60号）第二条"县级以上国土资源主管部门依照法定职权和程序，对自然人、法人或者其他组织违反国土资源管理法律法规的行为实施行政处罚，适用本办法"；第五条"国土资源违法案件由土地、矿产资源所在地的县级国土资源主管部门管辖，但法律法规以及本办法另有规定的除外。"

以上证据由公益诉讼人收集，证明西乡县国土局对辖区内土地管理负有监管和行政处罚的职责。

下面出示第三组证据，该组证据分为两部分出示。

第一部分，共七份证据。

1. 西乡学府花园房地产开发有限公司企业法人营业执照。

主要内容：西乡学府花园房地产开发有限责任公司的法定代表人姓名、住所、公司类型、经营范围等。

2. 西乡县国土资源局国有建设用地使用权公开出让公告。

主要内容：经西乡县人民政府批准，西乡县国土资源局决定公开出让城关镇樱花三路东侧102.04亩国有建设用地使用权。公告发出时间为2014年4月30日。

3. 成交确认书。

主要内容：甲方（西乡县国土资源局）于2014年5月21日至6月4日期间，对位于樱花三路东侧102.04亩国有建设用地使用权进行公开挂牌出让，乙方（西乡学府花园房地产开发有限公司）以4908万元竞得交易标的物。乙方保证于2014年7月4日前付清全部成交价款。付清后，10日内与甲方签订《国有土地使用权出让合同》。乙方不按时付清全部成交价款，视为违约，并承担以下违约责任：①按成交总价的20%向甲方支付违约金；②甲方有权对挂牌宗地再次出让，再次出让的价款低于本次挂牌成交价款的，低于部分乙方赔偿。

4. 学府花园出让地块平面图。

主要内容：出让地块位于樱花三路以东，北环路以北97.62亩和北环路以南4.42亩两部分，共计102.04亩。

5. 催款通知及送达回证。

主要内容：要求学府花园公司缴纳2945万元欠款，该通知书于2016年6月27日送达。

6. 关于西乡学府花园房地产开发有限公司欠缴价款的说明。

主要内容：学府花园公司竞得樱花三路东侧102.04亩国有建设用地使用权，截至2016年10月27日仍欠缴2945万元出让金。

7. 2016年11月10日，公益诉讼人拍摄的学府花园小区现状图。

主要内容：学府花园公司实际占用出让地块进行施工修建商品房的情况。

上述七份证据除照片外，均从西乡县国土资源交易管理中心调取。

该组证据证明西乡学府花园房地产开发有限公司存在违法占地的情形。

第三组证据第一部分出示完毕。

下面出示第三组第二部分证据，共七份。

1. 公益诉讼人2016年12月12日询问西乡县国土资源局工作人员袁东耀笔录一份。

主要内容如下：

？这些建筑总共占地多少亩？是否属于安置小区的范围？

：总共占地66.72亩，不属于安置小区的范围，加上安置小区的30.9亩，总共占地97.62亩。

？对公司欠缴出让金的情况你局是否立案并作出处罚？

：没有立案并作出行政处罚，只是在成交后多次向该公司发出催款通知书，责令其限期付清出让金。

？在收到检察建议书后，你局对企业采取了哪些监管措施？

：于2016年11月18日再次发出催缴通知。

？对学府花园公司擅自占地的行为，根据法律规定，你局应当如何履行监管职责？

：……应当对欠缴金额从欠缴之日起加收1‰的违约金，并从成交确认之日起，按同期人民银行利率计算利息。……期限届满未缴清的，除保证金不予退还外，将依法解除成交确认书的约定，无偿收回宗地再次出让，低于部分由公司赔偿。

该证据主要证明学府花园公司在樱花三路以东，北环路以北修建安置小区及商品房，占地97.62亩，被告对学府花园公司违法占地行为未依法履行监管职责，只是在签订土地成交确认书后向学府花园公司发出催款通知书，责令其限期付清出让金的事实。

2. 关于西乡学府花园房地产开发有限公司欠缴价款的补充说明。

主要内容：西乡学府花园公司竞得102.04亩国有建设使用权后，未按约定于2014年7月4日之前交清成交价款，至今仍欠缴价款2945万元。成交后，西乡县人民政府于2015年7月29日下发西证土批〔2015〕12号批复，要求对102.04亩用地中30.9亩先行办理出让手续,当日开具了30.9亩用地的出让金专用票据,随后与其签订了30.9亩用地的出让合同。

3. 西乡县人民政府西政土批〔2015〕12号批复。

主要内容:(1) 该宗地总面积102.04亩,符合供地要求,本次挂牌合法有效;(2) 同意将其中30.9亩拆迁安置用地先行办理出让手续,用途为住宅用地。

4. 土地出让金专用票据。

主要内容:西乡学府花园公司缴纳了1486.256万元出让金。

5. 国有建设用地使用权出让合同。

主要内容:本合同项下出让宗地编号为2014027,宗地总面积为102.04亩,其中出让宗地中面积30.9亩为拆迁安置用地。出让价款为1486.256万元,每平方米人民币721.48元。其他说明:该宗地出让总面积102.04亩,成交价4908万元,根据县委县政府研究决定先办理30.9亩拆迁安置用地出让手续。

以上四份证据系从西乡县国土资源交易管理中心调取。

6. 国有土地使用证。

主要内容:土地使用权人是西乡学府花园房地产开发有限公司,坐落于西乡县城关镇樱花三路东侧,使用权面积为30.9亩,使用权类型为出让。

该证据系公益诉讼人从西乡县不动产登记交易服务中心调取。

7. 公益诉讼人于2016年12月13日询问西乡县国土资源局交易管理中心负责人马龙伟笔录一份。

主要内容:

?把30.9亩土地从102.04亩中分割出去,除了政府批文外,还有无法律依据?

:因为30.9亩属于回迁安置房,是按照政府的批复办理的。

?30.9亩土地出让金是怎么形成?

:根据单价和面积算出来,从学府花园公司已交1963万元出让金中抵扣的。

以上第2—6号证据证明被告在西乡学府花园房地产开发有限公司未付清全部土地出让金的情况下,为102.04亩出让地块中的30.9亩土地办理国有土地使用证的情况。

第二部分证据出示完毕。

下面出示第四组证据

西乡县人民检察院西检行建〔2016〕1号《检察建议书》及送达回证。

主要内容：西乡县人民检察院针对学府花园公司未缴清土地出让金即占有使用国有土地的行为，建议西乡县国土资源局依法履行行政监管职责，确保国有土地资得到有效保护。检察建议书于2016年11月9日发送被告。

该组证据由公益诉讼人收集，证明西乡县人民检察院履行诉前程序，督促被告依法履行监管职责的情况。

第四组证据出示完毕。

第五组证据（共两份）

1. 西乡县国土资源局西国土资发〔2016〕223号《西乡县国土资源局关于对西乡县人民检察院检察建议书相关问题的报告》。

主要内容：学府花园公司欠缴土地出让金2945万元情况属实，因政府违约在先，未对其进行违法处罚，该宗地除30.9亩拆迁安置区动工建设外，其余71.14亩未交付使用，未办理确权登记发证工作。

2. 欠缴出让金催缴通知及送达回证。

主要内容：要求西乡学府花园公司于2016年12月31日前付清欠款，否则将按成交确认书追究违约责任。催缴通知书于2016年11月21日送达。

以上证据由公益诉讼人收集，证明被告在收到检察建议后，虽履行了部分监管职责，但未按照法律规定正确全面履行职责，国家和社会公共利益仍然处于受侵害状态。

四、证据质证

第一组证据：

1. 西政土批（2015）12号审批土地件；
2. 出让金收据；
3. 出让合同。

证明目的：（1）公司办理30.9亩土地使用权经县政府审批同意；（2）已交清30.9亩出让金，办证符合土地登记的相关规定。

质证意见：对上述证据的真实性、证据来源的合法性、关联性无异议。但不能证明被告办证行为合法。

行政合法性原则要求行政主体的行政活动必须有法律依据，否则不具有法律效力。被告在学府花园公司未缴清全部成交价款的情况下，为其中的30.9亩办理土地使用证，已经违反了国土资源部39号令关于"未交清全部土地出让价款的，不得发放国有建设用地使用权证书，也不得按出让价款缴纳比例分割发放国有建设用地使用权证书"的规定，被告为出让地块中的30.9亩办理土地使用证的行为，虽然有政府同意的批复，但其办证行为的违法性并不因为执行政府的批复而改变。

出让金收据以及出让合同，恰恰证明了被告按照缴纳出让金比例分割办证的违法事实。

第二组证据：

1. 催款通知；

2. 送达回证及邮寄回执的凭证。

质证意见：对以上证据的真实性、合法性、关联性无异议，但只能证明被告履行了一部分职责，不能证明被告已经依法正确全面履行了监管职责。

第三组证据：

国土资源部39号令第二条、第三条；国务院《城镇国有土地使用权出让转让条例》第八条、第十条、第十六条；国土部《土地登记办法》第三条、第九条；国土部《关于规范土地登记的意见》第一条。

质证意见：对以上证据的真实性、合法性、关联性没有异议，但不能证明被告作出的具体行政行为合法。

补充提交的证据：处罚决定。

质证意见：对处罚决定的真实性、关联性、证据来源的合法性无异议。但该证据不能证明被告做到了依法履职。被告是在公益诉讼人起诉后做出的处罚决定，自学府花园公司2014年6月开始动工到被告对其非法占地行为进行处罚，中间间隔有两年多时间，被告仅向学府花园公司作出催缴欠款的行为，显然不是依法履行监管职责，虽然被告于2016年12月20日立案调查，并作出了处罚决定，但已远远超过了《国土资源行政处罚办法》中"十个工作日内"予以立案的规定。这也是公益诉讼人提出确认行政行为违法诉讼请求的原因之一。在被告作出行政处罚后，处罚决定的内容没有落实，非法占地的状态仍未消除，被告仍需继续履职，保护国家土地资源不受侵害。

五、辩论意见

审判长、审判员：

按照最高人民检察院《检察机关提起公益诉讼试点方案》及陕西省人民检察院《关于检察机关提起公益诉讼试点工作实施方案》的相关规定，我们受西乡县人民检察院指派，以公益诉讼人的身份出席法庭，依法对西乡县国土资源局不依法履行职责、损害国家和社会公共利益的违法行为提起行政公益诉讼，并依法对庭审活动实行法律监督。现就本案事实和证据情况发表如下意见，请法庭注意。

在前期进行的证据交换和刚才的法庭调查中，公益诉讼人就起诉书陈述的事实和理由出示了相关证据，经逐一质证，充分显示所有证据来源真实、程序合法，足以证明本院的诉讼请求合法、合理。

1. 现有证据充分证明了西乡学府花园房地产开发有限责任公司未经县国土部门审批即违法占用国有建设用地用于商品房开发建设，损害了国家对土地资源的管理秩序。

《中华人民共和国土地管理法》第五十五条第一款规定："以出让等有偿使用方式取得国有土地使用权的建设单位，按照国务院规定的标准和办法，缴纳土地使用权出让金等土地有偿使用费和其他费用后，方可使用土地。"对于缴纳土地出让金的方式，国土资源部《关于加强房地产用地供应和监管有关问题的通知》中有明确规定，即"土地出让成交后，必须在10个工作日内签订出让合同，合同签订后1个月内必须缴纳出让价款50%的首付款，余款要按合同约定及时缴纳，最迟付款时间不得超过一年。"在本案，成交确认书、西乡县国有土地出让金欠缴花名单、催款通知书、关于西乡学府花园房地产开发有限公司欠缴价款的说明、公益诉讼人现场拍摄的照片、行政处罚决定书等证据，充分证明了西乡学府花园房地产开发有限责任公司竞得位于西乡县樱花三路以东102.04亩国有建设用地使用权后，在未缴清全部土地出让金的情况下，实际占用该出让地块中97.62亩进行建设，属非法占用土地，侵犯了国家对土地的管理制度，事实清楚，证据确实充分。

2. 被告作为土地行政主管部门，对建设单位非法占用土地的行为没有依照土地行政法律规范的规定正确全面履行监管职责，行政行为违法。

依据《中华人民共和国土地管理法》第六十六条第一款以及国土资源部《国土资源行政处罚办法》第二条、第五条、第七十六条第一款，《国土资源行政处罚办法》（国土资源部令第60号）第五条、第十一条第一款、第十二条，《招标拍卖挂牌出让国有建设用地使用权规定》（国土资源部令第39号）第二十条第三款以及《关于加强房地产用地供应和监管有关问题的通知》（国土资发〔2010〕34号）的规定，被告作为我县土地行政主管部门，具有对本县土地违法行为进行监管的职责，针对涉案企业的违法占地行为，被告虽多次向其催缴欠款，但并未依照上述行政法律规范的规定，对涉案建设单位的非法占地行为，依法作出正确处理，存在行政不作为。

根据《招标拍卖挂牌出让国有建设用地使用权规定》（国土资源部令第39号）第二十三条第二款"未按出让合同约定缴清全部土地出让价款的，不得发放国有建设用地使用权证书，也不的按出让价款缴纳比例分割发放国有建设用地使用权证书"和《国土资源部关于规范土地登记的意见》（国土资发〔2012〕134号）关于"宗地一经确定，不得随意调整"的规定，在本案，被告在学府花园公司竞得樱花三路以东102.04亩国有建设用地使用权但未缴清全部出让金的情况下，就其中30.9亩土地开具了土地出让金专用票据并从学府花园公司已缴出让金中予以折抵，于 2015 年 8 月 14 日，按出让金缴纳比例为该地块中的 30.9 亩土地分割办理了国有土地使用权证，已经违反了上述行政法律规范的规定，存在行政乱作为。

至于被告坦言，考虑到西乡学府花园公司是我县重点招商引资项目等综合因素，未对其违法占地及时立案查处并予制止，不能简单地认为被告未履行监管职责的辩解理由，公益诉讼人认为，政府立足当地经济发展，引进投资项目，从其本意上来说，是为了促进当地经济发展，但这不应成为一些企业逾越审批程序，违法征占土地的理由。依法使用土地，遵守土地管理法律、法规，是每一个公民和单位应尽的义务，每个公民和单位都应自觉遵守国家法律，作为执法者，我们更应秉承这样的信仰，坚守法律底线。

堵住违法用地先建后批的漏洞，需要被告切实转变观念，社会上之所以存在大量"未批先建"，究其原因一是违法成本低，违法行为大多采取罚款处理。二是行政机关自身没有树立执法权威。我们说土地管理行政执法是落实国家土地资源监管政策的主要手段和重要措施，它是防止国家土地资产流失的重要方式，是维护土地管理和土地市场秩序，促进土地资源可持续利用的基本途径。行政执法的好坏直接关系到国家土地资源利用和社会公共利益，影响着土地建设的健康发展，关乎社会公共利益。国家土地管理法之所以对违法占用土地的行为制定如此苛刻的处罚，就是为了保护好国家土地资源，制止非法占用土地的行为。如果不能严格执法，必然会助长土地违法行为的不断发生，搅乱世俗风气，这不但给国家和社会公共利益带来重大损失，更损害了法律尊严和政府部门的执法公信力，还会破坏社会长远发展利益。

3. 公益诉讼人对被告未依法全面履职的行为发出诉前检察建议后，西乡县国土局未全面正确履职，国家和社会公共利益仍然处于受侵害状态，被告作为土地监管部门，有继续履行职责的必要。

公益诉讼人向被告发出诉前检察建议后，西乡县国土资源局积极向西乡学府花园公司发出了欠缴出让金催缴通知，公益诉讼人提起行政公益诉讼后，为消除土地违法状态，县国土局对西乡学府花园公司违法占地行为作出行政处罚决定书，对此公益诉讼人予以充分肯定。但公益诉讼人认为，目前学府花园公司非法占地的状态依然存在，被告作为土地行政监管部门，仍有履职空间，需继续履行监管职责，保护国家土地资源不受侵害。

本案被告未依法正确履行职责的证据确实、充分，对此，请法院对公益诉讼人的两项诉讼请求予以支持，依法公正裁判。

以上意见供合议庭参考，谢谢法庭。

六、预测辩论焦点

(一) 关于行政违法不作为

被告辩称未按成交确认书的约定追究学府花园公司的违约责任不属于行政不作为,基于以下五点理由:

一是企业没有缴清土地出让金不构成违法用地,根据《城镇国有土地使用权出让和转让暂行条例》第八条第二款的规定,只有签订土地出让合同才是出让土地的法定要件。

二是《成交确认书》属于民事合同,学府花园公司应对未按约定交清出让金的行为承担民事法律责任,国土局不能按照成交确认书进行处罚。

三是答辩人一直在积极履职。

四是学府花园是我县重点招商引资项目,国土局未及时查处制止事出有因。

五是未达到净地出让,政府违约在先。

1. 关于没有缴清土地出让金不构成违法占地。签订土地出让合同才是出让土地的法定要件。

应对意见:首先,根据《中华人民共和国土地管理法》第五十五条第一款规定,以出让等有偿使用方式取得国有土地使用权的建设单位,在缴纳土地使用权出让金等土地有偿使用费和其他费用后,方可使用土地。学府花园公司在未缴清土地出让金也未签出让合同的情况下实际占用土地进行房产开发建设,已经违反了上述法律规定,明显构成违法占地。

2. 成交确认书是民事合同,违约承担民事责任,不应进行处罚。

应对意见:

首先,最高人民法院行政审判庭于2010年12月21日作出的〔2010〕行他字第191号答复意见,明确了土地行政主管部门通过拍卖出让国有建设用地使用权,与竞得人签署成交确认书的行为,属于具体行政行为。

其次,《最高人民法院关于适用〈中华人民共和国行政诉讼法〉若干问题的解释》第十一条规定:"行政机关为实现公共利益或者行政管理目标,在法定职责范围内,与公民、法人或者其他组织协商订立的具有行政法上权利义务内容的协议,属于行政诉讼法第十二条第一款第十一项规定的行政协议。"在本案,被告作为政府土地管理部门,根据法律规定的权限行使出让国有土地使用权的职权,且该职权在拍卖过程中进行了实际运用,经挂牌拍卖,学府花园公司以4908万元的成交价竞得102.04亩国有建设用地使用权,被告与学府花园公司签订成交确认书,是对挂牌交易结果的确认,同时也明确了出让宗地的位置、大小、出让价款、缴款期限以及违约责任等重要内容,成交确认书的签订,对双方产生了直接的法律后果,产生法律上的拘束力,因此《成交确认书》属于行政协议，而不是被告认为的民事合同。

《招标拍卖挂牌出让国有建设用地使用权规定》（国土资源部第39号令）第二十条规定，成交确认书具有法律效力。出让人改变竞得结果，或者竞得人放弃竞得宗地，应当依法承担责任。在本案，学府花园公司未按成交确认书的约定缴清全部出让金，应当视为放弃竞得宗地，但该公司又实际占用出让宗地进行房产开发建设，被告在学府花园公司未缴清出让金，又实际占用土地的行为，即未进行违约处罚，也未根据相关土地管理行政法律规范的规定，依法采取有效的监管措施，造成国有土地被违法占用，属于行政违法不作为。

3. 一直积极履职。

公益诉讼人承认至起诉前，被告多次向学府花园公司催缴欠款，其履职行为明显不符合《土地管理法》（责令退还非法占用的土地）、《关于加强房地产用地供应和监管有关问题的通知》（逾期不签订合同的，终止供地，不得退还定金）以及国土部39号令（成交确认书具有法律效力）的相关规定，存在未依法履行监管职责。被告催缴欠款的行为也未达到应有的行政监管效果，企业并未及时补交欠缴的出让金，企业非法占地的状态依然存在，国家和社会利益受到侵害的现状并未消除，被告还应继续依法履行监管职责。

4. 属于重点招商引资项目，不得无故干扰。

应对意见：立足当地经济发展，引进投资项目，从本意来说是为了促进经济发展，但不能成为企业违法占地的理由，为了经济发展而放任国家和社会公共利益被违法侵害，也有悖于政府全面规划、严格管理、保护和开发土地资源的行政目的。

5. 未达到净地出让，政府违约在先。

政府违约在先与被告依法履职并不冲突。既然政府存在违约，就应当及时采取措施，向受让人提供符合供地条件的土地，不能弥补的，政府应当承担相应的赔偿责任，但绝不是不依法履职的理由。

（二）关于行政违法乱作为

被告辩称给学府花园公司办理30.9亩的土地使用权证不违法，基于以下五点理由：一是经政府审批同意分两块宗地出让；二是已缴纳出让金，有出让合同，办证程序合法；三是根据《城镇国有土地使用权出让和转让暂行条例》第八条第二款，土地使用权是否已出让，应以出让合同为依据，不是以成交确认书为依据，不能以成交确认书认定被告将102.04亩土地作为一宗土地出让，进而认定被告分割办证；四是分割办证只违反政策规定（《国土资源部关于规范土地登记的意见》国土资发〔2012〕134号），不违法；五是国土局不是发证机关，且该土地证尚未发给企业。

1. 政府审批同意。

应对意见：

首先，被告已于 2014 年 4 月发出公开出让 102.04 亩国有建设用地使用权的公告，同年 5 月，进行公开出让，6 月 4 日学府花园公司取得该 102.04 亩土地的竞买资格并与被告签订成交确认书。在此之后，被告既未解除与学府花园公司签订的成交确认书，也未对该宗地再次挂牌出让，不存在再次出让或重新出让的问题。

其次，2015 年 7 月，西乡县人民政府作出西政土批〔2015〕12 号批复，同意将 30.9 亩拆迁安置用地先行办理出让手续，剩余 71.14 亩待成交价款缴清后再行办理出让手续。从该批复的内容不难看出，政府同意的是为 102.04 亩国有建设用地中的 30.9 亩土地先行办理出让手续，即办理国有土地使用权证书，并不是同意对将该宗 102.04 亩土地作为两宗地对外出让。被告不顾双方已就 102.04 亩国有土地签订成交确认书的事实，将政府批复的内容曲解为"同意分两次出让"，进而认为对 30.9 亩土地的办证行为合法的辩解理由，没有事实和法律依据，不能成立。

最后，根据行政合法性原则的要求，行政活动必须依照法律的规定进行。被告为出让宗地中的 30.9 亩先行办理土地出让手续的行为，尽管有政府同意办理的批复，但执行批复的内容不能改变其办证程序违法的本质。

2. 已缴纳出让金，有出让合同，办证程序合法。

3. 不能以成交确认书认定被告将 102.04 亩土地作为一宗土地出让，进而认定被告分割办证。

应对意见：根据国土资源部 39 号令第二十三条第二款关于"未按出让合同约定交清全部土地出让价款的，不得发放国有建设用地使用权证书，也不得按出让价款缴纳比例分割发放国有建设用地使用权证书"的规定，只有在缴清该宗地的全部出让金后，才可以办理土地使用证。另外，根据土地管理相关法律，凡是土地出让，必须以宗地为单位，即按宗地拟定出让方案，按宗地组织出让，按宗地签订出让合同，按宗地发放土地使用证。现行法律不允许在未缴清出让金前将整宗地再分割为若干宗地，分割发放土地使用证。在本案，被告经政府批准，将樱花三路以东 102.04 亩国有建设用地使用权整体出让，并由学府花园公司竞得，在学府花园公司未缴清全部出让金的情况下，被告就其中 30.9 亩土地开具了土地出让金专用票据并从学府花园公司已缴出让金中予以折抵，于 2015 年 8 月 14 日，按出让金缴纳比例为该地块中的 30.9 亩土地分割办理了国有土地使用权证的行为，虽然从表面上看，企业缴纳了出让金，也签订了出让合同，但根据上述法律规定，其行为仍然属于违法分割办证。

4. 只违反政策规定，不违法。

应对意见：行政违法违反的是行政法律规范，而不仅仅指违法法律。根据立法主体的不同，行政法律规范包括宪法、法律，行政法规与行政规章以及有普遍约束力的决定、命令、规范性文件等。前述国土资源部第39号令属于行政规章，违反该行政规章的行为也是行政违法行为。至于被告在答辩中承认其行为违反了《国土资源部关于规范土地登记的意见》，公益诉讼人认为，该意见属于有普遍约束力的规范性文件，也属于行政法律规范的范畴，因此无论违反39号令，还是上述《意见》的规定的行为，都是违法行政行为。

5. 人民政府是土地使用证的发证机关，国土局不违法。

应对意见：根据《城镇国有土地使用权出让和转让暂行条例》第七条的规定，土地使用权出让登记，由政府土地管理部门依法办理。被告作为县级人民政府土地行政主管部门，承担着与土地出让相关的具体行政职责，理应对其违法办证的行为承担法律责任。

适用法律错误，国土资源部39号令第二十三条第二款规定"未按出让合同约定交清全部土地出让价款"，而不是"未按成交确认书缴清全部土地出让价款"。

首先，根据国土资源部关于加强房地产用地供应和监管有关问题的通知（国土资发〔2010〕34号）的要求，土地出让成交后，必须在10个工作日内签订出让合同。本案中被告未按规定在土地出让成交后10日内与学府花园公司签订出让合同，其做法本身违反了相关行政法律规范。

其次，出让合同是对成交确认书关于出让宗地位置、大小、出让价款等内容的再次确认，即使签订出让合同，也是按成交确认书确认的出让价款来签订，因此不论是按照成交确认书的约定还是按照出让合同的约定，成交价款是确定不变的。是按照成交确认书还是合同的约定缴清全部土地出让价款，在本质上没有区别。

（三）关于是否应当继续履行监管职责

1. 国土局已经对学府花园公司违法用地立案查处，已经作出处罚决定，尽到了监管职责，公益诉讼人诉讼目的已经实现，诉讼没有实际意义，请求撤回起诉。

应对意见：根据最高人民检察院《人民检察院提起公益诉讼试点工作实施办法》第四十九条规定"在行政公益诉讼审理过程中，被告纠正违法行为或者依法履行职责而使人民检察院的诉讼请求全部实现的，人民检察院可以变更诉讼请求，请求判决确认行政行为违法，或者撤回起诉。"在本案，诉讼请求还包括确认行政行为违法，公益诉讼人起诉后，被告能够采取措施，积极作为，对涉案企业作出了行政处罚，但尚未完全履职到位，土地违法状态依然存在，人民检察院的诉求还未实现，有必要通过诉讼督促行政机关继续依法履职，因此被告的撤诉请求应不予支持。

2. 学府花园公司对行政处罚决定不服，已经（或准备）向法院起诉。

应对意见：据公益诉讼人了解，涉案企业对行政处罚决定不服已向县政府申请行政复议并被维持，行政复议文书已于 2017 年 5 月 18 日向学府花园公司送达，至今已经超过 15 日的法定起诉期限，目前没有证据证明学府花园公司已经向法院提起行政诉讼。且根据《行政诉讼法》的相关规定，诉讼期间不停止具体行政行为的执行，即使该公司已经向法院提起行政诉讼，被告仍有履职空间，应继续履行监管职责，努力消除土地的违法状态。

（四）关于事实认定等问题

违法占地面积为 70.21 亩，应减去已办证的 30.9 亩和未拆迁户占地 0.93 亩。

应对意见：首先，被告虽然为学府花园公司就占用的 30.9 亩土地办理了土地使用权证书，但因该办证程序违法，从本质上讲，学府花园公司占用 30.9 亩土地仍然属于违法占地，不应从出让总面积中核减。

其次，被告并未提交能够证明拆迁户实际占地面积的证据，对其主张的违法占地面积应当减去拆迁户实际占地面积的辩解理由，因缺乏证据证明，公益诉讼人不予认可。

七、最后陈述

法律的生命在于实施，行政机关是实施法律法规的重要主体，行政执法若避重就轻，必将损害公众对法治的信仰。行政执法者只有勇于承担法定职权，履行应尽职责，带头执行法律，才能给整个社会树立严格依法办事的良好示范。在本案，被告虽道出其"有法难依"的困扰，但公益诉讼人认为，作为执法者我们应秉承对法律的信仰，坚守法律底线。

"十分珍惜和合理利用土地"是我国的一项基本国策，"守土有责"是我们每个政府和公民义不容辞的责任，作为土地执法人员更是责无旁贷。今天检察机关通过行政公益诉讼这种方式履行法律监督职责，就是以法律监督的方法指引、规范行政机关工作人员依法行政，树立正确的执法观念。公益诉讼人坚持自己的诉讼请求。请人民法院确认西乡县国土资源局不依法履行监督职责的行为违法，判令其继续依法履行监督职责，切实维护好国家和社会公共利益不受侵害。

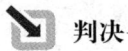 判决书

陕西省西乡县人民法院
行政判决书

〔2017〕陕 0724 行初 1 号

公益诉讼人：西乡县人民检察院，住所地：西乡县城西汉白路南侧。
法定代表人：王建庆，该院检察长。
被告：西乡县国土资源局，住所地：西乡县城金牛路北段。
法定代表人：屈翔，该局局长。
委托代理人：李涛，该局副局长。
委托代理人：黄志懋，该局工作人员。

公益诉讼人西乡县人民检察院（以下简称县检察院）因要求确认被告西乡县国土资源局（以下简称县国土局）不依法履行监管职责的行为违法，于2017年1月3日向本院提起行政公益诉讼。本院于2017年1月10日立案后，于2017年1月16日向被告送达了起诉状副本及应诉通知书。本院依法组成合议庭，于2017年6月23日公开开庭审理了本案。公益诉讼人县检察院检察员祝儒林、代检察员张倩，被告县国土局委托代理人李涛、黄志懋到庭参加诉讼。本案现已审理终结。

公益诉讼人县检察院诉称，2014年6月4日，西乡学府花园房地产开发有限公司（以下简称学府花园公司）在交纳了3000万元竞买保证金后，以挂牌方式竞得位于西乡县城关镇樱花三路东侧102.04亩国有建设用地使用权，总成交价款4908万元。同日，县国土局与学府花园公司签订了国有建设用地使用权成交确认书，约定：学府花园公司保证于2014年7月4日以前付清全部成交价款及佣金，付清全部成交款项后10日内与县国土局签订《国有土地使用权出让合同》。不按时付清全部成交价款视为违约，并按成交总价的20%向县国土局支付违约金，县国土局有权对挂牌宗地再次出让，再次出让的价款低于本次挂牌成交价款的，低于部分由学府花园公司赔偿。2015年3月20日，学府花园公司为该宗土地缴纳了970万元的土地使用权出让金，加上竞买保证金余款993万元（另2007万元保证金已支付其他竞买土地价款），共计支付1963万元，拖欠2945万元。2015年7月31日，县国土局与学府花园公司签订国有建设用地使用权合同，双方约定将该宗102.04亩出让地块中的30.9亩出让给学府花园公司，成交价款为1486.256万元。同年7月29日，县国土局就该30.9亩土地开具了土地使用权出让金专用票据并从学府花园公司

已缴纳的出让金中折抵，同年8月14日为该30.9亩土地单独办理了国有土地使用权证。县检察院于2016年11月9日向县国土局发出检察建议书，建议其依法履行监管职责。2016年11月30日，县国土局作出回复称：学府花园公司欠缴土地使用权出让金2945万元情况属实，因供地时没有达到"净地"条件，未按时交付土地，导致政府违约在先，故未对学府花园公司进行违约处罚；该宗地除30.9亩拆迁安置区动工建设外，其余71.14亩因价款未交清，故未受理欠缴价款宗地的确权登记发证工作。县检察院认为，县国土局作为本行政区域内的土地行政主管部门，具有对违反土地管理法律法规的行为进行监督检查的职责，对于学府花园公司未全部交清土地使用权出让金而非法占用97.62亩国有建设用地的行为，县国土局应当依照法律规定履行监管职责。同时，依法追究学府花园公司未按成交确认书的约定按期缴纳土地出让金的违约责任，但县国土局未依法履行职责，又违法为该地块中的30.9亩土地单独办理土地使用权证书，造成该宗土地被非法占用，致使国家和社会公共利益受到侵害。故诉请法院判令：（1）确认被告县国土局对学府花园公司非法占用土地不依法履行监管职责的行为违法；（2）被告县国土局对学府花园公司非法占用土地的行为依法履行监管职责，切实保护国有土地资源。

公益诉讼人县检察院向本院提交了如下证据：（1）西乡学府花园房地产开发有限公司企业法人营业执照；（2）县国土局国有建设用地使用权公开出让公告；（3）成交确认书；（4）学府花园出让地块平面图；（5）催款通知及公文送达回证；（6）关于西乡学府花园房地产开发有限公司欠缴价款的说明；（7）学府花园小区现状照片；（8）询问袁东耀笔录；（9）关于西乡学府花园房地产开发有限公司欠缴价款的补充说明；（10）西乡县人民政府关于征收西乡县城北街道办事处附溪村集体土地出让给西乡学府花园房地产开发有限公司的批复；（11）土地出让金专用票据；（12）国有建设用地使用权出让合同；（13）国有土地使用证；（14）询问马龙伟笔录；（15）西检行建〔2016〕1号《检察建议书》及送达回证；（16）县国土局关于对县检察院检察建议书相关问题的报告；（17）欠缴出让金催款通知及送达回证。

被告县国土局辩称：（1）学府花园建设是我县重点招商引资项目，县委、政府对此非常重视，考虑上述因素，被告对学府花园公司未交清土地出让金即占用土地的行为未及时查处违法，但事出有因，同时，被告先后多次发出催缴通知书，要求学府花园公司交清土地出让金，一直在积极履职。（2）被告给学府花园公司办理30.9亩国有土地使用权证，是经西乡县人民政府审批（审批土地件：西政土批〔2015〕12号），也符合《土地登记办法》规定，并不违反法律规定。（3）被告已对学府花园公司违法用地立案查处，已纠正了不依法履职行为。故请求公益诉讼人撤回起诉。

被告县国土局向本院提交了如下证据：（1）西乡县人民政府西政土批〔2015〕12 号批复文件；（2）出让金收据及出让合同；（3）催款通知书及送达、邮寄凭证；（4）行政处罚决定书及送达回证；（5）行政复议决定书。

经庭前证据交换及庭审质证，被告对公益诉讼人提交的证据没有异议；公益诉讼人对被告提交的证据来源的合法性和证据的真实性及关联性没有异议，但对证据证明的目的有异议，认为被告提交的证据不能证明其依法全面履行监管职责，也不能证明其为学府花园公司单独办理 30.9 亩国有土地使用权证合法。

本院对上述证据认证如下：公益诉讼人提交的证据具备真实性、合法性、关联性，被告也无异议，依法应予采信；被告提交的证据除涉案处罚决定书及其送达回证和行政复议决定书之外，与公益诉讼人提交的证据相同，公益诉讼人对被告提交的证据的真实性、合法性及关联性无异议，但对被告的证明目的有异议。本院依法对被告证据的真实性、合法性、关联性予以采信。

经审理查明，学府花园公司于 2013 年 11 月 26 日成立，经营房地产开发、投资等。2014 年 6 月 4 日，被告县国土局将位于西乡县城北街道办事处樱花三路东侧 102.04 亩国有建设用地使用权，以挂牌方式出让给学府花园公司，出让价款 4908 万元。同日，双方签订了国有建设用地使用权成交确认书，约定：学府花园公司保证于 2014 年 7 月 4 日以前付清全部成交价款及佣金，付清全部成交款项后 10 日内与县国土局签订《国有土地使用权出让合同》。不按时付清全部成交价款视为违约，并按成交总价的 20% 向县国土局支付违约金，县国土局有权对挂牌宗地再次出让，再次出让的价款低于本次挂牌成交价款的，低于部分由学府花园公司赔偿。2015 年 7 月 29 日，西乡县人民政府对学府花园公司竞买 102.04 亩土地作出批复（西政土批〔2015〕12 号），确认挂牌出让有效，并决定同意将其中的 30.9 亩作为拆迁安置住宅用地先行办理出让手续，出让价款等各事项按《成交确认书》中的条款执行。同日，县国土局就该 30.9 亩土地开具了土地使用权出让金专用票据，收款金额 1486.256 万元，该款系从学府花园公司已缴纳的出让金中折扣。2015 年 7 月 31 日，县国土局与学府花园公司签订国有建设用地使用权出让合同，双方约定将该宗 102.04 亩出让地块中的 30.9 亩出让给学府花园公司，成交价款为 1486.256 万元。同年 8 月 14 日，县国土局为该 30.9 亩土地单独办理了国有土地使用权证。此后，县国土局多次向学府花园公司发出催缴通知，要求其缴纳欠缴土地出让金 2945 万元，学府花园公司一直未缴清欠款。学府花园公司挂牌竞买该宗 102.04 亩土地后，在其中的 97.62 亩土地上进行房屋开发建设。县检察院于 2016 年 11 月 9 日向县国土局发出检察建议书，建议其依法履行监管职责。同年 11 月 30 日，县国土局作出回复称，学府花园公司欠缴土地使用权出让金 2945 万元情况属实，因供地时没有达到"净地"条件，未按时交付土地，导致政府违约在先，故未对学府花园公司进行违约处罚；该宗地除 30.9 亩拆迁安置区动工建设外，其余 71.14 亩因价款未交清，故未受理欠缴价款宗地的确权登记发证工作。2016 年 12 月 20 日，县国土局对学府花园公司非法占地行为立案查处，于 2017 年 2 月 10 日作出西国土资罚字〔2017〕4 号行政处罚决定书，决定责令学府花园公司退还非法占用 70.21 亩国有建设用地，没收地上建筑物和其他设施，并处罚款 702103 元。学府花园公司收到处罚决定书后于 2017 年 3 月 21 日向西乡县人民政府申请行政复议，西乡县人民政府于 2017 年 5 月 17 日作出西复决字〔2017〕第 05 号行政复议决定书，决定维持西国土资罚字〔2017〕4 号行政处罚决定。学府花园公司至今未履行该处罚决定书确定的义务。

本院认为，《中华人民共和国土地管理法》第六十六条规定，县级以上人民政府土地行政主管部门对违反土地管理法律、法规的行为进行监督检查。被告县国土局作为土地行政主管部门，具有对违反土地管理法律、法规的行为进行管理和监督的职责。该法第七十六条规定，未经批准或者采取欺骗手段骗取批准，非法占用土地的，由县级以上人民政府土地行政主管部门责令退还非法占用的土地，对违反土地利用总体规划擅自将农用地改为建设用地的，限期拆除在非法占用的土地上新建的建筑物和其他设施，恢复土地原状，对符合土地利用总体规划的，没收在非法占用的土地上新建的建筑物和其他设施，可以并处罚款；对非法占用土地单位的直接负责的主管人员和其他直接责任人员，依法给予行政处分；构成犯罪的，依法追究刑事责任。超过批准的数量占用土地，多占的土地以非法占用土地论处。被告县国土局对学府花园公司未全部交清土地使用权出让金和未经用地审批而非法占用国有建设用地的行为，应当依照法律、法规规定履行监督管理职责，但其未依法全面履行监管职责，且将挂牌出让的 102.04 亩地块中的 30.9 亩土地按出让价款缴纳比例分割单独办理土地使用权证书，违反了《招标拍卖挂牌出让国有建设用地使用权规定》（第 39 号）第二十三条的规定，造成国有土地被非法占用，致使国家和社会公共利益受到侵害。被告县国土局在庭审陈述中承认对学府花园公司非法占用土地修建房屋未及时制止和立案查处以及工作中存在失误的事实。被告县国土局虽然在收到检察建议书后，对学府花园公司非法占地进行立案查处，在应诉期间提交了行政处罚决定书，对学府花园公司非法占用国有建设用地 70.21 亩的行为作出了行政处罚，但学府花园公司尚未履行该行政处罚决定，被告县国土局仍负有继续依法履行监管的职责。故，公益诉讼人县检察院诉请确认被告县国土局对学府花园公司非法占用土地不依法履行监管职责的行为违法及判令其继续依法履行监管职责的理由成立，应予以支持。被告县国土局提交的证据不能证明其依法正确履行了监管职责，其辩解意见，本院不予采纳。依照《中华人民共和国行政诉讼法》第七十二条、第七十四条第二款第（一）项的规定，判决如下：

一、确认西乡县国土资源局对西乡学府花园房地产开发有限公司非法占地行为未依法履行监管职责的行为违法；

二、责令被告西乡县国土资源局继续依法履行监管职责。

案件受理费50元，由西乡县国土资源局负担。

如不服本判决，可在判决书送达之日起十五日内，向本院提交上诉状正本一份、副本二份，并预交上诉案件受理费，上诉于陕西省汉中市中级人民法院。

审 判 长 邱扬华

审 判 员 范 斌

人民陪审员 余盛华

二〇一七年七月三日

书 记 员 赵潇潇

16 贵州省铜仁市德江县人民检察院诉德江县国土资源局不作为案

（国有土地使用权出让收入流失）

一、基本案情

贵州省德江县人民检察院在履行职责中发现，德江县国土资源局在出让该县县城城南新区一块面积168.2亩国有建设用地使用权的过程中存在出让程序不规范，出让价款没有按照出让合同约定收取的问题。出让程序不规范主要表现在，重庆钦正房地产开发有限公司（以下简称钦正公司）缴纳保证金2000万元并以2.805亿元竞得该宗土地使用权，但因该公司未在成交确认书约定的期限内与德江县国土资源局签订出让合同，德江县国土资源局便在挂牌出让成交五个月之后，以挂牌出让成交价及当时的出让条件与贵州德江云海房地产开发有限公司（以下简称云海公司）签订出让合同，并以云海公司系钦正公司在德江县设立的新公司为由，将钦正公司缴纳的2000万元算作云海公司缴纳的土地价款，在云海公司未另行缴纳土地出让价款的情况下，将宗地交其开发使用。经德江县人民检察院自2014年至2016年先后向德江县国土资源局发出检察建议书，督促其依法纠正将钦正公司所交的应当依法予以收缴的2000万元算作云海公司所缴出让金的行为，并依法征收云海公司尚欠国有建设用地使用权出让金。其间，德江县国土资源局仅仅向云海公司数次发出书面催缴通知书，没有采取有力的征缴措施，也没有依法纠正错误行为，时至2016年底尚有出让价款2.27亿元没有征收入库。德江县国土资源局存在怠于履职行为。

二、诉前程序

2014年4月10日，德江县检察院向德江县国土资源局发出《检察建议书》，要求其依照我国《民事诉讼法》《合同法》的相关规定和《出让合同》的约定以诉讼方式追收土地出让金，同时追究受让人的违约责任等其他民事责任。该局收到本院检察建议之后，没有落实检察建议，致使云海公司仍然拖欠巨额土地出让价款，亦未承担违约责任。

2016年3月，德江县人民检察院根据《人民检察院提起公益诉讼试点工作实施办法》的规定，以德江县国土资源局怠于履职行为违法为由，立行政公益诉讼案件。经调查取证后，审查认为德江县国土资源局怠于履行土地使用监管职责、怠于履行依法征收土地出让价款、错误认定钦正公司和云海公司的法律关系，事实清楚，证据充分。2016年3月29日，该院再次向德江县国土资源局发出《检察建议书》，令其自行纠正将钦正公司2000万元定金转作云海公司出让价款的行为，重新确定云海公司所欠出让价款数额、利息及违约金并依法追缴之；自行纠正为云海公司违法办理国有土地使用权登记和发证手续的行为。

但县国土局收到检察机关的检察建议后，一直未依法纠正违法行为，仍然怠于追缴土地出让价款，致使国家和社会公共利益仍处于受侵害状态。

三、诉讼情况

为督促国土资源管理机关在国有建设用地使用权出让行为中依法行政，全面履职，妥善尽职，纠正滥用职权行为，保护国有财产安全，防止国有资产流失，维护国家利益。德江县人民检察院于2016年12月9日就本案依法向思南县人民法院提起行政公益诉讼，请求人民法院确认被告德江县国土资源局怠于收取云海公司土地出让金的行为违法，并判令被告德江县国土资源局依法履行职责。

本案依法提起行政公益诉讼后，德江县国土资源局深感震慑，采取有效措施督促云海公司筹措资金缴纳出让价款19509.2万元。开庭之后判决作出前，再次追收价款1190.82万元。

思南县人民法院于2017年5月12日在德江县人民法院公开开庭审理了本案。判决作出前，德江县国土资源局再次向云海公司追收价款1190.82万元。本案至判决时共计收缴2.07亿元，受让人所欠合同价款2.07亿元全部追缴入库。

2017年6月1日，思南县人民法院作出〔2016〕黔0624行初106号《行政判决书》，支持德江县检察院的诉讼请求，判决确认被告德江县国土资源局怠于收取第三人云海公司土地出让价款的行政行为违法。判决书鉴于出让合同中已经明确将该宗地挂牌出让时收取的2000万元保证金计入合同价款，合同价款余额2.07亿元已经在判决作出前全部追收完毕，不再判决责令被告继续追缴出让价款。

四、办案指引

管辖

根据《人民检察院提起公益诉讼试点工作实施办法》第 29 条第 1 款"人民检察院提起行政公益诉讼的案件，一般由违法行使职权或者不作为的行政机关所在地的基层人民检察院管辖"之规定，本案被告德江县国土资源局违法行使职权所在地的基层人民检察院即德江县检察院具有管辖权。

立案

本案中，德江县检察院经过诉前程序督促被告德江县国土资源局纠正违法行为，但是德江县国土资源局拒不纠正违法行为，其行为违反了《人民检察院提起公益诉讼试点工作实施办法》第 41 条之规定，经过诉前程序，德江县国土资源局拒不纠正违法行为或者不履行法定职责，国家和社会公共利益仍处于受侵害状态的，故德江县检察院经层报铜仁市人民检察院、贵州省人民检察院批准后，决定对被告德江县国土资源局未依法纠正违法行为，怠于追缴土地出让价款的行为依法立案审查。

诉前程序

1. 本案调查的重点

本案重点调查下列事实：本案的土地出让情况、出让金未及时征收的事实及原因、德江县国土资源局怠于履职的具体表现、云海公司现有土地使用情况现状、云海公司与钦正公司的法律关系等。

2. 本案如何针对调查重点开展调查

针对本案调查重点，经承办人仔细审查、反复推敲，列明主次及逻辑关系后，拟定调查提纲，列明相应调查内容，有序推进调查工作，具体做法如下：

（1）查看出让合同中约定的缴款方式及金额，与该项目已收款额的票据进行对照，查明云海公司土地出让金缴纳情况及未缴纳的原因；

（2）到国土局调阅、复制该案的卷宗档案，详细归纳总结出德江县国土资源局针对云海公司未缴土地出让金采取的措施；

（3）现场查看、拍照及听取相关工作人员介绍掌握云海公司现有土地使用情况现状；

（4）到重庆市工商局调取钦正公司登记注册资料，查明云海公司与钦正公司的法律关系。

3. 本案审查的关键问题

在签订合同时，德江县国土资源局把云海公司误认为钦正公司在德江县设立的新公司，须查明云海公司与钦正公司的法律关系，以及德江县国土资源局将钦正公司缴纳2000万元竞买保证金转化而来的定金2000万元计入云海公司所缴出让价款，并写入出让合同是否合法。

4. 诉前文书写作的关键问题

诉前文书写作的关键问题有两个：

第一，2014年4月10日，德江县检察院要求德江县国土资源局依照我国《民事诉讼法》、《合同法》的相关规定和《出让合同》的约定以诉讼方式追收土地出让金，同时追究受让人的违约责任等其他民事责任。

第二，2016年3月，经调查取证后，德江县检察院审查认为德江县国土资源局怠于履行土地使用监管职责、怠于履行依法征收土地出让价款、错误认定钦正公司和云海公司的法律关系，事实清楚，证据充分。2016年3月29日，该院再次向德江县国土资源局发出《检察建议书》，令其自行纠正将钦正公司2000万元定金转作云海公司出让价款的行为，重新确定云海公司所欠出让价款数额、利息及违约金并依法追缴之；自行纠正为云海公司违法办理国有土地使用权登记和发证手续的行为。

跟进调查

德江县检察院分别到德江县市场监督管理局和重庆市工商行政管理局调取云海公司和钦正公司的企业登记变更档案材料，查明了云海公司的出资构成、设立时间等事实，确认云海公司与钦正公司没有法律上的母公司与子公司或者总公司与分公司的关系。从而认定德江县国土资源局在与云海公司签订《国有建设用地使用权出让合同》时，误将云海公司当作钦正公司在当地设立的新公司，将钦正公司所缴出让宗地定金2000万元错误计入云海公司所缴地价款等案件事实。

为了进一步深入跟进监督，该院以德江县国土资源局工作人员签订合同时玩忽职守导致2000万元国有资产流失，涉嫌失职渎职犯罪为由，向该院职务犯罪侦查部门移送了犯罪线索。

提起诉讼

1. 起诉条件

第一，依据《人民检察院提起公益诉讼试点工作实施办法》第41条之规定，本案被告德江县国土资源局存在违法行为和怠于履职行为，且经过检察机关诉前程序督促履职，德江县国土资源局拒不纠正违法行为，也不履行法定职责，国家利益仍处于受侵害状态。

第二，德江县检察院作为公益诉讼人的主体资格适格。（1）《全国人大常委会关于授权最高人民检察院在部分地区开展公益诉讼试点工作的决定》；（2）《检察机关提起公益诉讼试点方案》；（3）铜仁市人民检察院的督办通知书；（4）贵州省人民检察院关于铜仁市德江县检察院向德江县国土资源局提起行政公益诉讼的批复文件，证明德江县检察院作为公益诉讼人的主体资格适格。

第三，德江县检察院提交了《起诉书》及国家利益收到侵害的初步证明材料。

2. 提供材料

本案起诉过程中，德江县检察院提供的材料有：德江县人民政府办公室印发的《德江县国土资源局职能配置、内设机构和人员编制规定》、挂牌出让公告底本及公告报纸等；钦正公司与德江县国土资源局签订《成交确认书》，催促签订出让合同，缴纳出让价款的函、通知、告知书、《责令国土资源违法行为通知书》等；德江县国土资源局与云海公司签订的《国有建设用地使用权出让合同》、云海公司缴纳出让价款票据以及德江县国土资源局发出的缴款通知等；云海公司的工商注册登记档案材料、钦正公司的登记注册档案材料；德江县国土资源局为云海公司办理国有土地使用权登记材料等；已建成建筑物国有土地面积统计表及规划图、土地使用现状图等证据。

3. 庭前会议

本案庭前会议确定的问题有：公益诉讼人及被告的主体资格，云海公司与钦正公司无法律上的关系，被告德江县国土资源局向云海公司下发的《责令停止违法行为通知书》不能证明其依法履职等。

4. 庭审应对

本案在庭审中如何针对焦点问题，公益诉讼人的应对方法如下：一是吃透案情，充分熟悉证据、证明目的和内容、证据间的关联性；二是熟练掌握相关法律法规及规范性文件、地方政策，做到胸有成竹；三是庭前准备充分，做好出庭预案。公益诉讼人指派出庭检察官以娴熟的诉讼技能，扎实的理论功底，充分的诉讼证据，义正辞严的仪态，有力地支持了诉讼请求，取得了良好的诉讼效果。

五、依据指引

1. 《中华人民共和国土地管理法》

第五十五条（第一款） 以出让等有偿使用方式取得国有土地使用权的建设单位，按照国务院规定的标准和办法，缴纳土地使用权出让金等土地有偿使用费和其他费用后，方可使用土地。

2. 《中华人民共和国城镇国有土地使用权出让和转让暂行条例》

第十四条 土地使用者应当在签订土地使用权出让合同后六十日内，支付全部土地使用权出让金。逾期未全部支付的，出让方有权解除合同，并可请求违约赔偿。

3. 中华人民共和国国土资源部《招标拍卖挂牌出让国有建设用地使用权规定》

第二条 在中华人民共和国境内以招标、拍卖或者挂牌出让方式在土地的地表、地上或者地下设立国有建设用地使用权的，适用本规定。

本规定所称招标出让国有建设用地使用权，是指市、县人民政府国土资源行政主管部门（以下简称出让人）发布招标公告，邀请特定或者不特定的自然人、法人和其他组织参加国有建设用地使用权投标，根据投标结果确定国有建设用地使用权人的行为。

本规定所称拍卖出让国有建设用地使用权，是指出让人发布拍卖公告，由竞买人在指定时间、地点进行公开竞价，根据出价结果确定国有建设用地使用权人的行为。

本规定所称挂牌出让国有建设用地使用权，是指出让人发布挂牌公告，按公告规定的期限将拟出让宗地的交易条件在指定的土地交易场所挂牌公布，接受竞买人的报价申请并更新挂牌价格，根据挂牌期限截止时的出价结果或者现场竞价结果确定国有建设用地使用权人的行为。

第四条 工业、商业、旅游、娱乐和商品住宅等经营性用地以及同一宗地有两个以上意向用地者的，应当以招标、拍卖或者挂牌方式出让。

前款规定的工业用地包括仓储用地，但不包括采矿用地。

第十九条 挂牌截止应当由挂牌主持人主持确定。挂牌期限届满，挂牌主持人现场宣布最高报价及其报价者，并询问竞买人是否愿意继续竞价。有竞买人表示愿意继续竞价的，挂牌出让转入现场竞价，通过现场竞价确定竞得人。

挂牌主持人连续三次报出最高挂牌价格，没有竞买人表示愿意继续竞价的，按照下列规定确定是否成交：

（一）在挂牌期限内只有一个竞买人报价，且报价不低于底价，并符合其他条件的，挂牌成交；

（二）在挂牌期限内有两个或者两个以上的竞买人报价的，出价最高者为竞得人；报价相同的，先提交报价单者为竞得人，但报价低于底价者除外；

（三）在挂牌期限内无应价者或者竞买人的报价均低于底价或者均不符合其他条件的，挂牌不成交。

第二十条（第一款） 以招标、拍卖或者挂牌方式确定中标人、竞得人后，中标人、竞得人支付的投标、竞买保证金，转作受让地块的定金。出让人应当向中标人发出中标通知书或者与竞得人签订成交确认书。

（第三款） 中标通知书或者成交确认书对出让人和中标人或者竞得人具有法律效力。出让人改变竞得结果，或者中标人、竞得人放弃中标宗地、竞得宗地的，应当依法承担责任。

第二十一条 中标人、竞得人应当按照中标通知书或者成交确认书约定的时间，与出让人签订国有建设用地使用权出让合同。中标人、竞得人支付的投标、竞买保证金抵作土地出让价款；其他投标人、竞买人支付的投标、竞买保证金，出让人必须在招标拍卖挂牌活动结束后5个工作日内予以退还，不计利息。

第二十三条 受让人依照国有建设用地使用权出让合同的约定付清全部土地出让价款后，方可申请办理土地登记，领取国有建设用地使用权证书。

未按出让合同约定缴清全部土地出让价款的，不得发放国有建设用地使用权证书，也不得按出让价款缴纳比例分割发放国有建设用地使用权证书。

4.《中华人民共和国城市房地产管理法》

第十六条 土地使用者必须按照出让合同约定，支付土地使用权出让金；未按照出让合同约定支付土地使用权出让金的，土地管理部门有权解除合同，并可以请求违约赔偿。

5.《国有土地使用权出让收支管理办法》

第三条（第四款） 市、县财政部门具体负责土地出让收支管理和征收管理工作，市、县国土资源管理部门具体负责土地出让收入征收工作。

第五条 土地出让收入由财政部门负责征收管理，可由市、县国土资源管理部门负责具体征收。

6.《人民检察院提起公益诉讼试点工作实施办法》（略）

7.《全国人民代表大会常务委员会关于授权最高人民检察院在部分地区

开展公益诉讼试点工作的决定》（略）

8.《检察机关提起公益诉讼试点方案》（略）

六、文书指引

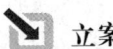
立案决定书

德江县人民检察院
公益诉讼案件立案决定书

德检民行公立字〔2016〕第 1 号

  重庆钦正房地产开发有限公司 2011 年 3 月竞得青龙办事处城南新区 16# 地块、17# 地块 11146.78 平方米国有土地使用权用于商业服务和住宅开发，并与德江县国土资源局签订《成交确认书》，2011 年 5 月 18 日，德江县国土资源局与贵州德江云海房地产开发有限公司（本案简称"云海公司"）签订《国有建设用地使用权出让合同》，在云海公司尚未依照合同缴足土地出让金的情况下违反土地管理法规将土地交付云海公司开发使用，致使云海公司长期拖欠土地出让金本金、利息 2 亿多元，且至今未承担任何违约责任，导致国家利益长期处于遭受损害状态。本案符合行政公益诉讼条件，本院决定立案审查。

德江县人民检察院
二〇一六年二月二十五日

检察建议书

德江县人民检察院
检察建议书

德检民（行）行政违监〔2014〕52222700020 号

德江县国土资源局：

  本院在开展督促起诉专项工作中发现重庆钦正房地产开发有限公司和贵州德江云海房地产开发有限公司欠缴国有土地使用权出让金。

  本院经调查核实，现查明：重庆钦正房地产开发有限公司 2011 年 3 月竞得青龙办事处城南新区 16# 地块、17# 地块 11146.78 平方米国有土地使用权用于商业服务和住宅开发，并与你局签订《成交确认书》。2011年5月18日，贵州德江云海房地产开发有限公司与你局签订《国有建设用地使用权出让合同》，现上述地块由云海房地产开发有限公司实际开发使用。按国有土地使用权出让合同约定，应于2013年2月28日前支付土地使用权出让金28050万元，已缴纳7000万元，尚欠21050万元。

现依据最高人民检察院《检察建议工作规定（试行）》第三条、第五条和《人民检察院民事行政抗诉案件办案规则》第四十八条的规定，向你单位提出如下建议：

严格执行我国《土地管理法》第五十五条"以出让等有偿使用方式取得国有土地使用权的建设单位，按照国务院规定的标准和办法，缴纳土地使用权出让金等土地有偿使用费和其他费用后，方可使用土地"和《城市房地产管理法》第十七条"土地使用者按照出让合同约定支付土地使用权出让金的，市、县人民政府土地管理部门必须按照出让合同约定，提供出让的土地"的规定；对未按照出让合同约定支付土地使用权出让金和未按约定土地用途、动工开发期限开发土地的，按照我国《城市房地产管理法》第十六条、第十八条、第二十六条的规定作出相应处理；对已经使用土地尚欠土地出让金的土地使用权人，依照我国《民事诉讼法》和《合同法》的相关规定提起民事诉讼，按照合同约定追收土地出让金和约定利息，并追究其他民事责任。

请在收到本建议书后十五个工作日内作出处理并将处理结果书面回复本院。

2014年4月3日

贵州省德江县人民检察院
检察建议书

德检民（行）行政违监〔2016〕52222700001号

德江县国土资源局：

本院在工作中发现，在出让德江县青龙镇城南社区宗地编号为16-1、16-2和17-1、17-2的国土地使用权过程中，你局存在违反法律法规和怠于履行职责的行为。

经调查核实，查明：你局2011年3月将德江县青龙镇城南社区宗地编号为16-1、16-2和17-1、17-2的国土地使用权予以挂牌出让，重庆钦正房地产开发有限公司（以下简称"钦正公司"）缴纳2000万元竞买保证金后参加竞买，以 28050 万元报价成交并签订了《成交确认书》，其所交保证金转作国有土地使用权出让定金。事后因钦正公司违反《成交确认书》约定，未在限期内签订《国有建设用地使用权出让合同》。按照我国《合同法》、《土地管理法》、《城镇国有土地使用权出让和转让暂行条例》、《招标拍卖挂牌出让使用权规定》等法律法规的规定和《成交确认书》的约定，其所交定金应当作依法没收上缴财政处理，拟出让宗地应当另行以招标、拍卖、挂牌出让等方式处理。

2011 年 5 月 18 日，你局与并未参加上述宗地出让竞价的贵州德江云海房地产开发有限公司（以下简称"云海公司"）签订了《国有建设用地使用权出让合同》（以下简称"出让合同"），按你局与钦正公司的出让成交价额将上述国有土地使用权出让给云海公司，并将钦正公司所交 2000 万元定金作为云海公司所交地价款处理。在此过程中，你局将钦正公司所交定金作为云海公司所交地价款的行为，以及未经招标、拍卖、挂牌出让程序直接与云海公司签订《出让合同》的行为，均违反法律法规的有关规定。

你局与云海公司签订的《出让合同》第十条约定，受让人分三期支付土地使用权出让价款：2011 年 9 月 30 日前支付 14030 万元，2012 年 6 月 30 日前支付 6000 万元，2013 年 2 月 28 日前支付 8020 万元。该条同时约定，受让人应按照约定的第一期支付出让价款期间中国人民银行公布的贷款利率向出让人支付第二期及以后各期出让价款的相应利息。但云海公司自《签订出让合同》至今，并未依照合同履行缴付土地出让价款的义务，该公司仅于 2012 年 7 月 30 日缴纳 5000 万元、2013 年 12 月 15 日缴纳 350 万元，其余土地出让金及相应利息至今未缴纳。根据财政部、国土资源部、中国人民银行印发的《国有土地使用权出让金收支管理办法》第三条第四款"市、县级国土资源管理部门具体负责征收土地出让收入征收工作"、第五条土地出让收入"可由市、县级国土资源管理部门负责具体征收"的规定，你局负有征收土地出让收入征收工作并负责具体征收的职责。

按照我国《土地管理法》第五十五条"以出让等有偿使用方式取得国有土地使用权的建设单位，按照国务院规定的标准和办法，缴纳土地使用权出让金等土地有偿使用费和其他费用后，方可使用土地"和国土资源部《土地登记办法》第十八条"有下列情形之一的，不予登记：（三）未依法足额缴纳土地有偿使用费和其他税费的"、第二十七条"依法以出让方式取得国有建设用地使用权的，当事人应当在付清全部国有土地出让价款后，持国有建设用地使用权出让合同和土地出让价款缴纳凭证等相关证明材料，申请出让国有建设用地使用权初始登记"的规定，应当在云海公司按照《出让合同》约定缴足土地使用权出让价款后，方能办理国有土地使用权登记和按照合同约定的用途使用土地。但你局在云海公司尚未缴足出让价款的情况下，为其办理国有建设用地使用权登记，并将土地交付云海公司开发使用，该行为违反法律规定。

按照我国《城市房地产管理法》第十六条"土地使用者必须按照出让合同约定，支付土地使用权出让金；未按照出让合同约定支付土地使用权出让金的，土地管理部门有权解除合同，并可以请求违约赔偿"的规定和你局与云海公司签订的《出让合同》第三十条"受让人不能按时支付国有土地使用权价款的，自滞纳之日起，每日按迟延支付款项的1‰向出让人缴纳违约金，延期付款超过60日，经催缴后仍不能支付国有建设使用权出让价款的，出让人有权解除合同，受让人无权要求返还定金，出让人并可请求受让人赔偿损失"的约定，在云海公司严重违反合同义务的情况下，你局应当依法追究云海公司的违约责任、或者依法解除合同并请求其赔偿损失。但你局至今既没有依法解除合同，也没有按照《出让合同》第四十条约定依法向德江县人民法院起诉追究其云海公司的违约责任。

综上所述，你局向云海公司出让国有土地的程序违法，将钦正公司所交国有土地出让定金转作云海公司国有土地使用权受让价款的行为违法，在公司国有土地使用权受让价款缴足之前办理国有建设用地使用权登记并将土地交付使用违法，未依法解除合同或者向人民法院起诉追缴土地出让缴款本金、利息并追究云海公司的违约责任属于怠于履行职责，致使国家利益长期受到严重损害。

现根据《人民检察院提起公益诉讼试点工作实施办法》第三十七条、第四十条的规定，提出如下检察建议：

一、自行纠正将钦正公司所交2000万元定金转作云海公司土地出让金的行为，重新核算云海公司尚欠土地出让价款的具体数额，依照合同计算确定云海公司应付利息、违约金数额。

二、在二十个工作日内足额收取云海公司尚欠土地出让价款余额、利息和违约金，并将票据复印送交本院；不能在要求时限内足额收取上述款项或者数额有争议的，立即申请人民法院采取财产保全措施及时向人民法院提起诉讼，将财产保全裁定书和诉讼案件立案决定书送交本院。

三、自行依法纠正本案所涉的违法办理国有土地使用权登记的行为。

四、对照我国《土地管理法》第五十五条和国土资源部《土地登记办法》第十八条、第二十七条的规定，对已经交付使用但至今尚未足额缴纳土地出让金的出让宗地以及已经办理国有建设用地使用权初始登记但至今尚未足额缴纳土地出让金的出让宗地分别进行清理造册，并送交本院。

请在收到后一个月内按上述要求作出处理，并将处理结果书面回复本院。

未在限期内按照上述建议作出处理并回复本院,本院将依照《人民检察院提起公益诉讼试点工作实施办法》第四十一条的规定,依法提起公益诉讼,同时依照该《人民检察院提起公益诉讼试点工作实施办法》第三十四条的规定将本案作为违法犯罪案件线索移送相关部门依法处理。

2016 年 3 月 22 日

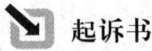 起诉书

贵州省德江县人民检察院
行政公益诉讼起诉书

德检行公诉〔2016〕1 号

公益诉讼人:贵州省德江县人民检察院。

被告:德江县国土资源局,住所地:贵州省德江县青龙街道环西路。法定代表人:陈献国,系该局局长。

诉讼请求:

1. 请求确认被告德江县国土资源局怠于收取云海公司土地出让金的行为违法。

2. 判令被告德江县国土资源局依法履行职责。

事实和理由:

公益诉讼人在履行监督职责中发现,2011 年初,被告对青龙镇城南新区"16-1#、16-2#"和"17-1#、17-2#"号地块国有建设用地使用权进行整体挂牌出让,重庆钦正房地产开发有限公司(以下简称"钦正公司")缴纳 2000 万元竞买保证金后,在现场竞价中以 2.805 亿元的最高现场应价成交,双方签署了《成交确认书》。之后,钦正公司既未付清全部成交价款,也未依约与被告签订《国有建设用地使用权出让合同》。根据《成交确认书约定》,出让人应取消竞得人的竞得资格,保证金不予退还。2011 年 5 月 18 日,被告在未依法重新履行招拍挂出让程序的情况下,按照钦正公司竞拍所得的成交价和出让条件,直接与贵州德江云海房地产开发有限公司(以下简称"云海公司")就前述地块签订了 522227-2011-CR-0001 号《国有建设用地使用权出让合同》(以下简称"出让合同"),并将钦正公司所缴 2000 万元竞买保证金计为云海公司支付的土地出让价款。经查,钦正公司与云海公司无任何法律关系。之后,被告在云海公司未依照《出让合同》约定的期限和数额支付出

让价款及相应利息的情况下，违法将合同项下国有建设用地交付云海公司开发利用。2012 年至 2013 年，被告共违规为云海公司办理了 61145.32m^2（91.7 亩）的国有建设用地使用权登记，并为其颁发土地使用权证书。按照《出让合同》约定涉案土地单价 2516.42 元/m^2 计算，被告为云海公司办理国有建设用地使用权手续的土地面积对应的出让价款为 15386.7306 万元，而云海公司实际仅缴纳土地出让金 5350 万元，尚欠 10036.7306 万元土地出让价款及相应的利息，被告至今未采取有效措施进行追收。

针对云海公司拖欠土地出让金的情况，2016 年 3 月，公益诉讼人向被告发出"德检民（行）行政违监〔2016〕52222700001"号《检察建议书》，要求其依法履行职责。2016 年 3 月 29 日被告回复称，签订《出让合同》及办理土地使用权登记发证系按县政府安排办理，云海公司是钦正公司在德江县设立的新公司，已经向云海公司发出追缴通知书等为由，但仍未依法履行职责。截至 2016 年 12 月 6 日，云海公司仍未缴纳土地出让金，被告亦未采取有效措施追收，国家利益仍处于受侵害状态。

认定上述事实的主要证据如下：（1）德江县人民政府办公室"德府办发〔2014〕230 号"文件印发的《德江县国土资源局职能配置、内设机构和人员编制规定》、德国土资告〔2011〕1 号挂牌出让公告底本及公告报纸等；（2）钦正公司与德江县国土资源局签订《成交确认书》、2011 年 5 月 15 日、7 月 12 日、7 月 28 日催促签订出让合同、缴纳出让价款的函、通知、告知书、2011 年 8 月 20 日《责令国土资源违法行为通知书》等；（3）德江县国土资源局与云海公司签订的 522227-2011-CR-0001 号《国有建设用地使用权出让合同》、云海公司缴纳出让价款票据以及德江县国土资源局于 2014 年 12 月 4 日、2014 年 12 月 4 日发出的缴款通知等；（4）云海公司的工商注册登记档案材料、国家工商行政管理机关在全国企业信用公示系统网站公示的钦正公司登记注册情况；（5）德江县国土资源局为云海公司办理国有土地使用权登记材料及"德国用"〔2012〕第 402 号、第 404 号、"德国用"〔2013〕第 739 号、第 740 号、第 741 号土地使用权证书及已经注销的"德国用"〔2012〕第 403 号土地使用权证书等；（6）已建成建筑物国有土地面积统计表及规划图、土地使用现状图等证据。

公益诉讼人认为，被告在国有建设用地使用权出让过程中，违反法定程序与云海公司签订《出让合同》，且在云海公司未按约定足额缴纳土地出让价款的情况下，为其办理国有建设用地使用权登记，且怠于追缴云海公司所欠的土地出让金、利息并追究受让人违约责任。根据《出让合同》约定及《中华人民共和国土地管理法》第五十五条第一款、《中华人民共和国城镇国有土地使用权出让和转让暂行条例》第十四条、中华人民共和国国土资源部《招标拍卖挂牌出让国有建设用地使用权规定》第二条第四款、第四条、第二十条第一款、第三款、第二十三条、《国有土地使用权出让收支管理办法》第三条第四款、第五条等规定,被告在经检察机关督促依法履职后,仍怠于履行职责,使国家利益持续受到侵害。现根据全国人民代表大会常务委员会《关于授权最高人民检察院在部分地区开展公益诉讼试点工作的规定》和《人民检察院提起公益诉讼试点工作实施办法》第四十一条的规定及贵州省铜仁市中级人民法院《关于推行行政案件相对集中管辖改革工作的实施方案》,向你院提起诉讼,请依法裁判。

此致

贵州省思南县人民法院

2016 年 12 月 6 日

附:1. 检察卷宗四册。
2. 行政公益诉讼起诉书副本 5 份。

出庭预案

德江县人民检察院诉德江县
国土资源局违法行使职权案出庭预案

一、出庭人员的组成及分工(略)

二、证据和法律、法规、规范性文件的出示,以及示证顺序及证据论证

审判长,为便于合议庭查明案情,准确认定案件事实,确认本案所诉被告行为的违法性,公益诉讼人现将本案证据和相关法律、法规、规范性文件一并分组出示,请合议庭组织质证和认证。

(一)第一组,证明本院公益诉讼人主体资格

1. 全国人民代表大会常务委员会《关于授权最高人民检察院在部分地区开展公益诉讼试点工作的决定》(单独出示)、最高人民检察院《检察机关提起公益诉讼试点方案》(单独出示)。

证明:确定贵州省为公益诉讼试点省份,贵州省人民检察院为公益诉讼试点单位的事实。

2. 贵州省人民检察院文件"黔发民字〔2016〕36 号"对铜仁市人民检察

院《关于提请批准德江县人民检察院拟对德江县国土资源局提起行政公益诉讼案件的请示》的批复（卷一 P_{1-2}）

证明：贵州省人民检察院同意将该案向人民法院提起行政公益诉讼的事实。

小结：以上证据证明最高人民检察院经全国人民代表大会常务委员会授权，在部分省份开展公益诉讼试点工作，贵州省作为试点省份之一，本院提起公益诉讼经过贵州省人民检察院批复同意，本院作为公益诉讼人主体适格。

（二）第二组，证明被告主体适格

1. 德江县国土资源局的《统一信用代码证书》（卷二 P_2）

证明：被告是依法设立的机关法人，具有在德江县行政区划内行使法定职权和依法承担法律责任的能力。

证明：被告是德江县人民政府土地管理行政部门，享有正确行使本案所诉行为的权力和职责。

2. 德江县人民政府办公室文件"德府办发〔2014〕230号"《关于印发德江县国土资源局职能配置、内设机构和人员编制规定的通知》（卷二 P_{3-14}）

小结：以上证据证明：德江县国土资源局是德江县行政区划内是依法设立的县级人民政府土地管理机关，在本行政区域内依法行使土地管理、国有建设用地使用权出让等权力，是本案的适格被告。

（三）第三组，证明被告在出让德江县城南新区16号、17号国有建设用地使用权后怠于履行法定职责的事实

为了便于合议庭认定事实，本组证据分为以下几个部分出示：

1. 编号为522227-2011-CR-0001号的《国有建设用地使用权出让合同》（卷二 P_{97-110}）

证明：德江县国土资源局局长于洋代表该局，与贵州云海房地产开发有限公司法定代表人龚志勇签订出让合同，将案涉宗地以2.805亿元价额出让给贵州云海房地产开发有限公司。其中：（1）合同第十条对"地价款的缴纳、利息计算方式"的约定：出让价款分三期缴纳，第一期2011年9月30日前支付14030万元，第二期2012年6月30日前支付6000万元，第三期2013年2月28日前支付8020万元，支付第二期、第三期价款的同时，按照央行公布的贷款利率、第一期付款日起算利息；（2）合同第三十条对"迟延付款的违约责任"的约定：受让人迟延付款的，每日按照迟延付款数额的1‰向出让人缴纳违约金；（3）合同第三十九条、第四十条对"争议解决方式与法律适用"的约定，因履行本合同发生争议后使用我国法律协商解决，协商不成的向人民法院起诉。

2. 云海公司缴纳出让价款票据：2012 年 7 月 3 日缴款票据 6 张（卷二 $P_{112-114}$）、2013 年 12 月 18 日缴款 350 万元票据 1 张（卷二 P_{117}）。

证明：云海公司自 2011 年 5 月 18 日签订合同之后，至 2013 年 12 月 18 日合计缴纳地价款 5350 万元，尚不足原合同约定的第一期 2011 年 9 月 30 日前支付 14030 万元价款的事实，仅占第一期应缴价款的 38%，尚欠土地出让价款 2.27 亿元的事实。

3. "德检民（行）行政违监〔2014〕52222700020 号"《检察建议书》、送达回证及德江县国土资源局"德国土资呈〔2014〕201 号"《关于对德江县人民检察院检察建议书的回复》（卷一 P_{4-8}），"德检民（行）行政违监〔2016〕52222700001 号"《检察建议书》、送达回证及德江县国土资源局"德国土资呈〔2016〕15 号"《关于对德江县人民检察院检察建议书的回复》（卷一 P_{9-15}）。

证明：公益诉讼人发现云海公司拖欠巨额土地出让价款 2.27 亿元，而被告德江县国土资源局怠于履职，未采取有效措施及依法追缴欠款之后，向先后两次向被告发出检察建议，督促其依法履行职责。但被告收到检察建议后，以种种理由搪塞，未依法履行职责。

4. "德国用〔2012〕第 0402.0403.0404 号"国有建用地使用权证书（卷三 $P_{348-349}$）、"德国用〔2013〕第 0739 号"国有建设用地使用权证书地籍档案（卷三 $P_{195-232}$，包含用地登记申请书、欠缴出让地价款的欠条、地籍调查表、登记审批表等）以及"德国用〔2013〕第 0740 号、0741 号"国有建设用地使用权证书地籍档案（卷三 $P_{233-329}$）

证明：2012 年至 2013 年间，被告为受让人登记发证 91.72 亩。详情如下：

（1）被告于 2012 年 8 月为受让人办理 41.7 亩国有建设用地使用权登记发证。其中，"德国用〔2012〕0402 号"土地证 11.53 亩（16 号地块 B7.B8 建筑物用地）、"德国用〔2012〕0403 号"土地证 6.4 亩（17 号地块 C1.C2 建筑物用地）、"德国用〔2012〕0404 号"土地证 23.79 亩（B2.B3 建筑物用地）。

（2）被告于 2013 年 12 月 18 日办理整个 17 号地（即 C 区）50 亩土地的"德国用〔2013〕第 0739 号"土地证。同时，将 C 区中已经办理"德国用〔2012〕0403 号"土地证的 6.4 亩（C1.C2 建筑物用地）换到 16 号地块分割办理"德国用〔2013〕第 0741.0740 号"土地证，然后注销"德国用〔2012〕0403 号"土地证。

5. 案涉合同项下土地已建成建筑物国有土地面积统计表及规划图、土地使用现状图：玉龙湖单体建筑基本情况表（卷四 P$_{330-331}$）、土地建筑规划图及已建建筑物实际占地图（卷四 P$_{332-337}$）、云海公司使用土地情况现状图（统计表见卷四 P$_{338}$）原图单列。

证明：受让人已经实际使用土地47.08亩。其中：16号地块建有玉龙湖A区10栋建筑、B区9栋建筑、C区5栋建筑（均含地下车库）。另在红线外临时建筑占地14.01亩。

 判决书

贵州省思南县人民法院
行政判决书

〔2016〕黔0624行初106号

公益诉讼人：贵州省德江县人民检察院（以下简称德江县检察院）。
法定代表人：陈毓瑞，德江县检察院检察长。
委托代理人（特别授权）：杨飞，德江县检察院副检察长。
委托代理人（特别授权）：李先赋，德江县检察院检委会专职委员、民事行政检察科科长。
被告：德江县国土资源局。
法定代表人：陈献国，局长。
委托代理人（一般授权）：田霞光，贵州毅力律师事务所律师。
第三人：贵州德江云海房地产开发有限公司（以下简称云海公司）。
法定代表人：龚志勇，云海公司董事长。
第三人：重庆市钦正房地产开发有限公司（以下简称钦正公司）。
法定代表人：叶元明，钦正公司董事长。

公益诉讼人德江县检察院认为被告德江县国土资源局不履行法定职责一案，2016年12月9日向本院提起行政公益诉讼。本院同日立案后，依法向被告德江县国土资源局送达了起诉状副本、应诉通知书等相关诉讼材料。因云海公司及钦正公司与本案被诉行政行为有法律上的利害关系，本院依法通知云海公司、钦正公司为第三人参加诉讼，且向其送达了起诉状副本、应诉通知书等相关诉讼材料。本院依法组成合议庭，于2017年5月12日在德江县人民法院第一审判庭公开开庭审理了本案。公益诉讼人德江县检察院委托代理人杨飞、李先赋，被告德江县国土资源局局长陈献国及委托代理人田霞光，第三人云海

公司董事长龚志勇到庭参加诉讼，第三人钦正公司经依法传唤未到庭。本案现已审理终结。

公益诉讼人德江县检察院分别于 2014 年 4 月 3 日、2016 年 3 月 22 日向被告德江县国土资源局发出检察建议，要求被告德江县国土资源局足额收取德江县青龙镇城南新区"16 - 1、16 - 2"和"17 - 1、17 - 2"号地块国有建设用地使用权出让价款。被告德江县国土资源局在公益诉讼人德江县检察院提起行政公益诉讼之前未足额收取入库。

公益诉讼人德江县检察院诉称，2011 年初，被告德江县国土资源局对德江县青龙镇城南新区"16 - 1、16 - 2"和"17 - 1、17 - 2"号地块国有建设用地使用权进行整体挂牌出让，第三人钦正公司缴纳 2000 万元竞买保证金后，在现场竞价中以 2.805 亿元的最高现场应价成交，双方签署了《成交确认书》。钦正公司既未付清全部成交价款，也未依约与被告德江县国土资源局签订《国有建设用地使用权出让合同》。根据《成交确认书》约定，出让人应取消竞得人的竞得资格，保证金不予退还。2011 年 5 月 18 日，被告德江县国土资源局在未依法重新履行招拍挂出让程序的情况下，按照钦正公司竞拍所得的成交价和出让条件，直接与第三人云海公司就前述地块签订了 522227 - 2011 - CR - 0001 号《国有建设用地使用权出让合同》（以下简称《出让合同》），并将钦正公司所缴 2000 万元竞买保证金计为云海公司支付的土地出让价款。经查，钦正公司与云海公司无任何法律关系。后被告德江县国土资源局在未依照《出让合同》约定的期限和数额支付出让价款及相应利息的情况下，违法将合同项下国有建设用地交付云海公司开发利用。2012 年至 2013 年，被告德江县国土资源局共违规为云海公司办理了 $61145.32 m^2$（91.7 亩）的国有建设用地使用权登记，并为云海公司颁发土地使用权证书。按照《出让合同》约定涉案上地单价 2516.42 元/m^2 计算，被告德江县国土资源局为云海公司办理国有建设用地使用权手续的土地面积对应的出让价款为 15386.7306 万元，而云海公司实际仅缴纳土地出让价款 5350 万元，尚欠 10036.7306 万元土地出让价款及利息，被告德江县国土资源局至今未采取有效措施进行追收。针对云海公司拖欠土地出让价款的情况，2016 年 3 月，公益诉讼人向被告德江县国土资源局发出"德检民（行）行政违监〔2016〕52222700001"号《检察建议书》，要求其依法履行职责。2016 年 3 月 29 日被告回复称，签订《出让合同》及办理土地使用权登记发证系按县政府安排办理，云海公司是钦正公司在德江县设立的新公司，已经向云海公司发出收取通知书等为由，仍未依法履行职责。截至 2016 年 12 月 6 日，云海公司仍未缴纳土地出让价款，被告亦未采取有效措施追收，国家利益仍处于受侵害状态。公益诉讼人请求：(1) 确认被告德江县国土资源局怠于收取云海公司土地出让价款的行为违法；（2）判令被告德江县国土资源局依法履行职责。

公益诉讼人德江县检察院向本院提供了七组证据、依据。

第一组，证明本案公益诉讼人和被告主体资格：（1）全国人民代表大会常务委员会《关于授权最高人民检察院在部分地区开展公益诉讼试点工作的决定》、最高人民检察院《检察机关提起公益诉讼试点方案》、贵州省人民检察院文件"黔发民字〔2016〕36号"对铜仁市人民检察院《关于提请批准德江县人民检察院拟对德江县国土资源局提起行政公益诉讼案件的请示》的批复，旨证经全国人民代表大会常务委员会授权，最高人民检察院在部分省份开展公益诉讼试点工作，贵州省作为试点省份之一，德江县检察院提起公益诉讼经过贵州省人民检察院批复同意，作为公益诉讼人主体适格；（2）德江县国土资源局的《统一信用代码证书》、德江县人民政府办公室文件"德府办发〔2014〕230号"《关于印发德江县国土资源局职能配置、内设机构和人员编制规定的通知》，旨证德江县国土资源局是德江县行政区划内依法设立的县级人民政府土地管理机关，在本行政区域内依法行使土地管理、国有建设用地使用权出让的权力和职责，是本案的适格被告。

第二组，证明被告德江县国土资源局涉案土地使用权依法挂牌出让的情况：（1）土地勘测定界技术说明、"德规设条字020号"《规划设计条件通知书》、"德规设条字021号"《规划设计条件通知书》、"德国土资告〔2011〕1号"出让公告底本及刊载公告报纸，旨证本案涉及的由被告通过挂牌公告公开挂牌出让的城南新区16号、17号地块的具体位置、出让面积、规划设计条件等。其中，两块土地的高限容积率均为3.5，高限建筑密度均为32%，绿地率均为35%，相对高程均为地下6米至地上80米；两块土地出让面积111467.8平方米（167.2亩）；（2）竞买号牌登记表、现场竞价登记表、现场应价记录、钦正公司参加城南新区16号、17号地块国有建设用地使用权竞买的申请资料、德江县国土资源局与钦正公司签订的《成交确认书》，旨证案涉宗地出让过程中，共有钦正公司等四家企业和四个个人共8个主体参加挂牌应价，其中钦正公司法定代表人叶元明委托韩琼报名缴纳2000万元竞买保证金参加，2011年3月1日挂牌程序转现场竞价后，钦正公司以2.805亿元现场最高应价成交，成交当日被告与钦正公司签订《成交确认书》，约定自签订成交确认书后，竞得人保证于2011年3月4日前签订出让合同并按合同约定付清全部成交价款，否则视为违约，出让人将取消对方竞得资格，履约保证金不予退还；（3）被告2011年6月11日"德国土资呈〔2011〕156号"文件《关于城南五星级宾馆用地有关情况的报告》、2011年6月29日《关于城南五星级宾馆项目用地有关情况的说明》、2011年7月27日"德国土资呈〔2011〕215号"文件《关于城南五星级宾馆用地有关情况的再次报告》，旨证被告就钦正公司拒不按照《成交确认书》的约定签订出让合同的情况和"取消竞得资格"、"不予退还该公司的2000万保证金"处理方式，多次向县政府等机关报告，说明对钦正公司拒签合同的正确处理方式，被告是清楚的。

第三组，证明被告与云海公司签订《国有建设用地出让合同》的情况、合同签订后调整土地容积率以及应当追加出让价款的事实：（1）编号为522227-2011-CR-0001号的《国有建设用地使用权出让合同》，旨证合同的具体内容；（2）县政府"德府呈〔2011〕46号"文件《关于对德江县城南新区"勇创多维""玉龙湖、天骄逸郡（云海大酒店）"项目规划指标调整的报告》、县人大常委会"德人常发〔2011〕7号"文件《关于同意调整城南新区"勇创多维""玉龙湖、天骄逸郡（云海大酒店）"项目规划指标的决议》和县政府规划办"德规设条字2011031号"《规划设计条件通知书》，旨证案涉地块容积率由原先的3.5调整为4.59；建筑密度、绿地率、建筑限高均调整为100米。16号地块商业建筑面积由74719平方米调整为41723平方米，住宅建筑面积198250平方米调整为316912平方米；17号地块商业建筑面积由（宾馆面积70000平方米+8534平方米）调整为14627平方米，住宅面积37643平方米调整为138376平方米。按照新规划，商业建筑面积规划减少96903平方米，住宅面积增加219404平方米，实际净增建筑面积122501平方米；（3）"德国土资呈〔2014〕216号"《关于德江云海房地产开发有限公司修建云海大酒店及玉龙湖房开项目建设占用土地有关问题的请示》，旨证被告已经测算出云海公司受让宗地容积率调整后，应当追加的出让款8732.46万元。但被告没有正式通知云海公司缴纳。

第四组，证明检察机关发出检察建议书督促被告纠正违法行为，依法履行法定职责，被告仍怠于履职，拒不纠其正违法行为：（1）"德检民（行）行政违监〔2014〕52222700020号"《检察建议书》、送达回证及德江县国土资源局"德国土资呈〔2014〕201号"《关于对德江县人民检察院检察建议书的回复》，旨证公益诉讼人发现云海公司拖欠巨额土地出让价款2.27亿元，而被告德江县国土资源局怠于履职，未采取有效措施依法收取欠款之后，向被告发出检察建议，督促其依法履行职责。但被告收到检察建议后，以种种理由搪塞，未依法履行职责，没有将云海公司所欠出让款及相应的利息收取入库；（2）"德检民（行）行政违监〔2016〕52222700001号"《检察建议书》、送达回证及德江县国土资源局"德国土资呈〔2016〕15号"《关于对德江县人民检察院检察建议书的回复》，旨证2016年3月，公益诉讼人再次向德江县国土资源局发出检察建议，要求其自行纠正将钦正公司所缴 2000 万元定金转作云海公司出让价款的错误行为，重新核算确定并足额收取云海公司所欠出让价款、利息，或者采取保全措施后就合同履行争议及时向人民法院提起诉讼，同时依法追究云海公司的违约责任。但德江县国土资源局收到检察建议后，以云海公司是钦正公司在德江成立的新公司，钦正公司未按照《成交确认书》约定的时限签订出让合同而由云海公司延迟签订出让合同是县政府安排等借口，拒不纠正违法行为，拒不履行职责。

第五组，证明钦正公司和云海公司各自的工商注册登记情况，证明二者之间没有任何法律关系：（1）国家工商行政管理总局全国"企业信用公示系统"公布的钦正公司企业登记注册信息、钦正公司在重庆市工商行政管理局注册、变更的登记情况材料一册，旨证钦正公司成立于 2006 年 9 月 11 日，公司性质为有限责任公司，该公司 2011 年 2 月下旬报名参加案涉宗地出竞价时，其注册资金 800 万元，有股东两人。其中股东叶元明出资 8 万元占出资额的 1%，任执行董事、法定代表人；蔡王锦出资 792 万元占出资额的 99%，任监事；（2）云海公司在德江县工商局的注册、变更登记档案资料（包括设立登记申请书、登记审核表、公司章程、股东身份证明、验资报告等），旨证云海公司系 2010 年 11 月由龚志勇、苏开学、张光阳三个自然人股东出资设立，性质为有限责任公司，注册资金为 2000 万元。其中龚志勇出资 1% 计 20 万元担任董事长，苏开学、张光阳各出资 990 万元，共占出资 99%。公司原名贵州德立房地产开发实业有限公司，后变更为现名。

第六组，证明被告为云海公司办理土地使用权登记情况及案涉土地实际使用情况：（1）16 号地块 B2、B3、B7、B8 地块和 17 号地块 C1、C2 地籍档案三册（包括土地登记申请书、土地登记审批表、地籍调查表、原始合同等）、"德国用〔2012〕第 0402、0403、0404 号"国有建设用地使用权证书，旨证被告于 2012 年 8 月为云海公司办理 41.7 亩国有建设用地使用权登记，并制发了"德国用〔2012〕第 0402、0403、0404 号"国有建设用地使用权证书 3 本；（2）"德国用〔2013〕第 0739 号"国有建设用地使用权证书地籍档案（包含用地登记申请书、欠缴出让地价款的欠条、地籍调查表、登记审批表等）、"德国用〔2013〕"第 0740 号、0741 号国有建设用地使用权证书地籍档案，旨证被告于 2013 年 12 月 18 日注销 17 号地块 C1、C2 建筑物用地 6.4 亩的"德国用〔2012〕"第 0403 号使用权证书后，办理了 17 号地块总共 50 亩土地的使用权登记，并制发了"德国用〔2013〕"第 0739 号使用权证书。同时将"德国用〔2012〕"第 0403 号使用权证中的 6.4 亩面积换到 16 号地块中，分割成两块办理使用权登记并制发"德国用〔2013〕"第 0741、0740 号"地使用权证书；(3) 玉龙湖单体建筑基本情况表、案涉合同项下土地建筑规划图及已建建筑物实际占地图、云海公司使用土地情况现状图，旨证云海公司违反《土地管理法》第五十五条、《城市房地产管理法》第十七条"先缴费，后用地"的规定，违法使用土地，被告未尽监管职责。

第七组，证明云海公司违约情况：云海公司缴纳出让价款票据，具体是2012年7月3日缴款票据6张、2013年12月18日缴款350万元票据1张，旨证云海公司自2011年5月18日签订合同之后，没有按照合同约定在2011年9月30日前缴纳第一期出让款14030万元；没有按照约定于2012年6月30日前支付第二期价款6000万元，而是迟延至2012年7月30日缴纳5000万元，该期价款欠款额1000万元；也没有按照约定于2013年2月28日前支付第三期价款8020万元，而是迟延至2013年12月18日缴纳350万元，该期价款欠款额7670万元。

被告德江县国土资源局辩称，土地出让合同签订后，云海公司不能按时缴纳土地出让价款，被告德江县国土资源局积极履行职责，先后13次向云海公司下达《缴纳土地出让价款通知书》、6次下达《责令停止国土资源违法行为通知书》、9次向德江县政府请示汇报、1次向德江县委请示汇报、对云海公司下达处罚决定书。德江县政府形成2次会议纪要、德江县委形成3次会议纪要，德江县人大常委会对德江县政府就玉龙湖相关问题予以1次函复。截至2017年5月11日，被告德江县国土资源局已收取土地出让价款共计26859.174658万元，尚有1190.825342万元未收取。被告与云海公司签订《出让合同》，是根据土地挂牌出让方案以及经德江县人民政府同意签订的。按有关企业纳税政策规定，相关税费应当缴纳在公司成立地，为了能将税收上缴在德江县，德江县人民政府要求钦正公司必须在德江县设立新公司，云海公司是钦正公司在德江县开发房地产设立的新公司。被告未向云海公司收取违约金是因为土地出让价款远远高于德江县土地市场出让价格，云海公司在开发过程中出现资金断链，拖欠了巨额工程及民工工资，为维护社会稳定，德江县委、政府同意云海公司缴纳违约金100万元。被告为云海公司办理C区50亩土地的使用证是事实，但是并没有给云海公司，而是交由德江县司法局保管。关于调整容积率补缴土地出让价款的问题，按规定云海公司应缴纳土地出让价款，被告没有收取是因为云海公司对A区、C区没有取得土地使用权，容积率是否增加不清楚，且住建局没有函告被告要求收取土地出让价款。被告德江县国土资源局认为，被告一直在积极履行职责，截至2017年5月11日，尚有土地出让价款1190.825342万元未收取，被告只是没有在工作时间内完成工作任务，而非违法行为，请求人民法院依法判决。

被告德江县国土资源局向本院提交了下列证据、依据：

1. 缴款通知书，旨证被告德江县国土资源局 13 次向云海公司下达催缴通知书；

2. 责令停止国土资源违法行为通知书，旨证被告德江县国土资源局 6 次向云海公司下达责令停止违法行为通知书；

3. 地价款收据 31 张，金额共计 24859.174658 万元：（1）No.05037961 票据一张，金额为 900 万元，（2）No.05037962 票据一张，金额为 900 万元，（3）No.05037959 票据一张，金额为 900 万元，（4）No.05037960 票据一张，金额为 900 万元，（5）No.05037963 票据一张，金额为 900 万元，（6）No.05037964 票据一张，金额为 500 万元，（7）No.9987938 票据一张，金额为 350 万元，（8）No.0103116341 票据一张，金额为 900 万元，（9）No.0103116344 票据一张，金额为 900 万元，（10）No.0103116345 票据一张，金额为 300 万元，（11）No.0103116342 票据一张，金额为 900 万元，（12）No.8157784 票据一张，金额为 500 万元，（13）No.8157785 票据一张，金额为 500 万元，（14）No.8157786 票据一张，金额为 500 万元，（15）No.8157787 票据一张，金额为 500 万元，（16）No.010316395 票据一张，金额为 990 万元，（17）No.010316396 票据一张，金额为 990 万元，（18）No.010316397 票据一张，金额为 990 万元，（19）No.010316398 票据一张，金额为 990 万元，（20）No.010316399 票据一张，金额为 840 万元，（21）No.010316383 票据一张，金额为 900 万元，（22）No.010316384 票据一张，金额为 900 万元，（23）No.010316385 票据一张，金额为 900 万元，（24）No.010316386 票据一张，金额为 500 万元，（25）No.010316387 票据一张，金额为 990 万元，（26）No.010316388 票据一张，金额为 990 万元，（27）No.010316389 票据一张，金额为 990 万元，（28）No.010316390 票据一张，金额为 990 万元，（29）No.010316391 票据一张，金额为 990 万元，（30）No.010316393 票据一张，金额为 990 万元，（31）No.010316394 票据一张，金额为 569.174658 万元，旨证截至 2017 年 5 月 11 日，被告德江县国土资源局已收取土地出让价款共计 268859.174658 万元（含竞买保证金 2000 万元）；

4. 《关于挂牌出让城南新区五星级宾馆有关情况的汇报材料》、"德国土资呈〔2011〕156 号"《关于城南五星级宾馆项目用地有关情况的报告》、"德国土资呈〔2011〕215 号"《关于城南五星级宾馆项目用地有关情况的再次报告》、"德国土资呈〔2012〕199 号"《关于与贵州德江云海房地产开发有限公司签订补充协议及办理土地使用证的请示》、"德国土资呈〔2013〕400 号"《关于解决云海大酒店遗留问题相关事宜的请示》、"德国土资呈〔2014〕215

号"《关于德江云海房地产开发有限公司修建云海大酒店及玉龙湖房开项目建设占用土地有关问题的请示》、"德国土资呈〔2014〕216 号"《关于德江云海房地产开发有限公司修建云海大酒店及玉龙湖房开项目建设占用土地有关问题的请示》、"德国土资呈〔2015〕400 号"《关于德江云海房地产开发有限公司修建云海大酒店及玉龙湖房开项目建设占用土地有关问题的请示》、"德国土资呈〔2015〕401 号"《关于依法诉讼收取土地出让价款有关事项的请示》、"德国土资呈〔2016〕99 号"《关于德江云海房地产开发有限公司修建云海大酒店及玉龙湖房开项目建设占用土地有关问题的请示》,旨证被告德江县国土资源局向德江县人民政府请示 9 次、向德江县委请示 1 次;

5. 德府〔2016〕1 号常务会议纪要、德府〔2016〕47 号常务会议纪要、中共德江县委十一届〔2012〕7 号常委扩大会议纪要、中共德江县委〔2014〕2 号常委专题办公会议纪要、中共德江县委十一届〔2016〕18 号常委会议纪要,旨证德江县人民政府作出 2 次会议纪要、德江县委作出 3 次会议纪要;

6. "德府党组呈〔2016〕34 号"《关于提请审定云海玉龙湖项目遗留问题处理意见的请示》、德人常复〔2016〕6 号德江县人大常委会关于审议《德江县人民政府关于提请审议处理云海玉龙湖项目遗留问题意见的函》的函复,旨证德江县人民政府向德江县委汇报玉龙湖项目遗留问题、德江县人大常委会同意德江县人民政府关于玉龙湖的处理方案;

7. "德国土资监字〔2016〕第 21 号"处罚决定书,,旨证被告德江县国土资源局于 2016 年 11 月 14 日对云海公司作出处罚决定;

8. "德国土资呈〔2014〕201 号"关于德江县人民检察院检察建议书回复、"德国土资呈〔2016〕15 号"关于对检察建议书德检民(行)行政违监〔2016〕52222700001 号的复函,旨证被告德江县国土资源局在接到公益诉讼人检察建议后及时作出回复;

9. 被告德江县国土资源局于 2017 年 5 月 23 日补充提交证据:(1)No.010316415 票据一张,金额为 200.825342 万元,(2)No.010316414 票据一张,金额为 990 万元,旨证被告德江县国土资源局收取了云海公司所欠的最后一笔土地出让价款,至此,已全额收取云海公司土地出让价款 28050 万元。

第三人云海公司未向本院提交答辩状,第三人云海公司在庭审中述称,钦正公司与德江县人民政府签订招商引资合同后,在保证税收不流失的情况下,德江县人民政府要求钦正公司在德江成立一个公司,云海公司是饮正公司在德江县成立的新公司,被告德江县国土资源局与云海公司签订《出让合同》的行为合法,钦正公司的 2000 万元竞买保证金转为云海公司的土地出让价款,没有不合法的地方。虽然土地出让价款 28050 万元存在虚高事实,但被告德江县国土资源局云海公司发出缴款通知书后,第三人云海公司积极缴纳土地出让价款。第三人云海公司未向本院提供证据、依据。

第三人钦正公司未向本提交答辩状,未提交任何证据、依据。

经庭审质证,被告德江县国土资源局对公益诉讼人德江县检察院提供的证据、依据提出如下质证意见:对第一、第二、第三组证据无异议;对第四组1号、2号证据真实性与关联性无异议,证明目的有异议:一是公益诉讼人德江县检察院发出建议书后,被告德江县国土资源局积极对第三人云海公司发出收取土地出让价款通知书以及停止违法行为通知书;二是云海公司是钦正公司在德江县重新成立的新公司,钦正公司缴纳的2000万元竞买保证金应当转为云海公司缴纳的土地出让价款;对第五组证据的真实性与关联性无异议,证明目的有异议:关于钦正公司、云海公司注册、投资股份等信息,被告德江县国土资源局无权查询,与云海公司签订合同,是按照德江县委的会议纪要作出的决策执行的;对第六组1号证据无异议,2号证据的真实性与关联性无异议,证明目的有异议:一是关于办理C区5亩土地使用证,被告德江县国土资源局没有交付给云海公司,而是由德江县司法局保管;二是土地登记办证,被告德江县国土资源局只是登记机关,发证机关是德江县人民政府;3号证据真实性与关联性无异议,证明目的有异议:被告德江县国土资源局没有与第三人云海公司签订交付使用土地确认书,云海公司在施工过程中,被告多次下发停止违法行为通知书;对第七组证据真实性与关联性无异议,证明目的有异议:被告德江县国土资源局是按照德江县委、德江县人民政府的会议纪要作出的行为。

第三人云海公司对公益诉讼人德江县检察院提供的证据、依据提出如下质证意见:对第一、第二、第三组证据无异议;对第四组1号证据无异议,补充说明:被告德江县国土资源局发出缴纳土地出让价款通知书后,第三人积极配合缴纳土地出让价款,2号证据真实性与关联性无异议,证明目的有异议:钦正公司缴纳的2000万元竞买保证金转为云海公司土地出让价款没有不合法的地方;对第五组证据真实性与关联性无异议,证明目的有异议:德江县人民政府与钦正公司签订招商引资合同后,为了保证税收不流失,要求钦正公司在德江县成立一个新的公司,云海公司系钦正公司在德江县成立的新公司;对第六组1号证据无异议,2号证据的真实性与关联性无异议,证明目的有异议:同意被告德江县国土资源局所述的C区5亩土地使用证没有交付给云海公司以及被告德江县国土资源局只是登记机关,发证机关是德江县人民政府的质证意见,3号证据的真实性与关联性无异议,证明目的有异议:同意被告德江县国土资源局所述的被告德江县国土资源局没有与第三人云海公司签订交付使用土地确认书,云海公司在施工过程中,被告多次下发停止违法行为通知书的质证意见；对第七组证据无异议。

公益诉讼人德江县检察院对被告德江县国土资源局提交的证据、依据提出如下质证意见：对1号、2号、3号、4号证据真实性与关联性无异议，达不到证明目的，被告德江县国土资源局怠于履职的行为客观存在，请示报告不能代替被告德江县国土资源局履职；对5号证据真实性无异议，但与本案无关；对6号证据无异议，反而说明被告德江县国土资源局没有正确、全面履行法定职责；对7号、8号证据真实性与关联性无异议，达不到证明目的，不能否认德江县国土资源局怠于履职的违法行为；对2017年5月23日补充提交的9号证据真实性无异议，但认为并非在举证期限提交，也未在庭审过程中提交。

第三人云海公司对被告德江县国土资源局提交的证据、依据无异议。

本院对上述证据认证如下：

对公益诉讼人德江县检察院提供的证据、依据：第三组3号证据证明的内容不在诉讼请求范围内，与本案无关，不予采信；第三组2号、第六组1号、2号证据系德江县人民政府作出的决定以及德江县人民政府报德江县人民代表大会常务委员会审议通过的决定，根据行政案件级别管辖的规定，不属于本院审查范围，不作评判；第一组、第二组、第三组1号、第四组、第五组、第六组3号、第七组证据客观真实，来源合法，与本案具有关联性，予以采信。

对被告德江县国土资源局提交的证据、依据：1号、2号、3号、7号、8号、9号证据客观真实，来源合法，与本案具有关联性，予以采信，4号、5号、6号证据与本案无关，不予采信。

经审理查明，2011年3月1日，被告德江县国土资源局对德江县青龙镇城南新区"16-1、16-2"和"17-1、17-2"号地块国有建设用地使用权进行整体挂牌出让。第三人钦正公司缴纳2000万元竞买保证金后，在现场竞价中以28050万元的最高现场应价成交，与被告德江县国土资源局签署了《成交确认书》。被告德江县国土资源局向钦正公司下达缴款通知书并催促签订国有建设用地使用权出让合同，钦正公司一直未与被告德江县国土资源局签订土地出让合同。2011年5月18日，被告德江县国土资源局经德江县人民政府批准同意以28050万元土地出让价款与第三人云海公司签订了编号为522227-0211-CR-0001号《国有建设用地使用权出让合同》，合同约定钦正公司缴纳的2000万元竞买保证金抵作云海公司土地出让价款。被告德江县国土资源局于2012年7月30日收取云海公司土地出让价款5000万元，2013年12月18日收取云海公司土地出让价款350万元，尚有20700万元土地出让价款未收取入库。针对被告德江县国土资源局未足额收取第三人云海公司土地出让价款，公益诉讼人德江县检察院分别于2014年4月3日、2016年3月22日向被告德江县国土资源局发出《检察建议书》，要求被告德江县国土资源局足额收取土地出让价款。被告德江县国土资源局未足额收取。公益诉讼人德江县检察院于2016年12月9日向本院提起行政公益诉讼，请求确认被告德江县国土资源局怠于收取云海公司土地出让价款的行为违法，并要求被告德江县国土资源局依法履行职责。在本案审理期间，被告德江县国土资源局向云海公司收取土地出让价款共计20700万元。至此，被告德江县国土资源局已足额收取第三人云海公司土地出让价款28050万元。

针对庭审中公益诉讼人德江县检察院和第三人云海公司提出的诉称和述称意见，根据本案的事实和证据，本院认定如下：

1. 关于公益诉讼人德江县检察院提出第三人钦正公司缴纳2000万元竞买保证金不予退还的诉称意见。

经查，第三人钦正公司缴纳2000万元竞买保证金后，于2011年3月1日与被告德江县国土资源局签署了《成交确认书》，《成交确认书》约定："竞得人若不在约定的时间签订《国有建设用地使用权出让合同》和按《国有建设用地使用权出让合同》约定付清全部价款的，视为违约，出让人可取消竞得人的竞得资格，履约保证金不予退还。"钦正公司未依约与被告德江县国土资源局签订《国有建设用地使用权出让合同》，应承担违约责任。故公益诉讼人该项诉称意见理由成立，本院予以支持。

2. 关于公益诉讼人德江县检察院提出被告德江县国土资源局与云海公司签订《国有建设用地使用权出让合同》有效的诉称意见。

经查，被告德江县国土资源局经德江县人民政府批准同意以28050万元土地出让价款与第三人云海公司签订了编号为522227 - 0211 - CR - 0001号《国有建设用地使用权出让合同》，应视为协议出让，符合《最高人民法院关于审理涉及国有土地使用权合同纠纷案件适用法律问题解释》第三条的规定："经市、县人民政府批准同意以协议方式出让的土地使用权，土地使用权出让金低于订立合同时当地政府按照国家规定确定的最低价的，应当认定土地使用权出让合同约定的价格条款无效。当事人请求按照订立合同时的市场评估价格交纳土地使用权出让金的，应予支持……"故公益诉讼人该项诉称意见理由成立，本院予以支持。

3. 关于第三人云海公司提出第三人钦正公司缴纳2000万元竞买保证金应当抵作第三人云海公司土地出让价款的述称意见。

经查，被告德江县国土资源局与第三人云海公司签订的522227 - 0211 - CR - 0001号《国有建设用地使用权出让合同》第九条约定："本合同项下宗地的定金为人民币大写贰仟万元（小写20000000.00元），定金抵作土地出让价款。"故第三人云海公司该项述称意见理由成立,本院予以支持。

4. 关于第三人云海公司提出其以 28050 万元土地出让价款与被告德江县国土资源局签订的编号为 522227-0211-CR-0001 号《国有建设用地使用权出让合同》价格虚高的述称意见。

经查,第三人云海公司未提供证明该宗地价格虚高的证据和依据,且自认合同效力并积极履行合同义务。故第三人云海公司的该项述称意见,本院不予支持。

本院认为,公益诉讼人德江县检察院提起公益诉讼主体适格。被告德江县国土资源局是德江县行政区划内依法设立的县级人民政府土地行政主管部门,在本行政区域内依法行使土地管理、国有建设用地使用权出让的职权和职责,是本案的适格被告。公益诉讼人德江县检察院在被告德江县国土资源局将国有建设用地交付第三人云海公司使用前未足额收取土地出让价款,事后又没有收取到位,对国有土地出让失去监管,使国家利益受到侵害的前提下,为了保护国家利益不受侵害提起行政公益诉讼,目的明确,理由正当。公益诉讼人德江县检察院关于请求确认被告德江县国土资源局怠于收取土地出让价款行为违法的诉讼请求。经查,被告德江县国土资源局在公益诉讼人德江县检察院提起行政公益诉讼之前,只收取第三人云海公司土地出让价款 7350 万元,尚有 20700 万元土地出让价款未收取。《中华人民共和国土地管理法》第五条规定:"国务院土地行政主管部门统一负责全国土地的管理和监督工作。县级以上地方人民政府土地行政主管部门的设置及其职责,由省、自治区、直辖市人民政府根据国务院有关规定确定。"被告德江县国土资源局作为德江县土地行政管理部门,对辖区内土地承担监督管理的职能和职责。被告德江县国土资源局对第三人云海公司尚欠土地出让价款的问题,只是用"报告""请示"代替行政行为,没有采取切实有效措施确保国家利益不受侵害,其怠于收取土地出让价款的行为和事实客观存在。故公益诉讼人德江县检察院该项诉讼请求,理由成立,本院予以支持;公益诉讼人关于请求判令被告德江县国土资源局依法履行法定职责的诉讼请求,经查,被告德江县国土资源局在与第三人云海公司签订出让合同后、公益诉讼人德江县检察院提起行政公益诉讼之前,收取第三人云海公司土地出让价款 7350 万元;在公益诉讼人德江县检察院提起行政公益诉讼后,被告德江县国土资源局收取第三人云海公司土地出让价款 20700 万元。至此,被告德江县国土资源局已全额收取第三人云海公司土地出让价款 28050 万元。故对公益诉讼人德江县检察院该项诉讼请求内容,本院不再作处理。为保护国家利益不受侵害,监督行政机关依法行政,根据《中华人民共和国土地管理法》第五条和《中华人民共和国行政诉讼法》第七十四条第二款第二项,判决如下:

确认被告德江县国土资源局怠于收取第三人贵州德江云海房地产开发有限公司土地出让价款的行政行为违法。

如不服本判决,可在判决书送达之日起十五日内向本院递交上诉状,并按对方当事人的人数提交上诉状副本,上诉于贵州省铜仁市中级人民法院。

审　判　长　任廷文
审　判　员　田茂江
人民陪审员　尹显飞
二〇一七年六月一日
书　记　员　涂　芬

其他领域

▶ 诉前案例

17 浙江省宁波市海曙区人民检察院 督促宁波市通信管理局依法履职案

（其他领域）

一、基本案情

电话推销因成本低，成为房产销售、金融保险等领域常用营销方式，针对不特定的手机用户强行推送各类广告，数量多，频度高，干扰了广大人民群众日常的工作和生活，已成为"骚扰电话"。2018年上半年，宁波市发生120热线被骚扰事件。截至5月下旬，120急救电话累计接到楼盘推销电话1600余个，其中最多一天接到90多个，均为"0574—2"开头的联通电话号码，严重影响宁波市急救中心的正常工作秩序。

二、检察建议

宁波市通信管理局位于浙江省宁波市海曙区人民检察院辖区内，该案由宁波市海曙区人民检察院办理，宁波市海曙区人民检察院于2018年5月作出立案决定，于2018年7月15日向宁波市通信管理局提出检察建议：（1）建议宁波市通信管理局组织力量对当前"骚扰电话"扰民的现实情况、形成原因进行分析研究，采取有效措施对"骚扰电话"扰民行为加以制止；（2）建议宁波市通信管理局向上级主管部门和立法机构提出相应的政策建议，以改进和完善现行的电信业务管理办法。

三、行政机关履职情况

宁波市通信管理局收到检察建议后，第一时间要求运营企业停止涉事呼叫平台的接入，依法约谈宁波联通和相关信息服务企业，就电话骚扰120事件，要求各运营企业举一反三对业务合规性进行自查，对企业经营中涉嫌违规行为向省通信管理局报告。该案引起工信部和省通信管理局高度重视，工信部专门约谈了中国联通浙江省公司和宁波分公司,明确要求浙江省通信管理局依法查处相关违规企业,并给予行政处罚。同时,宁波市通信管理局积极开展综合治理,一是全面组织深入开展电话用户真实身份登记工作,二是督促基础电信企业落实主体责任,严格规范语音专线出租业务,三是强化技术手段建设,建设电信网和互联网诈骗防范系统,并督促电信基础企业健全企业侧相关技术手段建设,及时发现、防范各类有害电话。宁波市通信管理局承诺,将根据国家十三个部位联合行文的《综合整治骚扰电话专项行动方案》以及工信部和省通管局的统一部署,联合相关部门齐抓共管,加强源头治理,规范商家的业务推销行为,共同治理营销扰民乱象。

四、办案指引

管辖

该线索系宁波市海曙区人民检察院在履职中发现。经初查,宁波市通信管理局系电信企业的主管部门,负有相关职责,且宁波市通信管理局位于宁波市海曙区人民检察院辖区内,故由宁波市海曙区人民检察院办理。

立案

2018年4月至5月,宁波市120急救中心被楼盘推销电话呼入后,即向宁波市公安局海曙分局江北区文教派出所报案,宁波市海曙区人民检察院干警在宁波市急救中心调取了呼入记录,向宁波市公安局江北分局文教派出所调取了报案记录,以宁波市通信管理局为对象,做出行政公益诉讼立案决定。

诉前程序

1. 本案调查的重点

(1) 电信运营商对相关群呼企业的行为采取放任的态度。即电信运营商与群呼企业之间存在利益关系,主要是通过电信运营商、群呼企业、宁波市急救中心、宁波市住建委、宁波市电视台等调取证据固定。

(2) 行政机关负有的监管职责,但未依法履职。根据《中华人民共和国电信条例》和《电信服务质量监督管理暂行办法》的相关规定,通信管理局作为信息通信业务的主管部门,依法应当对电信和互联网等信息通信服务实行监管,其不仅应当依照上级部门的规定监督管理本区域内的电信经营活动,同时也负有研究电信业务发展中出现的新问题并提出相应对策的职责,但未履行职责。上述事实主要通过查找相关法律规范,并将法律法规与宁波市通信管理局的履职行为向对照。本案中,宁波市通信管理局在发现120急救热线被呼入的情况下,未将"骚扰电话"扰民等行为列入考量范围,未对相关电信企业进行约谈。

(3)对国家和社会公共利益的侵害。本案中,骚扰电话侵害社会公共利益的是无形的,而且针对的也是不特定的社会公众,因此,通过委托第三方统计机构,向社会公众,以及人大代表、政协委员发放调查问卷的方式来确认。

2. 本案如何针对调查重点开展调查

(1)就骚扰电话产生的过程以及利益链问题,一是走访通信管理局,弄清楚号段的具体来源、分配、使用等过程,确认骚扰电话并非法律概念,不存在规制的法律依据等,二是走访宁波市反诈中心,厘清诈骗电话和骚扰电话的区别,确认骚扰电话不在反诈中心的业务范围内,三是走访电信运营商,确认电信运营商对广告推销等骚扰电话并不存在专门的投诉处理程序,四是从相关群呼企业购买群呼设备并使用,利用视频固定使用过程,五是从宁波市电视台调取录音录像资料,掌握相关群呼企业与电信运营商之间的合作关系。

(2)监管部门的履职情况调查。关于骚扰电话扰民问题,宁波市人大代表曾经有过专门的提案,且宁波市通信管理局也已经知晓,在120急救热线被呼入后,宁波市通信管理局也未约谈相关电信企业,且拒绝新闻媒体采访。

3. 本案审查的关键问题

"骚扰电话"不是一个法律概念,如何界定骚扰电话,以及如何确认骚扰电话确实侵害了不特定公众的利益是本案的关键。为查清广告推销电话对社会公众的影响,委托宁波市鄞州正明统计事务所,开展了《宁波市居民受广告推销电话影响情况》专项社会调查,调查结果显示,高达95.7%的居民认为广告推销电话已成"骚扰电话";95.1%的居民认为广告推销电话侵犯了公众利益。同时,面向宁波市海曙区220名人大代表和政协委员的实名问卷调查结果也显示,代表委员均认为广告推销电话严重影响公众的日常生活和工作,侵害了广大手机用户合法权益,侵害了社会公共利益,相关行政职能部门应对此予以约束和监管。

跟进调查

为有效掌握检察建议发出后,广告推销电话的治理情况,2018年10月,宁波市海曙区人民检察院又委托第三方统计机构,开展了宁波市居民对广告推销电话改善情况的调查。调查采用流动街访、网络调查和电话回访三者相结合，对宁波市大市范围内的哥哥生活居住区和商业广场去的居民开展随机访问调查。本次调查总样本量为 1800 个，其中流动街访 500 个，网络调查 1000 个，电话回访 300 个。最终收集有效问卷 1821 份。调查显示，超过五成的居民知道宁波市海曙区人民检察院正在治理广告推销电话，广告推销电话的治理得到了大部分人的肯定，近八成的居民表示 2 和 5 开头的固定电话已明显减少，但认为手机号码广告推销仍是顽疾，并且个人信息泄露是广告推销电话屡禁不止的主因，绝大部分居民表示希望运营商担负起相应的责任，希望政府机关完善相关立法和加大惩治力度。

五、办案效果

2018 年 7 月 15 日，宁波市通信管理局街道宁波市海曙区人民检察院发出检察建议之后，7 月 30 日，浙江省和宁波市通信管理局，以及移动、联通、电信三大运营商宁波分公司负责人到检察院就检察建议作了回复，承诺将进一步加强电信业务和通信资源管理，加强"骚扰电话"预警、监测、识别和拦截，同时联合市相关部门齐抓共管，加强源头治理，规范商家的业务推销行为，共同整治营销扰民乱象。检察长基于对广告推销电话运营全过程的深入透彻了解，向三大运营商提出了落实号码实名制、群众投诉登记、反向跟踪及黑名单等有针对性的专业改进建议，获得通信管理部门和三大电信运营商的一致认可。

六、依据指引

1. 《中华人民共和国电信条例》

第三条（第二款） 省、自治区、直辖市电信管理机构在国务院信息产业主管部门的领导下，依照本条例的规定对本行政区域内的电信业实施监督管理。

第四条（第二款） 电信业务经营者应当依法经营，遵守商业道德，接受依法实施的监督检查。

第五条 电信业务经营者应当为电信用户提供迅速、准确、安全、方便和价格合理的电信服务。

2. 《电信服务质量监督管理暂行办法》（中华人民共和国信息产业部令第 6 号）

第五条 电信服务质量监督管理的任务是对电信业务经营者提供的电信服务质量实施管理和监督检查，监督电信服务标准的执行情况，依法对侵犯用户合法利益的行为进行处罚，总结和推广先进、科学的电信服务质量管理经验。

第六条 电信管理机构服务质量监督的职责是：
（一）制定颁布电信服务质量有关标准、管理办法并监督实施；
（二）不知用户对电信服务质量进行评价，实时掌握服务动态；
（三）纠正和查处电信服务中的质量问题，并对处理决定的执行情况进行监督，实施对违规电信业务经营者的处罚，对重大的质量事故进行调查、了解，并向社会公布重大服务质量事件的处理过程和结果；
（四）表彰和鼓励电信服务工作中用户满意的现金典型；
（五）对电信业务经营者执行资费政策标准情况、格式条款内容进行监督；
（六）负责组织对有关服务质量事件的调查和争议的调解。
第十三条 电信管理机构有权要求并督促电信业务经营者采取有效措施，保证所提供的服务质量得以持续改进。

七、文书指引

 立案决定书

浙江省宁波市海曙区人民检察院
立案决定书

甬海检行公〔2018〕01号

本院在履行职责过程中发现宁波市急救中心120热线受广告推销电话骚扰，可能损害社会公共利益，根据《中华人民共和国行政诉讼法》第二十五条第四款的规定，决定立案审查。

2018年5月25日

 检察建议书

浙江省宁波市海曙区人民检察院
检察建议书

甬检行公建〔2018〕01号

宁波市通信管理局：
本院在履行职责过程中发现，现阶段各种广告推销电话泛滥，影响人民群众的日常工作和生活，本院依法进行了调查，现查明：

自今年4月份以来，有楼盘推销电话频繁拨入"120"，至5月下旬，宁波市急救中心"120"急救电话已累计接到楼盘推销电话1600余个，其中最多一天接到90多个，已严重影响宁波市急救中心的正常工作秩序。经查，上述楼盘推销电话系宁波市部分房地产开发企业通过销售公司利用专用的群呼设备，随机地、不间断地拨打，以达到广告营销的目的。此外，在宁波市场尚有无需实名登记的电话卡出售。

据工信部官网公布的数据显示，截至2018年5月全国手机用户总数达到14.96亿户，手机已成为人们日常生活和工作的必备通信工具。"广告推销电话"针对不特定的手机用户进行拨打，强行推送各类广告，主要集中于房产销售、教育培训、投资理财、金融保险等领域，受害人数多，影响范围广。

另据第三方调查，目前我市居民的正常生活和工作都深受"广告推销电话"困扰，有92.8%的受调查者要求相关行政职能部门对此予以约束和监管。海曙区全体人大代表、部分政协委员以其人大代表和政协委员的身份表示，"广告推销电话"严重影响公众的日常生活和工作，已成"骚扰电话"，侵害了广大手机用户合法权益，侵害了社会公共利益，强烈呼吁相关行政职能部门对此予以约束和监管。

本院认为，"广告推销电话"针对不特定的手机用户进行拨打，强行推送各类广告，且已呈泛滥之势，对公众日常生活和工作造成了不可忽视的影响，甚至扰乱了"120"急救电话的工作秩序，可认定为"骚扰电话"扰民行为，严重侵害了社会公共利益。"骚扰电话"扰民系电信业务发展过程中出现的新情况，系科技发展带来的负面影响，你局作为宁波市信息通信业务的主管部门，应当对此新情况、新问题进行研究，向上级主管部门提出政策建议，制定和改进相关的管理办法，但你局对当前"骚扰电话"扰民的现实情况未采取监管措施，电话实名登记制也未完全落实，对广大电信用户的合法权益及社会公共利益保护不力。

根据《中华人民共和国电信条例》第三条第二款、第四条第二款、第五条、《电信服务质量监督管理暂行办法》（中华人民共和国信息产业部令第6号）第三条、第五条、第六条、第十三条的规定，你局应当依法对宁波市电信和互联网等信息通信服务实行监管，不仅应当依照上级部门的规定监督管理本区域内的电信经营活动，同时也负有研究电信业务发展中出现的新问题并提出相应对策的职责，应当对当前"骚扰电话"扰民的现实情况、形成原因进行分析研究，并有针对性地提出政策建议，组织三大基础电信企业采取切实有效的措施，对本区域内的"骚扰电话"扰民行为加以必要的约束。

为促进宁波市电信事业健康、有序地发展，维护电信用户的合法权益，规范电信市场的正常秩序，保障国家利益和社会公共利益不受侵害，根据《中华人民共和国行政诉讼法》第二十五条第四款之规定，向你局提出如下检察建议：

一、组织力量对当前"骚扰电话"扰民的现实情况、形成原因进行分析研究，采取有效措施对"骚扰电话"扰民行为加以制止；

二、向上级主管部门和立法机构提出相应的政策建议，以改进和完善现行的电信业务管理办法。

请在收到本建议书后，及时予以落实，并将相关情况于两个月内函复本院。

2018 年 7 月 10 日

 行政机关回函

宁波市通信管理局关于宁波市海曙区人民检察院检察建议书的回函

宁波市海曙区人名检察院：

收到贵院检察建议书后，我局高度重视，组织了专题研究，同时向省通信管理局报告，工信部也高度重视并提出明确要求，现将相关情况函复如下：

一、关于宁波有楼盘推销电话频繁拨入宁波"120"问题的处理

发现情况后，我局在第一时间要求运营企业停止涉事呼叫平台的接入，汇通宁波市住房和城乡建设会员会依法展开调查，依法约谈宁波联通和相关信息服务企业，就电话骚扰"120"时间，要求各运营企业举一反三对业务合规性进行自查；对涉事呼叫平台疑遭黑客攻击的情况要求企业向公安机关报警；对企业经营中涉嫌违规行为向省通行管理局报告；对调查发现的涉事房地产企业先关信息及时通报了市住建委。

工信部和省通信管理局高度重视，工信部专门约谈了中国联通浙江省公司和宁波分公司，明确要求浙江省通信管理局依法查处，省通信管理局进一步约谈了联通公司及两家涉事信息服务企业，对宁波联通公司、北京恒大天创科技有限公司、宁波梦飞通信设备有限公司涉嫌违规行为立案调查、在查证事实后，省通信管理局已对宁波联通公司和北京恒大天创、宁波梦飞两家信息服务企业依法给予行政处罚。

二、关于采取有效措施治理骚扰电话相关工作

随着信息通信技术的进步和行业贯彻落实国家关于网络"提速降费"要求的不断深入，行业发展成果惠民共享、信息通信资费大幅下降，更多的经营者用着低成本的电话、网络等方式提供商品和各类信息服务。但与此同时，营销电话扰民、诈骗电话害民等问题也随之凸显。

近年来，宁波市通信管理局在省通信管理局的领导下，积极开展综合治理各类不良网络信息，开展防范打击通讯信息诈骗工作：一是全面组织深入开展电话用户真实身份信息登记工作。2016年在全国率先开展全部电话用户实名登记，不断完善电话用户实名登记技术手段建设，逐步实现电话用户入网信息自动录入，二代身份证自动识别、人脸识别和人像比对等身份验证措施。同时，强化部门协作，建立健全与公安等部门的协同工作机制，联合市公安局开展"黑卡"治理专项行动。二是督促基础电信企业落实主体责任，严格规范语音专线出租业务，规范"一号通"、"400"和商务总机等业务；规范国际出入口局主叫号码，全面实施语音专线主叫号码鉴权，加大网内和网间虚假主叫发现和拦截力度。三是强化技术手段建设，在省级层面，先后建设电信网和互联网诈骗防范系统，并督促电信基础企业健全企业相关技术手段建设，及时发现、防范各类有害电话。

骚扰电话的形式原因是多方面的，需要社会各方共同努力，综合治理。目前，有国家十三个部门联合行文的《综合治理骚扰电话专项行动方案》正在制定之中，即将正式下发。宁波市政府也正在研究多部门协作的综合治理办法。下一步，我局将按照工信部和省局的统一部署，按照市委市政府的要求，进一步加强电信业务和通信资源管理，增强技术的防范能力，加强骚扰电话的预警、监测、识别和拦截，严控骚扰电话传播途径，同时联合市相关部门齐抓共管，加强源头治理，规范商家的业务推销行为，共同政治营销扰民乱象。

在此，感谢贵院在建议书中提出的良好建议，今后工作中，我局将加强部门协作，强化源头管理，严格依法查处各类违规行为，坚决维护人民群众的合法权益。

宁波市通信管理局
2018年7月30日

图书在版编目（CIP）数据

行政公益诉讼典型案例实务指引. 食品药品安全·国有财产保护·国有土地使用权出让等领域 / 最高人民检察院第八检察厅编. —北京：中国检察出版社，2019.5

（检察公益诉讼工作指导丛书）

ISBN 978-7-5102-2181-1

Ⅰ.①行… Ⅱ.①最… Ⅲ.①行政诉讼-案例-中国 Ⅳ.①D925.305

中国版本图书馆 CIP 数据核字（2018）第 221489 号

行政公益诉讼典型案例实务指引

（食品药品安全·国有财产保护·国有土地使用权出让等领域）

最高人民检察院第八检察厅　编

出版发行：	中国检察出版社
社　　址：	北京市石景山区香山南路109号（100144）
网　　址：	中国检察出版社（www.zgjccbs.com）
编辑电话：	(010)86423703
发行电话：	(010)86423726　86423727　86423728
	(010)86423730　68650016
经　　销：	新华书店
印　　刷：	北京宝昌彩色印刷有限公司
开　　本：	710 mm×960 mm　16 开
印　　张：	24.5
字　　数：	449 千字
版　　次：	2019 年 5 月第一版　2019 年 7 月第二次印刷
书　　号：	ISBN 978-7-5102-2181-1
定　　价：	88.00 元

检察版图书，版权所有，侵权必究
如遇图书印装质量问题本社负责调换